COUR DES PAIRS.

ATTENTAT DES 12 ET 13 MAI 1839.

PROCÉDURE.

DÉPOSITIONS DE TÉMOINS.

Iʳᵉ SÉRIE.

COUR DES PAIRS.

ATTENTAT DES 12 ET 13 MAI 1839.

PROCÉDURE.

DÉPOSITIONS DE TÉMOINS.

1ʳᵉ SÉRIE.

COUR DES PAIRS.

ATTENTAT DES 12 ET 13 MAI 1839.

PROCÉDURE.

DÉPOSITIONS DE TÉMOINS.

1re SÉRIE.

PARIS.
IMPRIMERIE ROYALE.

M DCCC XXXIX.

COUR DES PAIRS.

ATTENTAT DES 12 ET 13 MAI 1839.

PROCÉDURE.

Ire SÉRIE.

FAITS PARTICULIERS A BARBÈS.

INFORMATION CONCERNANT UNE MALLE REMPLIE DE
CARTOUCHES DÉPOSÉE CHEZ LA VEUVE ROUX.

1. — Veuve Roux (Catherine Rouchon), *âgée de 55 ans, passementière, demeurant à Paris, rue Quincampoix, n° 23.*

(Entendue le 18 mai 1839 devant M. Jourdain, juge d'instruction, délégué.)

Le jeudi de l'Ascension, 9 mai courant, entre trois et cinq heures, je rencontrai dans la rue Bourg-l'Abbé le nommé *Barbès*, qui m'accosta en me disant bonjour, et me demanda si je le reconnaissais. Je lui dis : Oui, vous êtes M. *Barbès*. Il avait une longue barbe. Il me dit qu'il arrivait de son pays, qu'il avait à aller à Versailles, où il avait affaire ; il me pria de me charger de recevoir chez moi sa malle pendant son absence, qui ne serait que de deux ou trois jours : j'y consentis. Il me dit qu'il me la ferait porter le soir même :

en effet, ce soir-là, deux individus, dont un petit, d'environ 35 ans, portant une jacquette blanchâtre dans le genre de celle des boulangers, l'autre, vêtu d'un habit marron, âgé d'environ une trentaine d'années, grand et ayant des cheveux châtain-brun, vinrent, avec une petite voiture attelée d'un cheval blanc, semblable à celles dont se servent les messageries pour porter leurs paquets. Sur cette voiture était une malle qu'ils me dirent être celle de M. *Barbès*; ils la déposèrent dans la pièce d'entrée de mon logement, qui est au premier étage, et s'en allèrent. Autant que je puis me rappeler, la voiture était jaunâtre; elle s'ouvre, je crois, par derrière, mais elle n'était pas couverte. Je tirai ensuite cette malle jusque dans ma cuisine, pour qu'elle ne me gênât pas, et ne m'en occupai plus. Le dimanche matin, 12 mai, mon fils, *Alphonse Roux*, passementier, rue du Chaume, n° 3, devant aller à la campagne avec sa belle-mère, pour rejoindre sa femme, j'allai chez lui pour garder sa maison. Vers quatre heures, j'étais occupée à lire, lorsque la portière de cette maison vint me dire que l'on se battait du côté de la rue Saint-Merry. Je fus stupéfaite et n'osai pas rentrer chez moi; je passai la nuit chez mon fils, et le lendemain matin, lorsque je revins chez moi, je trouvai ma porte enfoncée; le portier avait mis un cadenas pour fermer mon logement. Quand je fus entrée, je vis la malle qu'on m'avait apportée de la part de *Barbès*; il y avait à côté deux caisses; la malle était ouverte, et le portier me dit que des jeunes gens étaient venus enfoncer ma porte, et qu'on avait jeté des paquets de cartouches par mes fenêtres à d'autres qui étaient dans la rue. Le commissaire de police a saisi la malle et les caisses, et depuis j'ai trouvé sur ma cheminée une boîte de capsules, que j'ai encore et que je déposerai entre vos mains.

D. Comment avez-vous connu *Barbès?*

R. Il y a trois ou quatre ans: j'avais un contre-maître nommé *Gommery*, que le sieur *Barbès* venait voir quelquefois; comme *Barbès* paraissait fort poli, nous avons causé plusieurs fois ensemble de Lyon, où j'ai des parents; jamais je ne l'ai entendu parler politique. Le sieur *Gommery* est mort l'an passé.

Représentation faite de la malle, le témoin a dit: C'est bien cette malle qui m'a été apportée.

Nous nous sommes immédiatement transportés à l'infirmerie de la Conciergerie, et nous avons représenté au témoin un individu écroué sous le nom de *Barbès*, blessé à la tête, et que nous avons trouvé couché dans une des chambres de la Conciergerie, et le témoin a dit: Je reconnais très-bien cet individu; c'est bien le nommé *Barbès*, je le reconnais parfaitement.

(Dossier Barbès, n°   du greffe, pièce   .)

2. — BERTRAND (Jacques-Charlemagne), *âgé de 46 ans, rouannier, demeurant à Paris, rue Quincampoix, n° 23.*

(Entendu le 21 mai 1839 devant M. Jourdain, juge d'instruction, délégué.)

Le dimanche 12 mai courant, vers trois heures et demie ou quatre heures moins un quart, je passais rue Bourg-l'Abbé pour rentrer chez moi, lorsqu'on me dit qu'on pillait les magasins d'armes des frères *Lepage*. On fermait les boutiques; je rentrai chez moi dans l'intention de mettre mon uniforme de la garde nationale et d'aller à la mairie pour prévenir ; mais je trouvai mon fils chez moi, craignant qu'il ne voulût venir avec moi, je ressortis immédiatement pour voir ce qui se passait. Je vis en même temps un groupe d'une quarantaine d'individus, tous armés de fusils de chasse. A leur tête était un jeune homme d'environ 28 à 30 ans, d'une taille de 5 pieds 4 pouces et demi à 5 pouces, ayant des favoris bruns, avec barbe entière sous le menton, et des moustaches; il portait une redingote d'une couleur foncée et un chapeau; il paraissait appartenir à la classe aisée de la société; il portait un pistolet de prix à la main. Sa figure est allongée, son nez est droit et allongé ; son corps est mince : je le reconnaîtrais bien s'il m'était représenté. Il fit faire halte à la porte de ma maison, en disant : C'est-là. Quand sa troupe fut arrêtée, il monta l'escalier avec douze ou quinze individus. J'ai vu ensuite distribuer des cartouches sous la porte cochère : j'étais alors dans ma cour. Au moment où le chef était monté, on avait tiré plusieurs coup de fusils; il parut contrarié, et dit : *Ne tirez donc pas! Ne tirez donc pas!* Je pense qu'il devait y avoir des capsules dans l'endroit où ils étaient montés, car des hommes de sa bande criaient : *Des capsules, nous n'avons pas de capsules*. Mon cheval était dans la cour, sellé tout prêt pour mon fils qui allait sortir. Comme les coups de fusil l'effrayaient, je sortis pour le faire rentrer, et je vis mon fils qui était aux prises avec quatre de ces individus, qui avaient renversé dans la rue mon cabriolet. Ensuite cette bande descendit la rue Quincampoix, du côté de la rue Aubry-le-Boucher. Je rentrai ensuite mon cabriolet, dont la capote était tout abîmée. Ces individus voulurent me forcer, moi et mon fils, à marcher avec eux, mais, je leur observai que, puisqu'ils se battaient pour la liberté, ils devaient me laisser libre. Ils criaient *aux armes*, ils ne jetaient aucun autre cri.

(Dossier Barbès, n°   du greffe, pièce   .)

FAITS PARTICULIERS.

3. — *Autre déposition du même témoin.*

(Reçue le 31 mai 1839 par le même magistrat.)

M. le juge d'instruction et les témoins s'étant transportés à la Conciergerie, ce dernier a dit, le nommé *Armand Barbès* à lui représenté :

Je reconnais cet individu, c'est bien lui qui était à la tête du rassemblement armé qui est venu le dimanche 12 mai, et dont douze ou quinze sont montés chez la dame *Roux*. En arrivant devant la porte cochère de la maison, ce jeune homme, qui avait un pistolet à la main, s'est arrêté, et a dit à ceux qui le suivaient : *C'est ici.* Aussitôt plusieurs d'entre eux montèrent ; je n'ai pas vu si l'individu que vous venez de me représenter est ou non monté.

(Dossier Barbier, n°   du greffe, pièce   .)

INFORMATION AU SUJET D'UNE PROCLAMATION DES INSURGÉS.

4. — *Procès-verbal contenant la déclaration des sieurs* CORBESIER *et* LEPAGE.

L'an 1839, le 13 mai, à 11 heures du matin,

Devant nous, François-Bonaventure *Haymonet*, commissaire de police de la ville de Paris, quartier de la porte Saint-Denis ;

S'est présenté le sieur *Corbesier* (*Joseph*), armurier, demeurant rue Bourg-l'Abbé, n° 22 (1) ;

Lequel, en présence du sieur *Lepage*, son associé, nous a fait la déclaration suivante :

Hier dimanche, douze du courant, vers trois heures et demie, en notre absence de la maison, un groupe d'environ deux cents individus s'est formé devant notre maison de commerce, et quelques instants après, à un signal donné par l'un d'eux paraissant avoir la direction du mouvement, ils se sont élancés dans l'escalier conduisant à nos magasins, situés au premier au-dessus de l'entresol.

Arrivés à l'entrée des magasins fermés par deux portes que leur solidité ne permettait pas d'enfoncer de l'extérieur, ces individus, qui se trouvaient dans l'escalier ayant été forcés, après plusieurs essais, de renoncer à pénétrer par la porte, ils sont parvenus, à l'aide d'escalade, à atteindre une des croisées qui donne sur la cour, et au moyen de hachettes et d'autres instruments, ils ont brisé les volets, qui cependant étaient d'une grande solidité, et maintenus par deux fortes barres de fer à l'intérieur.

---

(1) Voir deux autres dépositions de ce témoin, ci-après, pages 272 et 273.

Plusieurs d'entre eux étant entrés par cette ouverture, ils se sont occupés immédiatement de faire sauter les serrures des portes de l'intérieur, et aussitôt le pillage des armes a commencé en présence de tous les voisins, qui, pendant près d'une demi-heure, ont vu jeter par les croisées les fusils, pistolets, amorces, etc., etc.

Aujourd'hui, en faisant notre inventaire, nous avons reconnu que les armes désignées ci-après nous avaient été soustraites, savoir :

1° 250 fusils doubles dans les prix de 50, 60, 70, 80, 90, 100, 110, 120 francs, dans le nombre desquels s'en trouvent quelques-uns des prix de 200 à 300 francs;

2° 60 fusils à un coup dans les prix de 20 à 60 francs;

3° Une centaine de paires de pistolets dans les prix de 20 à 110 francs;

4° 200,000 amorces pour fusils à piston du prix de 1 fr. 50 cent. le mille;

5° Et enfin quelques paquets d'aiguilles contenant plusieurs milliers, dans les prix de 2 fr. 40 cent. à 10 francs le mille.

Le pillage de nos magasins a eu lieu vers trois heures et demie, dix minutes après notre sortie de la maison, parce que le dimanche nous fermons nos magasins à deux heures.

Aucune mesure de précaution n'avait été négligée par nous; les portes et croisées avaient été parfaitement fermées, et, comme déjà nous avons été pillé en 1830, les portes fermant nos magasins avaient été établies de manière à résister à toute tentative d'effraction.

Je vous dépose, à telles fins qu'il appartiendra comme ayant été abandonnés dans notre magasin par les insurgés, les objets désignés ci-après, savoir :

1° Une hachette;

2° Une écharpe rouge;

3° Un couteau de cuisine;

4° Une pipe;

5° Un gant avec une touffe de cheveux;

6° Une proclamation commençant par ces mots : *Aux armes, citoyens;*

7° Un madrier provenant de la porte cochère qui est maintenant en réparation;

8° Une barre en fer servant de fermeture aux volets de la croisée qui a été enfoncée.

Vu ce qui précède, et attendu qu'il importe de reconnaître et constater les circonstances d'effractions qui ont servi ou facilité l'exécution du crime dénoncé par les sieurs *Corbesier* et *Lepage.*

Nous, commissaire de police susdit, nous sommes transporté au domicile des plaignants susnommés, et, sur leur indication, nous avons reconnu qu'il existe des traces d'escalade sur l'embase de la fenêtre servant à éclairer la croisée du carré du deuxième étage, distante d'environ deux mètres par la base de l'angle qui la sépare à la même hauteur de la fenêtre du magasin d'armes dans lequel des vols ont été commis. Ladite croisée est entièrement brisée dans toute sa charpente; nous avons remarqué qu'elle a été forcée à l'extérieur à l'aide de pesées violentes qui ont eu pour effet de désceller une bande de bois servant d'embase à l'intérieur, et de forcer en courbe une barre de fer placée également à l'intérieur au-dessous de l'espagnolette de ladite croisée par laquelle les malfaiteurs auteurs du crime dont il s'agit ont pénétré dans le magasin pour ouvrir la porte en dévissant la serrure placée à l'intérieur.

Nous nous sommes emparé de l'embase et de la barre de fer ci-dessus mentionnées pour servir de pièces de conviction; à cet effet nous les avons réunies, au moyen d'une corde à laquelle nous avons attaché une étiquette indicative, que nous avons scellée et cachetée de notre sceau, pour être le tout ensemble avec le présent transmis à M. le conseiller d'État, préfet de police, pour servir de ce que de droit.

(Dossier Barbès, n°   du greffe, pièce   .)

5. — COPIE *d'une proclamation trouvée dans le magasin des sieurs* Corbesier *et* Lepage, *après le pillage.*

Aux armes, citoyens!

L'heure fatale a sonné pour les oppresseurs.

Le lâche tyran des Tuileries se rit de la faim qui déchire les entrailles du peuple; mais la mesure de ses crimes est comblée : ils vont enfin recevoir leur châtiment.

La France trahie, le sang de nos frères égorgés, crient vers vous et demandent vengeance. Qu'elle soit terrible, car elle a trop tardé. Périsse enfin l'exploitation, et que l'égalité s'asseye triomphante sur les débris confondus de la royauté et de l'aristocratie.

Le gouvernement provisoire a choisi des chefs militaires pour diriger le combat. Ces chefs sortent de vos rangs. Suivez-les; ils vous mèneront à la victoire.

Sont nommés:

Auguste Blanqui, commandant en chef;

Barbès, Martin Bernard, Quignot, Meillard, Netré, commandants des divisions de l'armée républicaine.

Peuple, lève-toi! et tes ennemis disparaîtront comme la poussière devant l'ouragan. Frappe, extermine sans pitié les vils satellites, complices volontaires de la tyrannie; mais tends la main à ces soldats sortis de ton sein, et qui ne tourneront point contre toi des armes parricides.

En avant! vive la république!

Les Membres du gouvernement provisoire,

BARBÈS, VOYER-D'ARGENSON, *Auguste* BLANQUI, LAMENNAIS, *Martin* BERNARD, DUBOSC, LAPONNERAYE.

Paris, le 12 mai 1839.

Des proclamations au peuple et à l'armée, et un décret du gouvernement provisoire sont sous presse.

(Dossier Barbès, n° du greffe, pièce .)

6. — *RAPPORT d'expert-imprimeur* (1).

Je soussigné, *Georges-Adrien Crapelet*, imprimeur, rue de Vaugirard, n° 9, procédant en vertu de l'ordonnance de M. le juge d'instruction *Zangiacomi*, délégué par M. le Chancelier, après avoir prêté serment par-devant M. *Truy,* commissaire de police, déclare avoir examiné un imprimé annexé à un procès-verbal de M. *Haymonet,* commissaire de police.

Cette pièce imprimée se compose d'un feuillet in-8°, sans aucun titre, et commençant par ces mots : aux armes, citoyens! La page est composée en un caractère dit petit-romain, ou point neuf (9). Ce caractère est de forme ancienne, aujourd'hui hors d'usage dans les imprimeries. La composition de la page paraît avoir été faite par une personne exercée à l'imprimerie, et sa régularité, comme l'espacement égal entre les mots de chaque ligne, dénoterait qu'elle n'a pas été faite aussi précipitamment que l'impression, dont l'exécution est très-défectueuse, quoique opérée au moyen d'une presse; mais il est de toute impossibilité au soussigné de pouvoir reconnaître dans quelle fonderie ou imprimerie peuvent exister les caractères employés à la page : il a remarqué que dans la troisième ligne, l'â du mot lâche, est une lettre d'un autre caractère, désigné sous le nom ancien de cicéro ou point 11, et que dans les mots *Voyer-d'Argenson* et *Laponneraye*, la fonte se trouvant dépourvue d'Y, on a tracé, à la main et à l'encre ordinaire, un petit trait pour former la queue des deux Y. Le papier qui a servi à l'impression de la pièce est un papier mécanique collé.

Paris, au Palais de Justice.

Ce 5 juin 1839.

(Dossier Barbès, n° du greffe, pièce .)

---

(1) Voir un autre rapport du même expert, ci-après, page 49.

7. — LEPAGE (Alphonse), *âgé de   ans, arquebusier, demeurant à Paris, rue Bourg-l'Abbé, n° 22 ;* et Joseph-Hubert LEPAGE, *âgé de 38 ans, rentier, prédécesseur des sieurs* LEPAGE *frères, demeurant ordinairement à Liège, rue de l'Université, n° 43, momentanément à Paris, rue Bourg-l'Abbé, n° 22* (1).

(Entendus le 27 mai 1839 devant M. Legonidec, juge d'instruction délégué.)

Accompagné desquels, et assisté du greffier, nous nous sommes transporté au greffe du dépôt des pièces à conviction près le tribunal de première instance. Là nous avons rencontré *M. Noël*, greffier, auquel nous avons donné connaissance de l'objet de notre transport, en l'invitant à nous représenter toutes les armes dont il serait dépositaire en suite des événements des 12 et 13 de ce mois et de l'instruction criminelle y relative ;

Ce à quoi M. *Noël* a de suite obtempéré.

Et à l'instant MM. *Lepage,* en notre présence et en celle du greffier, ont de suite procédé à l'examen desdites armes ;

Et unanimement ils ont déclaré reconnaître, pour provenir de leurs magasins, et en être sortis par suite du pillage du 12 de ce mois :

1° Un fusil double d'enfant, déposé par le sieur *Legendre* fils, le... mai présent mois, à M. *Martinet,* commissaire de police ;

2° Un fusil double de chasse, saisi, le.. mai présent mois, par MM. *Dourlens* et *Loyeux,* commissaires de police, contre *Daniel Mayer ;*

3° Un fusil double, saisi, le... mai courant, par M. *Loyeux,* commissaire de police sur *Pierre-Joseph,* pâtissier ;

4° Un fusil simple, saisi sur un nommé *Leroux* (sans autres renseignements) ;

5° Deux fusils double de chasse, saisis, le 12 mai, par M. *Deroste,* commissaire de police, contre inconnu ;

6° Un fusil simple déposé par un sieur *Linger,* marchand de meubles, ès mains de M. *Martinet,* commissaire de police ;

7° Un fusil simple, saisi, le 14 mai, par M. *Dourlens,* commissaire de police, sur *Honoré Léauté ;*

8° Un fusil de chasse double, saisi, le 16 mai, par M. *Vassal,* commissaire de police, chez *Cotel,* cordonnier, rue de la Calandre, n° 32 ;

9° Un fusil de chasse double, déposé, le 15 mai, ès mains de M. *Lhomond,* commissaire de police, par *Kuntz,* logeur, 75 rue de Charenton, contre *Charles-Laurent Avril ;*

10° Deux fusils de chasse déposés, le 14 mai, ès mains de M. *Haymonet,* commissaire de police, par *Benoît,* marchand de vin, rue Bourg-l'Abbé, n° 19 ;

---

(1) Voir la déclaration de ce témoin, page 4, et deux dépositions, pages 272 et 273.

BARBÈS.

11° Un fusil double et un pistolet, déposés, le 14 mai, ès mains de M. *Haymonet*, commissaire de police, par la dame *François*, portière, rue Grenétat n° 31, contre *Levasseur*, layetier;

12° Deux fusils de chasse simples, déposés par un sieur *Leblond*, ès mains de M. *Gronfier-Chailly*, commissaire de police;

13° Une carabine, trois pistolets, déposés, le 15 mai, ès mains de M. *Haymonet*, commissaire de police, par *Pourtois*, rue Saint-Martin, n° 146;

14° Un fusil double de chasse, déposé, le 13 mai, ès mains de M. *Devaud*, commissaire de police, par *Victor Vacherond;*

15° Deux fusils de chasse doubles, déposés, les 12 et 13 mai, à M. *Gronfier-Chailly*, commissaire de police, par *Legrand;*

16° Un fusil de chasse double, déposé, le 14 mai, à M. *Haymonet*, commissaire de police, par *Lavoisé*, étalier, cour de la Trinité et rue de la Laiterie, n° 27;

17° Trois pistolets, déposés, les 12 et 13 mai, à M. *Gronfier-Chailly*, commissaire de police, par *Chanu;*

18° Quatre fusils de chasse doubles, saisis, le 13 mai, par M. *Hyver*, commissaire de police, après abandon, rue de la Haumerie;

19° Un fusil de chasse double, déposé, le 15 mai, ès mains, de M. *Haymonet*, commissaire de police, par *Deaumineau*, 20, rue Bourg-l'Abbé;

20° Un fusil de chasse simple, déposé, le 13 mai, ès mains de M. *Blavier*, commissaire de police, par *François Rubat*, 26, rue de la Vannerie;

21° Un fusil simple déposé le 12 mai, ès mains de M. *Masson*, commissaire de police, par un sieur *Buffet;*

22° Un fusil de chasse à deux coups, déposé à la mairie du 4ᵉ arrondissement, par le sieur *Guénau*, capitaine, saisi, le 17 mai, par M. *Bérillon*, commissaire de police;

23° Un fusil de chasse simple, déposé, le 15 mai, ès mains de M. *Gronfier-Chailly*, commissaire de police, par un nommé *Bosserat;*

24° Un fusil de chasse double, déposé, le 13 mai, ès mains de M. *Blavier*, commissaire de police, par les sieurs *Rièm* et *Livré*, 25, rue de la Tixéranderie;

25° Deux fusils de chasse, déposés, le 13 mai, à M. *Gronfier-Chailly*, commissaire de police, par les sieurs *Gosselin* et *Laidel;*

26° Un fusil simple déposé le 14 mai, à M. *Cabuchet*, commissaire de police, par le sieur *François Barbier*, marchand de vin;

27° Un fusil double, déposé, le 14 mai, à M. *Cabuchet*, commissaire de police, par le sieur *Parroisse;*

28° Un fusil de chasse double déposé le 16 mai, ès mains de M. *Gronfier-Chailly*, commissaire de police, par un sieur *Guinot;*

29° Un fusil simple, un pistolet, déposés, à la mairie du 6ᵉ arrondissement, par des inconnus, comme trouvés sur la voie publique, et saisis, le 18 mai, par M. *Haymonet,* commissaire de police;

30° Un fusil de chasse double, saisi, le 17 mai, par M. *Bruzelin,* commissaire de police, comme ayant été trouvé au poste du marché des Innocents;

31° Un fusil de chasse double, saisi, le 17 mai, par M. *Bruzelin,* commissaire de police, comme ayant été pris sur un inconnu se disant ex-fourrier d'infanterie, et ayant été arrêté rue Saint-Denis;

32° Un pistolet, déposé, le 14 mai, ès mains de M. *Fleuriais,* commissaire de police, par une veuve *Séquelle,* née *Lequin;*

33° Deux pistolets, déposés, le 14 mai, ès mains de M. *Blavier,* commissaire de police, par un sieur *Laybe,* arquebusier, 16, quai de Gèvres;

34° Une partie de fusil double, déposée, le 14 mai, ès mains de M. *Loyeux,* commissaire de police, par *Massu,* boulanger, rue de la Verrerie n° 5;

35° Un fusil de chasse à deux coups, saisi, le 13 mai, par M. *Fleuriais,* commissaire de police, sur un nommé *Sane;*

36° Un fusil de chasse à deux coups, déposé, le 14 mai, ès mains de M. *Fleuriais,* commissaire de police, par le sieur *Artienvrain,* logeur;

37° Un fusil de chasse à deux coups, saisi, le 20 mai, par M. *Blavier,* commissaire de police, sur un nommé *Godine;*

38° Un fusil simple, déposé, le 14 mai, ès mains de M. *Loyeux,* commissaire de police, par *Lenger,* rue Neuve-Saint-Martin, n° 2;

39° Un fusil de chasse double, déposé, le 14 mai, ès mains de M. *Dourlens,* commissaire de police, par *Illig,* rue Beaubourg, n° 13;

40° Deux fusils de chasse doubles, déposés, le 12 mai, ès mains de M. *Blavier,* commissaire de police, par le sieur *Héquet,* marchand de vin, rue des Arcis, n° 42;

41° Un fusil double, déposé, le 14 mai, ès mains de M. *Collin,* commissaire de police, par le sieur *Carton,* marchand mercier, rue Saint-Denis, n° 151;

42° Un fusil, saisi, le 12 mai, par M. *Bérillon,* commissaire de police, à la mairie du 4ᵉ arrondissement, où il aurait été déposé par un sieur *Lombard (Bertrand);*

43° Un fusil de chasse double, trouvé rue de Mauvaises-Paroles, n° 8, par le sieur *Abel (Michel),* rue Neuve-Chabrol, n° 1;

44° Cinq fusils doubles, un fusil simple, un pistolet faisant partie des armes déposées le 12 mai ès mains de M. *Cabuchet,* commissaire de police, par le sieur *Lemaître,* sergent-major de grenadiers au 28ᵉ de ligne, qui les aurait trouvés chez un liquoriste, rue Bourg-l'Abbé, n° 13, au troisième étage;

45° Deux fusils de chasse doubles, déposés, le 20 mai, ès mains de M. *Be-*

rillon, commissaire de police, par un sieur *Eugène Fortau*, commis, rue des Déchargeurs, n° 10;

46° Deux fusils de chasse doubles, déposés par le sieur *Carrot*, maréchal des logis de la garde municipale, le 12 mai, ès mains de M. *Cabuchet*, commissaire de police, contre les nommés *Ferrant, Dupony, Hubert, Jouan, Léger, Espinousse,* arrêtés dans un grenier;

47° Un fusil double neuf, déposé, le 13 mai, ès mains de M. *Cabuchet*, commissaire de police, par le sieur *Chavant*, sergent de grenadiers au 28° de ligne, qui l'aurait trouvé à la porte du cabaret de *Grillat*, liquoriste, rue Bourg-l'Abbé, n° 13;

48° Un fusil de chasse double, déposé, le 21 mai, ès mains de M. *Fleuriais*, commissaire de police, par un sieur *François Saintereau*;

49° Un fusil à deux coups, déposé, le 22 mai, ès mains de M. *Collin*, commissaire de police, par un sieur *Bouvie*, rue de la Grande-Truanderie, n° 5;

50° Un fusil de chasse simple, trouvé dans une bouche d'égout, par le sieur *Maurice*, chef du quatrième atelier, et déposé par lui ès mains du sieur *Calemart*, inspecteur principal;

51° Un fusil de chasse double, déposé, le 16 mai, ès mains de M. *Martinet*, commissaire de police, par un sieur *Astruc*;

52° Un fusil de chasse à deux coups, déposé, le 21 mai, ès mains de M. *Yon*, commissaire de police, par le sieur *Marlot*, concierge, rue de la Verrerie, n° 53;

53° Deux fusils doubles enlevés, le 12 mai, à deux insurgés, par MM. *Dourlens* et *Loyeux*, commissaires de police;

54° Un canon double, déposé, le 15 mai, ès mains de M. *Petit*, commissaire de police, par un sieur *Fournier*, brigadier de déchargement à l'administration des postes;

55° Un pistolet, déposé, le 15 mai, ès mains de M. *Dourlens*, commissaire de police, par le sieur *Boucher*, rue Saint-Martin, passage de la Réunion;

56° Un fusil simple, saisi, le 13 mai, par M. *Gilles*, commissaire de police, sur un nommé *Curé*;

57° Un fusil double, déposé, le 24 mai, à M. *Jacquemain*, commissaire de police, par le sieur *Bazar*, inspecteur;

58° Un fusil double, déposé, le 17 mai, ès mains de M. *Martinet*, commissaire de police, par un sieur *Bordier*, rue des Piliers-d'Étain, n° 10;

59° Un canon simple, déposé, le 13 mai, ès mains de M. *Haymonet*, commissaire de police, par le sieur *Gehring*, facteur de pianos, passage de la Trinité, cour des Bleus;

60° Un canon double, déposé, le 17 mai, ès mains de M. *Dourlens*, commissaire de police, par le sieur *Pilpel*, rue du Renard, n° 6;

61° Un fusil d'enfant à deux coups,

62° Un fusil double,
63° Un fusil simple,
64° Un canon de fusil double,

Déposés, le 25 mai, ès mains de M. *Jourdain*, juge d'instruction, par la dame *Guy*.

MM. *Lepage* observent que les boîtes à capsules provenant de leur maison sont marquées, les unes aux initiales *L.F.*, les autres, d'une qualité inférieure, de la simple lettre *E*.

En terminant la présente vérification, nous avons invité M. *Noël* à ne point confondre avec les armes entrées à son greffe jusqu'à ce moment celles qui pourraient lui être transmises, et lui parviendraient, à partir de ce jour, comme pièces de conviction de l'appui de la procédure instruite contre les auteurs ou fauteurs des troubles du 12 et du 13 de ce mois.

Et M. *Noël* nous a promis de tenir compte de notre observation.

De tout ce que dessus nous avons rédigé le présent procès-verbal, qui a été signé, après lecture faite, par MM. *Lepage*, M. *Noël*, nous et le greffier.

(Dossier Barbès, n°   du greffe, pièce   .)

8. — HAMEL (Charles-Joseph-Odemar), *âgé de 51 ans, marchand de rouennerie en gros, demeurant à Paris, rue Saint-Martin, n° 122.*

(Entendu le 28 mai 1839 devant M. Legonidec, juge d'instruction, délégué.)

Le dimanche 12 de ce mois, vers deux heures et demie, je fus informé qu'il y avait du train rue Bourg-l'Abbé; qu'on s'y tuait, qu'on y pillait des armes.

J'étais en redingote et en pantoufles; j'étais nu-tête. Je m'empressai de sortir pour savoir la vérité.

Je me rendis rue Bourg-l'Abbé. Le pillage des armes des sieurs *Lepage* était consommé; je rencontrai cependant une queue composée de factieux qui se sauvaient.

A l'entrée de la rue Bourg-l'Abbé, du côté de la rue aux Ours, fuyait un jeune homme vêtu d'une redingote noire, lequel emportait un fusil à deux coups. Je le rejoignis et lui demandai d'où lui venait ce fusil : *Ça ne vous regarde pas*, reprit-il. Je l'engageai à déposer cette arme et je lui parlai des regrets qu'il aurait le lendemain : *C'est du pain qu'il me faut*, répliqua-t-il. Je lui présentai une pièce de cinq francs, en insistant pour qu'il abandonnât ses projets : *Je me f... de votre argent*, telle fut sa réponse.

A ce moment arriva derrière lui un homme d'une cinquantaine d'années, vêtu d'une petite blouse blanche, ce qui me fit croire d'abord qu'il était en chemise. Il avait les cheveux blancs, la barbe blanche et les sourcils gris. Il nous aborda en disant à l'autre: *Ne l'écoute pas, c'est un mouchard, un homme qui est contre nous; il faut le tuer.* Et en même temps, il m'asséna un coup de crosse de fusil à l'épaule. Je ripostai par un coup de poing qui le fit trébucher au milieu de pavés, car alors on pavait dans la rue, et, au moment où il tombait, je m'emparai de son arme.

Mais, au même instant, trois autres individus tombèrent sur moi; plusieurs me couchèrent en joue en m'appuyant le canon de leurs fusils à la poitrine, puis celui que j'avais désarmé se jeta sur moi et me reprit son fusil. La résistance de ma part était inutile. Je leur reprochai leur lâcheté, car j'étais seul, désarmé, contre quatre hommes pourvus de fusils. *Donnez-moi un fusil,* leur disais-je, *et nous verrons!* Ma contenance intimida un ou deux d'entre eux, car j'entendis une voix qui disait : *Il ne faut pas le tuer, il ne faut pas lui faire de mal.*

Deux ouvriers en blouses bleues, venant sans doute de leurs travaux, passèrent en ce moment : *Voilà encore des hommes qui vont empêcher les travaux de marcher,* s'écrièrent-ils; *ils feraient bien mieux de se tenir tranquilles!*

Tout en me débattant je me rapprochai de ces ouvriers, mes assaillants s'écriant : *Il faut le laisser! il faut le laisser!* Je m'esquivai.

De tous ces individus, je reconnaîtrais certainement le plus âgé; peut-être reconnaîtrais-je aussi le jeune homme à la redingote noire.

Au surplus les factieux prirent la fuite du côté de la rue aux Ours, et moi je rentrai chez moi par la rue Neuve-Bourg-l'Abbé.

Bientôt après, je me retrouvai encore au devant des magasins des frères *Lepage*. Un capitaine d'état-major, suivi d'un dragon, y arriva et me demanda quelques renseignements sur l'événement : je les lui donnai. Comme il se dirigeait vers la rue aux Ours, je l'engageai à revenir sur ses pas; il n'en fit rien. Il traversa donc un groupe de factieux, et, à mon grand étonnement, il ne lui a été fait aucun mal.

Une foule encombrait encore la cour de la maison des frères *Lepage;* elle parlait d'en visiter les magasins pour savoir s'il n'y restait pas quelques armes. D'un ton ferme, j'ordonnai à la portière de fermer sa porte, manifestant l'intention de retenir prisonniers tous ceux qui se trouvaient dans la cour. A l'instant même tous ces individus s'échappèrent en courant, ce qui me fait penser que la fermeté de quelques voisins aurait suffi pour empêcher ou arrêter le pillage.

Tout aussitôt la porte cochère fut fermée.

Sur ces entrefaites, des barricades furent élevées sur divers points. Je me mis en devoir de revêtir mon uniforme pour aller rejoindre la compagnie que je commande dans la 3ᵉ légion; mais il était difficile de sortir du quartier. J'attendais donc le moment favorable, lorsqu'en ouvrant ma fenêtre j'aperçus sept hommes de la garde municipale, commandés par un maréchal des logis qui montait un cheval gris-blanc. Du geste, je lui fis signe de s'arrêter, car il approchait de la rue aux Ours, où je voyais des factieux embusqués.

Il s'arrêta; mais, au moment où il se disposait à rebrousser chemin, son cheval s'abattit.

Un jeune homme bien habillé, se trouvant à quarante pas plus haut que moi, qui me faisait l'effet d'un chef, battit des mains en criant : *Bravo! en voilà un de descendu.*

Le maréchal des logis heureusement n'était pas blessé. Il se replia avec sa troupe sur l'église Saint-Nicolas.

A quelque temps de là, la fusillade, qui s'était engagée vers l'église Saint-Nicolas, vers la rue Saint-Denis, s'engagea sous mes fenêtres. Les factieux furent repoussés, soit du côté de la rue Quincampoix, soit dans le haut de la rue Saint-Martin.

Je me hasardai à gagner la rue Saint-Denis dans l'intention de rejoindre ma légion, aux Petits-Pères. C'est dans cette circonstance que j'ai vu le lieu où était tombé le maréchal des logis *Jonas*. Une mare de sang indiquait l'endroit où son corps avait été relevé.

L'exécution de mon projet devenant trop difficile, je demeurai jusqu'à cinq ou six heures du soir dans mon quartier avec la troupe de ligne ; puis je rentrai chez moi. C'est le lendemain matin seulement que j'ai pu rejoindre ma légion.

(Dossier Barbès, n°   du greffe, pièce   .)

9. — *Information concernant l'arrestation de* Barbès, *et divers faits qui lui sont imputés.*

(Rapport fait, le 12 mai 1839, par *Niclasse*, maréchal des logis de la garde municipale) (1).

Mon colonel,

Le 12 du courant, vers sept heures du soir, j'ai opéré une arrestation rue Saint-Martin, au coin de la rue Jean-Robert, étant sous les ordres de M. le lieutenant *Leblond*.

Cette arrestation consiste en un individu qui était blessé à la tête d'un coup de feu, avait les lèvres noires d'avoir déchiré des cartouches. L'ayant arrêté, je lui ai demandé où il allait; il m'a répondu: Chez moi, et aussitôt il me dit : *Tuez-moi, je suis perdu!* Je lui répondis que nous n'étions pas des assassins, et j'appelai de suite les gardes *Mirgodin* et *Gry*, de la 6e compagnie à pied, pour le conduire à la mairie du 6e arrondissement.

(1) Voir la déposition de ce témoin, page 15.

Le lieutenant M. *Leblond* s'étant approché, lui a demandé ses noms, et il s'est formellement refusé à les lui dire.

Conduit par les gardes devant M. le commissaire de police, il a persisté à se taire. De là il fut conduit à l'hôpital Saint-Louis, où il a avoué à un médecin qu'il se nommait *Barbès*, de Carcassonne.

Ayant appris ce fait en allant à l'enterrement du maréchal des logis *Jonas*, je me suis empressé de vous en rendre compte.

(Dossier Barbès, n°   du greffe, pièce   .)

10. — NICLASSE (Georges), *âgé de 45 ans, maréchal des logis de la 2ᵉ compagnie à pied, caserné au faubourg Saint-Martin*(1).

(Entendu le 21 mai 1839 devant M. Jourdain, juge d'instruction, délégué.)

Le dimanche 12 mai courant, vers trois heures et demie, le maréchal des logis *Servant*, de la 2ᵉ compagnie à pied, reçut l'ordre de sortir avec un détachement pour aller à l'établissement de MM. *Lepage*, arquebusiers, rue Bourg-l'Abbé. Environ un quart d'heure après, M. *Leblond*, lieutenant, sortit avec un détachement dont je faisais partie, pour se rendre sur le même lieu; chemin faisant, nous rencontrâmes M. le commissaire de police *Haymonet*, qui mit sa ceinture et vint avec nous. Lorsque nous arrivâmes rue Bourg-l'Abbé, le pillage des armes était terminé et le premier piquet était déjà passé. Nous continuâmes notre route par les rues aux Ours et Quincampoix et Aubry-le-Boucher, et nous revînmes par la rue Saint-Martin à la mairie du 6ᵉ arrondissement. Là, nous restâmes dans la cour de la mairie sur la réquisition de M. le commissaire de police : quelques gardes nationaux qui étaient au poste se replièrent derrière nous; ils n'avaient pas de cartouches. On vint nous prévenir que les insurgés, armés en grand nombre, venaient par la rue Royale-Saint-Martin et par la rue Aumaire. Le lieutenant nous fit charger nos armes : on donna des cartouches aux gardes nationaux, et nous nous formâmes en ligne en dehors, entre le poste des gardes nationaux et celui des pompiers; mais bientôt nous rentrâmes, parce que l'on nous dit que les insurgés étaient en trop grand nombre; je reçus ordre de garder une porte donnant sur la rue Royale. Pendant ce temps les insurgés firent une barricade à l'entrée de la rue Grenétat; ils prirent différentes choses chez le marchand de vin *Samson*, pour établir cette barricade. Le détachement n'était alors composé que de dix-huit hommes, parce qu'on en avait détaché sept pour escorter les tambours de la garde nationale qui battaient le rappel. Bientôt un feu s'établit entre les insurgés et nous. Dans ces entrefaites, le lieutenant *Tisserand* arriva avec un détachement, et enleva la barricade. Pendant

(1) Voir le rapport de ce témoin, page 14.

16 FAITS PARTICULIERS.

ce temps, je sortis de la porte que j'étais chargé de garder avec les gardes qui étaient avec moi. Après que le détachement de M. *Tisserand* se fut enfoncé dans la rue Grenétat, nous descendîmes dans la rue Saint-Martin jusqu'à la rue du Cimetière-Saint-Nicolas, en poursuivant les insurgés qui se retiraient de ce côté, en nous tirant des coups de fusil. Ils s'en allaient par les rues Jean-Robert, Aumaire, du Cimetière-Saint-Nicolas, etc. Enfin, un peloton de la ligne ayant débouché par la rue Neuve-Bourg-l'Abbé, nous remontâmes un peu du côté de la mairie : je me plaçai avec quelques hommes à l'entrée de la rue Jean-Robert, pour empêcher qu'on n'entrât de cette rue dans la rue Saint-Martin, dans laquelle on tirait encore quelques coups de fusil. Vers sept heures et demie ou huit heures, je vis un individu coiffé d'un chapeau de paille, la figure couverte de sang, qui voulait passer de la rue Saint-Martin dans la rue Jean-Robert; je lui dis : Où allez vous; il me répondit chez moi; je lui répliquai : On ne passe pas; alors il me dit d'un ton égaré : *Tuez-moi, je suis perdu!* Je lui dis : Nous ne sommes pas des assassins. Je l'arrêtai, et les gardes *Mirgodin* et *Gry* le conduisirent à la mairie. Nous restâmes là jusqu'au moment où nous reçûmes l'ordre d'aller à la préfecture.

(Dossier Barbès, n° du greffe, pièce .)

11. — GODQUIN (Marcel-Laurent), *âgé de 40 ans, libraire, demeurant à Paris, rue du Ponceau, n° 6, capitaine dans le 2° bataillon de la 6° légion de la garde nationale.*

(Entendu le 20 mai 1839 devant M. Jourdain, juge d'instruction, délégué.)

Le dimanche 12 mai, ayant appris que l'on faisait des barricades du côté de la rue Mauconseil, je me rendis de suite à la mairie; je pris le commandement du détachement qui accompagnait les tambours, et qu'on ne devait pas laisser aller seuls, puisqu'il y avait déjà des rassemblements armés dans les environs. On me donna pour cette escorte des gardes municipaux et des gardes nationaux. Pendant la tournée que je faisais, je reçus avis que les insurgés étaient en grand nombre rue Transnonain ; je persistai néanmoins à me diriger de ce côté; je trouvai les portes et les boutiques fermées, mais personne dans la rue : je continuai ma route. Arrivé à la rue Royale-Saint-Martin, je fus informé que des hommes armés formaient une barricade à l'entrée de la place Royale-Saint-Martin ; on me dit même qu'ils étaient à la rue Grenétat retranchés, et même qu'on croyait qu'ils étaient dans la mairie, dont ils s'étaient, disait-on, emparés. Je jugeai que ce n'était pas le cas de reculer : je fis placer mes tambours derrière mon peloton, leur ordonnai de battre la charge, et fis croiser la baïonnette et marcher en avant : ils s'étaient

retirés derrière une barricade à l'entrée de la rue Grenétat, d'où ils faisaient feu sur la mairie : je fis faire feu sur eux, mais comme nous n'avions que deux cartouches par homme, elles furent épuisées de suite. J'allai auprès d'une porte de communication de la mairie sur la place Royale pour me la faire ouvrir, afin de prendre des cartouches; mais pendant que j'étais à la mairie, on enleva la barricade; on amena des prisonniers blessés, j'en inscrivis quelques-uns; je laissai cette note sur la table, elle a dû être recueillie par M. le commissaire de police *Haymonet;* j'ai inscrit notamment l'individu qui a dit se nommer *Paul Durocher,* qui depuis a dit se nommer *Barbès.* Quand je lui demandai d'abord ses noms, il me dit qu'il était inutile qu'il me les donnât, qu'il était étranger; je lui fis quelques questions, auxquelles il ne fit pas de réponses directes; il me dit qu'il était un homme perdu, en me montrant la blessure qu'il avait à la tête ; il me dit que la balle n'avait qu'effleuré l'épiderme, qu'il était à regretter pour lui qu'elle ne l'eût pas frappé deux pouces plus à droite; il me dit aussi qu'il n'y avait que deux services que je puisse lui rendre, *c'était de le laisser libre,* ou *de le faire fusiller....*
M. *Jourdan,* médecin du bureau de charité du 6ᵉ arrondissement, a pansé sa blessure.

(Dossier Barbès, n°   du greffe, pièce   )

12. — RAPPORT *du commissaire de police* Jenesson, *fait le 13 mai 1839, à trois heures et demie du matin.*

Conformément aux ordres de M. le Préfet, je me suis transporté à l'hôpital Saint-Louis, accompagné de M. le lieutenant de la garde municipale Leblond. Un employé de la maison nous a conduits dans les salles, et j'ai trouvé dans la salle d'attente, lit n° 1, un individu entré sous le nom de *Louis Durocher,* blessé à la tête, ayant des moustaches rougeâtres et épaisses, envoyé du poste de la mairie du 6ᵉ arrondissement, par M. *Fleury,* chirurgien du 2ᵉ bataillon de la 6ᵉ légion.

Nous avons remarqué qu'il était surveillé, d'après l'avis donné par la garde nationale que c'était un homme dangereux.

J'ai demandé à cet individu son nom, et il a dit se nommer *Louis Durocher.*

Je l'ai invité à me faire connaître sa demeure; il m'a répondu : *je ne la sais pas,* puis *je la dirai demain.*

M. le lieutenant *Leblond* m'a fait signe qu'il le reconnaissait parfaitement; et, lorsque nous fumes sortis, il m'a dit d'une manière positive que c'était bien celui qu'il avait fait arrêter, et qu'il reconnaissait pour être le nommé *Barbès.*
J'ai donné les ordres les plus sévères pour que cet individu fût gardé à vue

avec la plus scrupuleuse attention, et je l'ai consigné, en défendant expressément que l'on en disposât en aucune façon que ce pût être sans un ordre de M. le Préfet. Ce matin je recevrai la déclaration de M. le lieutenant *Leblond*.

(Dossier Barbès, n°   du greffe, pièce   ).

13. — LEBLOND (Jean-Pierre), *âgé de 49 ans, lieutenant de la garde municipale, caserné rue du Faubourg-Saint-Martin* (1).

(Entendu le 30 mai 1839 devant M. Zangiacomi, juge d'instruction, délégué.)

Dans la soirée du 12, le détachement que je commandais était occupé à cerner le pâté occupé par les rues du Grand-Hurleur, Jean-Robert, Aumaire, Grenétat et Saint-Martin qui avaient été le foyer de l'insurrection. La circulation commença à se rétablir vers les sept heures et demie du soir; néanmoins j'avais donné l'ordre à mes hommes d'examiner les individus qui sortaient de cette circonscription.

Sur les huit heures j'aperçus un individu de grande taille, vêtu en noir, porteur d'un chapeau dont je ne me rappelle pas bien la couleur, qui cachait avec une sorte d'embarras la main droite derrière son habit, en détournant la tête. La physionomie de cet homme ne m'était pas inconnue et je crus me rappeler que je l'avais vu figurer dans les débats de l'affaire dite des poudres de la rue de l'Oursine. Je donnai l'ordre à des gardes de s'assurer de lui, et il fut conduit à la mairie du 6ᵉ arrondissement. Obligé de retourner à la préfecture, j'y fis part de l'arrestation de cet homme dont le nom ne m'était pas présent; mais je finis, en rappelant mes souvenirs, par retrouver en lui le nommé *Barbès*, l'un des principaux prévenus de l'affaire dont j'ai parlé. Je fus envoyé dans la nuit à l'hôpital Saint-Louis pour le reconnaître, et son identité fut constatée.

Nous avons conduit le témoin à la Conciergerie, dans la chambre occupée par le nommé *Barbès*; mis en présence de cet individu, le sieur *Leblond* le reconnaît positivement pour celui qu'il a fait arrêter dans les circonstances qu'il vient de rapporter.

(Dossier Barbès, n°   du greffe, pièce   .)

14. — GROSMANN (Martin), *âgé de 30 ans, caporal au 21ᵉ régiment de ligne, caserné à l'Ave-Maria* (2).

(Entendu le 13 mai 1839 devant M. Jourdain, juge d'instruction, délégué.)

Hier j'étais de garde au poste du Palais de Justice, lorsque vers quatre heures moins un quart un bourgeois vint près du poste et nous dit : Prenez

---

(1) Voir une autre déposition du même témoin, ci-après page 245.
(2) Voir une autre déposition du même témoin, ci-après page 234.

vos armes, on tire des coups de fusils du côté de la rue Saint-Denis; on va venir vous attaquer. Mon camarade alla prévenir le lieutenant qui commandait le poste, le lieutenant nous fit prendre les armes et nous étions à peine rangés devant le poste, que déjà une soixantaine d'hommes, tous armés pour la plupart de fusils à deux coups, étaient déjà à la moitié du quai aux Fleurs; ils se mirent alors à crier : *vive la ligne;* lorsqu'ils furent arrivés à quelques pas de nous, ils s'arrêtèrent; nos armes n'étaient pas chargées. Lorsqu'ils furent arrêtés, quatre ou cinq d'entre eux s'approchèrent jusque sur nous en disant : *rendez-vous ou la mort!* L'officier répondit : *nous ne nous rendons pas comme cela*, et il commanda de porter les armes; au même instant, un des individus qui étaient près de nous tira sur lui un premier coup à bout portant qui rata, mais le second le fit tomber raide mort. Alors ceux d'entre nous qui étaient nouvellement arrivés au service, et qui étaient beaucoup, s'enfuirent avec leurs armes; nous restâmes environ six ou huit, nous fûmes désarmés après avoir lutté pendant quelque temps. Un des individus qui nous attaquaient me porta un coup de poignard qui ne me blessa pas; l'un s'empara de mon fusil, et l'autre de mon sabre. Je ne sais pas quel était le numéro de mon sabre, je le portais pour la première fois. J'ai été fait caporal avant-hier. Plusieurs coups de fusils ont été tirés sur nous après que le lieutenant eût été tué, et notre sergent fut grièvement blessé : il est peut-être mort maintenant. Je retrouvai ensuite mes camarades, qui s'étaient retirés du côté de la Conciergerie. On m'a pris aussi mes cartouches dans ma giberne, dont on a arraché le tirant. J'étais alors seul dans le poste; je me baissai, je pris un morceau de bois, sous le lit de camp; j'en portai un coup à l'un de ceux qui m'avaient pris mes cartouches, je le renversai par terre, et ses camarades l'emportèrent.

Et aussitôt nous nous sommes transporté à la Conciergerie pour y confronter avec le témoin *Grosmann* susnommé le nommé *Bonnefonds*, que nous avons trouvé couché, et le témoin a dit : Je ne connais pas cet homme; mais dans le même lieu se trouve le nommé *Joseph Delsade*, et le témoin a dit : Je crois bien que c'est cet homme qui a tiré sur notre lieutenant, mais je n'en suis pas bien sûr, il me semble qu'il était en chapeau noir.

(Dossier Barbès, n°   du greffe, pièce   .)

15. — LAQUIT (Jacques), *27 ans, soldat au 21ᵉ régiment de ligne, à l'Ave-Maria* (1).

(Entendu le 13 mai 1839 devant M. Jourdain, juge d'instruction, délégué.)

Hier, vers quatre heures moins un quart, des bourgeois vinrent en courant

---

(1) Voir une seconde déposition du même témoin, ci-après page 24.

vers le poste du Palais de Justice, et dirent qu'on allait venir nous tirer des coups de fusil; nous prévînmes l'officier; il nous fit sortir devant le poste; on disait qu'on ferait peut-être bien de faire charger les armes, l'officier répondit qu'il fallait avant voir ce que c'était; il nous fit ranger devant le poste. Aussitôt nous vîmes arriver une troupe d'hommes armés de fusils à deux coups; plusieurs s'approchèrent de nous, et l'un d'eux, armé d'un fusil à deux coups dit au lieutenant qu'il fallait rendre les armes. Le lieutenant répondit qu'il ne pouvait pas faire rendre les armes comme cela, et il nous dit de porter les armes; mais à peine eut-il prononcé ces mots, que le même individu lui tira à bout portant un premier coup qui ne l'atteignit pas, et un second coup qui le fit tomber raide mort; alors on fit une décharge sur nous, et plusieurs hommes tombèrent blessés ou morts. Les premiers qui rentrèrent dans le poste se retirèrent au fond du Palais de Justice, mais je fus atteint dans le poste par les individus qui nous avaient attaqués et ils ne purent me prendre mon fusil; ils ne purent pas me prendre mes cartouches parce que je me sauvai. Je ne sais pas si je pourrais reconnaître celui qui a tiré sur l'officier : j'ai remarqué seulement que c'était un bel homme, et qu'il avait des moustaches et une barbe en collier bien noires, cet homme paraissait avoir plus de trente ans.

Et aussitôt nous nous sommes transporté à la Conciergerie pour confronter, avec le témoin susnommé, le nommé *Bonnefonds*, que nous avons trouvé couché dans un lit, et le témoin a dit : je ne connais pas cet homme, nous lui avons alors représenté le nommé *Joseph Delsade*, et il a dit : Je ne suis pas bien sûr que ce soit cet homme qui ait tiré sur notre lieutenant, mais il lui ressemble bien, et j'ai quelque idée que c'est lui.

(Dossier Barbès, n°   du greffe, pièce   .)

16. HUIGNARD (Hyacinthe), *âgé de 24 ans, fusilier, 4ᵉ compagnie, 2ᵉ bataillon au 25ᵉ de ligne, actuellement en subsistance à l'École militaire* (1).

(Entendu le 6 juin 1839 devant M. Zangiacomi, juge d'instruction, délégué.)

Le dimanche, 12 mai dernier, je faisais partie du poste du Palais de Justice : nous étions paisiblement assis devant la porte, et loin de nous attendre à ce qui eut lieu quelques instants après, lorsque, sur les trois heures, le factionnaire, ayant aperçu des hommes armés qui accouraient vers nous, par le marché aux Fleurs, nous en prévint; l'officier, croyant que c'étaient des hommes qui n'avaient aucune mauvaise intention, s'avança vers eux, et nous nous rangeâmes en bataille derrière lui; le chef de la bande, s'adressant à notre commandant, lui dit de rendre les armes; il lui répondit : « Je ne les rends pas

---

(1) Voir une autre déposition de ce témoin, ci-après, page 62.

comme cela, » et aussitôt le chef des insurgés lui tira, à bout portant, un coup de fusil à deux coups qu'il avait à la main, mais l'officier le para avec son sabre, alors cet homme fit subitement demi-tour, et étendit par terre le lieutenant de son second coup; dans l'entrefaite il commanda à ses gens de faire feu sur nous, et je me mettais en devoir de chercher mes cartouches pour charger mon fusil, lorsque je fus renversé par une balle qui m'atteignit au pied, et m'avait été tirée par les assaillants.

D. Croyez-vous que vous pourriez reconnaître le chef des insurgés?

R. Oui, Monsieur, c'est un homme grand, sec, ayant un collier et une mouche; il portait une redingote de couleur foncée.

D. A quel rang étiez-vous?

R. Au troisième, en sorte que je n'ai pas pu bien voir les autres, tant à raison de l'émotion du moment que parce que les autres camarades m'interceptaient la vue.

Et aussitôt nous avons conduit le comparant à la Conciergerie, et avons fait amener en sa présence le nommé *Barbès;* le témoin dit, après l'avoir examiné, c'est un homme de la même taille et du même extérieur que celui que vous venez de me représenter, qui s'est adressé à l'officier et l'a tué à bout portant: il avait, comme le nommé *Barbès,* de la barbe et une redingote semblable à la sienne, mais je ne puis affirmer que ce soit ce dernier, préoccupé que j'étais du soin de tirer des cartouches de ma giberne pour charger mon arme.

(Dossier Barbès, n°   du greffe, pièce

17. — VELCHE (Pierre), *âgé de 23 ans, fusilier, 5ᵉ compagnie, 2ᵉ bataillon, au 21ᵉ régiment de ligne, en subsistance à l'École militaire* (1).

(Entendu le 6 juin 1839 devant M. Zangiacomi, juge d'instruction, délégué.)

Le 12 mai dernier je faisais partie du poste du Palais-de-Justice, et j'y ai assisté à l'altercation qui a eu lieu entre l'officier et le chef d'une bande d'insurgés qui sont venus nous assaillir; j'étais au troisième rang. J'ai remarqué cet homme, qui a particulièrement frappé mon attention: c'est lui qui du second feu l'a tué.

D. Pourriez-vous donner exactement le signalement de cet individu?

R. Oui, Monsieur; c'est un homme d'assez grande taille, maigre de figure et assez élancé; il a beaucoup de barbe et une mouche. Il portait une redingote de couleur foncée; je n'ai pas fait attention aux autres.

Nous avons à l'instant conduit le comparant à la Conciergerie, et avons mis en sa présence le nommé *Barbès;* il déclare que cet homme a absolument la

---

(1) Voir deux autres dépositions du même témoin, ci-après pages 59 et 235.

même taille, la même physionomie, le même vêtement que celui dont il a parlé; *qu'il présume bien que* c'est lui qui s'est adressé à l'officier qu'il a tué à bout portant, mais qu'il ne peut pas l'assurer avec une complète certitude, à raison de l'émotion qu'il a éprouvée dans un pareil instant, et parce qu'il occupait le troisième rang.

(Dossier Barbès, n°   du greffe, pièce   .)

18. — GERVAISI (Louis), *âgé de 23 ans, fusilier au 21ᵉ régiment de ligne, en subsistance à l'École militaire.*) (1)

(Entendu le 29 mai 1839 devant M. Zangiacomi, juge d'instruction, délégué.)

J'étais de service, le 12 de ce mois, au poste du Palais de Justice, lorsque les insurgés s'y sont présentés armés de fusils. Celui qui paraissait les commander s'approcha le premier de l'officier, et il lui demanda de rendre ses armes; sur le refus de l'officier, il lui tira un coup de fusil; mais le lieutenant, ayant détourné l'arme, ne fut point atteint. Alors cet homme recula d'un pas, et tira un second coup qui tua le commandant. Tout cela fut l'affaire d'un instant. C'est lorsque le second coup partit, que cet individu fit tirer sur nous par tous les hommes qui étaient autour.

D. Pourriez-vous préciser le signalement de l'individu que vous venez de désigner, et qui, selon vous, paraissait être le chef de cette bande?

R. C'était un homme plus grand que moi, un peu blanc de figure, surtout du côté des pommettes, maigre, le bas de la figure couvert de barbe; il avait de fortes moustaches, et la barbe terminée en pointe; le tout châtain. Il m'a paru vêtu d'une redingote de drap et de couleur foncée. Sa redingote était courte, venant à peine jusqu'au genou, et elle était boutonnée de haut en bas.

D. Croyez-vous que vous pourriez reconnaître cet individu?

R. L'autre jour, j'ai vu à la Conciergerie un homme en blouse qui m'a paru lui ressembler, mais c'est principalement aux vêtements et à la redingote boutonnée que je pourrais signaler cet individu.

Nous avons conduit le témoin à la Conciergerie, et, introduit dans la chambre du nommé *Barbès,* il a dit, en le voyant, qu'il ne pouvait pas dire que ce fût cet individu qui commandait la bande qui avait assailli le poste.

(Dossier Barbès, n°   du greffe, pièce   .)

---

(1) Voir une autre déposition de ce témoin, ci-après, page 62.

19. — BATAILLE (Pierre-Michel), *âgé de 32 ans, fusilier au 21ᵉ régiment de ligne, en subsistance à l'École militaire* (1).

(Entendu le 30 mai 1839 devant M. Zangiacomi, juge d'instruction, délégué.)

Croyez-vous que vous pourriez reconnaître le chef de la bande d'insurgés qui, le 12 courant, a attaqué le poste du Palais de Justice, où vous étiez de garde?
R. Comme j'étais au second rang, je n'ai pas pu bien voir cet individu. Cependant, je dois dire qu'il m'a paru grand, maigre, et vêtu d'une redingote qui n'était pas longue.

Et aussitôt nous nous sommes transportés à la Conciergerie, dans le local occupé par le nommé *Barbès*; le témoin a déclaré que l'inculpé ressemblait bien à celui qui commandait ceux qui les ont attaqués, mais qu'il ne peut toutefois affirmer avec certitude que ce soit le même, quoique tout, dans l'extérieur de celui-ci, lui rappelle bien le chef de la bande.

(Dossier Barbès, n°   du greffe, pièce   .)

20. — PAULHAN (Victor), *âgé de 23 ans, soldat au 21ᵉ régiment, caserné à l'Ave-Maria* (2).

(Entendu le 13 mai 1839 devant M. Jourdain, juge d'instruction, délégué.)

Hier nous étions de garde au poste du Palais de Justice lorsque, vers trois heures et demie, un bourgeois vint nous dire qu'on tirait des coups de fusil dans les rues et nous engagea à nous mettre sur nos gardes. Le lieutenant ne fit pas grande attention à ce propos; cependant il nous fit ranger devant le poste. Bientôt nous vîmes arriver une troupe d'hommes armés de fusils, de pistolets et de poignards; ils étaient sur le quai aux Fleurs, et criaient : *Vive la ligne!* Quelques-uns d'entre eux s'approchèrent de nous et nous dirent : *Rendez-vous! ou la mort.* Le lieutenant répondit qu'il ne se rendait pas comme cela, et il commanda d'apprêter les armes. Aussitôt on tira sur lui à bout portant et il tomba roide mort. Plusieurs coups de fusil furent tirés en même temps et notre sergent fut grièvement blessé. Nos armes n'étaient pas chargées. Plusieurs de nos camarades, qui étaient de jeunes soldats, se retirèrent du côté de la Conciergerie. Moi je rentrai dans le poste avec le caporal; mais les insurgés s'y jetèrent en même temps que nous, et malgré notre résistance ils nous désarmèrent. Je reçus même un coup de poignard qui ne me blessa pas, mon habit fut seulement déchiré. Les gardes municipaux vinrent nous remplacer. Celui qui a tiré sur l'officier est un

---

(1) Voir une seconde déposition du même témoin, ci-après page 71.
(2) Voir une autre déposition du même témoin, ci-après, page 25.

homme de cinq pieds quatre ou cinq pouces; il a des moustaches noires. Je ne serais pas certain de reconnaître sa figure. Il avait une grande redingote noire. Je n'ai pas remarqué s'il avait de la barbe au menton.

Et aussitôt nous nous sommes transporté à la Conciergerie pour y confronter le témoin *Paulin* susnommé avec le nommé *Bonnefonds*, que nous avons trouvé couché dans un lit, et le témoin a dit : « Je ne connais pas cet homme. » Nous lui avons représenté un nommé *Joseph Delsade*, couché dans un autre lit, et le témoin a dit : « Je crois bien que c'est cet homme « qui était à la tête du rassemblement et qui a tiré sur notre lieutenant. »

(Dossier Barbès, n°   du greffe, pièce   .)

21. — POMMIER (François), *déjà entendu* (1).

(Entendu le 29 mai 1839, devant M. Zangiacomi, juge d'instruction.)

D. Lorsque vous avez été entendu, vous avez donné des indications assez précises sur l'individu qui était à la tête du rassemblement qui, le 12 courant, a attaqué le poste du Palais de Justice?

R. Oui, monsieur. J'ai remarqué que le chef de ce rassemblement, lorsqu'il déboucha du pont Notre-Dame, traversa en biais le quai aux Fleurs et s'arrêta devant le n° 15 pour rallier ceux qui le composaient. Cet homme, comme je l'ai déjà dit, était de taille élevée; il portait une redingote de couleur foncée, boutonnée; et je crois qu'il avait autour de lui un mouchoir qui serrait sa taille. Il était armé d'un fusil à deux coups. C'est lui qui, autant que j'ai pu le voir de loin (car de la fenêtre du n° 11 où je me trouvais jusqu'au poste il y a bien trois cents pas), a fait sommation au poste de rendre les armes. Au milieu de la bande d'insurgés qui se trouvaient devant le poste, je n'ai pu distinguer si cet homme tirait sur l'officier. A raison de la distance, j'ignore si je pourrais reconnaître cet individu. Tout ce que j'ai vu, c'est que l'officier a été tué du premier coup de feu.

Nous avons conduit le témoin dans le local occupé à la Conciergerie par le nommé *Barbès*. Il a dit qu'il ne pouvait affirmer que ce fût cet homme-là qui commandait le rassemblement, parce qu'il était trop loin et qu'il ne l'avait aperçu que de sa fenêtre.

22. — LAQUIT (Jacques), *déjà entendu* (2).

(Entendu le 29 mai 1839, devant M. Zangiacomi, juge d'instruction.)

D. Vous avez été entendu le 13 courant et vous avez dit, en rendant

---

(1) Voir une première déposition de ce témoin, ci-après page 30.
(2) Voir une autre déposition du même témoin, ci-devant page 19.

compte des événements qui se sont passés au Palais de Justice, que l'homme qui se trouvait à la tête des insurgés était un bel homme, qui avait des moustaches et de la barbe; je vous invite à préciser plus que vous ne l'avez fait le signalement de cet individu.

R. Tout cela s'est passé si vite, et j'étais tellement préoccupé, que je n'ai pu le bien remarquer. Cependant il me semble qu'il était grand, d'une taille élancée, qu'il avait des moustaches et une forte barbe. J'avoue que je ne saurais rendre compte de ses vêtements. J'ai vu à la Conciergerie un homme qui lui ressemblait; mais je suis loin d'être sûr que ce soit lui. (*Delsade*).

Néanmoins nous avons cru devoir conduire le témoin dans la chambre occupée à la Conciergerie par le nommé *Barbès;* il a dit qu'il ne pouvait dire si c'était lui qu'il avait vu, ne l'ayant pas assez regardé dans les circonstances dont il a parlé.

23. — CONTE (Jean-Pierre), *déjà entendu* (1).

(Entendu le 30 mai 1839 par M. Zangiacomi, juge d'instruction, délégué.)

D. Avez-vous remarqué l'individu qui était à la tête de la bande, assez exactement pour pouvoir le signaler?

R. Tout ce que je me rappelle, c'est que cet homme était grand, sec, c'est-à-dire maigre; il avait une barbe et des moustaches; il portait une redingote noire venant à peine jusqu'aux genoux, et qui était boutonnée jusqu'en haut. Notre peloton était sur trois rangs, et j'étais sur le premier. Je ne sais pas si je pourrais le reconnaître, mais cependant je le crois bien; j'ai vu à la prison un homme qui lui ressemblait un peu, mais je ne crois pas que ce soit lui.

Nous avons conduit le témoin à la Conciergerie, dans la chambre occupée par le nommé *Barbès*. Après l'avoir examiné, il dit : Je reconnais très-positivement cet individu pour celui qui commandait la bande qui a assailli le poste du Palais de Justice, qui a parlé à l'officier, et qui, sur sa réponse qu'il ne voulait pas rendre les armes, lui a tiré à bout portant un coup de fusil.

D. Savez-vous sur quels rangs se trouvaient les sieurs *Grosmann*, *Laqui* et *Gervaisi* qui faisaient avec vous partie du poste?

R. Le caporal *Grosmann* était au deuxième rang, *Gervaisi* au troisième, et *Laqui*, je crois, au second.

24. — PAULHAN (Victor), *soldat au 21ᵉ régiment, caserné à l'Ave-Maria* (2).

(Entendu le 30 mai 1839 devant M. Zangiacomi, juge d'instruction, délégué.)

D. Pourriez-vous donner exactement le signalement de l'individu qui parais-

---

(1) Voir les autres dépositions du même témoin, ci-après pages 68, 72 et 233.
(2) Voir une autre déposition du même témoin, ci-devant page 23.

sait commander la bande d'insurgés qui ont attaqué le poste du Palais de Justice?

R. C'est un homme grand, maigre, sec, et qui avait de la barbe et des moustaches. Je ne me rappelle sa coiffure ni ses vêtements exactement.

D. Croyez-vous que vous pourriez reconnaître cet individu?

R. Oui, Monsieur.

Et aussitôt nous avons conduit le témoin dans le local occupé par le nommé *Barbès* à la Conciergerie; après l'avoir examiné, le sieur *Paulin* nous a déclaré que cet homme-là lui faisait l'effet d'être le même que celui qui est venu à la tête de la bande, qui a parlé à l'officier, qui lui a ensuite tiré deux coups de fusil à bout portant; le premier, ajoute-t-il, fut détourné par l'épée de l'officier, et l'autre l'atteignit; ce second coup fut tiré après que cet homme eut reculé d'un pas.

25. — MEUNIER (Martin), *âgé de 33 ans, bijoutier, demeurant à Paris, rue de la Calandre, n° 51.*

(Entendu le 28 mai 1839 devant M. Zangiacomi, juge d'instruction, délégué.)

Je m'en réfère à la déposition que j'ai déjà faite devant l'un de vos collègues sur les événements dont j'ai été témoin dans la journée du 12 courant(1). Mais je dois vous dire que, lorsque je me suis rendu, sur votre invitation, à la Conciergerie pour qu'on m'y représentât les détenus, j'ai reconnu dans l'infirmerie un des individus qui a tiré sur le peloton du poste du Palais de Justice. Cet homme était assez gros, et il était porteur d'une blouse; sa taille était moins élevée que celle du chef qui commandait la bande des insurgés. Quant à ce dernier, voici le signalement que j'en puis donner: il était d'une haute taille, c'est-à-dire qu'il avait 5 pieds 4 pouces environ. Il était porteur d'une redingote de couleur foncée, assez courte, boutonnée jusqu'en haut; ce qui lui donnait encore l'air plus grand; il était coiffé d'un chapeau, et je suis sûr qu'il avait des bottes: je n'ai pas remarqué son pantalon. Sa figure était longue et maigre; il avait de la barbe au menton et des moustaches; je ne crois pas qu'il eût de favoris. Comme j'étais à quelque distance, je ne puis dire quelle était la couleur de ses moustaches et de sa barbe.

C'est ce chef de la bande qui a adressé la parole à l'officier qui commandait le poste, et qui lui cria: *Rendez vos armes! les postes sont à nous.* Sur la réponse de l'officier, que je n'entendis pas, il fit demi-tour à droite, recula d'un pas ou deux, et tira presque à bout portant sur l'officier.

(1) Voir les dépositions, ci-après pages 236 et 242.

L'autre homme que j'ai désigné a lâché en même temps son coup sur le peloton.

Et aussitôt nous nous sommes transporté à la conciergerie avec le sieur *Meunier.*

Introduit dans la chambre du nommé *Barbès,* nous avons invité le témoin à l'examiner attentivement, et nous sommes sorti aussitôt après lui. Le sieur *Meunier* nous a dit immédiatement : « L'individu que je viens de voir est « bien celui qui était à la tête de la bande, qui était porteur d'un fusil, qui a « parlé au chef du poste, et qui l'a tiré à bout portant. »

Nous constatons que le sieur *Barbès* est porteur d'une redingote noire, qui descend seulement au milieu de la cuisse; qu'il a cinq pieds 4 à 5 pouces; qu'il a des moustaches et de la barbe, peu de favoris, et qu'il est mince de taille.

Le témoin nous fait observer que les favoris du sieur *Barbès* étaient encore moins prononcés qu'aujourd'hui le jour où il l'a vu.

Nous avons ensuite conduit le témoin dans l'infirmerie, où il nous a désigné un individu, qui nous a dit s'appeler *Labbaye,* pour l'homme qui était à côté de *Barbès,* et qui avait fait feu sur le peloton en même temps que lui et sur son ordre.

Interpellé sur la signification de ces derniers mots, le sieur *Meunier* a dit qu'au moment où le sieur *Barbès* allait tirer il avait fait signe, avant de coucher en joue son arme, à la bande qui l'accompagnait d'en faire autant.

(Dossier Barbès, n°   du greffe, pièce   .)

16. — MESNAGE (Alexandre-Louis), *âgé de 40 ans, demeurant à Paris, rue de la Barillerie, n° 16* (1).

(Entendu le 16 mai 1839 devant M. Jourdain, juge d'instruction, délégué.)

Le dimanche 12 mai, à trois heures et demie, je vis arriver un rassemblement d'hommes armés, à la tête desquels était un individu grand et maigre, et ayant la barbe entière; je n'ai pas remarqué la couleur de cette barbe. Presque tous les individus composant cette bande étaient armés d'un fusil de chasse; l'homme qui commandait cette troupe s'approcha de l'officier qui commandait le poste du Palais de Justice, et qui avait fait sortir son monde ; le somma de rendre les armes. Cet officier répondit : *Plutôt mourir!* Aussitôt les insurgés firent feu; l'officier tomba mort, les soldats se baissèrent, et la décharge brisa les carreaux. Néanmoins le sergent et un soldat furent tués et d'autres blessés; l'officier avait une balle sous l'aisselle droite et une dans la tête; le sergent avait une balle dans le ventre; et le soldat, une balle dans le cou: tous trois furent apportés chez moi, et de là on les transporta à l'Hôtel-Dieu;

---

(1) Voir deux autres dépositions de ce témoin, ci-après page 242 et 247.

j'ai encore chez moi la giberne et le shako du sergent et le col de l'officier, un nécessaire d'armes, deux paires de gants et un mouchoir de couleur.

(Dossier Barbès, n°   du greffe, pièce   .)

27. — MARJOLLIN (Eugène-Alexandre), *âgé de 13 ans et demi, demeurant chez son père, à Paris, rue de la Calandre, 27.*

(Entendu le 14 mai 1839 devant M. Jourdain, juge d'instruction.)

Dimanche, vers trois heures et demie, je revenais de chez un de mes camarades de pension, lorsque je vis sur le quai aux Fleurs une troupe d'hommes armés, à la tête de laquelle se trouvait un individu d'une taille ordinaire, assez gros, portant une barbe brune en collier, une petite mouche sous la lèvre inférieure; il était en redingote de couleur foncée et coiffé d'un chapeau noir, qui paraissait avoir reçu des coups. Cet individu tira sur l'officier qui commandait le poste du Palais de Justice; mais cet officier baissa la tête et releva le fusil avec son sabre; mais dans le même moment, un jeune homme de 18 à 20 ans, portant une mouche et des moustaches d'un brun roux, tira sur l'officier et le tua. Cet homme était vêtu d'une blouse bleue, ayant des broderies rouges et blanches au col, et coiffé d'une casquette noire ou bleue, avec des lisérés rouges en limaçon; il avait aussi une cravate rouge avec un gros nœud. Je crois bien avoir vu conduire le premier individu dont je vous ai parlé, à la Préfecture, par deux gardes municipaux à cheval, qui portaient son fusil, et deux hommes de la ligne qui le tenaient. Quand j'ai vu ce rassemblement, ils étaient une cinquantaine, tous armés de fusils, de sabres ou de pistolets.

(Dossier Barbès, n°   du greffe, pièce   .)

28. — GROS (Casimir), *âgé de 24 ans, chef des stations des Favorites, place du Palais de Justice.*

(Entendu le 14 mai devant M. Jourdain, juge d'instruction, délégué.)

D. Nous avons été informé que vous aviez dit que vous aviez vu le chef d'attroupement qui a attaqué le poste du Palais de Justice, et que vous aviez même donné quelques détails sur cet événement.

R. Oui, Monsieur, cela est vrai; j'étais à mon bureau lorsque j'entendis un coup de pistolet vers quatre heures moins dix minutes. J'allai vers le Palais de Justice pour voir ce que c'était, et, quand j'eus dépassé le café qui est en face l'entrée, je vis un attroupement d'hommes armés qui étaient près du poste. L'un d'eux dit à l'officier : *Rendez vos armes!* Celui-ci fit un signe négatif avec son sabre : alors ces individus se reculèrent de quelques pas et firent feu sur le poste. L'officier tomba; l'attroupement se jeta sur les soldats et s'empara du poste. Quelques instants après ils revinrent près du Palais de Justice, et quand ils arrivèrent près du café, à côté duquel j'étais, l'un d'eux, qui était plus grand que les autres et qui paraissait très-exalté, s'arrêta pour recharger son fusil à deux coups. Je demandai à cet homme s'il était blessé; il me répondit que non, et me dit d'un ton impérieux : Jamais les Français ne sont blessés. Cet homme avait les cheveux longs et bruns; il était nu-tête, vêtu d'une redingote vert-russe foncé; il paraissait plus exalté que les autres, mais je ne pourrais pas vous dire si c'est lui qui avait dit à l'officier de rendre les armes. Je n'ai pas fait attention à sa barbe; j'ai seulement remarqué qu'il n'avait pas de moustaches. Le rassemblement se porta ensuite sur la place du Palais-de-Justice, où ils crièrent *aux armes!* et ils se dirigèrent du côté du pont Saint-Michel, par la rue de la Barillerie.

(Dossier Barbès, n°   du greffe, pièce   .)

29. — LEVRAUD (Benjamin-François), *âgé de 64 ans, docteur en médecine, chevalier de la Légion d'honneur, quai Saint-Michel, n° 9.*

(Entendu le 15 mai 1839 par M. Jourdain, juge d'instruction.)

Le dimanche 12 j'étais allé voir un malade dans l'île Saint-Louis; je me préparais à aller en voir un autre dans le faubourg Montmartre; lorsque j'arrivai rue des Arcis, je vis un rassemblement d'hommes armés de fusils à deux coups, et quelques-uns ayant, en outre, des pistolets à la ceinture. Ils s'arrêtèrent au milieu de la rue; je m'arrêtai moi-même sur le trottoir; ils tirèrent quelques coups de fusil en l'air : alors un homme de 30 à 36 ans, qui les commandait, leur fit signe de ne pas tirer et fit des reproches à un qui venait de tirer. Cet homme était d'une taille élevée : vêtu d'une redingote courte, que je crois bleue; il avait de la barbe, je ne pourrais pas vous dire de quelle couleur, mais il était brun et sa barbe avait un reflet roux : il portait la barbe longue, coupée et arrondie, à la saint-simonienne, les moustaches se joignaient au reste de la barbe. Il y avait parmi ce rassemblement un petit bossu qui était armé d'un fusil à deux coups. En général ils ne criaient pas, je n'entendis que quelques cris de *vive la République!* La troupe se divisa en deux bandes, dont l'une se dirigea vers le pont Notre-Dame, et l'autre remonta vers la porte Saint-Martin. Je pris alors les petites rues de traverse pour revenir chez moi; j'arrivai près du poste du Palais de Justice, et je vis la portion de la bande qui avait pris la direction du pont Notre-Dame, longer la rue Basse du quai aux Fleurs, se dirigeant sur le poste du Palais de Justice. Je m'arrêtai un instant, à peine éloigné de dix à douze pas de ce poste, et je vis arriver le même homme de haute stature, armé d'un fusil à deux coups, sur l'officier du poste, et lui appliquer ce même fusil sur la poitrine. L'officier releva le canon du fusil avec son sabre, et à l'instant même, la troupe des insurgés arriva, faisant feu sur tout le poste; je vis tomber l'officier et quelques soldats; après un quart d'heure environ, la troupe des insurgés s'étant retirée, et ayant enlevé les armes, j'avançai pour voir si je pourrais être utile aux blessés : on venait de relever l'officier pour le porter à l'Hôtel-Dieu; un autre soldat, grièvement blessé, fut également porté à l'Hôtel-Dieu, et un troisième qui respirait encore, et que j'aidai à mettre sur une table dans le corps de garde, fut visité par moi, mais je reconnus qu'une balle avait pénétré dans la poitrine, traversant d'avant en arrière : la balle, lorsque je le retournai, étant sortie par le dos, ne me laissa aucun espoir de le sauver, et je me retirai. Je ne sais pas si je pourrais reconnaître l'homme que j'ai vu à la tête de la bande.

Nous nous sommes aussitôt transportés à l'infirmerie de la Conciergerie, pour y représenter au témoin le nommé *Delsade*, et il a dit : Je n'ai pas vu cet homme, j'en suis bien sûr, ce n'est pas du tout celui dont je viens de vous parler.

Nous avons ensuite représenté au témoin le nommé *Barbès*, que nous avons trouvé dans une autre pièce, couché dans un lit, et la tête enveloppée de linge, et le témoin a dit :

L'aspect de cet homme me rappelle, par sa taille, autant que j'en puis juger étant couché, celui que j'ai signalé comme étant à la tête des insurgés que j'ai vus attaquer le poste du Palais de Justice; mais sa figure ne me paraît pas la même ; ici je vois une figure blonde, une barbe allongée après le menton, tandis que l'autre m'a paru avoir une figure plus ronde, la barbe plus touffue et également plus arrondie, en sorte que je ne puis assurer que ce soit le même individu.

(Dossier Barbès, n°   du greffe, pièce   .)

30. — POMMIER (François), *âgé de 59 ans, garçon de bureau à la* Gazette des Tribunaux (1).

(Entendu le 16 mai 1839 devant M. Jourdain, juge d'instruction, délégué.)

Dimanche dernier, vers trois heures et demie ou quatre heures moins un quart, j'étais à mon bureau avec le peintre, lorsque j'entendis tirer deux coups de fusil qui venaient du pont Notre-Dame; je me mis à la fenêtre, et j'aperçus un groupe d'une trentaine d'individus armés de fusil, qui venaient par le pont Notre-Dame, traversèrent le quai aux Fleurs, descendirent les marches en face notre bureau et prirent la rue Basse; ils étaient tous armés de fusils de chasse ; un seul avait un fusil de munition. Un individu grand et mince était

---

(1) Voir une autre déposition du même témoin, ci-devant page 24.

à la tête du rassemblement, et le dirigeait en tenant son fusil élevé de la main droite. Il avait une redingote très-courte et d'une couleur foncée, et un chapeau noir. Il s'avança jusque vers le poste, je l'entendis crier ; le poste était sous les armes dès le moment où ces individus avaient traversé le quai; les insurgés firent feu, et je vis l'officier tomber, mais je ne pourrais pas dire qui l'a tué ; je n'ai pas pu remarquer la figure de celui qui commandait, parce qu'ayant vu le poste sous les armes, ils marchaient très-vite. Pendant que ces individus marchaient sur le quai en avançant, je vis un ouvrier en veste et casquette, qui montait les marches pour traverser le quai, au moment où les derniers insurgés passaient en face la maison n° 11. Le dernier des insurgés, qui était vêtu d'une redingote bleue, et qui était d'une petite taille, arrêta cet ouvrier par le bras et lui parla comme à quelqu'un que l'on connaît, et lui dit : Viens donc avec nous ; cet ouvrier lui demanda où ils allaient, et l'insurgé lui répondit qu'ils allaient prendre des armes au poste ; les autres l'ayant appelé, il les rejoignit, et l'ouvrier continua son chemin. Je ne pourrais pas reconnaître celui qui était à la tête, il marchait trop vite en ce moment.

(Dossier Barbès, n°   du greffe, pièce   .)

31. — MICHELAN (Jean-Baptiste), *âgé de 52 ans, fabricant de compas, demeurant à Paris, place Dauphine, n° 7* (1).

(Entendu le 17 mai 1839 par M. Jourdain, juge d'instruction, délégué.)

Dimanche dernier, 12 mai, j'étais sorti de mon logement pour aller me promener, lorsque je vis le fils de la dame *Sorel*, de la maison, qui montait tout effrayé, en disant : Il y a une révolution, on se bat au quai aux Fleurs : il continua sa route. Je rencontrai au même instant madame *Chapuis*, sage-femme, qui rentrait tout effrayée, n'ayant pu passer sur le quai aux Fleurs. Je la calmai et la fis rentrer chez elle ; elle me dit qu'elle avait vu tirer sur les soldats du poste du quai aux Fleurs. Je descendis, après avoir quitté ma redingote, afin de voir ce qui se passait : aussitôt je trouvai six à huit individus dans mon allée, ils s'y étaient sauvés, ils étaient tous armés de fusils de chasse. Sans calculer le danger où je pouvais être, je les poussai à coups de pieds et à coups de poings ; ils avaient posé leurs fusils le long de l'allée dans le coin de la porte, j'en avais pris un et je m'en servis pour les pousser : un jeune homme de vingt ans environ me supplia de lui rendre son fusil ; mais bientôt je vis un autre de ses camarades qui me mettait en joue, alors je lui rendis son fusil et poussai la porte de l'allée ; puis je remontai au second ; un instant après la garde arriva et fit une perquisition dans la maison : j'avais trouvé une grande quantité de cartouches, tant dans l'allée que dans l'escalier de la cave ; je les remis au commissaire de police. Je dois vous dire qu'au moment

---

(1) Voir une première déposition du même témoin, ci-après page 236.

où je rendis le fusil je regardai à la porte, et je les vis qui faisaient feu sur la grille du Palais de Justice; la garde municipale arriva des deux côtés de la rue du Harlay, fit feu sur eux; ils ne savaient de quel côté se sauver; quelques-uns déposèrent leurs fusils près de la maison des voitures de Choisy, et se sauvèrent de tous les côtés; quelques-uns du côté du Pont-Neuf; parmi ces derniers, il y en avait qui conservaient leurs fusils.

(Dossier Barbès, n°   du greffe, pièce   .)

32. — CAHEZ (Louis), *âgé de 29 ans, limonadier, demeurant à Paris, rue des Arcis, n° 64.*

(Entendu le 17 juin 1839 par M. Zangiacomi, juge d'instruction, délégué (1).)

Le dimanche 12 mai dernier j'étais sur le pas de ma porte lorsque je vis arriver les insurgés. Ne sachant ce que cela voulait dire, je me mis à rire sur ces individus, dont les intentions ne me paraissaient pas malveillantes. Mais l'un d'eux trouva mauvais que j'eusse l'air de rire, et il m'en fit l'observation. A la tête de la bande se trouvait, en ce moment, un homme de grande taille, maigre, et ayant une redingote très-courte; il était porteur d'un fusil à deux coups, il le tenait élevé dans la main droite en criant : *Aux armes ! vive la république!* L'homme que je signale ne m'a rien dit : je crois pouvoir le reconnaître; il pouvait, en ce moment, être trois heures et demie, et cette bande armée se dirigeait du côté de la Cité.

Et aussitôt nous nous sommes transporté à la Conciergerie avec le comparant, et l'avons mis en présence du nommé *Barbès;* il l'a reconnu pour celui qui conduisait la bande dont il vient de parler.

Il ajoute que ce n'est pas néanmoins l'homme qui lui a dit qu'il ne fallait pas rire dans une insurrection, et qui accompagnait le chef de la bande.

(Dossier Barbès, n°   du greffe, pièce   .)

33. — HENRY (Pierre-Marie), *âgé de 51 ans, propriétaire, demeurant à Paris, quai de l'Horloge, 63.*

(Entendu le 17 juin devant M. Jourdain, juge d'instruction, délégué.)

Dimanche dernier, vers quatre heures, je venais de chez mon frère, qui demeure rue Poissonnière, et de chez qui j'étais sorti à trois heures et demie, lorsque, arrivé près de la rue des Prêtres-Saint-Germain-l'Auxerrois, j'entendis des coups de fusil, je vis du monde courir. Je pris la chaussée pour

---

(1) Cette déposition a été reçue en vertu d'une délégation nouvelle de la chambre, faite le 13 juin, en vertu de l'article 303 du Code d'instruction criminelle. Cette observation s'applique aux autres dépositions rapportées plus loin, et dont la date est postérieure à celle de l'arrêt de mise en accusation prononcé par la Cour.

me mettre à l'abri des parapets, dans la crainte d'être blessé. Je gagnais ainsi le quai de l'Horloge, lorsqu'à l'encoignure du trottoir du pont je vis une dizaine d'individus tous armés qui montaient les marches du trottoir, allant du côté de la rue du Roule. Entrant alors sur le quai de l'Horloge, j'aperçus sur le trottoir, du côté des maisons et à la hauteur du n° 77 ou à peu près, une giberne et un sabre-poignard avec leurs buffleteries, qui paraissaient appartenir à la troupe de ligne. Il n'y avait alors personne que moi sur le quai ; je continuais mon chemin tout le long d'une maison, et j'aperçus un individu blessé au bras gauche qui était blotti dans l'embrasement de la porte de l'allée du n° 65, la porte avant la mienne. Toutes les portes étaient fermées. Je crus voir que cet homme avait un fusil placé à côté de lui verticalement, mais depuis, en examinant cette porte, j'ai reconnu qu'elle est grillée de barreaux, et j'ai pu prendre l'un de ces barreaux pour le canon d'un fusil. Je me hâtai de frapper à ma porte pour rentrer chez moi. Je reconnaîtrais bien cet homme : il était vêtu d'une redingote et d'un pantalon, je crois, à raies. Il était d'une taille ordinaire, mais assez fort.

34. — VAILLANT (Louis-Augustin), *âgé de 44 ans, employé chez M. Tallard, quai aux Fleurs, n° 21.*

(Entendu le 17 mai par M. Jourdain, juge d'instruction délégué.)

Dimanche dernier, 12 mai, vers quatre heures, j'entendis tirer quelques coups de fusil dans la direction du pont Notre-Dame ; je regardai de ce côté, et je vis une bande d'hommes armés qui venaient ; un individu d'environ 25 à 30 ans, portant une longue barbe, était à la tête ; il dit à ceux qui le suivaient : Ne tirez pas ; ils s'approchèrent en même temps du poste du Palais de Justice ; le chef de la bande parla à l'officier ; je n'entendis pas ce qu'il lui dit, mais je vis l'officier faire un signe de la main et de la tête, et au même instant un des insurgés se plaça à la droite des soldats du poste, fit feu sur l'officier, qui tomba mort, tous les autres factieux firent une décharge sur les soldats ; je ne pense pas pouvoir reconnaître le chef de la bande, ni celui qui a tiré sur l'officier : ce dernier me parut un peu plus jeune que le chef, il n'avait pas de barbe et il était moins grand que le chef.

(Dossier Barbès, n°   du greffe, pièce   .)

INFORMATION FAITE A CARCASSONNE.

35. — *Perquisition au domicile du sieur* ALBERNY *à Carcassonne.*

L'an 1839, le 20 mai,

Nous, *Jacques Degrand,* juge au tribunal de 1re instance de l'arrondissement de Carcassonne, remplissant les fonctions de juge d'instruction par intérim et en remplacement du titulaire absent par congé, assisté de MM. *Auguste Pouget,* procureur du Roi, *Série,* greffier en chef près ledit tribunal, et *Chouraud,* commissaire de police de ladite ville, agissant en exécution d'une commission rogatoire de M. le Chancelier de France, Président de la Cour des Pairs, en date du 16 mai courant, à nous transmise par M. le procureur du Roi, nous sommes transporté au domicile du sieur *Alberny,* négociant de cette ville (ce même jour), à l'effet de rechercher et de saisir, le cas échéant, toutes correspondances du sieur *Armand Barbès* avec ledit sieur *Alberny,* et tous papiers et pièces concernant les événements politiques ou se rattachant au complot et attentat qui ont eu lieu à Paris dans les journées des 12 et 13 mai courant. Après nous être livré aux investigations les plus minutieuses, soit dans les comptoirs du magasin et appartements occupés par ledit sieur *Alberny,* après avoir fouillé dans les secrétaire et commode, et effets d'habillement contenus dans ces divers locaux, nous n'avons découvert aucune trace des rapports que le sieur *Barbès* pourrait avoir eus avec le sieur *Alberny,* ni aucuns papiers ou pièces se rattachant directement ou indirectement à l'attentat prémentionné.

De tout quoi nous avons dressé le présent procès-verbal que nous avons signé.

(Dossier Barbès, n°   du greffe, pièce   .)

36. — CASTEL (Jean), *âgé de 34 ans, valet de labour au domaine de Fourton, y domicilié (arrondissement de Carcassonne).*

(Entendu le 20 mai 1839, devant M. Degrand, juge au tribunal de 1re instance de Carcassonne, remplissant les fonctions de juge d'instruction.)

D. Avez-vous su longtemps à l'avance que le sieur *Barbès* fût dans l'intention de faire un voyage?

R. Le sieur *Barbès* n'était pas dans l'usage de s'entretenir avec nous, et ce n'est que deux ou trois jours avant son départ que le sieur *Carbon,* homme d'affaires, nous dit que le sieur *Barbès* devait aller passer une quinzaine de jours à Marseille, et qu'il profiterait peut-être de cette circonstance pour aller voir le port de Toulon; je ne sais plus rien.

(Dossier Barbès, n°   du greffe, pièce   .)

37. — CARBON (Jean), *âgé de 49 ans, homme d'affaires, domicilié à Fourton, commune de Villalier, canton de Conques, arrondissement de Carcassonne.*

(Entendu le 20 mai 1839 par M. Degrand, juge au tribunal de 1re instance de Carcassonne, délégué.)

D. Depuis quelle époque êtes-vous sur le domaine de Fourton?

R. J'y suis avec ma famille depuis 1834; auparavant je résidais à Villalier, mais je donnais mes soins à ce domaine, moyennant un salaire d'un franc cinquante centimes par jour.

D. Quelles sont les personnes qui fréquentaient le plus habituellement le sieur *Barbès* pendant son dernier séjour à Fourton?

R. MM. *Policarpe* fils, *Doux*, fabricant, et *Celles*, propriétaire à Villalier, ses voisins de campagne.

D. Depuis combien de jours le sieur *Barbès* a-t-il quitté sa campagne?

R. Je pense, autant que je puis me le rappeler, que c'est dans la nuit du 13 ou 14 avril dernier; je l'accompagnai à onze heures du soir à l'écluse dite *de l'Évêque*, située à un quart de lieu environ dudit domaine; il m'annonça, sur ma demande, qu'il allait à Marseille, qu'il arriverait peut-être jusqu'à Toulon, et qu'il serait de retour ici dans quinze jours ou trois semaines au plus.

D. Savez-vous si quelques jours avant son départ il a reçu quelques lettres, soit par le facteur rural, soit par un exprès parti de Carcassonne ou d'ailleurs?

R. Je l'ignore; je sais seulement que le facteur rural lui apportait de temps en temps quelques lettres.

D. Avant son départ le sieur *Barbès* vous a-t-il fait part de l'intention où il était de s'absenter pendant quelque temps.

R. Deux jours environ avant son départ, M. *Barbès* me fit part du projet qu'il avait d'aller voir quelques amis à Marseille.

D. Savez-vous quels sont les effets que le sieur *Barbès* a emportés avec lui?

R. Non, M. *Barbès* ayant fait sa malle sans le secours de personne; et ce fut le harassier et moi qui allâmes la prendre dans sa chambre pour en faire le transport à la barque de poste.

D. Depuis le départ de M. *Barbès* n'avez-vous point reçu des lettres à son adresse?

R. Non, Monsieur, on n'a rien apporté à son adresse pendant son absence, si ce n'est la feuille intitulée le *National.*

D. Qui vous a instruit de l'événement qui lui est arrivé à Paris le 12 ou le 13 du mois courant?

R. Je le tiens de quelques journaliers de Villalier que je suis dans l'usage d'occuper. Cela m'a été confirmé ensuite par les journaux.

Lecture faite audit *Carbon* du présent interrogat et des réponses y insérées, a dit icelles contenir vérité et y persister, et a signé avec nous et le greffier.

(Dossier Barbès, n° du greffe, pièce .)

38. — Femme CARBON (née Marie RAYNAUD), *âgée de 45 ans, domiciliée Fourton, commune de Villalier.*

(Entendue le 20 mai 1839 par M. Degrand, juge au tribunal de 1re instance de Carcassonne, délégué.)

D. Pendant combien de temps le sieur *Barbès* a-t-il résidé sur le domaine de Fourton avant son dernier départ?

R. Je pense que c'est pendant environ dix à onze mois.

D. M. *Barbès* vous a-t-il fait part longtemps à l'avance de son projet de départ?

R. Il ne m'en a parlé que deux jours auparavant seulement.

D. Savez-vous si avant son départ il avait reçu quelques lettres, soit par la voie du facteur rural, soit par exprès parti de Carcassonne ou d'ailleurs?

R. Je l'ignore.

D. Savez-vous où est allé le sieur *Barbès* lorsqu'il a quitté la campagne?

R. A Marseille.

D. Quels sont les effets qu'il a emportés avec lui?

R. Je l'ignore, ayant fait sa malle à mon insu.

Lecture faite à ladite *Marie Raynaud,* épouse *Carbon,* de sa déclaration, a dit icelle contenir vérité et y persister, n'a su signer, de ce par nous requise, et avons signé.

(Dossier Barbès, n° du greffe, pièce .)

39. — ARMAND (Polycarpe), *âgé de 45 ans, propriétaire, domicilié à Carcassonne.*

(Entendu le 21 mai 1839 devant M. Degrand, juge au tribunal de 1re instance de Carcasonne, délégué.)

D. Étiez-vous dans l'usage de pratiquer le sieur *Armand Barbès*, de Fourton, et avez-vous été instruit de son dernier départ longtemps à l'avance?

R. M. *Armand Barbès* et M. *Doux* ont été autorisés par moi à chasser sur mes propriétés, cela m'a mis en rapport avec eux, et, quinze jours à peu près avant son départ, M. *Barbès* m'a instruit du projet qu'il avait formé d'aller passer une quinzaine de jours à Marseille, et de profiter de cette occasion pour voir le port de mer de Toulon.

D. Savez-vous si ce projet de voyage a été provoqué, précipité même par quelque lettre que le sieur *Barbès* aurait reçue de Paris ou d'ailleurs?

R. Non, Monsieur.

D. Avez-vous connaissance des effets que le sieur *Barbès* aurait emportés lors de son départ?

R. Je l'ignore.

D. Êtes-vous instruit qu'avant son départ il se soit procuré un passe-port, soit à Carcassonne, soit à Villalier, et pouvez-vous me dire le nom de l'intermédiaire dont il s'est servi pour cela?

R. Je n'en sais rien.

D. N'êtes-vous pas du nombre de ceux qui l'ont fortement pressé de ne pas aller à Paris, et qui ont blâmé son départ?

R. Non, Monsieur, parce que je croyais qu'il allait seulement à Marseille et à Toulon; si j'eusse été instruit au contraire que son intention fût d'aller à Paris, nul doute qu'à l'instar de beaucoup d'autres personnes je ne m'y fusse fortement opposé.

(Dossier Barbès, n°   du greffe, pièce   .)

FAITS PARTICULIERS A NOUGUÈS.

40. — *Procès-verbal de perquisition au domicile de* Nouguès.

Nous, *Joseph-Martial Yver*, commissaire de police de la ville de Paris, chargé des délégations judiciaires, etc.,

Procédant en exécution d'un mandat de perquisition décerné, le 4 juin courant par M. *Zangiacomi*, juge d'instruction délégué,

Nous sommes transporté, assisté du sieur *Vassal*, officier de paix, et de plusieurs des agents sous ses ordres, rue de la Bûcherie, 15, au domicile du nommé *Nouguès*.

A notre arrivée, ledit sieur *Nouguès* descendait l'escalier. Nous lui avons fait connaître et notre qualité et le motif de notre transport, puis nous l'avons invité à rentrer dans sa demeure.

Au cinquième étage, dans la chambre occupée par *Nouguès*, nous avons, en sa présence, opéré longuement et avec sévérité, les recherches les plus minutieuses; par suite nous avons trouvé et saisi, savoir : 1° quinze brouillons, chansons, poésies ou prose, émettant des principes plus ou moins subversifs de l'ordre social. Nous y avons apposé une étiquette indicative scellée et signée, scellé n° 1er.

2° Un recueil de poésies dites *Miscellanées*, saisi au domicile du nommé *Nouguès*, inculpé de complot. Le sieur *Nouguès* reconnaît que ce recueil de poésies est de son fait, qu'il en est l'auteur.

Nous y avons appliqué une étiquette indicative, scellée et signée.

3° Deux imprimés, dont l'un a pour titre : *Des droits et du devoir du républicain*; l'autre intitulé : *Pourquoi nous sommes républicains*, et une note écrite au revers d'une contre-épreuve, moitié à l'encre, moitié au crayon, et contenant des menaces plus ou moins directes contre le Gouvernement du Roi.

Nous y avons appliqué étiquette indicative, signée et scellée, n° 3.

4° Une minute de lettre de la main du sieur *Nouguès*, une lettre d'un nommé *Dupont*, où il fait allusion à la chose dite *Machinette*, et à des *peignes d'acier;* une lettre signée *Martin*, où il énonce qu'un mouvement à ce jour serait nuisible à la cause républicaine, et dans laquelle il conseille au sieur *Nouguès* de voter contre, s'il a voix délibérative. Une lettre d'un nommé *Parthenay*, relative à des choses politiques; une pièce de vers qui fait allusion aux événements du 12 et du 13 mai, et semble les annoncer : « Nous touchons « à la péripétie. » Elle est datée du 9 mai 1839, et une lettre du sieur *Boudin*, où il est aussi question de la *Machinette*, comme mot d'ordre ou ordre du jour, scellé n° 4.

5° Cinq lettres, dont quatre sont de la main de *Nouguès*[1], et dans lesquelles il révèle d'une manière plus ou moins directe la part qu'il a prise aux attentats du 12 et du 13 mai dernier; la cinquième, de la demoiselle *Reine Morel*, où elle paraît déplorer les intentions et l'action républicaine de *Nouguès*; un imprimé formulant une sorte de procès-verbal de réception dans une société occulte; une liste de divers noms pouvant être ceux des membres d'une association illicite; une carte portant le nom de *Renède*, au bas de laquelle est une annotation, qui d'abord nous a paru de la main dudit sieur *Nouguès*, ce qu'il a nié.

Nous avons, comme au scellé n° 4, apposé étiquette indicative, signée et scellée.

6° Huit balles, dont cinq sont aplaties; des caractères et des interlignes d'imprimerie, en plomb, qui nous ont paru destinés à couler d'autres balles, ou provenir peut-être d'une presse clandestine.

Nous avons fait un paquet de ces objets, que nous avons mis sous scellé, avec étiquette indicative, signée et scellée.

Interpellé de nous dire comment des lettres par lui adressées à la demoiselle *Reine-Morel* sont revenues en ses mains, le sieur *Nouguès* nous a déclaré:

« Je me suis brouillé avec elle, non pas sans retour, mais assez pour que,
« dans un moment d'humeur, elle me rendît toutes mes lettres. Il ne m'é-
« tait pas venu à la pensée que des lettres adressées par moi à une femme
« pour qui j'avais de l'affection pussent être une occasion d'inculpation
« contre moi. »

Par suite des renseignements que nous indiquaient tout naturellement les lettres de la demoiselle *Daniel*, maîtresse avouée du sieur *Nouguès*, nous nous sommes transporté au domicile de celle-ci, rue Serpente, n° 5, accompagné dudit sieur *Nouguès*.

Dans une pièce sise au cinquième étage de cette maison, dont nous avons fait ouvrir la porte par le sieur *Moutonnier*, serrurier, en l'absence de la demoiselle *Daniel*, nous allions nous livrer à une perquisition sévère, lorsque

---

[1] *Lettre de* Nouguès *à la nommée* Reine Morel.
13 mai.

Ma chère Reine,

Jusqu'à présent, il ne m'est rien arrivé.... Nous avons combattu toute la journée d'hier, mais nous espérons recommencer ce soir.... Prie pour moi, et si j'échappe, tu seras ma femme; au revoir, je t'embrasse mille fois,

Ton mari.

Suscription: Mademoiselle Morel, rue Richer, 26. (En ville.)
(Dossier Nouguès, n°   du greffe,   pièce   .)

le sieur *Nouguès* nous a déclaré qu'il y avait deux fusils dans la paillasse du lit, mais que nous ne trouverions rien autre chose.

Nous nous sommes assuré d'abord qu'il en était ainsi, et, par suite, nous avons trouvé et saisi, 1° un fusil double dont le bois est brisé et manque à présent; 2° un fusil double non chargé. Le fusil brisé à la partie inférieure est chargé.

Nous avons ensuite opéré une minutieuse perquisition par suite de laquelle nous avons trouvé et saisi une lettre du sieur *Nouguès*, sans date, où il demande une avance à la fille *Daniel*, en lui faisant observer qu'il a besoin de quelque argent, afin « de nous *préparer à notre sacrifice* en homme d'hon-« neur, c'est-à-dire en payant quelques dettes publiques. » Il ajoute dans cette lettre qu'elle risque de perdre le prix « de ce dernier sacrifice en cas de mal-« heur pour eux et de revers dans leur entreprise. » Trois billets ensemble, 215 francs, souscrits par *Nouguès* et *Martin*, à l'ordre de la demoiselle *Daniel*, sur timbre, nous paraissant être une reconnaissance de la somme avancée à l'occasion dont il s'agit dans la lettre précitée; nous en avons opéré la saisie, encore bien que ces billets soient du mois de février, et parce qu'il est possible qu'ils aient été antidatés.

Nous avons paraphé cette lettre comme nous avons paraphé toutes celles de *Nouguès* (scellé n° 5); le sieur *Nouguès* les a aussi paraphées.

Nous nous sommes ensuite retiré; nous avons alloué, savoir : 3 francs au sieur *Hayot*, serrurier, qui a ouvert la malle du sieur *Nouguès*, dans son domicile, et pareille somme au serrurier *Moutonnier*, qui a ouvert la porte de la demoiselle *Daniel*, enfin 80 centimes pour aliments à l'inculpé *Nouguès*.

Et attendu qu'au mandat de perquisition susdit est joint un mandat d'amener décerné par M. *Zangiacomi*, nous avons chargé les sergents de ville qui nous accompagnaient de le notifier au sieur *Nouguès*, en se conformant à la loi.

De tout quoi nous avons dressé le présent procès-verbal que nous transmettons à Monsieur *Zangiacomi*, ensemble son mandat de perquisition et les pièces à conviction désignées au présent.

(Dossier Nouguès, n°   du greffe, pièce   .)

43. — *Procès-verbal relatif à l'attaque du poste du marché Saint-Jean.*

L'an 1839, le 12 mai, à cinq heures et demie de relevée,

Nous *Ch. L. Loyeux*, commissaire de police de la ville de Paris, et spécialement pour le quartier du marché Saint-Jean, etc.;

Procédant au cas de flagrant délit;

Et par suite de l'insurrection qui vient de se manifester dans Paris par la prise de plusieurs postes, et notamment par celle du poste Saint-Jean et du poste de la mairie du 7ᵉ arrondissement, par un attroupement considérable d'hommes armés.

Constatons que plusieurs des militaires du 28ᵉ de ligne de service audit poste Saint-Jean, qui a été enlevé de vive force par les insurgés, vers trois heures et demie, ont été transportés, par les soins de plusieurs habitants du quartier, dans diverses maisons, où ils ont été recueillis avec empressement.

Trois atteints de blessures extrêmement graves, l'une au sommet de la tête, le second à la partie supérieure et antérieure de la poitrine, et le troisième à l'articulation coxofémorale gauche, portés chez M. *Hivard*, pharmacien, place du marché Saint-Jean (rue de la Verrerie, n° 4), ont reçu les premiers soins de MM. les docteurs *Mignet*, averti de suite par les soins de M. *Auvard*, et de M. *Bonnassis*, aussi docteur en médecine, prévenu par nous.

Le dernier de ces trois blessés a pu dire qu'il se nommait *Sinsous*.

Un quatrième, qu'on a su se nommer *Beinlet (Louis)*, a été porté chez M. *Bechrel*, au troisième étage de la maison rue de la Verrerie, n° 2, où il a reçu également les premiers soins de M. *Mathieu*, docteur-médecin, rue Saint-Merry, n° 7.

Enfin, un cinquième a été entré au café de Malte, rue Saint-Antoine, n° 1, où les premiers soins lui ont été prodigués par les maîtres de l'établissement, et par M. *Brugère*, médecin, rue Vieille-du-Temple, 23, auquel il a déclaré se nommer *Beyrac*.

Les militaires recueillis chez M. *Auvard* et chez M. *Bechrel* ont été transportés, sur nos ordres, à l'Hôtel-Dieu, et le nommé *Beyrac* y a été également porté, sur la demande des habitants, au moyen d'un brancard emprunté à la mairie du 9ᵉ arrondissement.

C'est en ce moment, et en passant au coin de la rue Sainte-Croix-de-la-Bretonnerie et de celle Bourtibourg, avec notre collègue M. *Dourlens*, que nous avons enlevé, sur deux insurgés, deux fusils à deux coups, chargés, ainsi que nous l'avons constaté dans un procès-verbal spécial.

Nous nous sommes ensuite, notre collègue M. *Dourlens* et nous, transporté au poste Saint-Jean, accompagnés de MM. *Gourmillen* et *Barlet*, secrétaires de commissaires de police.

Nous avons trouvé ce poste ouvert et envahi par la foule.

A l'extérieur, au-dessus de la porte d'entrée et à droite un peu au-dessous du toit, on remarque le sillon fait de bas en haut, de gauche à droite, par le parcours d'une balle de fusil.

Une grande partie des carreaux sont brisés, et pour beaucoup on reconnaît qu'ils l'ont été par le passage de balles de fusil.

Dans l'intérieur qui est dans le plus grand désordre,

Nous trouvons étendu sur le lit de camp de gauche le corps d'un militaire du 28ᵉ, tué d'un coup de feu à l'abdomen, et ayant deux autres blessures, l'une à l'avant bras gauche, l'autre à la cuisse droite;

Nous le faisons placer sur un brancard et transporter à la caserne Popincourt.

Nous retrouvons également dans le poste et faisons porter à la Préfecture de police, avec un procès-verbal spécial, quatre sacs, quatre shakos dont un est percé d'une balle, plus quatre gibernes;

Les bretelles des sacs sont plus ou moins souillées de sang ainsi que celles des gibernes;

Ces sacs et shakos portent le n° 28.

Et le 14 mai,

Nous, commissaire de police susdénommé,

Continuant nos opérations,

Nous sommes transporté à la caserne du Faubourg-du-Temple, occupée par le 28ᵉ de ligne, où étant, et sur la représentation qui nous a été faite des relevés du service journalier, nous avons reconnu et constaté, comme ci-après, les noms des hommes de garde au poste Saint-Jean, le 12 mai courant

Girard (*Denis-François*), sergent au 28ᵉ de ligne, 2ᵉ bataillon, 2ᵉ compagnie;

Henriet (*Alexis*), caporal, même régiment, 2ᵉ bataillon, 5ᵉ compagnie;

Amy (*Christien*), *Moreau* (*Pierre*), *Beyrac* (*Jean*), *Glane* (*Léonard*), *Sinsous* (*Guillaume*), *Vincent* (*Pierre*), *Barillier* (*René*), *Beinlet* (*Louis*), *Garet* (*Damiens*) et *Lasalle* (*Jean*), tous dix soldats à la 2ᵉ compagnie du 2ᵉ bataillon, même régiment;

Que le militaire transporté sur notre ordre à la caserne Popincourt, après sa mort, est le nommé *Lasalle* (*Jean*);

Que les cinq militaires transportés à l'Hôtel-Dieu sont les nommés *Beyrac*, *Glane*, *Sinsous*, *Beinlet* et *Garet*;

Et que le nommé *Moreau* (*Pierre*), qui est rentré à la caserne après la prise du poste, est blessé de deux coups de baïonnette à la cuisse gauche, mais que ces blessures n'ont aucune gravité.

Nous étant ensuite transporté à l'Hôtel-Dieu,

Nous avons reconnu que, sur les cinq militaires du poste Saint-Jean, que nous y avions fait transporter, deux, les nommés *Beinlet* (*Louis*) et *Garet* (*Damiens*), y sont morts des suites de leurs blessures;

Les trois autres, les nommés *Beyrac*, *Glane* et *Sinsous* ne pouvant, sans danger pour leur existence, entrer dans aucun détail sur l'événement dont ils ont été victimes, nous avons clos le présent, et nous sommes retiré.

Et le même jour,

Nous, commissaire de police susnommé,

Avons reconnu et constaté :

1° Que les deux carreaux du bas de la porte vitrée d'entrée de la boutique du sieur *Milon*, successeur du sieur *Armand*, marchand de vin, rue Bourtibourg, 2, faisant face à la rue de la Verrerie, avaient été récemment brisés ;

2° Que le second carreau de la devanture vitrée, côté de la rue de Bercy, était percé d'un trou rond paraissant fait par le passage d'une balle de fusil ;

3° Qu'on retrouvait la trace de la même balle sur le mur en face, dans l'intérieur de la boutique, à une hauteur de trois mètres environ du sol ;

Et qu'il nous a été affirmé que ces dégâts ont été causés par les insurgés qui, après la prise du poste, ont tiré plusieurs coups de fusil sur cette boutique qu'on n'avait pas voulu leur ouvrir.

Et le 15 mai,

Nous, commissaire de police,

Transmettons à telles fins que de raison, à M. le conseiller d'État préfet de police :

1° Nos procès-verbaux des autres parts, de constatations diverses relatives à l'enlèvement, par des insurgés armés, du poste du marché Saint-Jean ;

2° Les rapports de MM. *Bonnassis* et *Mignet,* qui ont donné des soins à trois militaires du poste grièvement blessés ;

3° Le rapport de M. *Brugère,* qui a porté des soins à un autre desdits militaires ;

4° La déclaration du sieur *Girard*, du 28ᵉ de ligne, commandant le poste et reconnaissance, par lui, de *Ferrari;*

5° Celles du caporal *Henriet* et des soldats du poste, *Moreau* et *Vincent;*

6° La déclaration du sieur *Riquier;*

7° Celle du sieur *Marsoline;*

8° Celle du sieur *Lesseré;*

9° Celle du sieur *Josset.*

(Dossier Nouguès, n° du greffe,   pièce   .)

44. — *Rapport de médecins constatant les blessures reçues par des militaires.*

1ᵉʳ RAPPORT.

Cejourd'hui 12 mai mil huit cent trente-neuf, vers trois heures trois quarts de relevée ;

Je *Bonnassis (Jean-François)*, docteur en médecine, demeurant rue Saint-Antoine, n° 51, me suis transporté, sur l'invitation de M. *Loyeux*, commissaire du quartier Saint-Jean, chez M. *Auvard*, pharmacien, rue de la Verrerie, n° 2, où j'ai trouvé le sieur *Mignet*, docteur en médecine, et un autre médecin; et avec eux j'ai donné des soins et visité trois jeunes militaires blessés grièvement, lesquels avaient été portés à la pharmacie du sieur *Auvard*, et accueillis avec le plus grand empressement.

Arrivé en la maison ci-dessus désignée, dans une chambre au rez-de-chaussée attenant à la pharmacie, j'ai trouvé étendus, sur une quantité de paille, trois individus vêtus de leur uniforme militaire (appartenant au 28° régiment de ligne).

D'après les informations prises des personnes qui assistaient ces soldats, ils faisaient partie du poste de la place Saint-Jean, dans lequel ils avaient été attaqués inopinément par un grand nombre d'individus armés de haches et de fusils.

Parmi ces trois blessés, l'un était atteint au sommet de la tête d'une large et profonde blessure, dirigée d'avant en arrière, et un peu de gauche à droite. Les téguments du crâne, les portions osseuses et le cerveau lui-même étaient entièrement lésés par la violence du coup.

L'aspect de cette blessure récente, de laquelle sortait du sang, ne me permettait pas d'espérer la moindre amélioration à l'état du malade, plongé dans un état comateux, et les globes des yeux renversés dans les orbites.

Les bords frangés de cette énorme blessure, les os pariétaux brisés en éclats vers leur partie supérieure et la lésion profonde du cerveau nous portaient à croire,

1° Que le malade n'avait que peu de temps à vivre;

2° Que cette blessure avait été le résultat d'un coup de hache de moyenne grosseur.

Cet homme était froid, la respiration était gênée; son pouls petit, à peine sensible, donnait un très-petit nombre de pulsations par minute. Ses facultés intellectuelles étaient entièrement nulles; il ne pouvait avaler le moindre liquide.

Le second militaire était affecté d'un coup de feu à la partie supérieure et antérieure de la poitrine, à peu de distance de l'extrémité sternale de la clavicule gauche. Cette blessure était de forme ronde, le pourtour était d'une teinte brune, comme le sont le plus ordinairement les blessures récentes produites par armes à feu.

Après avoir déshabillé ce militaire, j'ai trouvé, à la partie moyenne et un peu latérale gauche du dos, un corps dur et rond logé sur les téguments de cette partie; il m'a paru évident, par sa forme et sa mobilité, que ce corps étranger était une balle à fusil. Une incision longitudinale, pratiquée dans les parties molles, m'a permis de faire l'extraction d'une balle en plomb remplie d'aspérités et ayant perdu sa forme sphérique, en raison du trajet de ce projectile, qui avait fracturé le sternum d'avant en arrière et de haut en bas.

Le malade était très-souffrant, sa respiration offrait une gêne considérable, il expectorait des crachats de sang pur et artériel, l'emphysème était manifeste tant à la poitrine qu'au dos, et plus particulièrement aux environs de la blessure ; son pouls était faible et lent ; les extrémités, tant supérieures qu'inférieures, avaient perdu la chaleur naturelle.

Cet homme devait succomber à la gravité des accidents de cette blessure.

Le troisième militaire était affecté d'une blessure par arme à feu à l'articulation coxofémorale gauche ; des fragments osseux en très-grand nombre avaient été retirés de cette plaie récente.

Je pense donc, d'après la nature de la blessure, et aussi de l'opinion émise par mes collègues qui ont pansé le malade, qu'il succombera par les accidents consécutifs qui suivent les plaies d'armes à feu faites aux grandes articulations.

En foi de quoi j'ai signé le présent rapport sincère et véritable.

(Dossier Nouguès, n° du greffe, pièce .)

Signé BONNASSIS.

45. — 2ᵉ RAPPORT.

Je soussigné, docteur en médecine de la Faculté de Paris, sur l'invitation de M. *Auvard*, pharmacien, demeurant rue de la Verrerie, n° 4, me suis transporté à son domicile, le 12 mai 1839, vers quatre heures de l'après-midi, à l'effet de donner mes soins à trois jeunes soldats très-grièvement blessés, en opposant une vive résistance à une centaine d'individus armés, qui étaient venus à l'improviste attaquer le poste du marché Saint-Jean, lesquels soldats M. *Auvard* s'était empressé de recueillir. J'ai trouvé ces blessés étendus sur des matelas et de la paille dans une pièce attenante à la pharmacie ; de prompts secours leur ont été prodigués aussitôt, grâce à la bienveillante coopération de mon confrère M. le docteur *Bonnassis*, accouru sur l'invitation de M. *Loyeux*, commissaire de police du quartier du marché Saint-Jean.

Voici l'état dans lequel nous avons trouvé ces trois blessés : le premier était atteint d'un coup de feu à l'articulation coxo-fémorale gauche ; la plaie, qui était le siége d'une hémorrhagie abondante, offrait deux ouvertures, l'une antérieure, dans le pli de l'aine, irrégulièrement arrondie, l'autre plus étroite, située sur la partie externe de la fesse gauche. C'est par cette dernière que nous avons pu extraire quelques esquilles séparées des os. Il est à craindre que ce jeune homme, d'une constitution débile, ne puisse résister à la violence des accidents inflammatoires qui résultent ordinairement des plaies par armes à feu.

Le second portait au sommet de la tête une énorme solution de continuité, avec perte considérable des parties molles et osseuses ; la substance cérébrale était dénudée dans une étendue d'environ trois pouces carrés. Cette blessure nous a paru être le résultat d'un coup de hache.

Le troisième avait été frappé par une balle à la partie antérieure et supérieure de la poitrine, à la hauteur de l'extrémité sternale de la clavicule gauche. Le projectile a été extrait au moyen d'une incision longitudinale pratiquée vers le bord vertébral et inférieur de l'omoplate du même côté.

Quant à l'état général de ces deux sujets, aux symptômes locaux particuliers à chaque lésion et au pronostic à porter sur l'issue de ces blessures, ils sont décrits avec clarté et précision dans le rapport médical de M. le docteur *Bonnassis*, à la rédaction duquel les devoirs impérieux de ma profession m'ont empêché de concourir, mais dont je partage entièrement toutes les opinions.

En foi de quoi j'ai signé le présent rapport, que je déclare conforme à la vérité.

Signé Dr MIGNET.

(Dossier Nouguès, n°   du greffe,   ° pièce.)

46. — 3e RAPPORT.

Je soussigné, médecin, demeurant vieille rue du Temple, n° 23,

Certifie qu'avant hier, 12 de ce mois, à quatre heures et demie du soir, je me suis rendu rue Saint-Antoine, n° 1, où l'on m'a dit qu'un militaire était blessé. Ayant procédé à la visite, j'ai trouvé une large plaie contuse, située sur l'articulation scapulo-humérale ; toutes les parties molles étaient lacérées dans une étendue d'environ trois pouces d'avant en arrière, et dans une largeur de deux pouces environ. Elle pénétrait jusqu'à la capsule synoviale qui était à découvert.

L'omoplate était brisée à sa partie supérieure.

Je me suis borné à appliquer un appareil sur la plaie, et à envoyer le malade à l'Hôtel-Dieu.

Le malade m'a dit se nommer *Beyrac*, et appartenir au 28e de ligne.

Paris, ce 14 mai 1839.

Signé BRUGÈRE.

(Dossier Nouguès, n°   du greffe, pièce   .)

47. — GIRARD, (Denis-François), *âgé de 26 ans, né à Mont-sous-Vaudrey (Jura), sergent au 28ᵉ régiment de ligne.* (1)

(Entendu le 14 mai 1839 devant M. Loyeux, commissaire de police.)

L'an mil huit cent trente-neuf, le quatorze mai, à six heures du soir,
Nous, *Charles-Léonore Loyeux*, commissaire de police de la ville de Paris, et spécialement pour le quartier du marché Saint-Jean, officier de police judiciaire, auxiliaire de M. le procureur du Roi ;

Procédant en cas de flagrant délit et par voie d'enquête sur les faits de l'insurrection des 12 et 13 mai courant, qui se sont passés sur notre quartier, et notamment sur ceux relatifs à la prise de vive force du poste du marché Saint-Jean ;

Étant à la caserne du faubourg du Temple occupée par le 28ᵉ régiment de ligne,

Avons entendu le nommé *Girard* (Denis-François), âgé de 26 ans, né à Mont-sous-Vaudrey (Jura), sergent à la 2ᵉ compagnie du 2ᵉ bataillon du 28ᵉ de ligne, commandant le 12 du courant le poste Saint-Jean, lequel nous dit :

Dimanche 12 du courant, j'occupais le poste Saint-Jean avec dix hommes et un caporal de mon régiment ; je n'avais remarqué aucun mouvement qui pût éveiller mon attention ; lorsque, tout à coup, vers trois heures et demie ou quatre heures, un homme me prévint qu'un omnibus, dans lequel il se trouvait, venait d'être arrêté et renversé par un attroupement.

Je fis aussitôt prendre les armes, et mes hommes étaient à peine placés sur un rang devant le poste, qu'un rassemblement considérable d'individus armés et proférant des cris séditieux, déboucha vivement par la rue de la Verrerie en se dirigeant sur le poste.

Les cris : Citoyens, rendez-vous ou la mort ! m'étaient adressés par eux de toutes parts : ils demandaient nos armes.

Un d'eux, que j'ai remarqué particulièrement à sa barbe noire en collier, qui était bien vêtu et armé d'un fusil de chasse à deux coups, et qui paraissait l'un des chefs du mouvement, m'interpella directement en me criant : Citoyen, rends-toi ou la mort ! à nous les armes.

Ne pouvant me faire entendre, je fis signe avec la main que je ne rendrais pas les armes, et qu'ils eussent à se retirer.

Ils continuèrent à avancer, et celui que je viens de signaler tira le premier son fusil sur nous.

Aussitôt, tous s'élancèrent sur nous ; n'ayant pas eu le temps de faire charger les armes, je fis croiser la baïonnette avec les premiers des insurgés qui, ayant eux-mêmes des fusils de munition, nous assaillirent de la même manière,

(1) Voir une autre déposition du même témoin, ci-après pages 49 et 287.

pendant que ceux qui les suivaient faisaient sur nous une décharge de leurs armes, qui renversa trois de mes hommes.

L'individu que j'ai déjà plus particulièrement signalé s'attaqua à moi, et nous luttâmes ensemble; tandis que d'une main il tenait son fusil à deux coups déjà déchargé, et qu'il cherchait, aidé par plusieurs de ses camarades, à s'emparer du mien.

J'aurais succombé infailliblement, si deux personnes, dont l'une en manches de chemise et l'autre que j'ai sue être un chapelier, n'étaient accourues à mon secours, et n'avaient empêché par leurs remontrances ces individus de me frapper après que j'eus été désarmé.

L'une de ces personnes, le chapelier, me reconduisit même, pour ma sûreté, jusqu'à la caserne.

J'estime que parmi les insurgés qui ont attaqué mon poste à l'improviste, au moins cinquante à soixante avaient des fusils de munition, tandis que les autres avaient des fusils de chasse à deux coups.

L'un portait une hache, et l'autre un marteau de maréchal.

Au milieu d'eux était un individu de taille moyenne, vêtu d'une blouse et d'une casquette, ayant une ceinture rouge, et qui paraissait avoir une certaine autorité sur les autres.

Pendant que je me débattais, plusieurs autres de mes camarades furent encore blessés et un tué.

Et le même jour quatorze mai,

Nous, commissaire de police,

Pensant, d'après les indications à nous données que le nommé *Ferrari*, dont le corps est déposé à l'Hôtel-Dieu, et déjà reconnu par M. *Montazeau*, médecin, comme l'un des assaillants du poste de la mairie du 7ᵉ arrondissement, pourrait bien être aussi l'individu signalé par le sergent *Girard*, comme ayant lutté avec lui à la prise du poste Saint-Jean,

Nous sommes de nouveau transporté avec ledit sieur *Girard* (Denis-François) à la salle des morts de l'Hôtel-Dieu, et lui avons fait représenter le corps du nommé *Ferrari* (Benoît), âgé de 39 ans, chapelier, demeurant rue des Singes, n° 8, apporté dans la nuit du lundi au mardi encore vivant de chez un médecin de la rue de la Chanverrerie, où il avait été recueilli avec plusieurs autres blessés, et décédé presque aussitôt son entrée à l'hospice, d'un coup de feu à l'aisselle gauche;

Et aussitôt le sieur *Girard* nous a déclaré parfaitement le reconnaître pour l'insurgé par lui désigné comme ayant dirigé l'attaque sur le poste Saint-Jean, et lutté avec lui.

(Dossier Nouguès, n°   du greffe, pièce

48. — *Rapport d'expert imprimeur* (1).

Le soussigné, *Georges-Adrien Crapelet*, imprimeur, rue de Vaugirard, n° 9, procédant en vertu de l'ordonnance de M. le juge d'instruction Zangiacomi, délégué par M. le Chancelier, après avoir prêté serment par-devant M. Truy, commissaire de police, déclare avoir fait l'examen d'un imprimé commençant par ces mots : *Le récipiendaire est introduit*, duquel résultent les observations suivantes :

Cet imprimé se compose d'une page pleine au recto, format grand in-8°, de cinquante-sept lignes, en caractères dits *petit-romain*, sans interlignes ; la page du verso n'a que trente-cinq lignes. Le caractère qui a servi est un mélange de divers caractères du même corps, mais qui proviennent de différentes fontes, surtout pour les lettres majuscules. Ils sont conformes, sous ce rapport, à la pièce imprimée commençant par ces mots : *Aux armes, citoyens!* que le soussigné a précédemment examinée, et il lui paraît évident que les deux pièces ont été imprimées avec le même caractère. Les lettres contenues dans un papier proviennent certainement de la partie de caractères qui ont servi à la composition de ces deux mêmes pièces. La justification ou largeur de la page est de la même dimension dans l'un et l'autre imprimé. On retrouve, dans la pièce qui fait le sujet du présent examen, un â circonflexe du caractère dit *cicéro*, employé dans le mot *âmes* et le mot *relâche*, comme il se trouve dans le mot *lâche* de la proclamation. L'une des deux interlignes, ou lames de plomb qui servent à séparer les lignes les unes des autres, et qui se trouvent parmi les caractères, a dû servir de justification aux deux pages désignées sous le titre de *Procès-verbal de réception*. Le papier employé pour l'impression de cette dernière pièce est un papier mécanique, de format carré, et collé, dont la couleur sale et jaunâtre ne tient pas à la fabrication, mais à l'usage que l'on a fait de cet exemplaire placé dans une poche. Il a paru au soussigné, d'après l'examen attentif des caractères qui lui ont été représentés, qu'ils font partie de différentes fontes auxquelles ils auraient été partiellement enlevés.

Fait à Paris, le 7 juin 1839.

(Dossier Nouguès, n°   du greffe, pièce   .)

49. — GIRARD (François-Denis), *26 ans, sergent au 28ᵉ de ligne, compagnie de voltigeurs, caserné faubourg du Temple* (2).

(Témoin entendu le   devant M. Jourdain, juge d'instruction, délégué.)

Nous avons représenté au témoin le nommé *Lemière* dit *Albert*, et il a dit : Je ne connais pas ce jeune homme ; je ne pourrais pas vous dire s'il était

---

(1) Voir un autre rapport du même expert, ci-devant page 7.
(2) Voir deux autres dépositions du même témoin, pages 47 et 287.

FAITS PARTICULIERS.

ou non dans le rassemblement qui est venu attaquer le poste le 12 mai courant. Ce jour-là, vers quatre heures, une bande d'individus armés, de trois cents environ, suivis d'une centaine d'autres sans armes, arrivèrent par la rue de la Verrerie. Un instant avant, un Monsieur décoré de la Légion d'honneur m'avait dit qu'on avait renversé un omnibus dans lequel il se trouvait. Je fis aussitôt mettre le sac au dos, prendre les armes et défaire les paquets de cartouches; je n'avais pas encore eu le temps de défaire le mien, lorsque ces individus débouchant de la rue de la Verrerie, l'un d'eux tira aussitôt un coup de fusil en disant : *Rendez-vous, citoyens, ou la mort;* je leur fis signe de la main, en leur disant : *Retirez-vous.* Au même instant, ils avancèrent sur le poste; je fis croiser la baïonnette; mais dès que ces individus furent sur nous, ils firent une décharge, et trois de mes hommes tombèrent morts sur le coup, quatre autres furent blessés; aussitôt ils se jetèrent sur nous, ils m'entraînèrent, m'arrachèrent mon fusil et mon sabre malgré ma résistance. L'un d'eux, coiffé d'une casquette, vêtu d'une blouse blanche, et ayant une ceinture en laines de différentes couleurs avec une boucle en cuivre sur le devant, m'appuya son fusil à deux coups sur la poitrine, lorsqu'un individu assez bien mis dit : *Mais, Messieurs, ils sont Français comme vous, laissez-leur la vie;* cet individu releva alors son fusil en disant : *Oui, vous avez raison, qu'il s'en aille.* Il faisait circuler les autres; il pouvait avoir 20 à 22 ans, il n'était pas grand, et avait des cheveux blonds roussâtres, peu de barbe et pas de moustaches. J'étais presque hors la foule lorsqu'un individu, grand, portant une barbe noire en collier et des moustaches, et que j'avais déjà remarqué parce que c'était lui qui avait tiré le premier coup en débouchant par la rue de la Verrerie, me saisit par derrière en disant qu'il fallait que je marchasse avec eux ou que je meure. Un autre individu, qui portait une blouse grisâtre et une ceinture rouge à franges dont les bouts tombaient sur le côté, et qui était coiffé d'une casquette grise en drap retombant par-derrière, âgé d'environ 25 ans, et portant de longs cheveux noirs tombant sur les côtés, dit : *Nous avons les armes, qu'il s'en aille.* Alors l'un des bourgeois qui étaient venus pour me dégager dit : *Oui, laissez-le, je réponds de lui,* et ils me laissèrent aller. L'un des deux bourgeois me conduisit jusqu'à la caserne. Il m'a donné son nom et son adresse, je les ai perdus. Je sais seulement qu'il est chapelier et demeure rue Bourtibourg; je pourrais le retrouver; son beau-frère est un liquoriste qui demeure en face le corps-de-garde. L'autre bourgeois, qui était bras nus, m'a paru être un garçon limonadier ou pâtissier. Je n'ai pas vu ce qui s'est passé à l'égard de mes autres hommes; je sais seulement que les voisins cherchèrent à les sauver. Au moment où on venait de faire feu et où on m'entourait, je vis un des insurgés porter un coup de hache sur la tête d'un des soldats qui étaient tombés morts. J'ai ensuite vu un homme qui portait un gros marteau de maréchal emmanché dans un bâton de cinq ou six pieds. Le 15, j'ai été conduit par le commissaire de police à l'Hôtel-Dieu, et j'y ai reconnu parmi les morts l'individu qui a tiré sur le poste le premier coup de feu, et qui voulait me faire marcher avec eux; on m'a dit que cet homme se nommait *Ferrari*. Aussitôt mon arrivée à la caserne, le 12, j'ai prévenu l'adjudant-major de ce qui se passait, je pris les armes d'un homme malade, je repartis avec la compagnie, et nous vînmes rejoindre les gardes municipaux qui enlevèrent les barricades de la rue Neuve-Bourg-l'Abbé et de la rue aux Ours; puis le commissaire de police m'envoya ensuite garder des petites rues donnant près la rue Royale-Saint-Martin, j'y restai jusqu'au lendemain.

Représentation faite du nommé Jean-Antoine *Mialon*, le témoin a dit : Je ne connais pas cet individu, je ne pourrais pas vous dire s'il était ou non parmi les gens qui nous ont attaqués.

Nous avons ensuite représenté au témoin, *Focillon* (*Victor-Auguste*); il a dit : Je ne me rappelle pas avoir vu ce jeune homme; je ne sais pas s'il était ou non parmi les insurgés qui nous ont attaqués.

(Dossier Nouguès, n°   du greffe, pièce   .)

50. — HENRIET (Alexis), *âgé de 25 ans, sergent, 2ᵉ compagnie, 2ᵉ bataillon, caserné faubourg du Temple (ex-caporal)* (1).

(Entendu le 28 mai 1839 par M. Jourdain, juge d'instruction, délégué.)

Le dimanche 12 mai courant, j'étais de garde au poste du marché Saint-Jean; j'étais alors caporal; il y avait dix hommes, le sergent et moi. Vers quatre heures, il y avait quatre ou cinq minutes que je venais de changer le factionnaire, lorsque environ trois ou quatre cents individus armés débouchèrent par la rue de la Verrerie, en tirant des coups de fusil en l'air et criant : *Rendez vos armes, citoyens! Vive la république!* Le factionnaire, qui avait reçu ordre de crier *aux armes!* dès qu'il verrait quelqu'un, cria : *Aux armes!* Nous nous rangeâmes devant le poste, et aussitôt les insurgés furent à trois pas de nous. Le sergent voulut leur parler; il s'avança; mais une foule d'individus l'entourèrent et cherchèrent à le désarmer. Aux cris de : *Rendez vos armes*, un des soldats avait répondu : *Non, nous ne les rendrons pas!* Tous avaient croisé les baïonnettes, et au même instant une décharge fut faite sur nous à bout portant, et plusieurs soldats tombèrent: il y en a eu sept tués ou blessés. Le sergent était parti; j'étais resté avec les hommes; aussitôt on nous entoura pour prendre nos armes. Je ne remarquai alors que deux individus, que je pourrais reconnaître : l'un de ces individus est grand; il portait un pantalon blanc, une blouse blanche et un chapeau de paille; il était pâle et sans barbe ni moustache; il pouvait avoir de 20 à 23 ans. Je remarquai un autre, qui avait à peine cinq pieds, d'une corpu-

---

(1) Voir deux autres dépositions de ce témoin ci-après, pages 278 et 287.

lence ordinaire; il avait un pantalon de drap bleu, était bras nus, et était coiffé d'une casquette. J'ai remarqué ces deux hommes, parce que le plus grand était un des premiers qui nous entouraient, et le second parce qu'il voulait nous faire marcher avec lui. Ce dernier avait de gros favoris noirs, des moustaches et une forte barbe; ce dernier nous amena au milieu d'eux, et il finit par me faire entrer chez une personne, rue Bourtibourg, n° 22, qui demeure au rez-de-chaussée. Cette personne nous cacha nos fourniments et notre giberne; et, comme nous voulions nous en aller, il nous conseilla de relever nos jugulaires, et nous partîmes une heure après. Cet individu nous dit qu'il était de la garde nationale, et, en effet, il prit son uniforme. Il y avait parmi ces individus armés un homme portant un marteau de maréchal ferrant au bout d'un grand bâton; il me menaça de m'en frapper.

Représentation faite des nommés *Jean-Louis Lemière* dit *Albert*, et de *Jean-Antoine Mialon*, le témoin a dit : Je ne reconnais pas ces individus; je ne sais pas s'ils étaient ou non parmi les insurgés qui nous ont attaqués.

Le numéro de mon fusil est *1,330;* il est gravé sur la crosse. Le numéro de mon sabre est *524.*

Représentation faite de *Victor-Auguste Focillon,* le témoin a dit : Je ne reconnais pas ce jeune homme.

(Dossier Nouguès, n° du greffe   , pièce   .)

51. — AMY (Christian), *26 ans, fusilier, 2ᵉ compagnie, 2ᵉ bataillon, caserné faubourg du Temple.*

(Entendu le 28 mai 1839 devant M. Jourdain, juge d'instruction, délégué.)

Vers quatre heures, le 12 mai courant, le sergent qui commandait le poste du marché Saint-Jean nous fit mettre le sac sur le dos, et nous ordonna de défaire les paquets de cartouches; au même instant une bande d'insurgés de trois ou quatre cents, armés la plus grande partie, débouchèrent de la rue qui vient de l'Hôtel-de-Ville. Ils tirèrent des coups de fusil en l'air et nous demandèrent de rendre nos armes; nous refusâmes et croisâmes la baïonnette; nous attendions les ordres du sergent, les insurgés vinrent sur nous et firent feu sur nous à bout portant; six de nos camarades tombèrent : aussitôt les factieux se jetèrent sur nous pour nous désarmer. Quand je vis mon camarade tomber, je plaçai mon fusil contre la muraille, et je dis à celui qui s'approchait de moi de le prendre. Un individu en blouse, qui portait au bout d'un grand bâton un gros marteau, qui avait d'un côté un tranchant, et de l'autre une tête de marteau, le leva pour en frapper le caporal, mais je me jetai au-devant de lui pour empêcher qu'il l'en frappât, et lui dit : Vous voyez qu'il n'a plus d'armes; laissez-le tranquille. Tous ces individus nous entourèrent: l'un d'eux dont je n'ai pas bien remarqué la figure, mais qui était vêtu d'une blouse, fouilla dans ma giberne, et me prit mes cartouches; il nous emmena ensuite avec lui, et nous conduisit dans une rue près le poste et nous fit entrer dans une maison, puis il se retira avec les autres: cet individu avait un fusil à deux coups.

Représentation faite des nommés *Lemière* dit *Albert*, *Focillon* et *Mialon*, le témoin a dit: Je ne connais pas ces hommes; je ne sais pas s'ils étaient ou non parmi les individus qui nous ont attaqués.

(Dossier Nouguès, n°   du greffe, pièce   .)

52. — VINCENT (Pierre), *23 ans, fusilier, 2° compagnie, 2° bataillon, caserné faubourg du Temple.*

(Entendu le 28 mai 1839, devant M. Jourdain, juge d'instruction délégué.)

Le dimanche 12 mai courant, j'étais de garde au marché Saint-Jean, lorsque, vers quatre heures, un Monsieur que j'ai vu plusieurs fois dans le marché et que j'ai pensé être le gardien du marché, vint nous prévenir qu'on avait renversé une voiture omnibus. Le sergent fit prendre les sacs, nous ordonna de nous ranger devant le poste et de défaire les cartouches. Au même instant, une bande de trois cents individus, presque tous armés, débouchèrent par la rue de la Verrerie et nous crièrent: *Rendez-vous!* Ils vinrent sur nous en même temps. Nous répondîmes que nous ne voulions pas nous rendre, et nous croisâmes la baïonnette; aussitôt un des insurgés tira un coup de fusil en l'air, et une décharge fut faite sur nous; plusieurs de mes camarades tombèrent morts ou blessés; les insurgés se jetèrent sur nous et nous désarmèrent; je rentrais dans le poste, lorsque des coups de feu furent tirés sur moi par derrière; je reçus une balle derrière mon shako, il fut traversé par derrière de bas en haut. Je reçus également trois balles dans mon sac, elles le traversèrent. Les insurgés nous emmenèrent avec eux et nous firent entrer dans une maison, je crois n° 20 ou 22, dans une rue dont je ne sais pas le nom, et ils se retirèrent. Une heure et demie après, environ, nous regagnâmes la caserne. Je ne pourrais reconnaître aucun des insurgés, je n'ai pas eu le temps de les remarquer assez pour cela.

Représentation faite des nommés *Lemière* dit *Albert*, *Focillon* et *Mialon*, le témoin a dit: Je ne reconnais aucun de ces individus.

(Dossier Nouguès, n°   du greffe, pièce   .)

FAITS PARTICULIERS A BONNET.

53. — *Procès-verbal d'arrestation de* BONNET.

L'an mil huit cent trente-neuf, le 13 mai, à quatre heures du matin,

Nous, François-Bonaventure *Haymonet*, commissaire de police de la ville de Paris, quartier de la porte Saint-Denis, officier de police judiciaire, auxiliaire de M. le procureur du Roi;

Procédant par suite de l'attentat commis dans les magasins du sieur *Lepage*, marchand d'armes, demeurant rue Bourg-l'Abbé, où les insurgés ont pillé une grande quantité d'armes du calibre de commerce, à l'aide d'effraction et de violence à main armée; attendu que la clameur publique indique des individus habitant la maison sise rue Bourg-l'Abbé, n° 16, comme ayant distribué aux malveillants des cartouches à balles, préparées pour des fusils de chasse, et qu'elles étaient renfermées dans des malles descendues des étages supérieurs de ladite maison, nous y sommes transporté, accompagné du sieur *Defler*, sergent de ville; étant introduit dans un logement situé au premier étage, composé de deux pièces, habité par les nommés

Bonnet (Jacques-Henry), âgé de 28 ans, natif de Genève;

Doy (Pierre), âgé de 28 ans, natif de Genève;

Et *Meillard* (Jean ou George), âgé de 28 ans, également né à Genève, tous trois graveurs; nous y avons trouvé couché le nommé *Bonnet*. Après lui avoir donné connaissance de nos qualités et du motif de notre visite, nous avons procédé, en sa présence, à des perquisitions minutieuses dans les meubles et dépendances de ce logement, et nous n'y avons trouvé aucune arme, munition de guerre, papier ou correspondance susceptible d'examen.

Sur nos interpellations ledit *Bonnet* nous a déclaré que ses amis, *Doy* et *Meillard*, contre leur coutume, n'étaient point rentrés au logis, et qu'il s'attendait à une perquisition, parce que les distributions de cartouches avaient été faites dans l'allée de sa maison, sans qu'il sache par qui, ni d'où elles provenaient.

Ledit *Bonnet*, pressé par nos questions, est convenu que les malles contenant les cartouches dont il s'agit avaient été introduites dans son logement, à son insu, et descendues dans l'allée, après le pillage des armes du magasin des sieurs *Lepage*.

Attendu que des faits ci-dessus il résulte que le sieur *Bonnet* est soupçonné d'être auteur ou complice d'un attentat à main armée, commis contre la sûreté de l'État, nous lui avons déclaré qu'il est en état d'arrestation, et nous disons qu'il sera conduit immédiatement au dépôt de la Préfec-

54. — THUILLARD (Nicolas-Arsène), *âgé de 43 ans, cordonnier, demeurant à Paris, rue Bourg-l'Abbé, n° 16.*

(Entendu le 3 juin 1839 devant M. Legonidec, juge d'instruction, délégué.)

Je ne connais que de vue les nommés *Bonnet, Doy, Meillard,* mes voisins ; comme je ne les ai jamais fréquentés, je ne saurais les distinguer : cependant, lorsqu'il a été question de la guerre avec la Suisse, j'ai, sur l'invitation du nommé *Tissier,* leur principal locataire, servi de témoin à l'un d'eux, le nommé *Doy,* je crois, pour l'obtention d'un passe-port qu'il désirait avoir afin de retourner en Suisse.

Au surplus, ces jeunes gens sortaient de chez eux le matin et n'y rentraient que le soir : que faisaient-ils dans l'intervalle, c'est ce que j'ignore.

Je me suis trouvé avec l'un de ces jeunes gens (celui qui a été arrêté le lundi) sur le pas de la porte de la maison, lorsque ont été envahis les magasins des frères *Lepage.*

Je n'ai pas pu m'empêcher de lui manifester l'émotion que me causait ce spectacle ; mais il m'a répondu que ça ne lui en causait aucune parce qu'il avait les sens paisibles.

Je ne sais par qui a été descendue et livrée la malle contenant des cartouches, malle que j'ai aperçue sur le devant de ma porte dans la rue.

Je n'ai pas été témoin de l'ouverture de la malle.

J'ai vu un petit jeune homme brun faire la distribution des cartouches. Je ne sais pas si je le reconnaîtrais.

55. — JUNOD (Jean-Salomon), *âgé de 24 ans, bijoutier, demeurant à Paris, rue des Deux-Portes-Saint-Sauveur, n° 7.*

(Entendu le 5 juin 1839 par M. Legonidec, juge d'instruction, délégué.)

Le dimanche 12 mai, j'étais à l'Hôtel-Dieu, et c'est là que j'ai reçu la visite de mes compatriotes *Doy, Bonnet, Cavet, Rossiot* et *Chatelain,* celle des ouvriers de mon atelier, enfin celle de mon maître de pension, le nommé *Audigot,* fruitier, rue du Petit-Lion.

Mes compatriotes sont restés avec moi une heure et demie environ ; ils ne m'ont quitté que lorsqu'on a fermé les portes, c'est-à-dire à trois heures ; ils ne m'ont point parlé des événements : rien n'a pu me faire soupçonner de leur part une visite d'adieu.

Le mardi 14, je suis sorti de l'hospice vers trois heures de l'après-midi. J'ai bientôt après rencontré, rue Saint-Denis, le nommé *Doy;* mais ne sachant rien de la part qu'on soupçonnait mes compatriotes d'avoir prise aux événements, je ne l'en ai point entretenu.

C'est le mardi soir seulement que j'ai commencé à savoir quelque chose. *Cavet,* mon camarade de chambre, m'a dit que *Meillard* était blessé à la jambe. Différents rapports qui m'ont été faits m'ont prouvé qu'il avait compromis *Doy* et *Bonnet,* sans que cependant ceux-ci se fussent mêlés de rien. Il paraît qu'une malle avait été apportée le dimanche chez *Doy* et *Bonnet* par *Meillard,* et que ceux-là, soupçonnant ce qu'elle pouvait contenir, avaient signifié à *Meillard* qu'ils ne voulaient à aucun prix garder la malle. Elle devait donc être emportée ailleurs que chez eux, lorsque *Meillard* pria *Bonnet* de lui donner un coup de main pour la descendre. Mais alors le signal était déjà donné, ou a été donné par *Georges Meillard* ou les collègues de *Georges.* La malle a été aussitôt ouverte, et l'on s'est emparé de ce qui était dedans, c'est-à-dire des cartouches ou des balles.

Je ne sais pas si la blessure de *Meillard* à la jambe est la seule qu'il ait reçue, car j'ai ouï dire qu'il était mort : je crois que c'est son frère *Alexandre* qui a raconté le fait à ceux des Génevois qui sont arrêtés.

Alexandre Meillard est bijoutier; je ne sais pas où il demeure; je ne sais pas où est son atelier.

56. — PEINJON (Charles-François), *âgé de 31 ans, limonadier, demeurant à Paris, rue Bourg-l'Abbé, n° 22.*

(Entendu le 6 juin 1839 devant M. Legonidec, juge d'instruction, délégué.)

Je persiste dans la déclaration que j'ai faite le 15 mai dernier (1) à M. le commissaire de police du quartier de la porte Saint-Denis, à l'occasion des événements du 12 dudit mois, déclaration dont vous venez de me donner lecture.

Je crois pouvoir reconnaître l'individu qui m'a, ledit jour, jeté sa canne, en me priant de la lui garder : depuis lors je ne l'ai pas revu. Je l'ai signalé dans ma déclaration; j'ai ouï dire qu'il avait été tué, dans le courant de la journée, à la barricade faite au bout de la rue Bourg-l'Abbé et au coin de celle Grenétat.

Je ne connais pas l'individu que vous venez de me représenter sous les noms de *Jacques-Henri Bonnet.*

57. — RENAULT (Dominique-Prudent), *33 ans, quincaillier, demeurant à Paris, rue Bourg-l'Abbé, n° 9.*

(Entendu, le 6 juin 1839, devant M. Legonidec, juge d'instruction, délégué.)

Je persiste dans la déclaration que j'ai faite le 16 mai dernier (2) à M. le com-

---

(1) Voir cette déclaration ci-après, page 241.
(2) Voir cette déclaration ci-après, page 239.

missaire de police du quartier de la porte Saint-Denis, à l'occasion des événements du 12 dudit mois, déclaration dont vous venez de me donner lecture.

Je ne sais pas si je reconnaîtrais les individus dont il y est question. Je les ai parfaitement vus, mais malheureusement j'étais trop ému.

J'ai également fort bien aperçu les individus qui ont sorti, de l'allée portant le n° 16, la malle de cartouches que l'un d'eux a ouverte, et dont il a de suite distribué le contenu. Je ne puis pas dire que tous deux aient mis la main dans la malle; il m'a semblé que l'autre se tenait debout auprès d'elle sans faire de mouvement.

Je ne pourrai pas reconnaître ces deux individus. Je conviens que l'un d'eux avait l'apparence de celui que je viens de voir sortir de votre cabinet, et que vous nommez *Bonnet*; quant à l'autre, il était mieux vêtu.

(Dossier Bonnet, n°   du greffe, pièce   .)

57 *bis*. — LAMIRAULT (Jacques), *âgé de 35 ans, tambour de la 12ᵉ Légion de la garde nationale, demeurant à Paris, rue Saint-Jacques, n° 271* (1).

(Entendu le 19 juin 1839, devant M. Boulloche, juge d'instruction délégué.)

Le 12 mai dernier, vers quatre heures un quart, lorsque j'étais de garde sur le perron de l'Hôtel-de-Ville, les insurgés, au nombre de trois à quatre cents, presque tous armés de fusil de chasse, de munition et de pistolets, ont attaqué le poste; j'en ai remarqué quelques-uns, je ne sais pas s'il me sera possible de les reconnaître.

Dans ce moment, nous avons fait amener dans notre cabinet le nommé *Jacques-Henri Bonnet*, et nous avons demandé au témoin s'il le reconnaissait pour être un des insurgés qui avaient pris une part active à l'attaque de l'Hôtel-de-Ville.

Le témoin a dit qu'il le reconnaissait positivement pour l'avoir vu à l'attaque du poste de l'Hôtel-de-Ville.

L'inculpé a dit que le témoin était dans l'erreur; qu'il n'avait pas paru sur la place de l'Hôtel-de-Ville, et qu'ainsi qu'il l'a déclaré lors de son premier interrogatoire, il sera à même de prouver que, lors de l'attaque du poste de l'Hôtel-de-Ville, il était au café des Deux-Portes, rue des Deux-Portes-Saint-Sauveur, ou bien dans une petite rue dont il ne se rappelle pas le nom, chez le maître d'hôtel du sieur *Baulé*.

Le témoin, interpellé de nouveau, a dit qu'il croyait bien reconnaître la taille, et surtout les cheveux de cet accusé; ajoutant que la figure ne lui était point inconnue.

(Dossier Bonnet, n°   du greffe, pièce   .)

---

(1) Voir deux autres dépositions du même témoin ci-après, pages 270 et 271.

FAITS PARTICULIERS A GUILBERT.

58. — LEQUIEN (André), *âgé de 42 ans, libraire, demeurant à Paris, rue Saint-André-des-Arts, n° 55.*

(Entendu le 29 mai 1839, devant M. Zangiacomi, juge d'instruction, délégué.)

Le 12 courant, j'attendais les voitures dites *Gazelles*, au bout du pont Saint-Michel, lorsque les insurgés arrivèrent en face. Ils tirèrent des coups de fusil sur des gardes municipaux qui passaient sur les quais. Je me précipitai au milieu d'eux, et je parvins à en arrêter un qui était occupé à charger son fusil : il venait de faire feu. Je fus aidé en cette circonstance par le sieur *Tascheret* qui se trouvait là.

Au même moment, un autre homme vêtu d'une blouse, et qui avait une giberne par-dessus, a été arrêté par plusieurs personnes, et notamment par le sieur *Malot*, rue de Bercy, n° 33. J'avais remarqué cet homme à la blouse tirant des coups de fusil en débouchant de la rue de la Barillerie. Sa conduite avait tellement indigné le public, qu'on criait de le jeter à l'eau.

Représentation faite du fusil saisi sur le nommé *Guilbert*, il le reconnaît à la baïonnette, qui est forcée.

Confrontation faite avec le comparant, du nommé *Guilbert*, il le reconnaît pour l'individu qu'il a arrêté avec le sieur *Tascheret*.

(Dossier Guilbert, n°   du greffe, pièce   .)

59. — TASCHERET (Napoléon-Joseph), *âgé de 33 ans, comptable, demeurant à Paris, rue Popincourt, n° 27.*

(Déposition du 29 mai 1839, devant M. Zangiacomi, juge d'instruction, délégué.)

Je me trouvais, le dimanche 12 du courant, sur la place Saint-Michel, au bas du pont, lorsque les insurgés débouchèrent de la rue de la Barillerie, et arrivèrent, armés, au coin du quai des Augustins. Là ils se mirent à tirer des coups de fusil sur le quai des Orfévres, où se trouvaient quelques gardes municipaux. J'en remarquai un qui se disposait pour mettre en joue en couchant son fusil et qui paraissait exalté. Je me jetai sur lui et lui arrachai son arme. Au même instant, un autre, porteur d'une blouse qui avait une giberne par-dessus, et un fusil de chasse à la main, m'ajusta et me tira un coup, sans toutefois m'atteindre. Il fut arrêté par une autre personne.

J'ai remarqué le numéro du fusil de munition dont était porteur le premier individu; c'était le n° 168. Le fusil était de munition, la baïonnette était forcée.

Représentation faite au comparant, du fusil saisi sur le nommé *Guilbert*, il le reconnaît au numéro et à la baïonnette forcée.

Confrontation faite du nommé *Guilbert*, il le reconnaît pour l'individu qu'il a arrêté dans les circonstances ci-dessus rapportées.

(Dossier Guilbert, n°   du greffe, pièce   .)

60. — VELCHE (Pierre-Jacques), *fusilier au 21°, déjà entendu* (1).

(Déposition du 6 juin 1839, devant M. Zangiacomi, juge d'instruction, délégué).

Représentation faite au comparant de plusieurs fusils de munition déposés au greffe par suite des événements des 12 et 13 dernier, le témoin déclare reconnaître celui portant le n° 168 pour lui appartenir, et lui avoir été pris par les insurgés.

Nous constatons que ce fusil est celui saisi le 12 dernier sur le nommé *Guilbert*,

Interpellé de déclarer dans quelles circonstances ce fusil lui a été soustrait, le témoin répond :

Lorsque les factieux eurent fait leur décharge, celui de mes camarades qui était devant moi tomba et m'entraîna dans sa chute : il était mort ; et comme j'étais blessé à la tête par une balle qui avait ricoché ; étourdi de cet événement, je laissai tomber mon fusil, qui me fut alors volé. Telle était mon émotion dans ce moment, que je n'ai pas songé à le défendre, et que je n'ai pas même vu l'homme qui me l'a pris : il me serait impossible de le reconnaître et de donner son signalement.

(Dossier Guilbert, n°   du greffe, pièce   .)

---

(1) Voir deux autres dépositions du même témoin, pages 21 et 23.

FAITS PARTICULIERS A ROUDIL.

61. — MACLER (Dominique), *âgé de 38 ans, inspecteur de police, demeurant à la Préfecture.*

(Entendu le 29 mai 1839, devant M. Zangiacomi, juge d'instruction, délégué.)

Le dimanche 12, je fus envoyé en surveillance, avec mon camarade *Fourcade*, du côté de la place Saint-Michel; sur les trois heures et demie, nous vîmes déboucher de la rue de la Barillerie une bande d'individus armés, dont moitié traversa le pont Saint-Michel, et, arrivée au coin du quai des Augustins, tira sur la Préfecture et le poste des pompiers; l'autre moitié de la bande avait tourné le quai des Orfévres, et s'était dirigée du côté de la Préfecture.

Parmi ceux des insurgés que je remarquai tirant de la place Saint-Michel sur la Préfecture, j'en distinguai surtout un en blouse, ayant une giberne militaire et un fusil à deux coups; je l'ai parfaitement vu tirer sur la rive opposée, c'est-à-dire sur le quai des Orfévres. Cet individu s'était momentanément arrêté pour charger son arme, et il se trouvait derrière les autres. Nous profitâmes de cette circonstance pour nous emparer de lui, et, aidés de deux citoyens, qui nous prêtèrent main-forte, nous l'arrêtâmes. Cet homme, qui est le nommé *Roudil*, opposa la plus vive résistance; nous fûmes obligés de le traîner, et, dans la lutte, son mouchoir, qui se trouvait rempli de cartouches, et serré autour de lui en ceinture, tomba sur le pont. Cet homme criait : *Que me voulez-vous? laissez-moi; ce n'est pas à vous que je veux du mal!* Et en se débattant un de ses coups partit, et blessa même légèrement à la main un des citoyens, qui nous avaient aidés. Je reconnaîtrais le nommé *Roudil*, s'il m'était représenté.

Nous n'avons pu représenter au témoin le nommé *Roudil*, qui est détenu à la prison de Sainte-Pélagie.

Lecture faite, a persisté et a signé.

Et, le 30 mai, nous avons mis en présence du témoin *Macler*, le nommé *Roudil*, extrait à cet effet de la maison des Madelonnettes; il a déclaré le reconnaître pour celui dont il a parlé dans sa déclaration en date d'hier.

(Dossier Roudil, n°   du greffe, pièce   ).

62. — Fourcade (Jean), *âgé de 35 ans, inspecteur de police, demeurant à la Préfecture.*

(Entendu le 29 mai 1839, devant M. Zangiacomi, juge d'instruction, délégué.)

Le 12, étant en surveillance à l'extrémité du pont Saint-Michel, avec *Macler*, je vis arriver, par la rue de la Barillerie, des hommes porteurs de fusils, qui firent feu en débouchant sur le quai ; ils se partagèrent en deux bandes : l'une qui tourna à droite sur le quai, et se dirigea vers la Préfecture de police ; l'autre vint droit à nous, sur le pont, et, arrivée à l'extrémité du pont, du côté de la rue de la Harpe, ils tirèrent sur le quai des Orfévres pendant environ un bon quart d'heure.

Parmi ceux qui tiraient le plus constamment, l'on remarquait un jeune homme en blouse, armé d'un fusil de chasse, et qui, sur sa blouse, portait une giberne ; comme il était un peu en arrière, nous nous jetâmes avec *Macler* sur lui, et nous parvînmes à l'arrêter, mais il opposa la plus vive résistance ; nous fûmes obligés de le traîner par ses vêtements.

Au même moment on en arrêta un autre, ce furent des bourgeois qui s'en saisirent (le nommé *Guilbert*), mais je ne crois pas que je pourrais le reconnaître.

Représentation faite au sieur *Fourcade* du nommé *Roudil*, il déclare le reconnaître pour l'individu porteur d'une blouse et d'une giberne, qu'il a arrêté avec *Macler*, et qu'il a vu tirant sur le quai des Orfévres.

(Dossier Roudil, n°   du greffe, pièce   .)

63. — Rabeau (Louis), *âgé de 35 ans, employé au Pont-à-Bascule, momentanément à Paris, rue du Sentier, n° 4.*

(Entendu, le 8 juin 1839, devant M. Zangiacomi, juge d'instruction, délégué.)

Le 12 mai dernier, je me trouvais sur le pont Saint-Michel, venant de la rue des Saints-Pères, lorsque les insurgés débouchèrent de la rue de la Barillerie et envahirent le quai des Augustins. Mon attention se porta de ce côté, et j'aperçus plusieurs de ces individus tirer sur la Préfecture de police. J'en remarquai surtout un qui me parut le plus exalté ; je m'élançai sur lui et le désarmai au moment où il allait se remettre à tirer ; il n'avait pour ainsi dire pas cessé de faire feu. Il opposa la plus vive résistance quand je l'arrêtai, et au même moment il se débarrassa de plusieurs paquets de cartouches, de balles et de capsules, qu'il portait dans un mouchoir qui lui ceignait les reins. Cet homme est jeune, a une blouse bleue, et il portait par-dessus une giberne. J'ai appris depuis qu'il s'appelait *Roudil.*

Nous n'avons pu représenter au témoin ce dernier, qui avait été transféré à la maison des Madelonnettes.

(Dossier Roudil, n° du greffe, pièce .)

64. — GERVAISY (Louis), *âgé de ans, fusilier au 21ᵉ régiment de ligne, en subsistance à l'École militaire* (1).

(Entendu le 29 mai 1839, devant M. Zangiacomi, juge d'instruction, délégué.)

Représentation faite au comparant de la giberne saisie sur le nommé *Roudil,* le 12 courant, il dit qu'il croit la reconnaître pour provenir d'un des soldats tués au poste du Palais-de-Justice, mais sans pouvoir l'affirmer.

Les sieurs *Grosmann* et *Laquy* déclarent ne pouvoir donner de renseignements certains, parce que les gibernes du 21ᵉ n'ont pas de numéros matricules.

(Dossier Roudil, n° du greffe, pièce .)

65. — HUIGNARD (Hyacinthe), *âgé de 24 ans, fusilier, 4ᵉ compagnie, 2ᵉ bataillon, 21ᵉ régiment de ligne, en subsistance à l'École militaire* (2).

(Entendu le 6 juin 1839, devant M. Zangiacomi, juge d'instruction, délégué.)

Nous avons représenté au comparant la giberne dont était porteur le nommé *Roudil,* au moment de son arrestation. Il a déclaré la reconnaître pour celle du nommé *Schoebel,* fusilier de la compagnie, qui avait péri le 12, par suite d'un coup de feu, provenant des insurgés.

(Dossier Nouguès, n° du greffe, pièce ..)

---

(1) Voir une première déposition de ce témoin ci-devant, page 22.
(2) Voir une première déposition de ce témoin ci-devant, page 20.

FAITS PARTICULIERS A DELSADE.

66. — Femme VIARD (Sophie ZAEPFEL), *âgée de 28 ans, marchande de vin, demeurant à Paris, quai des Orfévres, n° 28.*

(Déposition du 28 mai 1839, devant M. Zangiacomi, juge d'instruction, délégué.)

Dépose : Mon cabaret est situé quai des Orfévres, entre la rue du Harlay et celle de Jérusalem ; il touche au jardin de la Préfecture de police. Le dimanche, 12 courant, dans l'après-midi, mon garçon, qui se trouvait sur le pas de la boutique, me cria que des individus arrivaient en armes; et, dans le même instant, vingt à trente individus, armés de fusil, arrivèrent en tirant. Ils lâchèrent en courant leurs fusils contre le bâtiment de la Préfecture ; on riposta des fenêtres de l'hôtel, et alors ils se retirèrent du côté de la rue du Harlay. Au même moment où ils passaient devant ma boutique, un individu qui en faisait partie, et que je connais, parce qu'il vient quelquefois boire dans notre cabaret avec le sieur *Durand,* son beau-frère, garçon de bureau à la Préfecture, cria : *Pas ici, plus loin !* voulant commander à ceux qui tiraient de ne pas le faire en cet endroit, et de se porter plus près du Pont-Neuf. Cet individu était armé d'un fusil, coiffé d'une casquette, et vêtu d'une blouse. Dans ce moment cet homme ne tirait pas.

D. Avez-vous vu quel était le chef de cette bande?

R. Je n'en ai pas vu d'autre que celui à qui j'ai entendu prononcer les mots que je viens de rapporter.

Et, nonobstant cette déclaration, nous avons conduit de nouveau la dame *Viard* à la Conciergerie ; nous l'avons mise en présence de l'individu signalé par elle, et qui a dit en sa présence se nommer *Delsade ;* elle l'a parfaitement reconnu pour celui dont elle a parlé dans sa déclaration, et qu'elle a entendu crier à d'autres individus : *Pas ici, plus loin !*

(Dossier Delsade, n°   du greffe, pièce   .)

67. — CHAMBON (François), *âgé de 15 ans, garçon marchand de vin, demeurant à Paris, quai des Orfévres, n° 28.*

(Déposition du 31 mai 1839, devant M. Zangiacomi, juge d'instruction, délégué.)

Le dimanche 12, j'ai vu, sur les trois heures, un groupe d'individus déboucher de la rue de la Barillerie sur le quai où nous demeurons; ils arrivèrent, en poussant des vociférations, sur la Préfecture, et déchargèrent alors les fusils dont ils étaient armés. J'eus peur, et je me réfugiai dans la boutique, en sorte que je n'ai pas fait attention aux individus qui tiraient des coups de fusil. J'ai entendu dire à ma maîtresse qu'elle avait reconnu parmi eux un homme qui venait souvent boire chez elle. Comme j'y suis depuis fort peu de temps, je n'ai pas su de qui elle voulait me parler, et n'ai pas même cherché le distinguer parmi les hommes armés. Je n'en reconnaîtrais aucun s'ils m'étaient représentés.

Lecture faite, a persisté et a signé, ajoutant : J'en ai entendu un crier : Il ne faut pas aller par là, nous tirerons plus haut; mais je ne l'ai pas observé.

(Dossier Delsade, n°   du greffe, pièce   .)

68. — CARBONNIER (Jean-Baptiste), *âgé de 19 ans et demi, garçon marchand de vin, demeurant à Paris, rue Coquillière, n° 3.*

(Déposition du 6 juin 1839, devant M. Zangiacomi, juge d'instruction, délégué.

Le dimanche 12 mai, de quatre à cinq heures, nous fermâmes les volets de la boutique, quand nous apprîmes qu'il existait des désordres dans Paris, et nous nous préparions à nous renfermer chez nous, lorsque trois individus s'y présentèrent, et l'un d'eux, porteur de trois fusils de chasse, me demanda d'aller voir si un des locataires de la maison, le sieur *Champagne*, se trouvait à son domicile. Comme je reconnus celui qui me parlait pour l'un des ouvriers qui travaillent avec le sieur *Champagne*, et que je l'avais quelquefois vu avec ce dernier, je consentis à lui rendre ce service, et je montai chez le sieur *Champagne*, où je ne trouvai que la femme, qui m'apprit que son mari était absent.

Je revins l'annoncer à ces individus, qui se concertèrent ensemble, et celui qui déjà avait parlé proposa à ma bourgeoise (la dame *Pagnier*) de recevoir en dépôt ces trois fusils, mais elle s'y refusa en disant qu'elle ne se mêlait pas de ces choses-là; alors ils parlèrent ensemble de nouveau, et le camarade de *Champagne* reprit les fusils, et dit qu'il allait les monter chez la femme de ce dernier : en effet il s'absenta, et revint sans ces armes quelques minutes après. Les deux autres n'étaient pas sortis en même temps que lui, mais ils l'avaient suivi de quelques instants, et il rentra seul dans le cabaret, où je lui ai servi à boire. Je reconnaîtrais parfaitement cet individu s'il m'était représenté.

Nous avons alors fait amener en présence du témoin le nommé *Delsade*, et, à sa vue, le sieur *Carbonnier* a déclaré que c'était bien là l'individu qui était venu apporter les fusils et qui était monté chez la femme *Champagne*,

L'inculpé a dit ne pas connaître le témoin.

Ici le témoin nous a indiqué qu'il reconnaîtrait en outre les fusils de chasse dont était porteur l'inculpé; que l'un de ces fusils était simple, et les deux autres à deux coups ; alors nous avons fait extraire des greffes les fusils saisis chez la femme *Champagne*, et le témoin a dit qu'il croyait être sûr que c'étaient bien ceux-là qu'il avait vus, ajoutant toutefois qu'il n'y avait pas de baïonnette liée à ces fusils lorsque *Delsade* était entré dans le cabaret ; mais que, comme il était porteur d'une blouse, il avait bien pu la cacher sous ses vêtements.

(Dossier Delsade, n°   du greffe, pièce   .)

69. — Femme CHAMPAGNE, Flavie CHARDEAU, *âgée de 44 ans, sans état, demeurant à Paris, rue Oblin, n° 11.*

(Déposition du 29 mai 1839, devant M. Zangiacomi, juge d'instruction, délégué.)

Le dimanche 12 courant, je me trouvais seule chez moi sur les quatre heures environ ; mon mari était allé se promener avec ses enfants. J'entendis le bruit de la fusillade qui avait lieu dans le lointain, et ne savais à quoi l'attribuer, lorsque le nommé *Delsade* (*Jules*), ouvrier tabletier, qui travaille pour le même maître que mon mari, vint chez moi, et me demanda si celui-ci était à la maison. Sur ma réponse négative, il me pria de garder pendant quelques instants trois fusils qu'il déposa dans ma chambre. Je lui demandai d'où il venait avec ces fusils, il me répondit que je n'avais rien à craindre, qu'il venait du Palais-de-Justice, et qu'il allait revenir chercher ces armes. Cet homme paraissait très-agité, était tout en désordre, et courait dans les escaliers comme un fou ; il était avec deux autres individus qui l'attendirent dans l'escalier.

(Dossier Delsade, n°   du greffe,   pièces.)

70. — *Autre déposition du même témoin.*

(Du 5 juin 1839, devant M. Zangiacomi, juge d'instruction, délégué.)

Nous nous sommes transporté avec la comparante à la Conciergerie, et nous nous sommes fait représenter le nommé *Delsade*, que nous avons mis en présence de la femme *Champagne*, en lui demandant si c'était là l'homme qu'elle nous avait signalé dans sa déclaration du 29 mai dernier, comme étant venu chez elle, le 12 mai dernier, et lui ayant déposé les trois fusils et la baïonnette qui ont été saisis chez elle ; elle a répondu affirmativement.

Delsade nie ce fait.

66   FAITS PARTICULIERS.

Ayant fait retirer ce dernier, nous avons adressé au témoin les questions suivantes :

D. Y a-t-il un portier dans votre maison?
R. Non, monsieur.
D. Croyez-vous que *Delsade* ait été vu par quelqu'un chez vous?
R. Le garçon marchand de vin a dû le voir; et la marchande de vin, la dame *Pagnier*, a, m'a-t-on dit, refusé de recevoir les fusils.

(Dossier Delsade, n°   du greffe,   pièces.)

71. — CHAMPAGNE (Pierre-Joseph), *âgé de 56 ans, mouleur en tabletterie, demeurant à Paris, rue Oblin, n° 11.*

(Déposition du 29 mai 1839, devant M. Zangiacomi, juge d'instruction, délégué.)

Depuis quatre ans que je travaille chez le sieur *Vincent*, maître tabletier, j'ai eu occasion d'y connaître le nommé *Delsade*. Cet homme avait des opinions très-exaltées, parlait sans cesse politique et contre le Gouvernement. Un jour que je lui fis remarquer qu'il tenait des propos comme les républicains, il me répondit : Oui, je le suis, et, si nous nous battons un jour dans Paris, je te f. un coup de fusil.

Le dimanche 12 courant, il vint avec deux de ses camarades dans ma maison me demander, j'étais alors absent : il fit connaître à ma femme qu'il n'avait pas d'argent, et qu'il venait de se battre du côté du Palais-de-Justice. En partant, ils laissèrent les armes qu'ils avaient chez moi, et je les ai gardées à la disposition de l'autorité; j'ignore ce qu'ils venaient faire chez moi, ma femme pourra mieux que moi vous renseigner à cet égard.

(Dossier Delsade, n°   du greffe,   pièces.)

72. — *Procès-verbal de saisie de trois fusils et une baïonnette chez la femme* CHAMPAGNE.

L'an 1839, le jeudi 30 mai, à 3 heures de relevée,

Nous *Prosper Truy*, commissaire de police de la ville de Paris, et plus spécialement pour la librairie, officier de police, auxiliaire de M. le procureur du Roi ;

Procédant pour l'exécution de l'ordonnance ci-jointe, décernée le jour d'hier, par M. *Zangiacomi*, juge d'instruction, délégué par M. le Chancelier de France,

Nous sommes transporté, avec le sergent de ville *Leroux*, rue Oblin, n° 11, où, parlant à la dame *Champagne*, dans une chambre au cinquième étage, elle nous a déclaré que son mari était absent, et après avoir appris quelle était notre qualité, et avoir entendu la lecture de l'ordonnance précitée, nous a de suite représenté des armes qui étaient placées dans l'un des coins de la chambre, à gauche en entrant, derrière des habits, et qui sont composées de :

1° Un fusil de chasse double, sur lequel est écrit : *canon tordu* ;

2° Un autre fusil de chasse double, sur lequel est écrit : *damas, rubandaires* ;

3° Un fusil simple de chasse, sur lequel est écrit : *canon tordu* ;

4° Une baïonnette de fusil de guerre portant le n° 1405.

Lesquelles armes ont été, d'après la déclaration de la dame *Champagne*, apportées dans sa chambre, le 12 mai, par un individu nommé *Jules Delsade*, ainsi qu'elle en a déposé devant M. le juge d'instruction.

Nous avons saisi lesdites armes, qui ont été placées sous scellé avec étiquette indicative, signée de la dame *Champagne* et de nous.

Et de ce que dessus avons dressé le présent, que ladite dame a signé avec nous après lecture faite.

(Dossier Delsade, n°   du greffe,   pièce.)

73. — DURAND (Louis-Jean), *âgé de 29 ans, garçon de bureau à la préfecture de police, demeurant quai Bourbon, n° 53, île Saint-Louis.*

(Déposition du 28 mai 1839, devant M. Zangiacomi, juge d'instruction, délégué.)

Je suis garçon de bureau à la Préfecture de police, et ma femme tenait de son côté, dans le cours des années dernières, un petit établissement de restaurateur, rue de Jérusalem ; le comptoir de notre boutique était tenu par ma belle-sœur, la femme *Delsade* ; mais, comme son mari tenait souvent des propos sur la politique, nous avons été dans la nécessité de la prévenir qu'elle eût à empêcher son mari de mettre le pied chez nous. Nous avons tenu cet établissement depuis 1837 jusqu'en septembre 1838, époque à laquelle nous l'avons cédé.

Il m'est arrivé plusieurs fois d'aller avec *Delsade* boire chez la dame *Viard*, marchande de vin, quai des Orfévres, 28, et cette dame doit bien le connaître.

D. Quelle était la nature des opinions de votre beau-frère ?

R. Je dois à la vérité de dire que c'était un *républicain enragé*, et c'est pour cela que nous l'avions chassé de chez nous.

(Dossier Delsade, n° du greffe,   pièce   .)

9.

74. — CONTE (Jean-Pierre), *déjà entendu* (1).

(Déposition du 5 juin 1839, devant M. Zangiacomi, juge d'instruction, délégué.)

Nous nous sommes transporté, avec le comparant, à la Conciergerie, et avons représenté à celui-ci le nommé *Delsade*, en demandant au témoin s'il le reconnaissait pour avoir fait partie des insurgés qui ont assailli le poste du Palais-de-Justice; il a répondu : Cet homme a la figure étroite comme celui qui était le chef de la bande qui a assailli le poste ; mais il est moins grand : je ne pourrais dire s'il en faisait partie.

(Dossier Delsade, n° du greffe, pièce .)

75. — BERLUREAU (Jean), *âgé de 23 ans, soldat au 55ᵉ de ligne, caserné à l'École-Militaire.*

(Déposition du 7 juin 1839, devant M. Zangiacomi, juge d'instruction, délégué.)

Je faisais partie de la patrouille qui, le 12 mai au soir, s'est transportée chez un marchand de vin de la rotonde du Temple, avec le capitaine *Terreville*.

Je reconnais parfaitement l'individu que vous venez de me représenter sous le nom de *Delsade* ; je l'ai vu au moment où il se sauvait le long du mur de la maison du marchand de vin, et c'est moi qui, pour le faire arrêter, lui ai porté un coup de baïonnette à la cuisse; j'ai ensuite été chargé de veiller à sa garde.

Je n'ai pas vu à ce moment l'homme qui a été tué, et je ne puis dire si *Delsade* était sorti par la boutique du marchand de vin où s'étaient réfugiés les insurgés que nous poursuivions.

(Dossier Delsade, n° du greffe, pièce .)

76. — TERREVILLE (René-Alexandre-Gustave), *âgé de 37 ans, capitaine au 55ᵉ de ligne, caserné à l'École-Militaire* (2).

(Déposition du 7 juin 1839, devant M. Zangiacomi, juge d'instruction, délégué.)

Je me suis trouvé en patrouille, le 12 mai dernier, dans le quartier du Marais; il était près de dix heures, lorsque nous arrivâmes près de la rotonde

---

(1) Voir deux autres dépositions du même témoin, pages 25 et 72.

(2) Voir une première déposition de ce témoin, ci-après, page 252.

du Temple; nous fûmes reçus par quelques coups de fusil provenant d'un cabaret que je ne saurais indiquer au juste : les militaires entrèrent aussitôt dans ce cabaret, et j'étais sur la porte, lorsqu'un individu, vêtu d'une blouse, me mit en joue à bout portant; le chien s'abattit, l'amorce brûla, mais heureusement le coup ne partit pas. Déjà il avait réarmé son fusil et lâché la détente, quand un de mes soldats le tira et l'étendit à ses pieds. Alors les individus qui étaient dans le cabaret essayèrent de prendre la fuite, et, comme une des portes du cabaret, donnant sur une rue voisine, n'avait pas été gardée, la plus grande partie parvint à s'évader : nous n'en prîmes que quatre.

Représentation faite du nommé *Delsade*, le comparant déclare le reconnaître pour celui qu'il a fait arrêter, et qui a reçu un coup de baïonnette au moment où il se sauvait, ajoutant qu'il faisait évidemment partie de ceux qui étaient dans le cabaret; qu'à la vérité on n'avait point trouvé d'arme sur lui, mais que, comme les insurgés s'étaient esquivés par une des issues du cabaret, lequel forme angle sur deux rues, ils avaient pu emporter les fusils, dont on n'a plus trouvé qu'un seul dans la cave.

(Dossier Delsade, n°   du greffe, pièce   .)

77. — POMPEIGLE (Jules), *âgé de 27 ans, caporal au 55ᵉ de ligne, caserné à l'École-Militaire.*

(Déposition du 7 juin 1839, devant M. Zangiacomi, juge d'instruction, délégué.)

Nous avons mis en présence du comparant le nommé *Delsade;* il le reconnaît pour l'avoir vu près d'un cabaret de la rotonde du Temple, d'où étaient partis des coups de fusil. Il ajoute que cet homme a reçu un coup de baïonnette au moment où il essayait de fuir, et qu'il ne peut dire s'il a tiré sur la troupe; mais que, quand il a été arrêté et blessé, il faisait ses efforts pour s'évader.

Lecture faite, a persisté et a signé, ajoutant qu'un individu qui a été arrêté avec lui était porteur de balles et de cartouches.

(Dossier Delsade, n°   du greffe, pièce   .)

78. — BERTHIER (Jean-Marie-François), *âgé de 42 ans, docteur en médecine, demeurant à Paris, rue de Paradis, n° 7, au Marais.*

(Déposition du 8 juin 1839, devant M. Zangiacomi, juge d'instruction, délégué.)

Le 12 mai dernier, dans la soirée, je me trouvais à la mairie de la 7ᵉ légion, avec l'état-major. On y amena sept individus qui venaient d'être arrêtés dans un cabaret près la rotonde du Temple. Je me rappelle parfaitement que l'un de ces insurgés, portant une blouse bleue, et qui avait un collier de barbe et des moustaches noires, fut soumis à mon examen. J'affirme que sa main droite exhalait une forte odeur de poudre et en portait encore des traces évidentes; à mes yeux, il est certain que cet homme avait tiré des coups de fusil. Je me rappelle encore qu'il était atteint d'un léger coup de baïonnette à la partie inférieure de l'abdomen, à gauche.

Et aussitôt, nous avons fait amener dans notre cabinet le nommé *Delsade;* le comparant l'a parfaitement reconnu pour l'individu à collier de barbe et à moustaches noires dont il vient de parler et dont il aurait examiné la main droite.

(Dossier Delsade, n°   du greffe, pièce   .)

79. — SCHENAGON (Jacques), *âgé de 24 ans, fusilier au 55ᵉ régiment de ligne, caserné à l'École-Militaire.*

(Déposition du 7 juin 1839, devant M. Zangiacomi, juge d'instruction, délégué.)

Le 12 mai dernier, dans la soirée, je suis arrivé avec le capitaine *Terreville* à la porte d'un cabaret où nous fûmes reçus à coups de fusil; c'est près la rotonde du Temple : je ne saurais en donner l'adresse. Lorsque nous voulûmes pénétrer dans le cabaret, un des individus qui s'y trouvait ajusta mon capitaine à bout portant; mais le coup ne partit pas, quoique le chien se fût abattu. Comme il le mettait de nouveau en joue, je l'étendis à terre d'un coup de fusil, et au même instant un individu en blouse, et portant une barbe noire avec collier, qui se trouvait à côté de l'homme que je venais de tuer, sortit de ce cabaret; il reçut un coup de baïonnette au moment où il tentait de s'évader.

Représentation faite du nommé *Delsade*, le comparant le reconnaît pour celui qui a reçu un coup de baïonnette au moment où, sortant de chez le marchand de vin, il tentait de s'évader.

(Dossier Delsade, n°   du greffe, pièce   .)

80. — LEGROS (Charles), *âgé de 36 ans, sergent au 55ᵉ de ligne, caserné à l'École-Militaire.*

(Déposition reçue le 7 juin 1839, devant M. Zangiacomi, juge d'instruction, délégué.)

Je faisais partie de la patrouille qui, le 12 mai au soir, se transporta chez un marchand de vin de la rotonde du Temple, avec le capitaine *Terreville.*

Je reconnais parfaitement l'individu que vous venez de me représenter sous le nom de *Delsade*, pour avoir été arrêté près de ce marchand de vin, par plusieurs de nos hommes, au moment où il tentait de s'évader ; il reçut même un coup de baïonnette.

Lecture faite, a persisté et a signé, ajoutant : Je ne saurais vous dire s'il sortait de chez le marchand, parce que dans l'entrefaite nous étions en train d'en désarmer un autre.

(Dossier Delsade, n° du greffe,   pièce   .)

81. — LEBOUFFY (Félix-André-Victor-Claude), *âgé de 26 ans, sergent-major au 55ᵉ de ligne, caserné à l'École Militaire.*

(Déposition du 7 juin 1839, devant M. Zangiacomi, juge d'instruction, délégué.)

Je reconnais l'individu que vous me représentez (*Delsade*) pour l'avoir vu à la porte d'un cabaret situé près la rotonde du Temple, d'où l'on avait tiré des coups de fusil sur la patrouille dont je faisais partie ; mais je ne sais quelle part il a prise à la sédition.

(Dossier Delsade, n°   du greffe, pièce   )

82 — BATAILLE (Pierre-Michel), *22 ans, soldat au 21ᵉ régiment de ligne, caserné à l'Ave-Maria* (1).

(Déposition du 13 mai 1839, devant M. Jourdain, juge d'instruction, délégué.)

Hier j'entendis le caporal qui disait au lieutenant qu'on entendait tirer des coups de fusil. Cet officier nous fit prendre les armes, nous sortîmes du poste, il nous fit reposer les armes. En ce moment nous vîmes une soixantaine d'hommes armés de fusils à deux coups et de pistolets : nous demandâmes au lieutenant s'il fallait faire charger les armes, il nous dit que non ; il nous dit seulement de défaire nos cartouches. Ces individus s'approchèrent de nous, l'un d'eux, d'une grande taille, et que je n'ai pu remarquer assez pour pouvoir le reconnaître parce que j'étais au deuxième ou au troisième rang, s'approcha du lieutenant ; ce dernier lui demanda ce qu'ils voulaient, il répondit : « Vos armes ou la mort! » Notre officier répondit qu'ils n'auraient rien, et il commanda de porter les armes. Aussitôt l'individu qui avait parlé au lieutenant commanda de faire feu, et il fit feu en même temps sur le lieutenant, qui tomba roide mort ; plusieurs de mes camarades tombèrent aussi. Nous rentrâmes dans le poste ; je tombai, mon fusil me fut pris je ne sais comment.

Et, après lecture, a déclaré ne savoir signer.

---

(1) Voir une seconde déposition du même témoin, ci-devant, page 23.

Et aussitôt nous nous sommes transporté à la prison de la Conciergerie pour y confronter le nommé *Bonnefonds* avec le témoin susnommé. Nous avons représenté au nommé *Bataille* le nommé *Bonnefonds*, et il a dit : « Je ne connais pas cet homme. » Dans la même salle se trouve *Joseph Delsade*, que nous avons représenté au témoin ; et il a dit : « Il me semble bien que c'est celui-là qui a tiré sur notre lieutenant, mais je n'en suis pas sûr. »

(Dossier Delsade, n°   du greffe, pièce   .)

83. — CONTE (Jean-Pierre), *25 ans, caporal au 21ᵉ régiment de ligne, caserné à l'Ave-Maria* (1).

(Déposition du 13 mai 1839, devant M. Jourdain, juge d'instruction, délégué.)

J'étais de garde au poste du Palais-de-Justice hier lorsque vers quatre heures moins un quart on vint nous dire qu'on tirait des coups de fusil dans les rues, en nous engageant à prendre nos précautions. J'allai en prévenir le lieutenant, et lui demandai s'il fallait faire charger les armes et faire prendre les sacs ; il me dit que non ; il fit sortir le poste et le rangea sur trois rangs. Bientôt une troupe d'hommes armés de fusils à deux coups arriva en criant : *Vive la ligne!* Puis, lorsqu'ils furent à quelques pas de nous, quelques-uns d'entre eux nous dirent : *Rendez-vous ou la mort!* Le lieutenant répondit qu'il ne se rendait pas comme cela, et il nous dit de préparer nos armes ; aussitôt une décharge fut faite sur nous ; celui qui commandait toute la bande, qui est grand, sec, et très-brun de figure, qui a des moustaches et une mouche noires, et une barbe noire en collier, tira à bout portant sur l'officier, qui tomba roide mort ; plusieurs hommes du premier rang tombèrent également ; il y en eut en tout neuf, tués ou blessés ; presque tous les hommes se retirèrent par derrière du côté du Palais-de-Justice ; moi et mon collègue rentrâmes dans le poste avec un soldat ; nous voulions résister pour qu'on ne nous prît pas nos armes et nos cartouches, mais nous ne pûmes pas ; ils nous arrachèrent nos fusils et nos sabres, ils nous prirent nos gibernes ; ils voulaient même me prendre mon habit ; l'homme qui était devant moi a été blessé et mon pantalon a été déchiré à la jambe.

Et aussitôt nous nous sommes transporté à la Conciergerie pour confronter le témoin susnommé avec le nommé *Bonnefonds*, que nous avons trouvé couché dans un lit ; et le témoin a dit : Je ne connais pas cet homme ; mais un autre individu, placé dans un autre lit, et portant la barbe en collier et des moustaches noires, ayant attiré l'attention du témoin, nous avons demandé à cet individu ses noms, et il nous a dit se nommer *Joseph Delsade* ; et le témoin a dit : Cet homme a de la ressemblance avec celui qui a tiré sur notre lieu-

---

(1) Voir deux autres dépositions du même témoin ci-devant, pages 25 et 68.

tenant, mais je ne pense pas que ce soit lui, car il n'a pas de mouche au menton, et celui qui a tiré en avait une.

(Dossier Delsade, n°   du greffe, pièce   .)

84. — GOMONT (Étienne-Julien), *âgé de 41 ans, menuisier, demeurant à Paris, rue de l'Égout-Saint-Germain, n° 9.*

(Déposition du 18 juin 1839, devant M. Zangiacomi, juge d'instruction, délégué.)

Le dimanche, 12 mai dernier, je revenais de Passy, entre quatre et cinq heures, et j'étais sur le Pont-Neuf lorsque j'appris qu'il y avait des désordres dans Paris. Je me disposais à aller à la Préfecture de police, et j'en prenais le chemin, quand je vis venir à moi plusieurs individus qui paraissaient déboucher du quai des Lunettes ou du quai des Orfévres. Je reconnus à la tête de ces hommes un individu que je sais être beau-frère du sieur Durand, garçon de bureau; j'ignorais son nom, mais le connaissant pour l'avoir vu quelquefois dans les environs de la Préfecture, notamment chez son beau-frère; je m'approchai de lui, et lui demandai ce qu'il y avait. Pour toute réponse, il me dit en me tutoyant : *Toi et le grand serrurier, si vous avez le malheur de rester à la Préfecture, nous vous dégommerons tous les deux, parce que nous allons tout à l'heure y retourner.*

Comme cet homme était armé d'un fusil et qu'il a une assez mauvaise réputation, je ne jugeai pas à propos de pousser plus loin la conversation et je me retirai immédiatement. Je remarquai qu'en ce moment il se dirigeait du côté de la rue de la Monnaie et des halles.

Nous avons aussitôt fait extraire de la Conciergerie le nommé *Delsade*, et l'avons mis en présence du comparant; il l'a reconnu positivement pour l'individu dont il vient de parler, ajoutant que cet homme lui avait même mis le canon de son fusil sous le menton en proférant les menaces qu'il a rapportées.

(Dossier Delsade, n°   du greffe, pièce   .)

FAITS PARTICULIERS A MIALON.

85. — *Procès-verbal constatant la mort de* JONAS, *maréchal des logis de la garde municipale.*

L'an mil huit cent trente-neuf, le 16 mai, sept heures du matin,

Nous, *François-Bonaventure Haymonet*, commissaire de police de la ville de Paris, quartier de la Porte-Saint-Denis, etc.

Procédant par voie d'enquête, à l'effet de recueillir des renseignements sur les auteurs de l'assassinat commis, dans la soirée du 12 de ce mois, sur la personne du sieur *Jonas*, maréchal des logis de la garde municipale, tué, dans la rue Saint-Denis, d'un coup de feu tiré par un individu placé derrière un fiacre qui venait d'être renversé, pour servir de barricade, dans la rue aux Ours, au coin de la rue Bourg-l'Abbé; nous avons mandé en notre bureau les personnes susceptibles de fournir des renseignements sur cet événement; nous les avons entendues séparément et successivement, ainsi qu'il suit :

1° Louis-Édouard MÉNEAU, âgé de 38 ans, garnisseur d'instruments de musique, demeurant rue aux Ours, n° 26, a déclaré ce qui suit (1) :

Dans la soirée du 12 de ce mois, j'étais chez le sieur *Guillot*, qui occupe un logement, n° 26, rue aux Ours, donnant sur cette rue, au moment où les insurgés, qui s'y étaient attroupés, voulaient se réfugier dans la boutique du marchand de vin, au coin de la rue Salle-au-Comte. Un individu vêtu d'une veste et d'un pantalon de velours foncé, et coiffé d'un grand chapeau, était resté seul embusqué derrière le fiacre servant *de barricade, au coin de la rue Bourg-l'Abbé*, et, aussitôt que le détachement de la garde municipale a paru à la hauteur de la rue aux Ours, il a tiré et a frappé à mort le sous-officier, qui tomba à la droite de son cheval. Il nous a été impossible de connaître le nom et l'adresse de cet insurgé.

2° COTTIN (Guillaume), âgé de 45 ans, bijoutier, demeurant rue aux Ours, n° 26, a déclaré ce qui suit (2) :

Le 12 mai, vers six heures du soir, dans les rues aux Ours, Bourg-l'Abbé et

---

(1) Voir la confrontation de ce témoin avec *Mialon*, ci-après, page 81.
(2) Voir la confrontation de ce témoin avec *Mialon*, ci-après, page 82.

Salle-au-Comte, j'ai remarqué, de la fenêtre où j'étais placé, au second étage, au moment de l'apparition d'un détachement de gardes municipaux, un individu, âgé d'environ 40 ans, visage un peu pâle, l'expression de la physionomie repoussante, vêtu d'une veste et d'un pantalon de velours couleur noisette, usés; il portait sous ses vêtements une ceinture qui paraissait derrière sous sa veste; placé derrière un fiacre sur lequel il avait placé son fusil, et aussitôt qu'il eut aperçu le détachement, il a tiré et a tué un maréchal des logis qui est resté sur place. J'ai remarqué plusieurs des insurgés qui étaient dans la rue Bourg-l'Abbé, mais je ne pourrais pas désigner leurs noms.

3° GARNAUD (Julien), fruitier, dans la rue aux Ours, n° 25, lequel nous a déclaré ce qui suit (1) :

Dimanche dernier, 12 du courant, entre trois et quatre heures de l'après-midi, pendant l'insurrection, j'étais sur le seuil de ma porte à observer le mouvement des insurgés, lorsque j'aperçus, au coin de la rue Bourg-l'Abbé, un individu vêtu d'un pantalon et d'une veste de velours couleur olive, et coiffé d'un chapeau, armé d'un fusil, dont il appuyait le canon sur la caisse d'un fiacre renversé au coin de ladite rue; et, immédiatement après, j'ai vu cet individu tirer son coup de fusil, qui a frappé à mort un maréchal des logis de la garde municipale, du moins, d'après ce que j'ai entendu dire, quelques minutes après, par des voisins, car il m'a été impossible de voir le militaire qu'il ajustait.

(Dossier Mialon, n°   du greffe, pièce   .)

86. — *Procès-verbal de perquisition au domicile de* MIALON.

L'an mil huit cent trente-neuf, le vingt-sept mai, à six heures du soir,

Nous, *Georges-François Fleuriais,* commissaire de police de la ville de Paris, pour le quartier de la Cité, officier de police auxiliaire de M. le procureur du Roi, en vertu d'une ordonnance de M. *Perrot,* juge d'instruction près le tribunal de la Seine, délégué par M. le Président de la Cour des Pairs, décernée cejourd'hui, et nous commettant, à cet effet, de nous transporter au domicile de M. *Mialon* (*Pierre-Antoine*), terrassier, demeurant quai Napoléon, n° 29, pour y rechercher et saisir tous papiers, écrits, im-

---

(1) Voir une autre déposition de ce témoin et sa confrontation avec *Mialon*, ci-après, pages 76 et 81.

primés, armes, munitions, et généralement tous objets susceptibles d'examen, et notamment tous vêtements de velours, vestes, pantalons et autres, lesquels seront déposés au greffe du tribunal;

Et, accompagné dudit *Mialon*, qui avait été extrait de la Conciergerie, où il est actuellement détenu, et où il sera réintégré après l'opération;

Comme aussi assisté de M. *Crépy*, officier de paix, qui nous avait remis le mandat de perquisition;

Nous sommes transporté à l'adresse indiquée, sur le palier au devant du logement que *Mialon* y occupe, au deuxième étage, sur le derrière, et dont la porte était fermée. L'inculpé n'en ayant pas la clef, et sa femme, qui aurait pu ouvrir, étant absente, nous avons requis le sieur *Arnoux*, serrurier, rue des Marmouzets, n° 40, d'ouvrir la porte, ce qu'il a fait. Nous étant introduit dans le logement, qui se compose de trois pièces, nous y avons procédé, en présence de *Mialon*, aux recherches faisant l'objet de l'ordonnance précitée, et qui n'ont fait découvrir, en objets y ayant rapport, que deux pantalons et deux vestes de velours, dont nous avons déclaré la saisie à l'inculpé, et que nous avons mis sous le scellé, avec une étiquette indicative sur laquelle M. *Crépy* a signé avec nous, ledit *Mialon* ayant déclaré ne savoir signer.

Notre opération étant terminée, nous nous sommes retiré, et avons, de ce que dessus, fait le présent procès-verbal, que M. *Crépy* a seul signé avec nous, l'inculpé ayant déclaré de nouveau ne savoir signer.

(Dossier Mialon, n°   du greffe, pièce   .)

87. — GARNAUD (Julien), *âgé de 35 ans, fruitier, demeurant rue aux Ours, n° 25.*

(Entendu, le 25 mai 1839, devant M. Jourdain, juge d'instruction, délégué.)

J'étais sur le seuil de ma porte lorsqu'ont été renversés un fiacre et un omnibus pour former la première barricade. Sur ces entrefaites arriva la garde municipale qui releva les voitures, et la circulation fut rétablie.

A une demi-heure de là un nouveau fiacre fut arrêté; le cocher avait été couché en joue; la voiture fut renversée, et auprès d'elle une voiture de porteur d'eau a subi le même sort.

C'est dans cette barricade que s'est trouvé l'homme aux habits de velours, qui a tiré et tué le maréchal des logis de la garde municipale, et, si je suis bien informé, j'ai vu ce factieux faire feu, mais je n'ai pas aperçu son but. Je le reconnaîtrais s'il m'était représenté. Il était seul alors: tous les voisins le traitaient de gueux et de scélérat; cela ne l'a pas empêché de s'éloigner tranquillement et de revenir tranquillement aussi, cinq minutes après, dans la rue. Cet homme, coiffé d'un chapeau noir, avait un mouchoir en ceinture.

Les individus qui venaient de piller la maison des frères *Lepage* se rendaient tous rue Quincampoix : c'est là qu'était à ce qu'il paraît leur rendez-vous. Je les ai vus repasser avec un tambour en tête.

J'ai aperçu dans la rue un individu d'assez grande taille, maigre de figure et à favoris rouges, se disputant avec les passants au sujet de quelques remontrances dont il était l'objet de leur part.

Cet homme, vêtu d'une redingote verte, prétendait qu'il se battait pour la liberté; il avait des cartouches dans les mains : je le reconnaîtrais peut-être.

(Dossier Mialon, n°   du greffe,   pièce.)

88. — MUIDEBLED (Charles), *43 ans, capitaine de la garde municipale à pied, caserné faubourg Saint-Martin.*

(Entendu, le 30 mai 1839, devant M. Jourdain, juge d'instruction, délégué.)

Le dimanche 12 courant, je rentrai à la caserne vers quatre heures et demie ou cinq heures moins un quart; je vis alors partir un détachement de cavalerie pour aller appuyer deux détachements d'infanterie qui étaient allés pour défendre la mairie du 6° arrondissement, et que l'on disait en danger. Plus tard, quelques instants après mon arrivée, je fus envoyé dans le même lieu pour rassembler les détachements, parce que M. le Préfet de police avait demandé cent hommes. Arrivé rue Saint-Martin, plus bas que la mairie, je trouvai ce détachement de cavalerie; il y avait un homme blessé, le maréchal des logis *Jonas* était tué. Je le fis ramasser ensuite plus tard sous le portail du poste de la rue Mauconseil. En arrivant rue Saint-Martin, je fis rentrer à la caserne ce détachement de cavalerie. On tirait encore quelques coups de fusil. Sur les observations de M. *Haymonet*, je ne retirai pas les détachements d'infanterie, et je prévins qu'ils étaient nécessaires dans le quartier. J'y restai moi-même jusque vers dix heures du soir; mais je n'ai eu connaissance d'aucuns faits particuliers. J'ai vu passer des hommes et des armes; mais je n'étais pas présent lorsqu'ils ont été arrêtés; je n'en ai entendu parler que vaguement.

(Dossier Mialon, n°   du greffe,   pièce.)

89. — BERNIER (Louis-Charles), *âgé de 46 ans, marchand de vin, demeurant rue Quincampoix, n° 93, à l'angle de la rue aux Ours, n° 19* (1).

(Entendu le 18 mai 1839, devant M. Chailly, commissaire de police.)

Dimanche dernier, 12 du courant, dès deux heures de relevée, mon établissement a été fréquenté par des individus qu'à leur mise je reconnus appartenir à la classe ouvrière.

En quelques minutes une salle et un cabinet dépendant de mon établissement, et situés au rez-de-chaussée, furent occupés par une trentaine de ces individus, vêtus les uns de blouses, les autres en veste et en habit, et lesquels arrivèrent isolément, et se firent verser du vin qu'ils payèrent bien exactement. Une circonstance qui m'a paru singulière, et qu'alors je ne pouvais m'expliquer, c'est que chaque individu arrivant dans mon établissement insistait pour qu'on lui servît à boire dans la salle située au premier étage, chose que j'ai constamment refusée, tant l'air étrange de ces hommes me prévenait peu en leur faveur.

Comme je parcourais les tables en servant à boire, je prêtais l'oreille à leurs conversations ; mais probablement qu'ils craignaient d'éventer leur projet, car ils ne laissaient rien transpirer qui eût pu faire pressentir la révolte qui allait éclater. Seulement ces individus échangeaient entre eux des paroles qui m'ont fait supposer qu'il se tramait une coalition d'ouvriers, car je les ai entendus dire à plusieurs reprises, *il faut que cela en finisse aujourd'hui, car si demain nous allons à l'atelier et que l'on ne nous paye pas, nous ne travaillerons plus.* Je remarquai aussi que dans la rue plusieurs individus assez mal vêtus échangeaient des poignées de mains avec des hommes qui, par leur mise recherchée, paraissaient appartenir à une des classes aisées de la société, et je me perdais en conjectures sur tout ce qui se passait sous mes yeux, lorsque, vers les trois heures, un individu dont je n'ai remarqué que le visage, tant il était difforme et contourné, entra subitement dans mon établissement, donna du geste, et en sifflant je crois, un signal à tous ceux qui étaient à boire, et leur dit : *Vite, en route, il est temps, suivez-moi ;* et quelques secondes après le magasin de l'armurier *Lepage*, rue Bourg-l'Abbé, était pillé. Je fermai dès lors ma boutique, et je n'ouvris plus à personne.

Je crois pouvoir signaler celui des insurgés qui a tué le maréchal des logis *Jonas.* Vers cinq heures de l'après-midi, alors que ce dernier arrivait avec sa compagnie, de la rue Saint-Denis, pour entrer rue aux Ours, un fiacre était renversé au coin de la rue Bourg-l'Abbé et au travers de la rue aux Ours; alors un homme paraissant âgé de 48 ans environ, vêtu d'une veste ronde et d'un pantalon, tous deux en velours de couleur olive, et coiffé d'un mauvais

---

(1) Voir la confrontation de ce témoin avec *Mialon,* ci-après, page 83.

chapeau, s'avança, armé d'un fusil de munition, derrière le fiacre qui formait obstacle, et là, après avoir pointé fort tranquillement, fit feu et se retira vers la rue Saint-Martin, où il rechargea son arme.

Du côté de la rue que j'habite il m'était impossible de voir celui qui avait été atteint, mais les habitants vis-à-vis qui étaient à leurs croisées virent le malheureux maréchal des logis tomber, atteint qu'il était par le coup de feu que venait de tirer l'homme que je viens de vous signaler, et que je reconnaîtrais parfaitement s'il m'était représenté et confronté.

J'ajoute que, par suite d'une décharge faite par la troupe sur les insurgés, trois des carreaux de ma devanture de boutique ont été brisés par la commotion.

(Dossier Mialon, n°   du greffe, pièce   .)

90. — *Autre déposition du même témoin.*

(Entendu le 25 mai 1839, par M. Legonidec, juge d'instruction, délégué.)

Je ne pourrais reconnaître aucun des individus qui se sont trouvés dans mon cabaret le dimanche 12 de ce mois, au moment où le complot a éclaté, si j'en excepte un seul qui m'a paru le chef, et que je reconnaîtrais à la difformité de sa face toute contournée. Quelques voisins m'ont assuré avoir aperçu son corps à la Morgue. Je dis que cet homme était le chef, parce que c'était lui qui m'a semblé donner des ordres aux vingt et quelques individus qui se sont trouvés réunis ledit jour dans ma maison, de deux à trois heures de l'après-midi. Je ne savais que penser de leur réunion. Ils n'étaient pas d'un même écot, et cependant ils fraternisaient ensemble. J'ai cru à une coalition d'ouvriers, car ils disaient : Il faut que cela finisse aujourd'hui; si demain nous allons à l'atelier, et qu'on ne nous paye pas, nous ne travaillerons plus.

Vers trois heures, deux individus se montrèrent à la porte de ma salle, puis ils firent un signe, en s'écriant: *allons vite, il est temps;* et tous ils s'enfuirent en même temps vers la rue Bourg-l'Abbé, comme une volée de pigeons, abandonnant leurs bouteilles et leurs verres pleins. Ils repassèrent quelques instants après avec des armes.

Vers quatre heures, quelques coups de fusil se firent entendre; une distribution de cartouches venait d'être faite, m'a-t-on dit, rue Quincampoix; des barricades furent faites, relevées : elles furent rétablies, puis défaites définitivement par la garde municipale.

On s'est peu battu de mon côté.

Il est un homme que je reconnaîtrais parfaitement, s'il m'était représenté : c'est celui qui a tué le maréchal des logis *Jonas.* Cet homme, d'une cinquantaine d'années, avait la physionomie d'un plâtrier ou d'un charpentier. Ses souliers étaient blancs de plâtre; il était couvert d'uen veste ronde et d'un pantalon de velours olive neuf. Il était coiffé d'un chapeau de laine noire ébouriffé comme s'il avait reçu un renfoncement; son gilet à mille raies de différentes couleurs, d'étoffe ancienne, simulait le velours. Il avait un mouchoir blanc en ceinture; ses poches, lourdes, paraissaient pleines de cartouches; il était porteur d'un fusil de munition avec bandoulière et baïonnette.

Je l'ai vu appuyer son arme sur le fiacre renversé, la relever, la mettre derechef en joue. Il fit feu, releva son fusil en le portant en sous-officier sur le bras gauche, avec le calme d'un scélérat. Il remonta la rue aux Ours jusqu'à la rue Saint-Martin. Là, il regarda à droite et à gauche, rechargea tranquillement son arme, et se retira par la rue Bourg-l'Abbé.

Je n'ai pas vu le maréchal des logis tomber de cheval. J'ai su qu'il avait tué un garde, parce que les voisins jetaient les hauts cris.

Le garçon du charcutier demeurant vis-à-vis la rue Bourg-l'Abbé l'a entendu dire à d'autres insurgés qui se trouvaient auprès de lui : *Ne vous inquiétez pas, je lui ai envoyé un garde national, il est dans le sommeil.*

Je sais que le soir treize insurgés ont été arrêtés dans le passage Beaufort.

(Dossier Mialon, n°   du greffe,   pièce.)

91. — *Confrontation de* MIALON *avec six témoins.*

L'an 1839, le mardi vingt-huit mai, deux heures de relevée,

Nous, *Charles-Félicité Jourdain*, juge d'instruction, délégué par ordonnance de M. le Chancelier, Président de la Cour des Pairs, du 15 mai 1839,

Nous sommes transporté à la Conciergerie, où nous avons fait appeler le nommé *Mialon* (Jean-Antoine), et nous lui avons représenté deux paquets scellés contenant des vêtements, savoir : le premier, une veste de velours saisie chez lui le 18 mai, et le second, deux pantalons et deux vestes, saisis également chez lui le 27 mai courant; nous lui avons fait reconnaître que les scellés apposés sur ces paquets sont intacts, et nous les avons brisés en sa présence;

Nous en avons extrait d'un premier scellé une veste en velours; nous avons interpellé le nommé *Mialon*, qui nous a dit : Cette veste est à moi, c'est bien celle que je portais le dimanche, 12 mai courant;

Nous avons extrait du second paquet un seul pantalon de velours, en coupant la boutonnière, ce pantalon nous ayant été désigné par *Mialon* comme étant celui qu'il portait le dimanche 12 mai courant;

Nous avons ensuite remis sous un scellé particulier la veste de velours reconnue par *Mialon*, et, sous un autre, le pantalon de velours que nous venions d'extraire du second scellé, et qui nous a été indiqué par *Mialon* comme étant celui qu'il portait le 12 de ce mois.

Et aussitôt nous avons fait revêtir ledit *Mialon* de la veste et du pantalon indiqués par lui comme étant ceux qu'il portait le dimanche 12 mai courant.

De tout ce que dessus, nous avons dressé le présent procès-verbal, que nous avons clos et que nous avons signé après lecture, le sieur *Mialon* ayant déclaré ne le savoir.

Nous avons ensuite appelé les témoins assignés par notre cédule du   , et nous leur avons représenté successivement le nommé *Mialon,* susdénommé.

Le premier témoin a déclaré ce qui suit :

Je me nomme *Julien Garnaud,* 35 ans, fruitier, demeurant rue aux Ours, n° 25 ; non parent, etc., dépose (1) :

C'est bien la même taille, le même habillement et la même coiffure que ceux de l'homme que j'ai vu, le dimanche 12 mai courant, au coin de la rue aux Ours et de la rue Bourg-l'Abbé, et que j'ai vu tirer un coup de fusil ; au même instant les voisins ont crié : *Ah! le gueux! le scélérat!* Je n'ai vu cet homme que par derrière ; je ne puis reconnaître sa figure. La direction de son coup de fusil était du côté de la rue Saint-Denis.

Nous avons fait appeler le second témoin, dont nous avons reçu le serment, et qui nous a fait la déposition suivante, après lui avoir représenté le nommé *Mialon* (Jean-Antoine).

Je me nomme *Pierre-Eugène Marceau,* âgé de 28 ans, bijoutier, rue aux Ours, 18 (2).

Je reconnais parfaitement cet homme ; je l'ai vu le 12 mai courant, vers cinq heures du soir, dans la rue aux Ours ; un coup de feu avait frappé un garde municipal à cheval dans la rue Saint-Denis ; ce garde était tombé. En même temps, je vis l'homme que vous venez de me représenter, passer, et les voisins disaient : C'est celui qui a tué le garde municipal. Cet homme avait un fusil de munition sur l'épaule ; il est allé le recharger dans la rue Quincampoix. Je fais observer qu'un seul coup a été tiré dans ce moment-là. Je l'ai vu ensuite repasser dans la rue aux Ours ; il est venu s'embusquer de nouveau derrière la barricade qui barrait la rue Bourg-l'Abbé à la rue aux Ours, et se placer derrière le fiacre qui était renversé dans cette barricade.

Nous avons fait appeler le troisième témoin, dont nous avons reçu le serment, et qui nous a dit se nommer *Louis-Édouard Méneau,* 38 ans, garnisseur d'instruments de musique, demeurant rue aux Ours, n° 26 (3).

Nous avons représenté au témoin le nommé *Mialon* (Jean-Antoine), et il a dit : Je reconnais parfaitement la tournure, la taille et l'habillement de

---

(1) Voir la déposition de ce témoin, ci-devant, pages 75 et 76.
(2) Voir la déposition de ce témoin, ci-après, pages 84 et 85.
(3) Voir la déposition de ce témoin, ci-devant, page 74.

cet homme; il avait un autre chapeau plus bas et à plus large bord sa veste doit avoir une tache d'usure blanchâtre sur l'épaule droite.

Nous avons fait revenir le nommé *Mialon*, et nous avons reconnu qu'en effet la veste présente une tache d'usure blanchâtre à la hauteur de l'omoplate droite.

Le témoin a continué ainsi : Je reconnais parfaitement cette tache. Voici dans quelles circonstances j'ai vu cet individu, mais sans apercevoir sa figure : il était environ six heures et demie lorsque j'aperçus cet homme qui s'était placé derrière un fiacre qui était renversé au coin de la rue Bourg-l'Abbé, partie dans la rue aux Ours, et partie dans la rue Bourg-l'Abbé; il avait un fusil de munition qu'il posa sur le fiacre; il ajusta pendant une minute et demie au moins en se baissant, et ce fut alors que je remarquai la tache blanche qui se trouve sur le dos de cet homme. Il tira son coup de fusil, qui alla frapper un maréchal des logis de la garde municipale qui était dans la rue Saint-Denis, et qui faisait face à la rue aux Ours; ce maréchal des logis tomba à droite de son cheval. Je suis rentré immédiatement parce que cette scène avait fait tant d'impression sur M. *Guyot*, qu'il s'était trouvé mal. Cet homme était tout seul dans la rue lorsqu'il a tiré ce coup de fusil; les autres insurgés étaient dans un cabaret qu'ils avaient forcé au coin de la rue Salle-au-Comte.

Nous avons fait appeler le quatrième témoin, dont nous avons reçu le serment, et qui nous a déclaré ce qui suit :

Je me nomme *Guillaume Cottin*, 45 ans, orfévre, demeurant rue aux Ours, n° 26 (1); auquel nous avons représenté le nommé *Mialon*, et il a dit : je reconnais bien cet homme : il avait autour des reins un mouchoir blanc qui se voyait par derrière. Voici dans quelles circonstances je l'ai vu : il était placé derrière un fiacre qui était renversé dans la rue aux Ours, au coin de la rue Bourg-l'Abbé; trois gardes municipaux arrivèrent au coin de la rue aux Ours et de la rue Saint-Denis; cet homme appuya sur la caisse de ce fiacre un fusil de munition qu'il portait; il ajusta; je dis : Ah! le malheureux, il en tuer un; et au même instant je vis tomber un des trois gardes municipaux. Alors je criai : *Assassin, scélérat*. Cet homme s'en alla rue Quincampoix; environ vingt minutes après, cet homme vint se replacer derrière le même fiacre. Je dis alors à M. *Ragon*, qui était à sa fenêtre en face, le reconnaissez-vous; il me fit signe que oui. Dans le moment où cet homme a tiré ce coup de fusil, il était seul dans la rue; du moins je n'ai vu que lui armé derrière la barricade, et à ce moment il ne s'est tiré qu'un coup de fusil.

Nous avons fait appeler le cinquième témoin, dont nous avons reçu le serment, et qui nous a déclaré ce qui suit :

(1) Voir la déposition de ce témoin, ci-devant, page 74.

Je me nomme *Edme Guyot*, âgé de 39 ans, marchand miroitier, demeurant rue aux Ours, n° 26.

Auquel nous avons représenté le nommé *Mialon*, et le témoin a dit : Je reconnais bien cet homme; voici dans quelles circonstances je l'ai vu : il était alors coiffé d'un chapeau moins haut de forme et plus large de bords que celui qu'il porte aujourd'hui. Il était derrière un fiacre qui formait une barricade au coin de la rue Bourg-l'Abbé et de la rue aux Ours. Des gardes municipaux à cheval se présentèrent rue Saint-Denis, en face la rue aux Ours; j'entendis alors cet homme dire à un petit jeune homme en blouse blanche, qui tenait un poignard à la main : *Voyons voir si j'en descendrai un.* Je reconnus à l'accent que c'était un auvergnat. Au même instant cet homme tira, et je vis tomber un des gardes municipaux. Cet assassinat me fit une telle impression que je me trouvai mal et n'eus pas la force de fermer la fenêtre. Je reconnais parfaitement l'homme que vous venez de me représenter; je reconnais également sa voix, que je viens d'entendre lorsque vous l'avez questionné. Ce fut M. *Méneau* qui ferma ma fenêtre.

Nous avons fait appeler encore le sieur *Bernier* (Louis-Charles), âgé de 46 ans, marchand de vin, rue aux Ours, au coin de la rue Quincampoix (1).

Au moment où le témoin est entré, le nommé *Mialon* (Jean-Antoine) venait d'arriver dans notre cabinet, où il était introduit après avoir été à l'instant même, par notre ordre, revêtu de nouveau de son pantalon et de sa veste de velours, qu'on lui a fait mettre en échange de sa veste de drap bleu, qu'il portait un instant avant. Le témoin, en entrant, était dans un état d'agitation très-remarquable, et il a dit, en passant devant le nommé *Mialon*, et s'adressant à lui : On n'avait pas besoin de vous faire changer d'habits, je vous ai bien reconnu lorsque tout à l'heure vous avez passé revêtu d'un habit bleu. C'est vous qui avez assassiné un maréchal des logis de garde municipale à cheval, le dimanche 12 mai : je vous reconnaîtrais entre trente mille âmes.

Nous avons immédiatement fait sortir *Mialon*, et le témoin nous a dit :

Je reconnais parfaitement cet homme; je l'ai vu tirer sur le sous-officier. Il était derrière un fiacre vert qui était renversé au coin de la rue aux Ours et de la rue Bourg-l'Abbé. Je l'ai vu tirer. Il a ensuite rechargé son arme près de la rue Quincampoix.

(Dossier Mialon, n°   du greffe, pièce   ).

92. — GILLES (Claude-Christophe), *âgé de 48 ans, maréchal des logis de la garde municipale à cheval, 2ᵉ compagnie, caserné faubourg Saint-Martin.*

(Entendu le 7 juin 1839, devant M. Jourdain, juge d'instruction délégué.)

Le 12 mai dernier, je sortis de la caserne Saint-Martin avec un détache-

---

(1) Voir deux autres dépositions de ce témoin, ci-devant, pages 78 et 79.

ment composé de vingt-cinq à vingt-huit hommes, sous les ordres de notre collègue *Jonas,* qui se trouvait le plus ancien; nous descendîmes la rue Saint-Martin, jusqu'à la mairie du 6ᵉ arrondissement; là, le commissaire de police nous dit de prendre la rue Guérin-Boisseau. Nous partîmes, *Jonas* et moi, avec un détachement de huit cavaliers, et nous dirigeâmes du côté de la rue Saint-Denis; au débouché de la rue Guérin-Boisseau, dans la rue Saint-Denis, nous reçûmes quelques coups de feu de plusieurs insurgés qui se trouvaient derrière une barricade qui fut enlevée par l'infanterie de ligne. Un de nos cavaliers fut blessé à l'épaule droite; depuis, ce garde m'a dit que le médecin qui l'avait pansé lui avait déclaré que le coup avait dû être tiré d'une fenêtre, parce que la blessure se trouvait du haut en bas. Ce garde se retira, et nous avançâmes dans la rue Saint-Denis. Un détachement de ligne qui nous suivait au pas de course, enleva cette barricade et nous passâmes au delà. Elle était à cheval sur la rue Saint-Denis, prenant de la rue Grenétat à l'encoignure d'une autre rue qui se trouve en face, et dont je ne me rappelle pas le nom. Elle était formée de tonneaux, de planches et de divers autres objets. Nous arrivâmes au coin de la rue aux Ours. Je passai rapidement de l'autre côté, fis face au détachement pour dire à *Jonas* d'avancer vite; dans ce moment, un coup de feu partit de la rue aux Ours, et le frappa au côté droit de la joue, parce qu'il s'était lui-même retourné sur la gauche, pour dire à ses hommes d'avancer. Nous allions porter du secours à *Jonas,* lorsque quelqu'un d'une maison voisine, que je ne pourrais pas désigner, nous cria du troisième étage : allez, retirez-vous; vous courez trop de danger, nous en aurons soin. En effet, la rue aux Ours était à notre gauche, et en face de nous, au coin de la rue Sainte-Magloire, se trouvait une barricade d'où on faisait feu sur nous. Je fis aussitôt faire demi-tour au peloton, et regagnai la mairie du 6ᵉ par la rue Guérin-Boisseau. Nous fîmes quelques patrouilles dans le quartier, puis nous reçûmes l'ordre de rentrer à la caserne, d'où nous repartîmes bientôt pour le Carrousel. Je conduisis moi-même ce détachement. Nous ne rencontrâmes rien sur notre chemin.

(Dossier Mialon, n°   du greffe, pièce   .)

93. — MARCEAU (Pierre-Eugène), *âgé de 28 ans, bijoutier, demeurant à Paris, rue aux Ours, n° 18* (1).

(Entendu le 25 mai 1839, par M. Perrot, juge d'instruction délégué.)

J'étais à mon travail, rue Bourg-l'Abbé, n° 18, au troisième étage, lorsqu'entendant du bruit dans la rue, je suis descendu. J'ai vu sept ou huit jeunes gens devant la maison du sieur *Lepage,* armurier en magasin, même

(1) Voir la confrontation de ce témoin avec *Mialon,* ci-devant, page 81.

rue, n° 22, qui se disaient : Il faut prendre des armes; et je suis remonté à mon atelier. Cependant, le bruit augmentant, je me suis mis à la croisée; et, voyant faire une barricade dans laquelle il y avait déjà un fiacre et un tonneau de porteur d'eau, je suis descendu et rentré à notre logement, rue aux Ours. Je me suis mis sur la porte de l'allée avec le portier et plusieurs autres personnes de la maison; et, quelque temps après, nous avons entendu commencer la fusillade. Nous sommes rentrés alors dans la cour, et deux jeunes gens, armés de fusils de munition, y sont rentrés avec nous. Je les ai très-peu vus, et je ne pourrais les reconnaître; je ne les ai pas entendus décliner leur nom ni dire leur état; ils sont descendus à la cave avec le portier pour y cacher leurs fusils, dans la crainte que la troupe n'entrât, et qu'elle ne se portât à quelque rigueur si elle les trouvait. Je ne sais pas si l'un de ces jeunes gens était blessé; je me rappelle que l'un d'eux a dit qu'il n'avait pu faire feu parce que son fusil était bouché. Le lendemain, mon père voulait aller en faire la déclaration : il aurait bien fait, car cela aurait pu épargner l'arrestation du portier *Delchage*, qui est un brave homme, ne se mêlant jamais de politique, et ayant bien de la peine à nourrir ses quatre petits enfants.

D. A-t-on tiré de votre maison sur la force armée?

R. Oh! non, Monsieur, du tout. Nous habitons le bâtiment du fond de la cour; mais je suis certain qu'on n'a pas tiré sur le devant.

Nous avons fait amener successivement dans notre cabinet les inculpés *Martin* (Pierre-Noël), *Marescal* (Eugène) et *Longuet* (Jules),

Et le sieur *Marceau* a dit : Je ne reconnais aucun de ces trois individus (1).

J'ajoute qu'un quart d'heure environ avant que les deux jeunes gens fussent entrés dans la maison, j'avais vu tomber un pauvre garde municipal au coin de la rue Saint-Denis et de la rue aux Ours; le coup était parti de derrière le fiacre et tiré, à ce que je crois, par un homme qui y était embusqué, qui en est sorti, est venu charger son fusil rue Quincampoix, et est revenu s'y embusquer de nouveau par la rue Saint-Martin. Cet homme m'a paru âgé de 45 ans, taille moyenne, corpulence assez bien prise; il portait une veste et un pantalon de velours aussi à ce que je crois et était coiffé d'un chapeau rond noir. Je ne pourrais pas signaler les traits de son visage; mais je crois que, si je le voyais, je le reconnaîtrais. Il tirait avec un fusil de munition. Il n'y eut que ce seul coup de tiré au moment où le garde municipal tomba. Je n'ai pas vu l'individu en question le mettre en joue; mais ce qui me donne à penser que c'est lui qui l'a tué, c'est qu'immédiatement après le coup, je l'ai vu sortir de derrière la barricade, et recharger son arme rue Quincampoix.

(Dossier Mialon, n°   du greffe, pièce °.)

---

(1) Voir la confrontation de ce témoin avec *Mialon*, ci-devant, page 81, et la déposition de ce témoin page 84.

94. — MILLET (Jean-Pierre-Emmanuel), *48 ans, limonadier, demeurant rue aux Ours, 44.*

(Entendu le 29 mai 1839, devant, M. Jourdain, juge d'instruction.)

Le dimanche 12 mai courant, j'étais chez moi, au 1er étage, lorsque l'on pilla les magasins de M. *Lepage*. Pendant ce temps plusieurs individus, dont un grand, vêtu d'une redingote et ayant des favoris forts en collier, et rouges, firent une barricade. Ils renversèrent une voiture omnibus, qui conduit au chemin de fer, en face le n° 44, dans la rue aux Ours, à vingt pas environ de la rue Bourg-l'Abbé. Le grand individu dont je viens de vous parler, prit même par le bras mon garçon : le nommé *Victor*, en lui disant de l'aider, c'est ce dernier qui me raconta ces faits. Il n'est plus à la maison; je ne sais plus où il est maintenant, on pourra peut-être le savoir au café rue de Louvois n° 5, où vont ordinairement les garçons limonadiers. Quelques instants après j'entendis des coups de fusil. On m'a dit depuis qu'ils avaient été tirés alors pour essayer les armes. Je les vis ensuite sortir de la rue Bourg-l'Abbé, et prendre la rue Quincampoix. Peu de temps après, un détachement de gardes municipaux à pied arriva par la rue Bourg-l'Abbé. On releva l'omnibus, et on le conduisit chez M. *Garnier*, messager, hôtel Saint-Magloire, rue Saint-Magloire. Un quart d'heure environ après, une troupe d'insurgés arrivèrent et formèrent une nouvelle barricade au coin de la rue Bourg-l'Abbé et de la rue aux Ours, avec un fiacre et un tonneau de porteur d'eau à bras qu'ils avaient vidé. J'étais rentré dans ma salle, lorsque j'entendis un coup de feu. Un seul fut tiré dans ce moment. Je me mis aussitôt à ma fenêtre pour voir ce que c'était, et je vis un maréchal des logis à cheval renversé sur la chaussée de la rue Saint-Denis. Je vis en même temps un homme d'une petite taille, vêtu d'une veste de velours et brun, qui était alors tête nue, qui était devant le fiacre, et qui rechargeait son fusil; des personnes qui étaient dans la rue disaient : cet homme vient de tuer un garde municipal; il était alors trois heures et demie à quatre heures. C'était assez longtemps après le pillage des armes de M. *Lepage;* environ une demi-heure après, j'entendis la fusillade, des gardes municipaux arrivèrent, et enlevèrent la barricade qui était au coin de la rue Bourg-l'Abbé; des gardes municipaux et des grenadiers de la ligne, restèrent jusqu'à près de 9 heures du soir, tenant en échec une barricade qui était au bout de la rue Salle-au-Comte, et qui fut enlevée à cette heure là (vers 9 heures du soir). A l'époque où le coup de feu fut tiré, je ne vis que lui dans la rue, en armes.

Nous nous sommes immédiatement transporté à la conciergerie pour y représenter au témoin le nommé *Mialon*, et le témoin a dit : je reconnais parfaitement cet individu ; c'est bien celui dont je viens de vous parler, et que j'ai vu recharger son fusil, comme je viens de vous le dire.

Nous avons ensuite représenté au témoin le nommé *Marcel Arbogatz*, et il a dit : Cet homme ressemble bien à celui qui a travaillé à la première barricade, et qui aurait pris mon garçon par le bras; c'est bien un homme de la même taille, de la même mise; il porte des favoris semblables; enfin, il y a beaucoup de ressemblance, mais je ne puis assurer que ce soit le même : je n'en suis pas certain.

(Dossier Mialon, n°   du greffe   pièce)

95. — JACQUET (Benoist-Anne), *âgé de 56 ans, pharmacien, demeurant à Paris, rue aux Ours, n° 22.*

(Entendu, le 29 mai 1839, devant M. Jourdain, juge d'instruction, délégué.)

Le dimanche 12 mai courant, vers deux heures et demie, on vint me dire qu'on avait pillé les magasins d'armes de M. *Lepage*, et aussitôt je vis qu'on renversait une voiture omnibus dans la rue aux Ours, près la rue Bourg-l'Abbé, de manière à barrer la rue aux Ours. On renversa ensuite un fiacre à deux ou trois pas de l'omnibus, à l'entrée de la rue Bourg-l'Abbé; on renversa également un tonneau de porteur d'eau. Environ une demi-heure après, je vis un homme vêtu d'une veste ronde en velours couleur olive, et d'un pantalon semblable. Comme ma maison est du côté de la rue Quincampoix, près de cette rue, je voyais cet homme seulement par derrière. Il passa son fusil sur une roue du tonneau qui était tout près du fiacre, ajusta, et tira un coup de feu sur la rue Saint-Denis; mais je ne voyais pas ce qui se passait dans la rue Saint-Denis; des voisins plus près que moi de la rue Saint-Denis ont dit qu'ils avaient vu tomber un garde municipal à cheval à ce coup.

Nous nous sommes ensuite transporté à la Conciergerie pour y représenter le nommé *Mialon* (Jean-Antoine), que nous avons fait appeler; et le témoin susnommé, a dit : Je reconnais parfaitement cet homme, c'est bien celui que j'ai vu rue aux Ours tirer comme je viens de vous le dire.

(Dossier Mialon, n°   du greffe, pièce   .)

96. — RAGON (Jean-Quintien), *âgé de 61 ans, propriétaire, demeurant à Paris, rue aux Ours, n° 23.*

(Entendu, le 29 mai 1839, devant M. Jourdain, juge d'instruction, délégué.)

Le dimanche 12 mai courant, m'étant mis à la croisée vers cinq heures, ou cinq heures et demie, je vis un homme vêtu d'une veste ronde en velours couleur olive, et d'un pantalon semblable. Il était armé d'un fusil de munition, sa baïonnette au bout, et qui avait sa bretelle. Il appuya son fusil sur une voiture qui était renversée rue aux Ours, au coin de la rue Bourg l'Abbé, ajusta avec précaution, tira sur la rue Saint-Denis, et j'entendis aussitôt un voisin en face, qui s'écria : *Ah! le malheureux; il vient de tuer un homme!* Il se sauva par la rue Quincampoix; puis, vingt ou vingt-cinq minutes après, je le vis revenir, et le même voisin qui m'avait dit : *Il a tué un homme*, me dit: *Ah! le voilà; c'est lui qui a tué un homme.* Je ne le revis plus ensuite. Comme j'étais au second, je n'ai pu voir sa figure. Je pense bien que je le reconnaîtrais; je n'ai rien vu autre chose étant resté chez moi.

Nous nous sommes transporté à la Conciergerie, où nous avons représenté le nommé *Mialon* (   ), à M. *Ragon*, susnommé, qui dit : Je reconnais parfaitement cet homme à sa tournure et à sa taille, ainsi qu'à son vêtement; c'est bien lui que j'ai vu tirer comme je viens de vous le dire.

(Dossier Mialon, n°   du greffe, pièce   .)

97.—BROCARD (Marie Amadoff), *âgée de 31 ans, corroyeur, demeurant à Paris rue aux Ours, n° 20.*

(Entendue le 4 juin 1839, devant M. Jourdain, juge d'instruction, délégué.)

Le dimanche 12 mai, je vis, à une heure que je ne pourrais pas indiquer une troupe d'hommes armés, vêtus pour la plupart de blouses, coiffés de casquettes et de chapeaux, passer dans la rue aux Ours, allant dans la rue Quincampoix. Ils portaient des fusils de chasse à deux coups, ayant encore des étiquettes. En passant rue aux Ours, ils renversèrent un omnibus, et en firent une barricade près de la rue Bourg-l'Abbé et de la rue Salle-au-Comte. Peu de temps après, environ un quart d'heure, un détachement de gardes municipaux à pied, très-peu nombreux, arriva et fit relever l'omnibus plus tard, je vis de nouveau une bande d'individus armés ayant un tambour à leur tête, descendre la rue Bourg-l'Abbé. Ils firent une barricade au coin de la rue Bourg-l'Abbé et de la rue aux Ours, avec un fiacre et un tonneau de porteur d'eau. Le porteur d'eau le releva un instant après. Les individus armés s'étaient retirés dans la rue Bourg-l'Abbé; quelques-uns seulement allaient et venaient dans la rue aux Ours, et allaient voir jusqu'à la rue Saint-Denis, si la troupe venait. Je remarquai, parmi eux, un individu en pantalon rouge et ayant une espèce de ceinture rouge. Un homme vêtu d'une veste et d'un pantalon de velours vert olive et d'un gilet fond blanc, qui dépassait par derrière sa veste d'un demi-pouce, et coiffé d'un chapeau, se plaça derrière le fiacre qui formait barricade, et fit signe aux autres de se retirer. Il portait un fusil de munition. Trois gardes municipaux à cheval arrivèrent rue Saint-Denis, en face la rue aux Ours; cet homme mit en joue de ce côté, tira, et tua le garde municipal qui était au milieu; je le vis tomber de suite. Pendant ce temps, et déjà un peu avant, on tirait des coups de fusil du côté de la rue Grenétat, car j'avais vu, un instant avant, passer un jeune homme blessé à la main ou au poignet; un autre le conduisait et portait son fusil. Je crois que ce jeune homme portait une redingote, mais je n'en suis pas certaine. En voyant l'homme au pantalon rouge, je dis à mon mari, en le lui faisant remarquer : Si c'est là un congé illimité, il fait là une belle affaire. Je ne sais pas si je pourrais le reconnaître; il m'a paru être un peu grêlé, et avait de petites moustaches, je le crois.

Nous nous sommes transporté à la Conciergerie pour y représenter les nommés *Mialon* et *Hendrick*, au témoin susnommé (Mme *Brocard*), et le témoin a dit en voyant le nommé *Hendrick* : Je ne connais pas cet homme, ce n'est pas celui que je viens de désigner, ayant un pantalon rouge; je ne le reconnais pas; au moins, je ne pense pas que ce soit lui.

Le nommé *Mialon* ayant ensuite été représenté avec une veste bleue, le témoin a dit : Je crois bien que c'est lui qui a tué le garde municipal; c'est toute sa tournure je crois bien que c'est lui; seulement, il a la barbe plus longue.

Mialon est ensuite revenu vêtu de l'habillement de velours saisi chez lui, et le témoin a dit : Je crois bien que c'est cet homme; c'est bien là sa tournure et sa mise; seulement il m'avait paru un peu plus grand; mais je ne le voyais que du deuxième étage. Après avoir tiré, je le vis s'en aller tranquillement au coin de la rue Quincampoix; il a rechargé son fusil; puis, je le vis revenir dans la rue aux Ours, par la rue Saint-Martin.

(Dossier Mialon, n°   du greffe   pièce   .)

98. — Femme PERROT (Catherine FRÉMY, veuve), *âgée de 69 ans, portière, demeurant à Paris, quai Napoléon, n° 29.*

(Entendue le 29 mai 1839, devant M. Jourdain, juge d'instruction, délégué.)

Je connais le nommé *Mialon,* qui depuis cinq mois ne travaille pas. Il va chaque matin à la Grève. Le dimanche 12 mai, nous entendîmes tirer des coups de fusil du côté de la rue Planche-Mibray; on renversa une voiture omnibus sur le pont. J'entendis ensuite tirer des coups de fusil sur le quai aux Fleurs; je ne pourrais pas vous dire l'heure qu'il était : en ce moment, *Mialon* sortit; je voulais l'en empêcher, sa femme et sa fille cherchèrent aussi à le retenir; mais nos instances furent inutiles. Il n'avait aucune arme quand il est sorti. Il est resté environ deux heures et demie dehors; il est rentré sans armes; je ne pourrais vous dire au juste quelle heure il était : il pouvait être six heures et demie.

D. Que disait *Mialon* quand on lui disait de ne pas sortir?

R. Il ne disait rien : sa petite fille pleurait de le voir s'en aller, parce qu'il y avait beaucoup de monde sur le quai; la cavalerie n'était point encore arrivée. Cet homme ne parle presque pas : il est peu communicatif.

D. Comment était-il vêtu ?

R. Je ne l'ai pas remarqué, tant j'avais peur.

(Dossier Mialon, n°   du greffe, pièce   .)

99. — *Confrontation de* MIALON *avec* DELEHAYE (1).

L'an mil huit cent trente-neuf, et cejourd'hui mardi vingt-huit mai courant,

Nous, baron *Achille-Henri-Jules de Daunant,* Pair de France, premier président de la Cour royale de Nîmes, assisté de *Élie-Victor de Gingand,* premier greffier assermenté, avons fait appeler le nommé *Louis Delehaye,* âgé de 30 ans, ébéniste, demeurant rue aux Ours, n° 18, auquel nous avons représenté le nommé *Mialon* (Jean-Antoine), et le comparant a dit: Je reconnais parfaitement cet individu; je le reconnaîtrais dans vingt-cinq mille. Son épaule droite, plus haute que l'autre, est assez remarquable. C'est bien lui dont je vous ai parlé et que j'ai reconnu.

D. Promettez-vous de vous représenter toutes les fois que vous serez appelé?

R. Oui, Monsieur, je le promets.

(Dossier Mialon, n°   du greffe, pièce   .)

100.—MOREL (Louis), *âgé de 39 ans, teinturier, demeurant à Paris, rue aux Ours, n° 46.*

(Entendu le 8 juin 1839, par M. Jourdain, juge d'instruction, délégué.)

Le 12 mai dernier, j'étais chez moi lorsque j'appris qu'il y avait du bruit. Je fermai ma boutique et me renfermai. Je ne suis pas sorti de la soirée. Vers cinq heures environ j'entendis un coup de feu; je regardai, en entr'ouvrant la fenêtre du premier où je me trouvais, et j'aperçus un garde municipal, à che-

---

(1) Voir les interrogatoires de Delehaye, ci-après, page 261 et suivantes.

veux gris et décoré, qui se trouvait dans la rue Saint-Denis, qui chancelait et tombait de son cheval : au même instant j'aperçus un homme en blouse grise, en bottes, et coiffé d'un chapeau gris, qui était derrière un fiacre qui se trouvait au coin de la rue Bourg-l'Abbé, et qui se dirigeait du côté de la rue Quincampoix. Cet homme avait un fusil de munition avec baïonnette au bout, il était alors seul dans la rue aux Ours au moins je n'ai vu que lui.

Représentation faite au témoin des nommés *Clausse*, *Mousse*, *Lemière*, *Austen* et *Mialon*, le témoin a dit : Je ne reconnais aucun de ces individus ; je ne me rappelle pas les avoir vus.

(Dossier Mialon, n°   du greffe, pièce   .)

FAITS PARTICULIERS A LEMIÈRE.

101. — *Déclaration de* Clarisse LEVASSEUR, *devant M.* Haymonet, *commissaire de police.*

L'an mil huit cent trente-neuf, le vingt mai,
Nous *François-Bonaventure Haymonet*, commissaire de police, etc.,
Est comparue *Clarisse Levasseur*, demeurant rue Phélippeau, n° 9, laquelle nous a déclaré que le mercredi, 14 de ce mois, *Pauline Guilleminot*, demeurant rue Guérin-Boisseau, n° 8, avec le nommé *Albert Lemière*, lui a dit : Tu ne sais pas, *Albert* a voulu désarmer M. *Édouard Bienassé*, perruquier, rue Bourg-l'Abbé, n° 36; il lui a présenté la baïonnette de son fusil sur la gorge. Elle m'a dit aussi que *Tiby*, ouvrier d'*Albert*, avait voulu se venger de M. *Bienassé*, parce qu'il croyait que ce dernier lui avait empêché des liaisons avec moi.

(Dossier Lemière, n°   du greffe, pièce   .)

102. — BIENASSÉ (Édouard), *âgé de 36 ans, coiffeur, demeurant rue Bourg-l'Abbé, n° 36* (1).

(Déposition du 24 mai 1839, devant M. Jourdain, juge d'instruction, délégué.)

Le dimanche 12 mai courant, après le pillage des armes de M. *Lepage*, tout le monde ferma ses boutiques, et je fermai également la mienne; mais, par un mouvement de curiosité, je restai sur ma porte. Deux individus se présentèrent à moi : l'un d'eux était armé d'un fusil de munition avec baïonnette et d'un sabre ; la baïonnette était courbée. Il me présenta cette baïonnette à deux pouces de ma poitrine, en me demandant mes armes. Je lui dis que je n'en avais pas. Il insista: je lui dis, pour m'en débarrasser, qu'on me les avait déjà demandées et prises. Au surplus, lui dis-je, allez au magasin de M. *Lepage*. Je savais que, depuis trois quarts d'heure, ce magasin était pillé. Le nommé *Cadet Vermillac*, garçon chez moi, m'a dit qu'il avait remarqué que l'autre individu portait une espèce de long poignard. Je rentrai chez moi, et quelques instants après j'entendis qu'on frappait à ma porte à coups de crosses de fusil, en demandant mes armes. Je crus reconnaître la voix du même individu qui m'avait menacé de sa baïonnette, et je descendis à ma boutique

---

(1) Voir la confrontation de ce témoin avec *Lemière*, page 94.

pour maintenir ma porte. J'ai bien remarqué plusieurs individus qui allaient et venaient, mais je n'ai point fait assez attention à eux pour pouvoir les reconnaître.

Représentation faite du nommé *Jean-Louis Lemière*, dit *Albert*, le témoin a dit: Je crois que c'est cet individu, cependant je ne pourrais pas l'assurer, et je ne puis pas me prononcer à cet égard. L'individu qui est venu me demander mes armes était vêtu d'une blouse d'un bleu passé.

(Dossier Austen, n°   du greffe, pièce   .)

103. — VERMILLAC (Jean-Marie), *âgé de 18 ans et demi, garçon coiffeur, demeurant chez M. Bienassé, rue Bourg-l'Abbé, n° 36, à Paris.*

(Déposition du 27 mai 1839, devant M. Jourdain, juge d'instruction, délégué.)

Dans le moment où on a pillé les magasins d'armes de MM. *Lepage*, je n'ai rien vu, parce que j'étais occupé à raser ; mais j'ai bien vu deux individus, dont l'un portait un poignard qu'il mit dans son gilet, et l'autre portait un fusil de munition avec sa baïonnette. Ce dernier l'appuya près de la poitrine de M. *Bienassé*, en lui disant : Ton fusil? Mon patron lui dit qu'il n'en avait pas, et, comme cet individu insistait, M. *Bienassé* lui dit qu'il l'avait déjà donné. Son camarade lui dit alors : Eh bien ! puisqu'il n'a pas d'armes, laissez-le tranquille. Ils se retirèrent. Celui qui portait un poignard était vêtu d'une redingote et coiffé d'un chapeau noir; celui qui avait le fusil, et qui en a menacé mon patron, avait une casquette bleue et une blouse grise. Je crois bien que je les reconnaîtrais, si je les voyais.

Représentation faite au témoin du nommé *Lemière*, dit *Albert*, il a dit : Cet homme n'est pas un des deux dont je viens de parler ; j'en suis certain.

(Dossier Austen, n°   du greffe, pièce   .)

104. — *Procès-verbal de perquisition au domicile de* LEMIÈRE (par M. HAYMONET, *commissaire de police*).

L'an mil huit cent trente-neuf, le vingt mai, à cinq heures du matin;

Nous, *François-Bonaventure Haymonet*, commissaire de police, etc.,

Procédant en vertu et pour mettre à exécution un mandat de M. le conseiller d'État, préfet de police, en date du 18 du courant, à l'effet d'amener à la Préfecture de police le nommé *Albert Lemière*, ébéniste, demeurant rue Guérin-Boisseau, n° 8, et préalablement faire perquisition chez le nommé ci-dessus, inculpé de participation à la révolte des 12 et 13 du courant,

Nous sommes transporté, accompagné des sieurs *Deslers*, *Haraut* et *La-*

molet, sergents de ville, au domicile susindiqué, où étant, et parlant audit *Albert Lemière*, que nous avons trouvé couché avec la nommée *Pauline Guilleminot*, dans une chambre située au troisième étage, meublée d'un lit, d'une commode et d'un établi d'ébéniste, nous lui avons donné connaissance de nos qualités et de l'objet de notre visite, et de suite en sa présence nous avons pratiqué des recherches minutieuses, par suite desquelles nous nous sommes assuré qu'il n'existe dans les lieux où nous sommes, aucune arme, munition, papier ou correspondance d'une nature suspecte.

Interrogés séparément, la fille *Guilleminot* a dit que, lundi matin, 13 du courant, *Tiby* était venu chez son amant, et après lui avoir entendu raconter qu'il avait désarmé un garde national pour aller aux barricades, il avait vengé l'injure que lui avait faite *Edouard Bienassé*, coiffeur, en lui enlevant sa maîtresse *Clarisse*, en forçant ce perruquier à rendre ses armes. Cette confidence avait porté *Tiby* de s'être vanté d'avoir pris part à l'insurrection.

Conduit au poste de la mairie, *Albert* ou *Joseph Lemière*, a dit avec arrogance qu'il convenait avoir désarmé des gardes nationaux; mais qu'il n'avait pu tirer, puisque la cartouche avait été introduite à l'inverse dans son fusil, mais qu'on y reviendrait.

Confronté avec les sieurs *Bienassé* (1), coiffeur; *Dainduront*, rue Bourg-l'Abbé, 36; *David*, marchand d'outils, rue Neuve-Bourg-l'Abbé; *Lobert*, marchand de tabac, rue Bourg-l'Abbé, 23; ces gardes nationaux ont dit le reconnaître pour l'avoir vu, dans la soirée du 12 mai, armé d'un fusil dont il a fait usage, en présentant la baïonnette contre le sieur *Bienassé*, avec menace de mort, pour le forcer à livrer ses armes.

De tout quoi nous avons rédigé le présent, qui sera transmis avec le mandat et deux pièces, et avons signé après lecture faite.

(Dossier Lemière, n° du greffe, pièce .)

105. — GUILLEMINOT (Pauline), *âgée de 23 ans, culottière, demeurant à Paris, rue Guérin-Boisseau, n° 8.*

(Déposition du 24 mai 1839, devant M. Jourdain, juge d'instruction, délégué.)

Je demeure avec le nommé *Lemière*, dit *Albert*, depuis environ un mois; le dimanche 12 mai, dans la journée, je ne pourrais pas me rappeler maintenant juste à quelle heure, nous entendîmes dire qu'il y avait du bruit. Il est sorti, mais sans me dire ce qu'il allait faire; il n'est plus rentré que le soir, sans armes. Le lendemain lundi il n'est pas sorti, si ce n'est pour ses affaires, pendant environ deux heures.

---

(1) Voir la déposition de ce témoin, page 92.

D. Ne vous a-t-il pas dit qu'il avait été aux barricades, et qu'il avait désarmé le sieur *Bienassé*, garde national?

R. Il ne me l'a pas dit; je ne sais pas s'il l'a dit à d'autres personnes.

D. Mais il paraît cependant qu'il a tenu ce propos devant vous?

R. Je n'y ai point fait attention; je ne sais pas s'il l'a dit, je n'en ai pas connaissance.

(Dossier Lemière, n°   du greffe, pièce   .)

106. — DAVID (Louis), *âgé de 42 ans, marchand d'outils, demeurant à Paris, rue Bourg-l'Abbé, n° 16.*

(Déposition du 24 mai 1839, devant M. Jourdain, juge d'instruction, délégué.)

Le dimanche 12 mai, j'étais dans ma boutique lorsqu'on pilla les armes chez M. *Lepage,* rue Bourg-l'Abbé; je vis que l'on jetait des fusils par la fenêtre. J'ai vu aussi que l'on distribuait des pistolets. Tout le monde fermait les boutiques; je m'empressai de fermer la mienne aussi. Je restai dans la rue, allant et venant, dans la crainte qu'ils ne pensassent à venir prendre des tours qui étaient dans ma boutique. Je vis une caisse qui était déposée sur le trottoir, près de la boutique de M. *Dromain,* épicier, et de celle de M. *Gasselin,* marchand de pipes. On ouvrit cette caisse, et on en tira des cartouches. Je ne sais pas de quel côté elle avait été apportée. Les insurgés tirèrent quelques coups de fusil en l'air, et s'en allèrent presque tous du côté de la rue aux Ours. Quelque temps après, il en revint environ sept ou huit qui entrèrent chez le boucher en face de la rue Neuve-Bourg-l'Abbé, au coin de la rue du Petit-Hurleur; ils prirent les étaux de ce boucher pour faire une barricade à l'entrée de la rue Neuve-Bourg-l'Abbé. La femme du boucher fut effrayée et se trouva mal, et je rentrai la viande qui était encore sur les étaux. Ensuite quelques-uns des insurgés s'adressèrent à M. *Miasse,* marchand de vin, au coin de la rue Neuve, et lui demandèrent les tonneaux qu'ils avaient vus le matin dans la cour. M. *Miasse* ne répondit pas, mais comme on avait frappé à coups de crosse de fusil dans sa porte, son garçon descendit, ouvrit la petite porte, et ils roulèrent les tonneaux à l'entrée de la rue Neuve, où ils firent la barricade. Ils allèrent même prendre une dalle près de la boutique de M. *Loubert.* J'ai vu, à peu près dans le même temps, un individu porteur d'un fusil de munition avec sa baïonnette, aller vers la boutique de M. *Bienassé,* qui était sur le pas de sa porte, et lui demander ses armes en lui mettant sa baïonnette sur le corps. Il était vêtu d'une blouse gris-bleu sale. J'ai vu aussi un individu qui avait un tambour sur lequel il frappait; il ne savait pas battre.

Représentation faite du nommé *Jean-Louis Lemière,* dit *Albert,* le témoin a dit : Je ne pourrais vous dire si c'est ou non cet individu qui a menacé M. *Bienassé* de sa baïonnette en lui demandant ses armes, parce que je ne l'ai pas bien remarqué dans le moment; mais j'ai vu l'individu que vous me représentez aller et venir dans la rue Bourg-l'Abbé : il était armé d'un fusil de munition, et excitait les autres.

Représentation faite du nommé *Marcel Arbogatz*, le témoin a dit : Je n'ai pas vu cet homme.

Représentation faite de *Mermillion* (*Claude*), le témoin a dit : Je ne me rappelle pas avoir vu cet homme.

(Dossier Lemière, n°   du greffe, pièce   .)

107. — LOUBERS (Jean-Baptiste), *âgé de 58 ans, propriétaire, demeurant à Paris, rue Bourg-l'Abbé, n° 23.*

(Déposition du 24 mai 1839, devant M. Jourdain, juge d'instruction, délégué.)

Le dimanche 12 mai courant, vers trois heures un quart, je vis beaucoup de monde assemblé devant la maison de M. *Lepage;* je crus qu'il y avait une dispute, mais bientôt j'entendis des cris aux armes, et je vis des individus qui sortaient avec des fusils et des sabres, et des pistolets. On jetait par la fenêtre des pistolets encore tout emballés. Je remarquai qu'aussitôt après qu'ils furent sortis ils tirèrent quelques coups de fusil en l'air, sans doute pour prévenir les leurs, au moins je le pensai. Ils se dispersèrent, les uns dans la rue aux Ours, les autres de différents côtés. Presque tous étaient en blouse. Je remarquai entre autres un homme vêtu d'un habit bleu, qui me parut être un maçon, parce que son chapeau était tout taché de plâtre et que son habit avait aussi des taches blanches. Je remarquai aussi un individu d'une assez grande taille, qui portait un tambour et un briquet d'ordonnance. Ce sabre était sorti du fourreau; il l'avait placé dans la banderole de son tambour; il battait le rappel, mais mal; j'entendis ensuite des coups de feu et je vis des individus qui venaient de la rue Grenétat, et se dirigeaient vers la rue aux Ours; l'un deux était vêtu d'une redingote et bien mis, il était blessé à la main; il me parut âgé de vingt et quelques années. A peu près dans le même moment deux individus qui, je crois, étaient vêtus de blouse, vinrent devant la boutique de M. *Bienassé*, qui était sur le devant de sa porte; ils lui demandèrent ses armes; il leur dit qu'il n'en avait pas; ils le menacèrent : je l'engageais à fermer sa boutique, ce qu'il fit. Ces individus étaient armés de fusils de munition. Un instant après, un individu aussi vêtu d'une blouse, gris-bleu passé, armé d'un fusil et d'un sabre, vint frapper à coups de crosse de fusil, à la porte de M. *Bienassé*, lui demandant encore ses armes : ce dernier ne répondit pas; cet individu dit : Je reconnaîtrai ta boutique, et il s'en alla du côté de la rue aux Ours; il venait de la rue Grenétat.

Représentation faite au témoin, du nommé *Jean-Louis Lemière*, dit *Albert*, le témoin a dit : Je crois bien que c'est ce jeune homme qui est venu le dernier frapper à la porte de M. *Bienassé*, mais je ne pourrais pas l'affirmer; je n'en suis pas certain, il lui ressemble beaucoup.

Représentation faite du nommé *Marcel Arbogatz*, le témoin a dit : Ce n'est pas cet homme qui tenait la caisse, il était plus jeune.

Représentation faite du nommé *Marmillon*, il a dit : Je ne me rappelle pas avoir vu cet homme.

Je dois vous dire que j'ai vu six ou huit des insurgés prendre des étaux du boucher et les tonneaux du marchand de vin, pour faire une barricade au coin de la rue Neuve-Bourg-l'Abbé.

(Dossier Lemière, n°   du greffe,   pièce.)

108. — SIMON (Charles-Simon), *marchand épicier, âgé de 71 ans, demeurant à Paris, rue Sainte-Avoye, n° 44.*

(Déposition du 27 mai 1839, devant M. Jourdain, juge d'instruction, délégué.)

Le sieur *Simon*, auquel nous avons représenté le nommé *Lemière*, dit *Albert*, a dit : Je reconnais cet individu; je vais vous dire dans quelles circonstances je l'ai vu. Le dimanche, 12 mai courant, dès le commencement de l'insurrection, je m'étais renfermé et j'avais consolidé, autant que possible, mes portes. Vers six heures et demie, j'entendis beaucoup de bruit; on frappait à la porte de ma boutique comme pour l'enfoncer, à coups de haches et de crosses de fusil; on disait : Il y a de la poudre ici, il faut enfoncer les portes. Je sortis par une porte de derrière et je vins dans la rue parler aux individus qui frappaient ainsi; je leur demandai ce qu'ils voulaient. Je m'adressai à un individu qui était en redingote foncée et qui paraissait avoir une bonne tenue; il pouvait avoir 25 à 30 ans. Cet homme me dit que je fusse tranquille, qu'il ne me serait pas fait de mal tant qu'il serait là; ils demandaient tous de la poudre, des pétards et des armes; je demandai à cet homme quel était le but de leur mouvement, il me répondit qu'ils voulaient faire rendre compte au Roi. L'individu que vous venez de me représenter, qui paraissait un des exaltés, et qui demandait de la poudre comme les autres, me dit qu'il avait acheté des pétards chez moi; je lui répondis qu'il devait y avoir au moins trois ans, parce que, depuis ce temps, je n'en avais plus. Je leur dis qu'à mon âge je n'étais pas dans la garde nationale, et que je n'avais pas d'armes; qu'au surplus, s'ils voulaient déléguer deux des leurs, je leur ferais faire une visite chez moi : tous crièrent que oui; alors l'individu que je viens de voir se présenta avec un autre, et ils entrèrent chez moi; quand ils furent à l'entrée de la boutique, ils dirent : C'est bien, en voilà assez, et ils se retirèrent : je ne pourrais pas vous dire si cet individu avait ou non une blouse; il avait à peu près le costume qu'il a maintenant. (Il est vêtu d'un gilet à manches et d'un tablier.) Parmi ces individus s'en trouvait un assez gros et plus ardent que les autres; il avait une hache de sapeur de la garde nationale, avec laquelle il frappait sur ma porte. Ces individus allèrent ensuite plus loin; il paraît qu'ils ont enfoncé la boutique de M. *Coquerelle*, quincaillier. Plus tard, on vint de nouveau frapper à ma porte, je sortis pour leur faire des observations et ils se retirèrent.

(Dossier Lemière, n°   du greffe, pièce   .)

109. — BOISSET (Pierre-François), *dit* Charles, *âgé de 20 ans passés, ébéniste en nécessaires, demeurant rue Guérin-Boisseau, n° 8.*

(Déposition du 24 mai 1839, devant M. Jourdain, juge d'instruction, délégué.)

Le dimanche, 12 mai courant, je travaillais dans la matinée avec le nommé *Lemière*, dit *Albert*. Nous étions à travailler encore, lorsque, vers deux heures et demie, on vint dire dans l'escalier de la maison qu'il y avait du bruit dans le quartier; nous ne voulions pas le croire; mais plus tard, ayant entendu le rappel, *Lemière* me dit qu'il voulait aller voir ce que c'était, et il descendit. Quelque temps après, la femme de ménage vint me dire que *Lemière* me demandait; je descendis, et au moment où j'allais sortir, une décharge de fusils eut lieu, et je poussai vivement la porte; puis je la rouvris un instant après, et je ne vis plus personne dans la rue. Je restai toute la soirée dans la maison; je ne revis plus *Lemière* que le soir; il ne me parla de rien. Le lendemain, je le vis un instant le matin; il ne me parla de rien non plus; il me dit seulement qu'il était fatigué d'avoir tant marché. Je ne lui fis aucune question : je n'ai pas non plus entendu dire qu'il se fût vanté d'avoir été aux barricades.

(Dossier Lemière, n°   du greffe, pièce   .)

110. — Femme LOUBRY (Thérèse FOURNIER), *âgée de 37 ans, femme de ménage chez M. Robin, demeurant rue Guérin-Boisseau, n° 8.*

(Déposition du 20 mai 1839, devant M. Jourdain, juge d'instruction, délégué.)

Le dimanche, 12 du courant, je gardais le garni du sieur *Robin*, qui était à la campagne. Vers trois heures, on nous dit qu'il y avait du bruit; j'entendis tirer quelques coups de fusil, je fermai la porte. Alors le nommé *Lemière*, dit *Albert*, descendit; il était coiffé d'une casquette, il avait une cravate rouge et pas de blouse; il était sans tablier, et avait un gilet à manches. Je l'engageais à ne pas sortir, il me dit qu'il n'y avait pas de danger, et il sortit. Dix minutes après, environ, il revint, frappa à la porte. J'entrouvris la porte et je vis *Lemière*, qui me dit : Dites à mon camarade *Charles Boisset* de descendre; s'il ne veut pas descendre, on viendra le chercher. Il avait alors quelque chose dans les mains, mais j'étais tellement troublée qu'il m'a été impossible de me rappeler ce que ce pouvait être. Je dis à son camarade de descendre, celui-ci s'y refusa. Je refermai la porte que je n'avais fait qu'entr'ouvrir; le soir, vers huit heures et demie ou neuf heures moins un quart, *Lemière* rentra; il n'avait pas d'armes, mais il n'avait plus ni casquette ni cravate; cette cravate était rouge et à fleurs.

Représentation faite au témoin, du sabre et d'une cravate rouge, saisie au domicile de *Lemière*, dit *Albert*, il a dit : Je ne lui connaissais pas cette cravate, jamais je ne la lui ai vue; je ne lui ai jamais vu non plus ce sabre. Je n'ai pas entendu dire qu'il ait été aux barricades; je ne l'ai entendu dire, ni par lui ni par d'autres.

(Dossier Lemière, n°   du greffe, pièce   .)

111 — BOISSET (Pierre-François), *dit* Charles, *âgé de 20 ans, ébéniste en nécessaires, demeurant à Paris, rue Guérin-Boisseau, n° 8.*

(Déposition du 27 mai 1839, devant M. Jourdain, juge d'instruction, délégué.)

Je vais vous dire toute la vérité sur ce qui concerne le nommé *Lemière*, dit *Albert*.

Le dimanche soir, lorsque je rentrai à mon garni avec la maîtresse de *Lemière*, j'entrai avec elle dans la chambre de ce dernier; je vis quelques balles sur la cheminée, et en m'asseyant, je vis sous le lit un sabre-briquet. Je le regardai et le remis sous ce lit. *Lemière* rentra, il le prit et me le fit voir, en me disant qu'il allait l'attacher en trophée au-dessus de son lit. Je lui fis observer qu'il aurait tort, que cela pourrait le compromettre. Il me dit alors que ce sabre venait d'un garde national. Le lundi, j'allais me promener avec *Tiby*, qui m'avait dit, avant de sortir, que *Lemière* lui avait dit qu'il était allé se battre. Le mardi matin, *Lemière* m'a dit que les Parisiens étaient des lâches; il voulut casser son sabre, mais il ne put y parvenir.

Représentation faite au témoin, du sabre auquel est joint un morceau d'étoffe rouge, il a dit : C'est bien là le sabre que j'ai vu chez *Lemière* : quant au morceau d'étoffe rouge, il nous l'a montré aussi; il a dit qu'ils avaient une douzaine de drapeaux semblables, et qu'il avait pris ce morceau pour s'en servir de ceinture, afin de tenir son sabre. Il doit y avoir deux trous dans ce morceau d'étoffe.

(Dossier Lemière, n°   du greffe, pièce   .)

112. — *Procès-verbal de saisie d'une cravate rouge et d'une lame de sabre-briquet, au domicile de* LEMIÈRE.

(Par M. Haymonet, commissaire de police.)

L'an mil huit cent trente-neuf, le 25 mai, à midi :

Nous, *François-Bonaventure Haymonet*, commissaire de police, etc.,

Procédant en vertu, et pour mettre à exécution un mandat de perquisition de M. *Jourdain*, juge d'instruction, qui nous commet à l'effet de rechercher et saisir toutes armes, munitions, une blouse, bleu passé ou gris sale, et une cravate rouge, qui se trouvaient dans le domicile du nommé *Lemière*, que nous avons fait extraire de la prison de la Conciergerie, où il y est détenu sous l'inculpation d'avoir participé à l'insurrection des 12 et 13 mai. Ledit *Lemière* ayant été remis à notre surveillance, en présence des sieurs *Jean* et *Frion*, sergents de ville, nous avons trouvé sur ses vêtements, une cravate en coton rouge, que nous avons saisie pour être représentée comme pièce de renseignements, ainsi qu'il est prescrit par notre mandat; nous nous sommes transporté ensuite au domicile de *Lemière*, rue Guérin-Boisseau, n° 8, où, étant toujours accompagné des dénommés ci-dessus, et du sieur *Robin*, logeur, qui nous a déclaré que la fille *Guilleminot*, concubine de *Lemière*, avait quitté son hôtel pour aller demeurer rue Philippeaux, n° 9, nous avons été introduit dans un grenier obscur, ouvert à la hauteur du premier étage, et détaché du corps de bâtiment principal d'environ un mètre, et après des recherches, nous avons trouvé, caché sous des débris de bois de démolition, un sabre-modèle portant le contrôle de la 5e légion, n° 1588. La lame est courbe et récemment aiguisée. Nous nous sommes emparé dudit sabre, auquel nous avons attaché une étiquette indicative, cachetée et scellée de notre sceau, pour être réuni à la cravate rouge, qui fait partie du même scellé.

Continuant notre opération, nous nous sommes transporté au domicile de la fille *Guilleminot,* rue Philippeaux, n° 9, où étant, nous avons été introduit dans une chambre située au quatrième étage, par la nommée *Clarisse*, conjointement avec la fille *Guilleminot,* et en l'absence de cette dernière, nous avons pratiqué dans les meubles et dépendances de ladite chambre des recherches minutieuses, et en résultat de notre opération, nous avons constaté que, parmi les effets appartenant à *Lemière* et recueillis par la fille *Guilleminot,* nous n'y avons trouvé aucune blouse.

De tout quoi nous avons rédigé le présent procès-verbal, qui sera transmis à M. le procureur général, avec un scellé et l'ordre d'extraction dudit prévenu, qui a été réintégré en sa prison, ainsi qu'il résulte du récépissé ci-joint, et avons signé.

(Dossier Lemière, n° du greffe, pièce .)

113. — *Procès-verbal de constatation de la violation du domicile du S^r* Juilliard, *marchand de nouveautés, rue Saint-Denis, n° 162* (1).

(Par M. Haymonet, commissaire de police.)

L'an mil huit cent trente-neuf, le vingt-huit mai, à deux heures de relevée,

Nous, *François-Bonaventure Haymonet,* commissaire de police de la ville de Paris, quartier de la porte Saint-Denis,

Procédant pour mettre à exécution une ordonnance de M. *Jourdain,* juge d'instruction, délégué,

Qui nous commet à l'effet de nous transporter dans la rue Saint-Denis pour y rechercher le marchand de nouveautés chez lequel des morceaux d'étoffes auraient été jetés aux insurgés dans la soirée du 12 mai, par une femme du second étage de la maison qu'il habite, nous nous sommes rendu aujourd'hui, à l'heure ci-dessus, dans les magasins du sieur *Juilliard* jeune, demeurant rue Saint-Denis, n° 162, à l'enseigne du Bas-Breton, où, étant et parlant au sieur *Juilliard,* après lui avoir donné connaissance de nos qualités et du motif de notre visite, nous avons reçu de lui la déclaration suivante :

Le 12 mai courant, vers quatre heures du soir, une bande d'insurgés, composée d'environ quarante hommes armés de fusils, a stationné devant mon magasin, depuis quatre heures jusqu'à huit heures du soir; ils ont été délogés par la troupe à la suite d'un combat; j'ai remarqué que le feu a duré environ quinze à vingt minutes.

Une demi-heure après leur arrivée, les insurgés ont fait des efforts pour enfoncer la porte de mon magasin, et vous pourrez remarquer qu'une barre

---

(1) Voir une autre déposition de ce témoin, ci-après, page 102.

de fer placée à l'extérieur, pour le maintien de la porte, a été fracturée; je ne l'ai pas remplacée; dans ce moment, au milieu de leurs clameurs, on leur a demandé, du second étage, ce qu'ils voulaient; ils ont répondu à la dame *Jourdy*, fabricante de cols, qui habite le second étage de ma maison, qu'ils désiraient des drapeaux : aussitôt que j'ai eu connaissance de la cause qui compromettait mes magasins et mon domicile, je me suis empressé de leur faire jeter, par la fenêtre du second étage, des morceaux de calicots rouges, qu'ils ont placés aussitôt au bout d'une perche, à leurs fusils, et comme ceintures et cravates; la prudence commandait de me tenir au fond de mon magasin; je n'ai pu distinguer aucun de ces individus que je puisse spécialement désigner comme auteur des désordres que je dénonce.

Lecture faite, a signé.

Le même jour, à minuit, nous, commissaire de police susdit, nous sommes transporté, accompagné du sieur *Deflers*, inspecteur de police attaché à notre commissariat, au devant et après la fermeture des magasins du sieur *Juilliard*, nous avons examiné avec attention la surface extérieure des portes et des volets, et nous avons remarqué et constaté qu'il existe sur le venteau de la porte d'entrée, donnant sur la rue Saint-Denis, dix-huit traces de crosses ou de canons de fusils, marquées dans le bois, sur différentes parties de ladite porte. Nous avons également constaté que la seconde bande de fer (parallèle et faisant suite aux barres qui lient la devanture à l'extérieur) est arrachée, bien que cet objet ne soit qu'un ornement sans liaison avec les autres parties de la fermeture de ladite devanture; d'où il résulte la présomption que les auteurs de la dégradation dont il s'agit n'avaient pas l'intention d'ouvrir ou d'enfoncer la porte sur laquelle ils frappaient.

De ce que dessus nous avons rédigé le présent, qui sera transmis ensemble avec le mandat mentionné d'autre part, à M. le procureur général près la Cour des Pairs, pour servir ce que de droit, et avons signé.

(Dossier, information générale, barricades de la rue Grenétat, n°   du greffe, pièce   .)

114. — JUILLIARD (Jean-Marie), *âgé de 30 ans, négociant, demeurant à Paris, rue Saint-Denis, n° 162.*

(Déposition du 4 juin 1839, devant M. Jourdain, juge d'instruction, délégué).

Le dimanche, 12 mai dernier, une bande d'individus armés venaient d'enfoncer la boutique du pharmacien, n° 158. Je les avais entendu crier : *Chez le marchand de nouveautés!* Dès la première nouvelle des troubles, j'avais fait tout fermer; je me gardai bien de me montrer et restai dans l'intérieur de ma maison. Bientôt je les entendis frapper à ma porte à coups redoublés de crosse de fusil. Une barre avait déjà cédé, lorsqu'une dame du second étage leur demanda ce qu'ils voulaient. Ils crièrent : *Des drapeaux!* Je leur fis alors jeter plusieurs coupons d'étoffe de cotonnade rouge. Ils s'en allèrent en me remerciant et en claquant des mains.

Représentation faite au témoin des morceaux d'étoffe rouge, l'un saisi chez *Lemière* et l'autre déposé par le sapeur *Dussenty*, il a dit : Ces coupons viennent de nos magasins, mais il doit y en avoir d'autres; car j'en ai bien jeté une dizaine d'aunes.

Je n'ai vu aucun de ces individus, parce que je ne me mis pas à la fenêtre, seulement je sais qu'ils avaient fait plusieurs barricades près de chez nous. Ils avaient pris des camions dans le roulage Saint-Magloire et au coin de la rue de la Chanverrerie. Ils avaient dépavé la rue.

(Dossier, information générale, barricades de la rue Grenétat, n°   du greffe, pièce .)

115. — CHARLES (Marie-François), *âgé de 26 ans, ouvrier chapelier, demeurant à Paris, rue de la Tixeranderie, n° 56.*

(Déposition du 3 juin 1839, devant M. Jourdain, juge d'instruction délégué.)

Le dimanche 12 mai dernier j'étais à la boutique, chez M. *Charlet*, mon bourgeois, lorsque, vers deux heures, *Praquin* vint m'y trouver. Nous fîmes une partie de cartes. Vers trois heures et demie ou quatre heures, nous étions en train de jouer, lorsqu'on nous dit qu'il y avait du bruit. Je sortis avec *Praquin*, qui voulait aller fermer sa boutique. Nous trouvâmes dans la rue Saint-Martin, au coin de la rue Saint-Méry, un fiacre renversé et un cabriolet. Un sergent de gardes municipaux, qui était de garde au poste de la Lingerie, nous pria de l'aider à relever ce fiacre; nous l'aidâmes et allâmes le remiser du côté du marché des Prouvaires; nous rentrâmes chez *Praquin ;* nous trouvâmes sa boutique fermée; nous retournâmes alors chez mon bourgeois, rue des Billettes. En y allant, des jeunes gens, au nombre de trente ou quarante, la plupart en blouses, se dirigeant du côté de la rue Saint-Méry, nous jetèrent deux fusils : nous ramassâmes l'un d'eux. Nous nous cachâmes dans l'enfoncement d'une porte du passage Sainte-Croix, pour laisser passer ces jeunes gens; puis je quittai ma redingote, j'enveloppai le fusil dedans et j'allai le porter à la boutique de mon bourgeois, qui n'était pas dans ce moment dans sa boutique. Je ressortis aussitôt avec *Praquin* pour aller voir ce qui se passait. Nous allâmes, par la rue Sainte-Croix de la Bretonnerie, jusqu'à la rue Sainte-Avoye : là nous vîmes un rassemblement qui enfonçait la boutique d'un quincaillier. Dans ce rassemblement j'aperçus les individus que je vous ai signalés samedi, et qui ont dit se nommer : *Hubert, Simon* et *Lombard. Hubert* faisait faction au coin de la rue des Blancs-Manteaux, et m'a donné une poignée de mains. *Praquin* me poussa le bras en me montrant un individu vêtu d'une blouse et d'un pantalon rouge, et me dit : *Voilà un chasseur d'Afrique.* Je crois que c'est celui que vous m'avez représenté samedi sous le nom d'*Hendrick ;* je ne pourrais cependant pas l'assurer. Ce rassemblement se dirigea vers Saint-Nicolas, du côté de la mairie du 6° arrondissement. Il était alors de cinq à six heures. Un instant après, j'entendis une fusillade qui dura environ trois quarts d'heure. Nous revînmes chez *Praquin.* En chemin nous rencontrâmes, rue Aubry-le-Boucher, le nommé *Bouillot,* que je connais depuis longtemps ; il était avec plusieurs individus et sans armes. Nous ne lui parlâmes pas. Ces individus et lui s'arrêtèrent près d'une boutique, presque au bout de la rue Aubry-le-Boucher ; au même moment on fit feu sur nous. Les coups partaient du côté où nous avions vu *Bouillot* et les autres, arrêtés. Nous nous hâtâmes de rentrer chez *Praquin..* Le feu continua, et quelques instants après nous entendîmes frapper à la porte. *Praquin* entr'ouvrit, et nous vîmes *Bouillot,* qui tenait un fusil à la main. Il demandait à entrer ; il se disait blessé. *Praquin* lui prit son fusil et le laissa entrer. *Bouillot* prit de la bière ; il voulait passer la nuit à la maison, mais *Praquin* s'y refusa, et il s'en alla. Le lendemain nous allâmes porter le fusil chez le commissaire de police ; il n'y était pas. Nous le rapportâmes. Je ne sais pas quand il le rapporta.

(Dossier, information générale, barricades de la rue Grenétat, n° du greffe, pièce).

FAITS PARTICULIERS A AUSTEN.

116. — *Procès-verbal constatant l'arrestation d'*Austen.

L'an mil huit cent trente-neuf, le 21 mai, à neuf heures du matin,

Nous, *Charles Gabet*, commissaire de police du quartier de la Porte-Saint-Martin;

Vu la lettre ci-jointe de M. le directeur de l'hôpital Saint-Louis, de laquelle il résulte que le nommé *Haoustel*, Polonais, blessé par suite de l'attentat du 12 de ce mois, a cherché à s'évader dudit hôpital, où il est consigné, et que, sa blessure étant maintenant guérie, il est en état d'être transféré;

Faisons conduire cet individu à la Préfecture de police, pour qu'il soit, à son égard, ultérieurement statué ce que de droit.

(Dossier Austen, n°   du greffe, pièce   .)

117. — *Rapport du médecin constatant la blessure d'*Austen.

Nous soussigné, docteur en médecine, en vertu de l'ordonnance ci-jointe de M. *Zangiacomi*, juge d'instruction, à l'effet de procéder à la visite du nommé *Haoustel*, détenu à la Conciergerie, et de nous expliquer sur les causes de ses blessures, déclarons, après avoir prêté serment, avoir procédé immédiatement à cet examen et avoir constaté les blessures suivantes:

Haoustel, homme jeune, blond et fortement constitué, présente les plaies suivantes:

1° Une plaie située sur la troisième côte gauche et dirigée d'une manière transversale sur la face antérieure de la poitrine. L'étendue, la direction, l'aspect linéaire de cette blessure prouvent qu'elle a pu être faite par un instrument tranchant, tel qu'une épée. Nous observons que l'instrument, arrêté par la présence de la côte, n'a pu pénétrer plus avant dans la cavité thoracique.

2° Deux autres plaies, placées sur la partie antérieure et latérale droite de la poitrine, présentent une forme triangulaire qui ne peut faire méconnaître qu'elles ont été produites par un instrument piquant, tel qu'une baïonnette. Ces plaies n'ont point également pénétré dans l'intérieur de la poitrine.

Nous déclarons que ces diverses blessures ne présentent aucun caractère de gravité.

En foi de quoi nous avons dressé le présent rapport.

Signé GÉRARDIN.

(Dossier Austen, n° du greffe , pièce .)

118. — TISSERAND (Émile), *âgé de 41 ans, lieutenant, 6° compagnie à pied de la garde municipale, caserné faubourg Saint-Martin* (1).

(Entendu le 17 mai 1839, devant M. Jourdain, juge d'instruction, délégué.)

Le dimanche 12 mai, vers quatre heures moins un quart, on vint nous prévenir, à la caserne Saint-Martin, que des individus armés de haches et de pioches pillaient le magasin des sieurs *Lepage*, arquebusiers, rue Bourg-l'Abbé; qu'ils faisaient des barricades, et que la mairie du 6° arrondissement était en danger d'être prise par eux. Plusieurs détachements sortirent de suite pour se rendre sur le lieu du désordre; d'autres furent prêts à marcher. Vers quatre heures un quart, on vint nous avertir que les insurgés étaient nombreux et qu'ils allaient attaquer la mairie du 6° arrondissement, où déjà s'était porté un officier de la garde municipale avec vingt-cinq hommes : cet officier était M. *Leblond*. Je reçus ordre de M. le capitaine *Lallemand* de me porter avec un détachement de quarante-cinq hommes au secours de cet établissement. Je partis immédiatement; mais à peine arrivé dans la rue Saint-Martin, où la foule était compacte, mais cependant inoffensive, puisqu'elle s'ouvrit pour me faire passage, un grand nombre de personnes vint au-devant de moi, en me conjurant de retourner sur mes pas, disant que mon détachement était trop faible, et que j'allais être infailliblement écharpé. Je ne tins aucun compte de ces avis qui pouvaient m'être donnés dans de mauvaises intentions, je doublai au contraire le pas, et, arrivé à peu de distance de la rue Grenétat, j'aperçus une barricade bien établie au débouché de cette rue dans la rue Saint-Martin. Je fis faire une fusillade dessus assez vive; mais comme les insurgés ripostaient vigoureusement, je fis rentrer de suite mon détachement dans la cour de la mairie pour faire recharger mes armes et prendre mes dispositions, afin d'enlever la barricade d'assaut. Je fis former mon détachement en ligne, distribuer de nouvelles cartouches que l'on me donna à la mairie, et recharger les armes en présence de M. le lieutenant-colonel *Saint-Martin*, de la 6° légion de la garde nationale. J'ordonnai à mes hommes de me suivre au pas de course, sans tirer un coup de fusil, et d'enlever la barricade à la baïonnette; je leur ordonnai également de ne faire aucun quartier à ceux qui

---

(1) Voir une autre déposition de ce témoin et sa confrontation avec *Austen*, ci-après, p. 265.

seraient pris les armes à la main dans la barricade ; je me plaçai à quelques pas en avant du centre de mon peloton, et je donnai le signal aux tambours de battre la charge. Je m'élançai l'épée à la main, suivi de tous mes hommes ; les insurgés battaient aussi la charge de leur côté, et me reçurent avec un feu bien nourri à bout portant ; mais cependant la barricade fut enlevée ; six factieux restèrent sur la place, deux furent tués de ma main dans une lutte corps à corps ; quelques autres furent blessés et pris, ainsi qu'un plus grand nombre qui s'étaient réfugiés dans les maisons voisines : de mon côté, j'eus dix hommes blessés, moi compris. Après la prise de la première barricade, je me portai de suite à la seconde, qui était établie au débouché de la rue Bourg-l'Abbé, dans la rue Grenétat : les insurgés y tinrent moins qu'à la première. Je passai de suite à la troisième, qui se trouvait au débouché de la rue Neuve-Bourg-l'Abbé, dans la rue Bourg-l'Abbé, que j'enlevai ; puis à celle établie au débouché de la rue Bourg-l'Abbé, dans la rue aux Ours. Enfin je me portai sur la cinquième, établie au débouché de la rue aux Ours dans la rue Saint-Martin, que j'enlevai comme les autres, et je fis occuper le bout de la rue aux Ours dans la rue Saint-Denis. De cette manière, je fus maître de tout le pâté de maisons compris entre la rue Grenétat et la rue aux Ours. Les insurgés continuèrent à tirer sur nous d'une position qu'ils occupaient vers le coin de la rue Neuve-Saint-Merry, puis de la rue Quincampoix et de celle Salle-au-Comte, où je les avais refoulés. Ayant été averti vers six heures qu'un grand nombre d'insurgés s'étaient retranchés dans le passage Beaufort, et ennuyé de tirailler depuis si longtemps, j'ordonnai au maréchal des logis *Regnault* de m'accompagner, de prendre dix hommes avec lui, et d'aller faire une charge dans le passage. A ce détachement se joignirent M. *Gard*, capitaine de la 6ᵉ légion, et M. *Hugo*, caporal de la même légion. Cette charge réussit parfaitement : un des factieux fut tué, un autre blessé et pris ; plus, une grande quantité d'armes, une caisse de tambour avec collier et baguettes, et plusieurs paquets de cartouches. Douze insurgés furent arrêtés et conduits à la mairie du 6ᵉ arrondissement, à la disposition de MM. les commissaires de police *Haymonet* et *Cabuchet*. Je vous dépose deux notes indiquant les noms d'une partie des individus arrêtés dans les barricades, les armes à la main. J'ai bien fait garder la rue du Grand-Hurleur, mais beaucoup de personnes ont passé pour rentrer chez elles, et il est possible que quelques-uns des factieux aient pu passer, après avoir jeté leurs armes ; mais nous n'avons laissé passer qu'après que le feu eut été terminé, et tous ceux qui ont été arrêtés faisaient partie de l'insurrection, quoique plusieurs aient jeté leurs armes : nous ne laissions passer personne blessé. Vers neuf heures du soir, je reçus ordre de réunir mon détachement, et de me rendre à la Préfecture de police. Les officiers de la 6ᵉ légion qui ont marché avec moi aux barricades sont MM. *Gard*, capitaine, *Buisson*, idem, *Fougère*, adjudant, et *Hugo*, caporal. Le nommé *Giraud*, tambour-maître au 55ᵉ de ligne, qui se trouvait à la mairie du 6° arrondissement, demanda une arme et marcha avec nos hommes.

Je dépose entre vos mains un petit plan que j'ai fait des lieux où nous avons agi, avec indication des barricades.

Je dois vous dire que nous avons jeté dans un égout de la rue Grenétat des pioches et des haches que nous avons prises à la deuxième barricade, pour qu'on ne pût pas s'en servir.

J'ai entendu dire qu'un homme, porteur d'une caisse mal jointe, s'était arrêté devant la maison de *Lepage*, qu'il avait jeté cette caisse avec force par terre, qu'elle s'était ouverte et qu'il en était sorti des pioches et des haches, et des armes, dont s'étaient emparés des individus qui enfoncèrent et pillèrent le magasin d'armes de MM. *Lepage*.

J'ai parfaitement reconnu à Saint-Louis le second individu que j'ai tué, parce que j'ai eu une lutte avec lui. Sa maîtresse est venue l'y reconnaître; elle a déclaré qu'il se nommait *Maréchal* (Émile), dessinateur, demeurant avec elle rue du Faubourg-Saint-Denis, n° 56. Il était d'Ambérieux (Aisne); il avait 23 ans.

(Dossier, information générale, barricades de la rue Grenétat, n° du greffe, pièce .)

119. — REGNAULT (Pierre-François), *âgé de 35 ans, maréchal des logis de garde municipale, caserné faubourg Saint-Martin.*

(Entendu le 18 mai 1839, devant M. Jourdain, juge d'instruction, délégué.)

Le dimanche 12 mai, je suis parti de la caserne Saint-Martin avec le lieutenant *Tisserand*; arrivé à la mairie du 6° arrondissement, nous trouvâmes une barricade à l'entrée de la rue Grenétat : on faisait feu sur nous; ce feu avait commencé lorsque nous étions à environ cinq cents pas de la barricade. Le lieutenant commanda de faire feu, et ensuite de nous porter au pas de course sur cette barricade, ce que nous fîmes. Lorsque nous fûmes en face la mairie, un de nos hommes tomba, blessé d'une balle dans le ventre : je l'enlevai, et le déposai dans une maison au coin de la rue Guérin-Boisseau. Lorsque je retournai au détachement, il venait de franchir la barricade, et je vis transporter à la mairie quatre insurgés blessés; j'en vis quatre ou cinq étendus par terre; je poussai, et me hâtai de rejoindre mon détachement qui était rue aux Ours. Etant arrivé là, le lieutenant *Tisserand*, ayant remarqué qu'il y avait un grand nombre d'insurgés dans le passage Beaufort, me donna ordre de m'y porter avec six hommes, auxquels se joignirent un caporal de garde nationale de la 6° légion, et un capitaine, M. Gard. Je m'y portai; la grille étant fermée, les insurgés firent feu sur nous, nous ripostâmes; nous fîmes ouvrir la grille : quand nous fûmes entrés, nous trouvâmes des fusils dans les allées, dans les coins, derrière les portes; les insurgés s'étaient cachés, en abandonnant les armes; les locataires du passage nous dirent que nous pouvions arrêter les individus qui étaient ainsi cachés, parce qu'ils les avaient remarqués armés avant leur entrée dans le passage. Quelques-uns des individus avaient encore de la poudre aux mains et aux lèvres. Nous trouvâmes également une caisse de tambour, ses baguettes, le collier et quelques cartouches cachées dans des coins et même des paquets de cartouches. J'arrêtai deux de ces individus chez le portier : l'un était porteur d'un couteau-poignard, l'autre n'avait rien sur lui. Vers huit heures du soir, nous retournâmes dans ce même passage; la porte du côté Salle-au-Comte était encore fermée. Nous vîmes, à travers un petit judas de cette porte, une trentaine d'individus armés, sur lesquels nous fîmes feu à travers le judas : un des leurs tomba mort. Enfin nous pûmes ouvrir la porte, nous fîmes feu de nouveau, et un autre tomba blessé; je l'arrêtai : il était blessé d'une balle dans le côté. Cet homme fut conduit à la mairie du 6e arrondissement. Au même endroit nous ramassâmes un fusil de munition qui avait été jeté à travers un carreau dans un magasin donnant sur le cul-de-sac. Dans le même moment trois individus vinrent à nous en nous disant qu'ils étaient sans armes et qu'ils se rendaient. L'un d'eux était porteur d'une cinquantaine de cartouches : le garde *Borger* m'a dit que celui qu'il a arrêté au même instant était porteur d'un fusil à deux coups, mais je ne l'ai pas vu, parce qu'il faisait déjà nuit. Nous trouvâmes encore des cartouches dans un tas de paille dans la même rue. Ensuite nous allâmes enlever une barricade qui se trouvait au coin de la rue Saint-Magloire et de la rue Salle-au-Comte. Puis nous allâmes, avec le secours d'un peloton du 28e de ligne, enlever une autre barricade qui se trouvait au coin de la rue Saint-Magloire et de la rue Saint-Denis : un individu fut encore arrêté au coin de cette rue. Tous les individus arrêtés ont été inscrits à la mairie avec les indications des endroits où ils ont été arrêtés, au moins je le pense. Quand je conduisis le blessé à la mairie, avant de quitter pour aller rejoindre mon détachement qui s'était rendu à la Préfecture, j'allai visiter tous les individus arrêtés, et je pris les noms de tous ceux qui me dirent avoir été arrêtés dans le passage Beaufort. J'en ai fait l'objet d'un rapport qui a été remis à mon chef. Je dois vous observer que M. le capitaine *Gard* ne s'est joint à nous que la seconde fois quand nous retournâmes dans le passage Beaufort. Le propriétaire d'un magasin où j'ai trouvé le fusil dont je viens de parler, dans le cul-de-sac à droite en sortant du passage Beaufort, m'a dit le lendemain qu'il avait trouvé deux ou trois paires de pistolets et des cartouches près de sa porte. Il les a remis à des soldats de la ligne qui étaient venus le matin pour chercher des armes.

(Dossier, information générale, barricades de la rue Grenétat, n°   du greffe, pièce   .)

120. — DELDINE (Augustin-Anselme), *43 ans, brigadier de garde municipale à pied, caserné faubourg Saint-Martin.*

(Entendu le 30 mai 1839, devant M. Jourdain, juge d'instruction, délégué.)

Le dimanche 12 mai courant, je partis vers quatre heures avec le détachement sous les ordres du lieutenant *Tisserand;* nous arrivâmes près la mairie du 6° arrondissement, et nous commençâmes à tirailler avec des insurgés qui se trouvaient derrière une barricade de l'entrée de la rue Grenétat débouchant dans la rue Saint-Martin : pendant environ une demi-heure, nous fîmes un feu nourri; nous nous réunîmes ensuite dans la cour de la mairie; là, le lieutenant *Tisserand* nous commanda d'enlever la barricade à la baïonnette, et il s'élança à notre tête. En arrivant à la barricade, les insurgés firent sur nous un feu à bout portant, mais nous montâmes par-dessus, et l'enlevâmes. Derrière gisaient par terre plusieurs individus morts ou blessés. J'en vis un grand blond, portant de longs cheveux, il était renversé sur un insurgé mort; je le vis remuer, je le ramassai avec un garde national (M. *Pelletier*), et nous le portâmes à la mairie Saint-Martin. Il avait plusieurs blessures dans la poitrine. Je donnai mon nom et je retournai rejoindre mon détachement. Nous enlevâmes les barricades qui se trouvaient encore rue Bourg-l'Abbé et rue aux Ours, et nous arrivâmes dans cette dernière rue, au coin de la rue Quincampoix; là, je fus placé avec quatorze hommes; d'autres allèrent ensuite dans le passage Beaufort, d'où on faisait feu sur nous; le passage fut pris, et on y arrêta des insurgés, et on y prit des armes. Je conduisis quatre hommes dans ce passage pour renforcer le détachement qui s'y trouvait, et je revins me placer au coin de la rue Quincampoix, où je restai jusqu'au moment de notre départ pour la Préfecture de police. J'ai vu passer des individus arrêtés dans le passage, et des armes, ainsi qu'une caisse de tambour : c'est celle que je vois dans votre cabinet.

Trois ou quatre jours après, en allant voir un de mes camarades à Saint-Louis, je vis, à côté de lui, le même individu que j'avais ramassé derrière la barricade Grenétat, et que j'avais porté à la mairie avec M. *Pelletier.* Je lui demandai s'il me reconnaissait, et il me dit que oui. Je demandai ensuite son nom au directeur de l'hôpital, qui me dit qu'il se nommait *Auken*, et qu'il était de Dantzig.

Nous nous sommes ensuite transporté au dépôt de la Préfecture, et nous avons représenté au témoin le nommé *Fritz-Auguste Austen*, et il a dit : Je reconnais parfaitement cet individu; c'est bien lui que j'ai ramassé derrière la barricade, et que j'ai porté à la mairie avec M. *Pelletier.*

Le détenu a déclaré également reconnaître le témoin *Deldine.*

(Dossier Austen, n°   du greffe, pièce   .)

121. — Hugot (Jaime-Nestor), *âgé de 29 ans, menuisier-ébéniste, caporal dans la 6ᵉ légion de la garde nationale, demeurant à Paris, rue de Vendôme, n° 6 bis.*

(Entendu le 25 mai 1839, devant M. Jourdain, juge d'instruction, délégué.)

Le dimanche 12 mai, en entendant battre le rappel, je descendis en uniforme, et je me joignis à l'escorte des tambours. Nous arrivâmes rue Royale-Saint-Martin; là, nous trouvâmes un grand nombre d'insurgés qui nous menaçaient par derrière : ils firent feu sur nous; nous leur ripostâmes; nous nous approchâmes de la rue Saint-Martin, et l'on tira sur nous d'une barricade formée à l'entrée de la rue Grenétat. Le lieutenant *Tisserand*, avec son détachement et le nôtre qui s'y était joint, se précipita sur la barricade, que nous enlevâmes à la baïonnette. Nous trouvâmes derrière cette barricade des blessés et des morts, mais je ne m'en occupai pas; je continuai à poursuivre les insurgés, toujours sous la conduite du lieutenant *Tisserand*. Nous enlevâmes cinq ou six barricades, rue Bourg-l'Abbé et rue aux Ours; nous arrivâmes au coin de la rue Quincampoix, on tirait sur nous, du passage Beaufort; je m'embusquai à gauche de la rue Quincampoix; et je fis feu sur le passage; je m'aperçus bientôt que le garde *Floraud* était à côté de moi, je lui ordonnai de se masquer du feu des insurgés, et je le laissai seul embusqué. J'allai vers le lieutenant *Tisserand* pour lui demander des hommes de bonne volonté pour aller débusquer le passage; il m'accorda dix hommes, et je m'élançai au pas de course sur le passage, que nous trouvâmes fermé. Nous fîmes feu sur les insurgés qui étaient dans le passage et qui se dispersèrent; j'entrai dans le café à côté, croyant qu'il communiquait avec le passage; mais il n'y avait pas de communication. Je fis ouvrir le passage; après avoir menacé de faire sauter les serrures, le portier vint alors nous ouvrir. Je fis ouvrir ensuite la porte qui se trouve au fond du passage, du côté de la rue Salle-au-Comte; il n'y avait alors personne dans le cul-de-sac qui se trouve à droite. Arrivés dans la rue Salle-au-Comte, nous vîmes une barricade qui se trouvait près le roulage, à gauche; nous en chassâmes les insurgés par plusieurs décharges. Mais, comme je craignais de n'être pas en force, et de compromettre mes hommes, je fis replier mon détachement dans le passage; j'en fermai les portes, et m'emparai des clefs; puis je mis des hommes à chaque escalier, et j'ordonnai une perquisition dans toute la maison : on y arrêta plusieurs individus, et on trouva plusieurs fusils, des cartouches, des capsules de côté et d'autre, et une caisse de tambour avec ses baguettes. J'avais demandé au portier s'il n'y avait personne d'étranger chez lui, il m'avait dit que non, et cependant des gardes trouvèrent dans sa loge deux insurgés. J'allai ensuite demander du renfort pour aller attaquer la barricade de la rue Salle-au-Comte;

le lieutenant *Tisserand* ne put m'en donner; il m'envoya en chercher à la mairie; je ne pus en obtenir une première fois, j'y retournai une seconde fois; je m'adressai au colonel *Husson*, de notre légion, et à un général; ils me dirent qu'ils allaient envoyer un bataillon de ligne par la rue Saint-Denis. Je retournai au passage Beaufort, et je prévins tous les chefs de poste de se tenir prêts; je trouvai un détachement de ligne, en arrivant au passage Beaufort. J'entendis bientôt le feu rue Saint-Denis; j'ouvris la porte cochère, et m'élançai en avant; aussitôt, des coups de feu partirent sur moi du cul-de-sac qui est à droite et de la rue Salle-au-Comte; je criai: A moi les gardes! ils arrivèrent, je fis feu dans le cul-de-sac, en criant: Rendez-vous! un homme tomba, et trois autres furent arrêtés; ils étaient armés de fusils de munition.

Représentation faite au témoin, du nommé *Jean-Jacques Evanno*, il a dit : Je crois bien reconnaître cet homme, je crois bien qu'il était un de ceux qui ont été arrêtés dans le cul-de-sac, cependant je ne puis pas l'affirmer d'une manière certaine; il devait avoir une veste grise ou blanchâtre; je crois qu'il avait posé son fusil le long du mur, à gauche. Je m'élançai ensuite dans la rue Salle-au-Comte, où nous attaquâmes et prîmes la barricade qui était au coin de la rue Saint-Magloire-Saint-Denis; pendant ce temps, la ligne emportait la barricade qui était au bout de la rue Saint-Magloire dans la rue Saint-Denis. Après la prise de la barricade, j'entrai dans le roulage, et je montai, avec des gardes municipaux, au premier étage. Là, je trouvai un jeune homme blessé près de l'épaule, à droite; il était fort bien mis, et était couché sur un lit, tout habillé; il souffrait beaucoup, j'ordonnai au maître de roulage d'aller chercher un médecin. Le maître de roulage me dit que ce jeune homme avait été blessé dans son escalier; mais cela m'a paru impossible, parce que les balles ne pouvaient pas arriver dans l'escalier, et que je suis arrivé le premier, et que pas un garde n'a fait feu dans l'escalier. Je ne sais pas ce qu'est devenu ce blessé. Je rentrai ensuite à mon poste.

Au moment où nous allions attaquer la barricade de la rue Salle-au-Comte, je portais en bandoulière, au moyen d'une ficelle que j'y avais mise, un fusil de chasse trouvé dans le passage. Un élève de Saint-Cyr, qui se trouvait là, me supplia de lui prêter ce fusil; je le lui confiai. M. le colonel *Husson* a pris des notes à cet égard; le lendemain, il est revenu à la mairie avec trois de ses camarades.

(Dossier Austen, n°   du greffe, pièce   .)

122. — GARD (Jean-Baptiste-Joseph) *âgé de 45 ans, cartonnier, demeurant à Paris rue Phelippeaux 15, capitaine en second dans la 6ᵉ légion de la garde nationale.*

(Entendu le 25 mai 1839, devant M. Jourdain, juge d'instruction, délégué.)

Je suis arrivé à la mairie le dimanche 12 mai, vers quatre heures. Je me joignis au détachement de la garde municipale qui attaquait la barricade Grenétat. Quand elle fut enlevée, nous traversâmes successivement la rue Grenétat, la rue Bourg-l'Abbé, en enlevant les barricades qui s'y trouvaient, et nous arrivâmes rue aux Ours, au coin de la rue Quincampoix. Quand nous eûmes enlevé la première barricade à l'entrée de la rue Grenétat, je vis plusieurs individus blessés ou tués qui étaient renversés par terre. Depuis, jusqu'au passage Beaufort dont je vais vous parler, il n'a été blessé personne, du moins à ma connaissance. J'allai ensuite avec quelques gardes municipaux et le caporal *Hugot* au passage Beaufort. Là nous sommâmes d'ouvrir la grille, et, comme on ne nous ouvrait pas, nous fîmes une décharge dans le passage : on nous l'ouvrit et nous le fouillâmes de tous côtés. On arrêta plusieurs individus, et l'on trouva des armes çà et là, ainsi que des cartouches et des capsules; on y trouva même une caisse de tambour avec ses baguettes. Il était environ sept heures et demie lorsque nous arrivâmes. A la brune, nous fîmes ouvrir la porte qui se trouve au bout du passage du côté de la rue Salle-au-Comte; là, ayant été prévenus par des locataires qui avaient regardé par une fenêtre, qu'il y avait du monde dans le cul-de-sac qui se trouve à droite, nous criâmes : *Rendez-vous!* Aussitôt le caporal *Hugot* fit feu; on cria : *Nous nous rendons;* alors nous nous précipitâmes dans ce cul-de-sac. Je m'occupai d'un individu qui était blessé et renversé sur un tonneau de porteur d'eau. Je voulus faire lever cet homme, il me dit qu'il ne le pouvait pas, qu'il était blessé; je ne regardai pas où il était blessé; je crois que c'est le maréchal des logis *Regnault* qui l'a fait relever. Deux autres individus qui étaient dans ce cul-de-sac furent arrêtés. Ils devaient être là depuis quelque temps, car nous avions tiré déjà par un guichet qui se trouvait à la porte du passage donnant du côté de la rue Salle-au-Comte.

Représentation faite au témoin du nommé *Jean-Jacques Evanno*, il a dit : La figure de cet homme ne m'est pas inconnue, il me rappelle l'un de ceux qui ont été conduits par les gardes municipaux, après avoir été arrêtés dans le cul-de-sac; mais je ne puis l'affirmer. Si c'est un de ceux-là, il avait une veste blanche ou grise. Il faisait presque nuit, et je n'ai pu bien le remarquer.

Après cela, nous nous sommes rendus dans la rue Salle-au-Comte, où nous avons enlevé deux barricades qui se trouvaient, l'une près le roulage à gauche, et l'autre au coin de la rue Saint-Magloire et de la rue Saint-Denis. Après que ces barricades eurent été prises, un individu vint à passer, venant de la rue Saint-Denis; il me demanda poliment s'il y avait du danger, et s'il pouvait passer : je lui dis qu'il n'y avait aucun danger; je le fouillai, et je trouvai trois ou quatre cartouches dans la poche de son gousset et une vingtaine de billes; je trouvai également dans une de ses poches un pistolet de poche avec lequel il avait fait feu tout récemment, je le pensais au moins, car le chien était encore baissé. Je le remis entre les mains d'un garde municipal. Cet homme déclara se nommer *Simon*. Quelques instants après, un grand individu qui voulait passer fut arrêté par moi, parce qu'il ne voulut pas dire comment et pourquoi il se trouvait là, et qu'il fut très-insolent. Sa présence ne m'étant pas justifiée, je le conduisis moi-même à la mairie, où je donnai mon nom: on prit en même temps celui de cet homme, dont je ne me rappelle pas aujourd'hui. Il n'avait rien sur lui. Je suis rentré à la mairie.

(Dossier, information générale, barricades de la rue Grenétat, n° du greffe, pièce .)

123. — LECUZE (Boniface), *âgé de 27 ans, marchand de vin, demeurant à Paris, rue Saint-Martin, n° 135, au coin de la rue aux Ours.*

(Entendu le 27 mai 1839, devant M. Legonidec, juge d'instruction, délégué.)

Il était environ une heure de l'après-midi, lorsque, le dimanche 12 de ce mois, sont arrivés dans ma maison une assez grande quantité de jeunes gens, de vingt à trente.

Ils s'y sont établis, les uns jouant aux cartes; d'autres allant et venant; d'autres buvant au comptoir ou se promenant de long en large dans la rue, au-devant de ma maison. Je ne savais que penser de cette affluence de monde.

Vers trois heures, tous ces individus se retirèrent ensemble, en remontant la rue aux Ours, du côté de la rue Saint-Denis.

Dix minutes après leur départ, je fus informé qu'il y avait du bruit dans le quartier; je m'empressai de fermer ma maison.

Je me tenais, par mesure de prudence, sur mon escalier, lorsque vers quatre heures on ébranle ma porte à force de coups: toutes les vitres volaient en éclats. J'ouvris pour éviter un plus grand malheur, et douze ou quinze individus armés de fusils, me prirent mes tables, mes tabourets pour former une barricade; ils me demandaient des tonneaux pour la compléter, lorsqu'ils entendirent le bruit d'une fusillade engagée du côté de la rue Bourg-l'Abbé; aussitôt ils prirent la fuite.

Il n'y a eu au devant de ma demeure aucune action.

Je n'ai remarqué aucune personne de connaissance parmi les factieux dont je vous ai parlé plus haut; je n'en reconnaîtrais aucun.

(Dossier, information générale, barricades de la rue Grenétat, n° du greffe, pièce .)

124. — GARNOT (Marie-Joseph-Eugène), *âgé de 30 ans, aubergiste, demeurant à Paris, rue Saint-Denis, n° 166.*

(Entendu le 30 mai 1839, devant M. Jourdain, juge d'instruction, délégué.)

Le dimanche 12 mai courant, j'étais chez moi lorsque l'insurrection commença.

Il était environ quatre heures de l'après-midi ; je me mis à mes fenêtres, les persiennes fermées, et qui donnent sur le cul-de-sac Saint-Magloire. Je vis une bande de quinze individus environ, presque tous armés, qui firent une barricade avec un banc et un tonneau de porteur d'eau. Plus tard, ils enfoncèrent les portes de *M. Solin*, et prirent dans sa cour des camions, des tonneaux et d'autres objets, dont ils firent une barricade plus forte. Vers sept heures on vint les attaquer vigoureusement, et la barricade fut enlevée ; mais depuis près de trois heures ils tiraillaient avec la troupe qui était dans la rue aux Ours. Deux insurgés furent blessés, un autre fut tué sur le coup, et un autre mourut le lendemain. Pendant cinq ou six heures que dura cette affaire, je vis les insurgés qui étaient à la barricade. Avant le feu ils se promenaient de long en large et faisaient faction ; j'entendais même leurs conversations ; les uns disaient : « Nous n'avons pas de chefs, qu'est-ce qui veut commander ? » Un autre qui était coiffé d'une casquette noire et vêtu d'un habit noir, et très-bien mis, disait : « Celui qui n'est pas disposé à bien se battre, qu'il dépose ses armes « et qu'il se retire. » Il recommandait de n'assassiner personne, de ne pas tuer la garde nationale et de ne tirer que sur la troupe. Cet homme était sans armes, il pouvait avoir de 25 à 26 ans, et il distribuait des cartouches. Peut-être le reconnaîtrais-je si je le voyais. Je reconnaîtrais peut-être aussi plusieurs autres insurgés, un entre autres qui était en bourgeron bleu et toque rouge ; il était petit, les pieds nus dans ses souliers, et avait des favoris rouges. Je le reconnaîtrais entre mille. Il paraissait très-animé et passait même son fusil sous la porte de *M. Solin*, pour tirer dans la cour pour faire ouvrir la porte ; il avait au moins 40 ans et était tout déguenillé. Les autres insurgés avaient l'air de ne pas vouloir aller avec lui. Un autre qui était en redingote de velours noir et en casquette noire, était proprement mis et bien frisé ; un des insurgés lui dit : « Citoyen, tu es bien frisé. » Alors il lui répondit : « Je ne sa- « vais pas, en me faisant friser ce matin, que je me battrais ce soir. » Vers neuf heures et demie ou dix heures, on arrêta cinq ou six individus dans un grenier dépendant de la maison *Leraton*, qui me loue une écurie, et par laquelle ils ont passé ; puis ils ont escaladé un toit pour arriver dans le grenier. Je ne les ai pas vus assez pour les reconnaître ; je crois cependant que j'en reconnaîtrais peut-être un. C'est un détachement de gardes municipaux qui les a emmenés. Quelques jours après, on trouva des cartouches sur un toit où ces individus avaient pu les jeter. Je pense que ces individus avaient jeté leurs armes, et que ce sont celles qui ont été trouvées dans les écuries de *M. Solin*.

Représentation faite au témoin du nommé *Steckmann*, il a dit : « Je ne » reconnais pas cet homme ; je ne me rappelle pas l'avoir vu. »

(Dossier, information générale, barricades de la rue Grenétat, n°
du greffe, pièce   .

125. — PELLETIER (Jules-Alexis), *âgé de 31 ans, propriétaire, demeurant à Paris, rue du Temple, n° 63.*

(Entendu le 29 mai 1839, devant M. Jourdain, juge d'instruction, délégué.)

Le 12 mai, vers midi, je descendais de garde du poste de l'Hôtel-de-Ville; j'avais à peine eu le temps de me reposer, lorsque le tambour de ma compagnie vint me dire qu'il y avait du trouble. Je pris aussitôt mon équipement et me rendis à la mairie presque dans le même moment où arriva un détachement de la garde municipale. Il fut décidé que l'on ferait battre le rappel: on fit escorter les tambours par un détachement composé de gardes municipaux et de gardes nationaux. Lorsque nous revînmes, en arrivant rue Royale-Saint-Martin, nous trouvâmes une première barricade abandonnée; nous en vîmes ensuite une seconde à l'entrée de la rue Grenétat, derrière laquelle nous vîmes des insurgés avec lesquels nous fîmes un feu assez vif. Nous nous étions placés à l'encoignure du marchand de cloches, au coin de la rue Royale et de la rue Saint-Martin. Comme il nous était impossible de face d'enlever cette barricade, étant trop peu nombreux, nous entrâmes dans la cour de la mairie par une grille donnant sur la rue Royale; nous y trouvâmes une nouvelle compagnie de gardes municipaux, commandée par le lieutenant *Tisserand,* qui observa qu'on ne pouvait laisser cette barricade qui tenait la mairie en échec et empêcherait les gardes nationaux de se réunir. Il sortit avec son détachement et quelques gardes nationaux au nombre desquels j'étais. Je me plaçai derrière lui. Nous longeâmes les maisons; arrivés près de la barricade, nous essuyâmes un feu des insurgés à bout portant: plusieurs gardes municipaux furent blessés. Malgré cela, nous franchîmes la barricade : je vis le lieutenant *Tisserand* qui luttait corps à corps avec un insurgé qu'il traversa de son épée; nous trouvâmes de l'autre côté de la barricade plusieurs individus grièvement blessés, tous étendus par terre; quelques-uns paraissaient sans vie. Je remarquai surtout l'un d'eux qui avait les cheveux blonds très-longs; les gardes municipaux qui avaient essuyé le feu et la troupe de ligne qui arrivait au pas de course étaient exaspérés. Je me plaçai devant ce blessé pour qu'on ne le tuât pas, et je le transportai à la mairie avec l'aide d'un brigadier de la garde municipale, nommé *Deldine,* et le remis entre les mains de M. *Fleury,* docteur en médecine, qui l'a pansé, auquel il a dit qu'il était Polonais et bottier. Il était vêtu d'une blouse grise; lorsqu'il est arrivé à la mairie le garde municipal l'a fouillé: il avait 20 ou 30 cartouches sur lui; il avait plusieurs coups de feu dans la poitrine et un coup de baïonnette au-dessous du sein droit.

Et a signé après lecture, en persistant.

Nous nous sommes transporté ensuite au dépôt de la Conciergerie, où nous avons fait appeler le nommé *Fritz-Auguste Austen*, âgé de 23 ans, bottier, né à Dantzig, et l'avons représenté à M *Pelletier*, sus dénommé, qui a dit : « Je reconnais parfaitement cet individu; c'est celui que j'ai ramassé blessé derrière la barricade Grenétat, avec le brigadier *Deldine*, et que j'ai porté à la mairie. »

(Dossier Austen, n°   du greffe, pièce .)

126. — DUVAL (Louis-Philippe), *âgé de 35 ans, marchand de vin, rue Grenétat, n° 4* (1).

(Entendu le 29 mai 1839, devant M. Jourdain, juge d'instruction, délégué.)

Le dimanche 12 mai, vers quatre heures, je vis des hommes armés arriver par la rue Royale-Saint-Martin; je m'empressai de fermer ma porte cochère, parce que je demeure au fond de la cour; mais ils arrivèrent et enfoncèrent cette porte à coups de baïonnette et de crosse de fusil; ils me demandèrent tout ce que j'avais pour faire des barricades, et, sans me donner le temps de leur répondre, ils prirent des tonneaux, des caisses et un gros établi. Je remarquai un seul de ces individus qui paraissait commander les autres : il était grand, vêtu d'une redingote légère et avait des bagues aux doigts; je crois qu'il avait des moustaches; je ne sais pas s'il avait ou non des cheveux longs. Ils me prirent mon fusil. Le feu commença bientôt; je ne vis rien parce que je restai chez moi; mais, après la prise de la barricade par la garde municipale, plusieurs individus se réfugièrent chez moi; quatre étaient blessés et furent arrêtés dans ma boutique, et deux autres dans ma chambre. Ils furent arrêtés par des gardes municipaux, conduits par un sergent. Ils ont été emmenés. Je ne sais pas si je pourrais les reconnaître; je ne le pense pas. Après leur départ, j'ai trouvé trois fusils de munition que j'ai déposés chez M. *Guy*, armurier de la 6° légion.

(Dossier, information générale, barricades de la rue Grenétat, n° du greffe, pièce .)

127. — LANTIN (François-Ferdinand), *37 ans, logeur, demeurant à Paris, rue de la Heaumerie, n° 6.*

(Entendu le 7 juin 1839, devant M. Jourdain, juge d'instruction, délégué.)

Je connais le nommé *Austen*, qui demeure chez moi depuis le 3 février dernier. Le 12 mai, il est sorti dans la matinée pour aller porter son ouvrage chez le sieur *Muller*, qui demeure du côté du Palais-Royal, je crois, en chambre; il est rentré, et a mangé la soupe vers trois heures, et il est sorti vers trois

---

(1) Voir une autre déposition de ce témoin, ci-après, page 287.

heures et demie : je ne l'ai plus revu depuis. Je n'avais pas entendu dire encore qu'il y ait du bruit, et il n'a pas dit où il allait.

(Dossier Austen, n°   du greffe, pièce   .)

128. — MULLER (Jacques), *âgé de   ans, demeurant à Paris, rue   .*

(Entendu le 10 juin 1839, devant M. Jourdain, juge d'instruction, délégué.)

Je connais le nommé *Austen* depuis peu de temps; il a commencé à travailler pour moi le 20 mars dernier, autant que je puis me le rappeler; il travaillait chez lui, et je ne sais pas quelle était sa conduite. J'étais même sur le point de le renvoyer, parce qu'il m'avait quelquefois négligé mon ouvrage; je ne l'ai jamais entendu parler politique. Le dimanche 12 mai dernier, il m'a apporté de l'ouvrage, vers une heure et demie ou deux heures; il paraissait pressé; ma femme voulait lui faire son compte, mais il lui dit qu'il n'avait pas le temps; qu'elle lui donnât seulement quelques sous : ma femme lui donna trois francs, et il partit. Je ne sais pas où il allait; je ne l'ai pas revu depuis.

(Dossier Austen, n°   du greffe, pièce   .)

FAITS PARTICULIERS A PHILIPPET.

129. — *Procès-verbal de perquisition au domicile de* PHILIPPET.

L'an mil huit cent trente-neuf, le vingt-quatre mai, à huit heures du matin,

Nous, *Jean-Baptiste Clouet*, commissaire de police de la commune des Batignolles-Monceaux;

En exécution de la commission rogatoire ci-annexée, en date du 23 mai courant, de M. *Perrot*, juge d'instruction, délégué par M. le Président de la Cour des Pairs;

Devant nous a été amené, par des inspecteurs attachés à la Préfecture de police, le sieur *Philippet* (Louis-Firmin), âgé de 40 ans, contre-maître dans une filature, rue des Amandiers, n° 19, à Paris, et domicilié dans notre commune, rue Saint-Louis, n° 30.

De suite, accompagné dudit sieur *Philippet*, nous nous sommes transporté à son domicile, composé de trois pièces à rez-de-chaussée, où nous avons procédé à une perquisition minutieuse dans tous les meubles, effets et papiers dudit individu, par résultat de laquelle il ne s'est absolument rien trouvé en papiers, écrits ou imprimés, armes et munitions susceptibles d'examen.

Nous annexons au présent un exemplaire du *Journal du peuple*, du 12 mai 1839, la seule pièce que nous ayons trouvé nous paraissant susceptible de renseigner sur les opinions politiques du sieur *Philippet*.

Toutes nos autres investigations, tant dans le local habité par le sieur *Philippet* et son épouse, présente à notre opération, que sur la personne dudit *Philippet*, n'ayant eu aucun résultat, nous avons clos le présent procès-verbal, pour être transmis à qui de droit.

(Dossier Philippet, n°   du greffe, pièce   .)

130. — Fille DELILLE (Rosalie-Flore), *âgée de 20 ans, soigneuse dans la fabrique de coton du sieur* Lafleur, *demeurant à Paris, rue de la Muette, n° 35* (1).

(Entendue le 2 juin 1839, devant M. Perrot, juge d'instruction, délégué.)

Il y a deux ans, le 15 mai dernier, que je suis entrée dans la fabrique

---

(1) Voir une première déposition de ce témoin, ci-après, page 133.

du sieur *Lafleur*; le contre-maître *Philippet* y était déjà depuis dix-huit mois ou deux ans; *Jean-Baptiste Lebarzic*, le chauffeur, y était aussi, mais je ne sais pas depuis quel temps, ainsi que le nommé *Walch*, le débourreur jamais je n'avais entendu parler politique au nommé *Philippet*, lorsqu'à la dernière dissolution des Chambres il dit, dans l'éplucherie, où se trouvaient toutes les ouvrières, qu'on allait se battre, que tout le monde voulait la république, et qu'il allait y avoir une révolution. Un jour il vint auprès de moi dans l'éplucherie, et, me parlant particulièrement, il me répéta qu'on allait avoir une révolution; qu'ils étaient considérablement de républicains, et qu'ils espéraient remporter la victoire. Je lui demandai où cette révolution aurait lieu, et il me répondit dans Paris. Je repris la parole, et je dis que si j'étais homme, et que s'il y avait guerre dans le pays étranger, j'irais volontiers me battre; cela parut faire plaisir à *Philippet*, et il me dit : Je vois bien que vous seriez assez courageuse pour venir avec nous. Je me mis à sourire, et la conversation finit là. Quelques jours après, il y a de cela six semaines environ un dimanche, entre onze heures et midi, *Philippet* vint me chercher dans la garderie, où je travaille, et il me dit qu'on me demandait à la pompe; j'y allai avec lui, et j'y trouvai le chauffeur. Alors *Philippet* ouvrit une petite armoire qui se trouve dans la pompe, et il en retira une plaque en fer sur laquelle était peint un drapeau tricolore, avec son bâton, surmonté d'un bonnet rouge; les trois bandes d'étoffes touchaient toutes les trois au bâton ; ce dessin était conforme à celui que vous me représentez, et qui a été tracé sur mes indications par le commissaire de police. Alors M. *Philippet* me prit la main, et me dit : Regardez, Rosalie, vous seriez bien coiffée avec un bonnet rouge; je ne répondis rien, et, craignant que mon absence ne fût remarquée par le sieur *Lafleur*, je retournai à mon métier, avec la recommandation que me fit *Philippet* de n'en pas parler aux autres ouvrières. Depuis, il revint plusieurs fois auprès de mon métier causer des mêmes choses, et un jour il me parla d'une boîte contenant de la charpie et des bandes qui me seraient données pour panser les blessés. Je répondais que je marcherais volontiers pour porter secours aux blessés. Dans ma pensée, je ne faisais distinction aucune entre les diverses opinions; je voulais dire par là que l'humanité seule me guiderait, et que je ne craindrais pas de marcher pour panser les blessés, quels qu'ils fussent. Alors *Philippet* me dit que, s'ils étaient vainqueurs, une fois la révolution finie, ils me donneraient en récompense un bonnet rouge et une croix. Enfin le mardi, 7 mai dernier, dans l'après-midi, M. *Philippet* vint me chercher à l'éplucherie, pour que je montasse en haut dans le grenier aux déchets. Il me suivit par derrière. Le chauffeur y était avant nous; il tenait un papier bleu dans lequel était roulé quelque chose. Alors le chauffeur défit ce rouleau, et le sieur *Philippet* l'aidant, ils déployèrent une pièce d'étoffe de coton croisé d'une aune et demie carrée, composée de quatre pièces cousues les unes aux autres : les trois premières bleue, blanche et rouge, formant les deux tiers de la pièce, et la quatrième noire, formant l'autre tiers. Après m'avoir montré ce drapeau, ils le remirent dans le papier, et M. *Philippet* me dit : Voilà ce qui nous servira pour lundi. Je suis retournée à mon ouvrage, et depuis, M. *Philippet* n'a plus parlé de rien. Il m'avait toujours recommandé le plus grand secret, et je n'en ai parlé à personne; la femme Martin, autre ouvrière, me dit un jour : M. *Philippet* a donc un drapeau? Je lui répondis : Je le sais bien. J'ajoute que toute cette semaine qui précédait les troubles, M. *Philippet* paraissait occupé *beaucoup*, beaucoup. Je ne suis point allée à la fabrique le dimanche 12 mai, et n'ai pas vu M. *Philippet* ce jour-là, mais il est revenu le lundi à six heures du matin; il paraissait très-rêveur, et il n'est presque pas resté dans l'atelier pendant cette journée; je me suis doutée qu'il était à la pompe.

D. Savez-vous où sont la petite plaque en fer et le drapeau?
R. Je n'en sais rien.
D. A-t-on fait de la charpie et des bandes?
R. Je n'en sais rien : je n'en ai pas vu.
D. *Philippet* a-t-il mis dans son secret quelques autres ouvriers que *Lebarzic*, chauffeur ?
R. Je n'en sais rien, et même je ne le pense pas.
D. Savez-vous si *Philippet* avait des fréquentations avec les ouvriers de la fabrique du sieur *Pihet?*
R. Je ne pourrais pas vous le dire.
D. *Philippet* vous avait-il dit où il prendrait des armes et des munitions?
R. Non.
D. Vous avait-il dit s'il y avait des chefs, et vous les avait-il nommés ?
R. Non, jamais.
D. Savez-vous si *Walch*, le débourreur, prenait part à ses projets ?
R. Non.
D. Savez-vous si *Philippet*, *Lebarzic* et *Walch* se sont battus le dimanche?
R. Non je l'ignore.

(Dossier Philippet, n°   du greffe, pièce   .)

131. - GAUSSEN (Pierre-Pascal), *âgé de 53 ans, contre-maître de l'atelier des menuisiers de la fabrique du sieur Pihet, demeurant à Paris, rue de la Muette, n° 15* (1).

(Entendu le 4 juin 1839, devant M. Gilles, commissaire de police.)

J'ai vu plusieurs fois, dans les ateliers du sieur *Pihet*, le sieur *Philippet*,

---

1) Voir une seconde déposition de ce témoin, ci-après, page 147.

contre-maître de la filature du sieur *Lafleur*, mais je ne lui ai jamais entendu parler de politique à nos ouvriers. Il venait, je crois, pour des affaires de fabrique, attendu que nous livrons au sieur *Lafleur* des pièces de mécanique pour son usine. C'était plutôt au sieur *Pioz*, contre-maître des ajusteurs, qu'il s'adressait qu'aux autres employés de la fabrique, attendu que les pièces qu'on fabriquait pour le sieur *Lafleur* s'exécutaient dans les ateliers dirigés par ce contre-maître. Je ne me rappelle point de l'avoir vu parler au nommé *Dugas*, ni aux autres ouvriers sous mes ordres.

Il est à ma connaissance qu'après les troubles des 12, 13 et 14 mai, *Dugas* a fait couper la barbe et la mouche qu'il portait au menton, parce qu'il se doutait probablement qu'on le rechercherait pour l'arrêter. J'ai remarqué que le lundi 13 mai, *Dugas*, qui ne manquait jamais de venir travailler, n'a point paru à l'atelier, ce qui m'a surpris. J'ignore ce qu'il a fait dans la journée du dimanche 12 dudit mois. *Dugas*, dont les opinions républicaines étaient bien connues, parlait souvent en faveur de la république, et, en travaillant, il fredonnait assez souvent des chansons républicaines ; c'est tout ce que je puis vous dire relativement à *Dugas*. Je vais vous envoyer ceux des ouvriers avec lesquels il causait le plus ordinairement.

(Dossier Philippet, n°   du greffe,   pièce.)

132. — LAFLEUR (François), *âgé de 32 ans, filateur de coton, demeurant à Paris, rue des Amandiers-Popincourt, n° 19.*

(Entendu le 2 juin 1839, devant M. Perrot, juge d'instruction, délégué.)

Il y a trois ans environ que le nommé *Philippet* est employé chez moi en qualité de contre-maître. Il était fort exact, même le lundi ; il avait l'habitude de lire le *Courrier français* à tous ses repas, qu'il prenait chez le sieur *Capellaro*, marchand de vin traiteur, demeurant dans ma maison. Quelquefois, l'ayant vu rester à table un temps plus long que celui qui me paraissait nécessaire pour ses repas, je lui ai fait observer que c'était sans doute la lecture du journal qui allongeait ainsi l'heure de ses repas, et je l'ai engagé à les prendre plus rapidement, parce que j'avais besoin de tout son temps. Il me répondait qu'il était très-exact, que sa besogne ne souffrait pas, que tout marchait bien, et je dois dire que c'était la vérité. Depuis le premier jour de son entrée chez moi, j'ai remarqué en lui l'habitude de lire les journaux et de fumer sa pipe, lorsqu'il aurait pu employer son temps à la surveillance de la fabrique. Il allait assez fréquemment à la pompe dont *Jean-Baptiste Lebarzic* était le chauffeur, mais je ne sache pas qu'ils se soient entretenus d'aucun projet contre le Gouvernement. En passant dans les ateliers, j'ai bien entendu prononcer parmi les ouvriers le mot de *république*, mais c'était si vague que je n'y faisais aucune attention. *Joseph Walch* est le dernier de mes ouvriers que j'aurais soupçonné de prendre part à la politique. J'ai envoyé quelquefois *Philippet* chez M. *Pihet* pour le besoin de mon établissement; j'ignore s'il y est allé de lui-même d'autres fois, et s'il avait des relations avec quelques-uns des ouvriers du sieur *Pihet*. Je ne connais pas le nommé *Dugas* (Florent), que vous mettez en ma présence.

Je dois ajouter que j'ai toujours reconnu *Philippet* pour un homme probe, actif, et que j'avais toute confiance en lui pour les affaires de ma fabrique.

J'ajouterai aussi que *Lebarzic*, qui est chez moi depuis deux ans et demi environ, est un ouvrier laborieux, très-rangé, et que je n'ai jamais vu une seule fois pris de vin. Il est marié et père d'un enfant en bas âge. *Philippet* est marié et sans enfants. *Walch* est garçon.

D. Avez-vous remarqué, aux approches du 12 mai, que *Philippet* fût préoccupé?

R. Pas du tout.

D. L'avez-vous vu le dimanche.

R. Oui, je l'ai remarqué dans les ateliers avec le chauffeur, vers trois à quatre heures de relevée; je n'ai pas vu *Walch* ce jour-là.

D. Qu'avez-vous remarqué en eux le lundi?

R. Ils sont arrivés à leurs travaux comme de coutume, et je n'ai remarqué en eux rien d'extraordinaire.

(Dossier Philippet, n°   du greffe,   pièce.)

133. — Femme MARTIN (Louis-Aimable AUBRY), *âgée de 23 ans, soigneuse à la filature de M.* Lafleur, *demeurant rue de Charonne, n° 89* (1).

(Entendue le 2 juin 1839, devant M. Perrot, juge d'instruction, délégué.)

Depuis trois mois environ, j'entendais le sieur *Philippet* parler de révolution, de république, et dire qu'on devait se battre; j'ai entendu dire parmi les ouvriers qu'il avait un drapeau, mais je ne l'ai pas vu; j'ignore s'il savait que l'insurrection dût éclater le 12 mai dernier, et s'il a entraîné des ouvriers dans les troubles des deux jours; j'ignore s'il y a pris part lui-même.

D. Avait-il des rapports particuliers avec *Lebarzic*, chauffeur, et *Walch*, débourreur?

R. Je le voyais causer souvent avec le chauffeur; je ne sais de quel sujet: je ne le voyais pas causer avec le débourreur.

D. Savez-vous si *Philippet* avait fait quelque confidence à la fille *Rosalie Delille?*

R. Non.

(Dossier Philippet, n°   du greffe, pièce   .)

---

(1) Voir la première déposition de ce témoin, ci-après, page 134.

134. — LELANDAIS (Pierre-Jacques-Michel), *âgé de... ans, épicier, demeurant à Paris, rue Popincourt, n° 35.*

(Entendu le 7 juin 1839, devant M. Perrot, juge d'instruction, délégué.)

Je connais le nommé *Philippet* pour venir quelquefois à la maison y prendre son tabac à fumer.

D. L'avez-vous vu les dimanche et lundi 12 et 13 mai dernier?

R. Le dimanche, il est entré dans ma boutique, de quatre à cinq heures, et je lui ai servi son tabac. Je venais d'apprendre qu'il y avait du bruit dans Paris, et je le lui ai dit; il m'a paru surpris. Il m'a semblé que c'était moi qui lui apprenais la nouvelle; alors il m'a remis son parapluie, en me priant de le garder, et il s'en est allé je ne sais de quel côté. Le lendemain, il est passé à la maison vers cinq heures du matin, et je n'ai pu lui rendre son parapluie, que ma femme avait mis dans un endroit à moi inconnu. Il est revenu à la même heure le mardi, et je lui ai rendu son parapluie.

D. Ne vous a-t-il pas paru préoccupé le dimanche et le lundi?
R. Non.
D. Vous parlait-il politique?
R. Non.

(Dossier Philippet, n°   du greffe, pièce   .)

135. — MABILLE (Pierre-François), *âgé de 53 ans, peintre en meubles, demeurant à Paris, passage de la Boule-Blanche, rue de Charenton, n° 51.*

(Entendu le 2 juin 1839, devant M. Perrot, juge d'instruction, délégué.)

Je ne sors jamais de ma boutique. Le dimanche, 12 mai dernier, après mon souper, vers sept heures du soir, je me suis mis à ma fenêtre, et j'ai vu huit à dix jeunes gens allant et venant dans le passage; je ne les ai point considérés, et j'ai remarqué qu'il y en avait vêtus de blouses. Dans ce moment, je n'entendais plus de bruit : tout était fini, et il ne m'est pas venu à l'idée que ces jeunes gens pussent avoir pris part aux troubles de ce jour. J'ai entendu dire dans la soirée, par des enfants que je ne pourrais indiquer, qu'il y avait eu une distribution de cartouches dans notre passage, mais je ne m'en étais point aperçu.

Nous avons fait successivement amener dans notre cabinet les inculpés *Joseph Walch, Lucien-Firmin Philippet, Jean-Baptiste Lebarzic* et *Florent Dugas*.

Et le sieur *Mabille* a dit : Je ne reconnais aucun de ces quatre individus pour les avoir vus, soit le dimanche 12 mai, soit tout autre jour.

(Dossier Philippet, n°   du greffe, pièce   .)

136. — Femme MABILLE (Thérèse-Geneviève ROTIER), *âgée de 51 ans, peintre, demeurant à Paris, rue de Charenton, n° 51, passage de la Boule-Blanche.*

(Entendue le 2 juin 1839, devant M. Perrot, juge d'instruction, délégué.)

Le dimanche, 12 mai dernier, vers six heures du soir, entendant parler dans le passage, je me mis à notre croisée qui est au premier, et je vis une dizaine de jeunes gens réunis, qui sortaient de chez le marchand de vin; ils se baissèrent et eurent l'air de tracer quelque chose par terre. Mon mari vint près de moi, et dit : Qu'est-ce qu'ils font donc ces b......-là? Dans cet instant, ces jeunes gens se retirèrent par la porte qui donne sur le faubourg Saint-Antoine. L'un d'eux, le seul qui fût vêtu d'une redingote, et qui me parut être le chef, dit aux autres, qui étaient tous en blouses ou en manches de chemises : Retirons-nous deux à deux; ce qu'ils firent. On a dit dans le quartier qu'on avait distribué des cartouches dans notre passage, mais je ne l'ai pas vu.

Nous avons fait amener successivement dans notre cabinet les inculpés *Joseph Walch, Lucien-Firmin Philippet, Jean-Baptiste Lebarzic* et *Florent Dugas.*

Et la nommée *Mabille* a dit : Je n'en reconnais aucun; j'avais trop peu remarqué les individus venus dans notre passage pour que je pusse en reconnaître même un seul.

(Dossier Philippet, n°   du greffe, pièce   .)

137. — BINA (Marc), *âgé de 38 ans, marchand de vin, demeurant à Paris, rue de Charenton, n° 51.*

(Entendu le 2 juin 1839, devant M. Perrot, juge d'instruction, délégué.)

Le dimanche, 12 mai dernier, de quatre à six heures de relevée, il entra chez moi huit ou dix individus, vêtus d'habits, redingotes et blouses, et ils burent à la table n° 2, de la salle à boire. Nous les avons servis, ma femme et moi alternativement; il me serait bien difficile de les reconnaître ou au moins quelques-uns d'entre eux; il se manifestait du mouvement dans le quartier; les voisins sortaient de leurs maisons, paraissant inquiets; je n'ai vu dans les mains des individus ci-dessus ni armes, ni munitions, et je ne leur ai entendu tenir aucun propos séditieux; j'ai entendu dire, je ne me rappelle plus par qui, qu'il y avait eu des cartouches distribuées dans le passage auprès de moi, mais je ne m'en suis point aperçu.

Nous avons fait successivement amener dans notre cabinet les inculpés *Joseph Walch, Lucien-Firmin Philippet, Jean-Baptiste Lebarzic* et *Florent Dugas.*

Et le sieur *Bina* a dit : Je ne connais aucun de ces quatre individus, et je ne puis dire si tous ou quelques-uns d'eux étaient parmi les huit ou dix qui sont venus boire chez moi le dimanche, de quatre à six heures du soir.

(Dossier Philippet, n°   du greffe, pièce   .)

138. — Femme BINA (Jeanne-Ménage), *âgée de 45 ans, marchande de vin, demeurant à Paris, rue de Charenton, n° 51.*

(Entendue le 3 juin 1839, devant M. Perrot, juge d'instruction, délégué.)

Le dimanche, 12 mai dernier, sur les trois heures et demie de relevée, j'ai vu entrer à la maison trois individus qui allèrent se mettre à la table n° 2, de la salle à boire, et demandèrent un litre que je leur servis; au bout d'un quart ou une demi-heure j'en vis arriver quatre ou cinq qui allèrent se joindre à eux; je n'ai pas remarqué le vêtement de ces individus; j'ai seulement dans la mémoire qu'il y avait des blouses : ils avaient l'air d'ouvriers ; et je ne les connaissais pas pour les voir dans le quartier.

Nous avons représenté successivement à la dame *Bina* les nommés *Joseph Walch, Lucien-Firmin Philippet, Jean-Baptiste Lebarzic* et *Florent Dugas.*

Et ladite dame *Bina* a dit : Je ne reconnais aucun de ces individus.

(Dossier Philippet, n°   du greffe, pièce   .)

139. — Femme DUFAY (Marie-Victoire JORANT), *âgée de 48 ans, marchande de vin, demeurant à Paris, rue de Charenton, n° 117.*

(Entendue le 2 juin 1839, devant M. Perrot, juge d'instruction, délégué.)

Le dimanche, 12 mai dernier, vers neuf heures et demie du soir, douze ou quinze individus sont entrés dans ma boutique en criant : Des armes, des armes. Je leur ai dit qu'il n'y en avait pas chez moi, à cause que mon mari était reformé par rapport à son âge; ils m'ont menacée en me montrant un pistolet qu'avait l'un d'eux; un autre, qui me paraissait le chef, parce qu'il portait la parole, était armé d'un poignard ; il est monté dans notre logement, où il a cherché et n'a rien trouvé, bien entendu. Mon mari était couché, et n'a rien vu de tout cela ; ils se sont retirés, et j'ignore s'ils ont tourné à droite ou à gauche, en un mot, quelle direction ils ont prise.

Nous avons fait successivement amener dans notre cabinet les inculpés *Joseph Walch, Lucien-Firmin Philippet, Jean-Baptiste Lebarzic* et *Florent Dugas*.

Et la dame *Dufay* a dit : Je ne reconnais aucun de ces quatre individus pour l'avoir vu parmi ceux qui sont entrés chez moi.

D. Est-ce que ces individus ne vous avaient pas demandé si on avait déposé des armes chez vous?

R. Non, ils ont seulement demandé des armes.

(Dossier Philippet, n° du greffe, pièce.)

140. — Femme CAVÉ (Euphrasie-Hortense ÉMERY), *âgée de 24 ans, couturière, demeurant à Paris, rue de Charenton, n° 117.*

(Entendue le 2 juin 1839, devant M. Perrot, juge d'instruction, délégué.)

Le dimanche, 12 mai dernier, j'étais dans ma chambre, au premier, quand j'ai entendu dans la boutique de mon oncle *Dufay*, crier aux armes ou des armes; je descendis et je vis une quinzaine d'individus autour du comptoir, dont l'un, vêtu d'une redingote, tenait un poignard à bras tendu, et un autre, dont je ne me rappelle plus le vêtement, portait un pistolet; ils demandaient des armes à ma tante; celui qui portait un poignard monta dans le logement au premier, où il entra même dans ma chambre; puis il redescendit, dit aux autres qu'il n'y avait pas d'armes, et ils se retirèrent : je n'ai bien remarqué la physionomie d'aucun d'eux.

Nous avons fait successivement amener dans notre cabinet les inculpés *Joseph Walch, Lucien-Firmin Philippet, Jean-Baptiste Lebarzic* et *Florent Dugas*.

Et la dame *Cavé* a dit : Je ne reconnais aucun de ces individus pour les avoir vus, soit le jour en question, soit dans d'autres circonstances.

(Dossier Philippet, n° du greffe, pièce .)

FAITS PARTICULIERS A WALCH.

141. — *Procès-verbal constatant l'arrestation de* WALCH.

L'an 1839, le 24 mai, à trois heures, devant nous *Alphonse-Joseph-Martial Yver*, commissaire de police de la ville de Paris, spécialement chargé des délégations judiciaires, etc.,

Procédant en exécution d'une commission rogatoire de M. *Perrot*, juge d'instruction (un mandat de perquisition),

A été amené, en vertu d'un mandat d'amener, du même juge, un individu qui nous a dit se nommer *Walch* (Joseph), être âgé de 27 ans, ouvrier menuisier, né à Soultz (Haut-Rhin), et demeurer rue Saint-Ambroise, n° 8, et qui vient d'être arrêté par les sergents de ville *Nandier* et *Godard*.

Ledit *Walch* nous a fait la déclaration ci-après :

Le 12 de ce mois, vers deux heures, j'ai rencontré le nommé *Philippet*, contre-maître dans la filature, rue des Amandiers, n° 19. Il m'a dit : Viens avec moi. Je l'ai suivi. — *Philippet* est entré rue de Charenton, près de la barrière à droite, chez un marchand de vin. Il a demandé si on y avait déposé des armes. On lui a répondu : Il n'y en a pas.

Nous nous sommes rendus à la barrière du Trône. Il y avait à cette barrière une bande nombreuse qui avait des chefs. Je crois que *Philippet* en était un.

La bande s'est dirigée rue de Montreuil. *Philippet* m'a emmené, profitant de ce que j'étais ivre.

Rue Saint-Antoine, en face de la rue de Montreuil, dans un passage, on nous a distribué des cartouches, et plus loin, au bout de la rue de Montreuil, on nous a remis des fusils. Nous étions environ quatre-vingts quand on nous a distribué les fusils. Il n'y en avait que pour la moitié d'entre nous. C'étaient des fusils de munition et des fusils de chasse.

Nous nous sommes dirigés du côté du canal, puis nous avons pris les boulevards, la Porte Saint-Denis, la rue Saint-Denis, d'autres rues que je ne connais pas. Je me suis rendu à la place de Grève, où j'ai tiré contre la troupe trois coups de fusil.

J'ai ensuite abandonné mon fusil du côté de la place de Grève, et j'ai remis une partie de mes cartouches à mon cousin *Romazotti*, maréchal des logis de la garde municipale, caserné aux Minimes.

J'ai été forcé par *Philippet*. Il nous a emmenés six ou huit, et je n'ai pas osé lui résister. J'étais ivre.

(Dossier Walch, n°   du greffe, pièce   .)

142. — ROMAZOTTI (Dagobert-Blaise), *maréchal des logis dans la garde municipale, caserné aux Minimes.*

(Entendu le 20 mai 1839, devant M. Monnier, commissaire de police.)

Le nommé *Walch* (Antoine), âgé de 23 ans, qui travaille rue des Amandiers, n° 19, et qui demeure dans un garni, rue Saint-Ambroise, vis-à-vis le n° 3, où demeure sa sœur, qui est fruitière, et qui se nomme *Jux*, a eu la faiblesse de se laisser enrôler pour les factieux, par son contre-maître, qui est dans la fabrique du n° 19, rue des Amandiers, et qui lui a annoncé quarante sous par jour; instruit de cette conduite, j'ai parlé à *Walch*, qui est de mon pays, et qui m'a été recommandé par ses parents, et lui ai fait de vifs reproches; il m'a avoué avoir marché avec les factieux dans la soirée du 12, mais les avoir laissés en abandonnant le fusil qui lui avait été donné, et il m'a remis un petit paquet de cartouches de pistolet, au nombre de cinq, et une cartouche de fusil de munition, qui lui restaient sur lui, en m'annonçant qu'il en avait davantage, qu'on lui en avait donné plein son bonnet; mais qu'il les avait remises à sa sœur, qui les avait placées dans son secrétaire; qu'il a cru devoir nous donner cet avis, et qu'il nous fait le dépôt du paquet et de la cartouche; qu'il ne peut nous donner d'autres renseignements.

(Dossier Walch, n° du greffe, pièce .)

143. — *Autre déposition du même témoin.*

(Reçue le 2 juin 1839, par M. Perrot, juge d'instruction, délégué.)

Je persiste dans ma déclaration au commissaire de police, en date du 20 mai dernier, et dont je vous répète le contenu. C'est *Walch* qui vint me trouver à ma caserne aux Minimes quelques jours après les événements, éprouvant de l'inquiétude, parce que, dans son garni, on avait déjà arrêté deux hommes. Il me dit que son contre-maître lui avait offert quarante sous par jour s'il voulait se faire inscrire parmi les factieux, et qu'il avait refusé, aimant mieux gagner quatre francs par jour dans sa filature. Il a ajouté que le dimanche il avait tiré trois coups de fusil sur la place de Grève, qu'il avait jeté son fusil et s'était sauvé, qu'on lui avait donné auparavant plein son bonnet de cartouches, qu'il lui en était resté quelques-unes, et qu'il les avait remises à sa sœur, la femme *Jux*, fruitière, rue Saint-Ambroise. Je remontrai vivement à *Walch* l'indignité de sa conduite: Tes balles auraient cependant pu me frapper, lui dis-je; mais si je t'avais trouvé dans la mêlée, mon sabre t'aurait choisi de préférence. Il me dit que c'était sur la place de Grève qu'il avait tiré; mais il ne me dit pas qui l'avait forcé à marcher. Quelques jours après, j'allai chez sa sœur, où il se trouvait; sa sœur sortit les cartouches de son secrétaire et me les remit: il y en avait cinq de pistolet et une de fusil de munition. Je les ai déposées au commissaire de police. *Walch* ne m'a pas dit ce qu'il avait fait des autres cartouches; il ne m'a pas nommé son contre-maître ni aucun autre individu. Je dois dire que *Walch* et sa sœur appartiennent à une honnête famille.

(Dossier Walch, n°   du greffe, pièce   .)

144. — Veuve ROYER (Joséphine PINSON), *âgée de 34 ans, logeuse, demeurant à Paris, rue Saint-Ambroise, n° 8* (1).

(Entendue le 2 juin 1839, devant M. Perrot, juge d'instruction, délégué.)

Je ne sais pas à quelle heure le nommé *Walch*, qui loge chez moi, a quitté le quartier le dimanche 12 mai dernier. Comme sa sœur demeure en face de chez nous, qu'il y mange et qu'il y est très-souvent, c'est de chez elle qu'il a dû sortir pour la dernière fois le dimanche. Il rentrait ordinairement de très-bonne heure, vers sept, huit ou neuf heures du soir au plus tard; le dimanche soir il n'est rentré que vers onze heures et demie, minuit. J'étais couchée, et c'est la portière qui lui a tiré le cordon. Le lendemain matin, tandis que nous déjeunions, plusieurs ouvriers de nos locataires étant présents, *Walch* entra et dit : Il m'est arrivé hier une drôle de chose; je me suis trouvé dans une foule, et je n'ai pu m'en tirer que sur les onze heures. Puis, tirant des cartouches de ses deux poches, il dit qu'on les lui avait données dans les rangs; mais il ne parla pas de fusil, et il ne dit pas s'il avait tiré. Parmi ces cartouches, il y en avait une qui était entamée et qui paraissait mouillée. Quelqu'un dit que cette cartouche ne partirait sans doute pas; alors *Walch* répandit un peu de la poudre par terre, un jeune homme qui était là y mit le feu, et elle fit explosion. *Walch* jeta dans le ruisseau le restant de la cartouche, et, d'après mon conseil, il alla jeter les autres cartouches dans les lieux. Je n'ai pas vu de fusil dans la chambre de *Walch*, et je ne sache pas qu'il en ait apporté à la maison. Je n'ai jamais vu personne venir le voir, je ne l'ai jamais vu se déranger, et je ne sais pas comment il peut se trouver dans cette affaire-là.

Nous avons fait successivement amener dans notre cabinet *Joseph Walch, Lucien-Firmin Philippet, Jean-Baptiste Lebarzic* et *Florent Dugas*.

Et la veuve *Royer* a dit: Je reconnais le premier pour celui dont j'ai parlé dans ma déclaration; je ne reconnais aucun des trois autres.

(Dossier Walch, n°   du greffe, pièce   .)

---

(1) Voir une autre déposition de ce témoin, ci-après, page 265.

145. — Femme Jux (Agnés Walch), *âgée de 31 ans, fruitière, demeurant à Paris, rue Saint-Ambroise, n° 3, sœur de l'inculpé* Walch.

(Entendue le 3 juin 1839, devant M. Perrot, juge d'instruction, délégué.)

Mon frère, *Joseph Walch*, mange chez nous et couche au n° 8 ; le dimanche 12 mai dernier, il est sorti de chez nous vers trois ou quatre heures de relevée, disant qu'il allait à son ouvrage ; mais j'ignore s'il y est allé. Je ne sais pas non plus à quelle heure il est rentré la nuit suivante. Le lendemain, à six ou sept heures du matin, il est venu à la maison, et il a déposé des cartouches sur notre commode, sans rien dire ; puis il est parti : il est revenu à neuf heures pour déjeuner ; mon mari est revenu à la même heure, et il a mis les cartouches dans le secrétaire ; il les a données ensuite au sieur *Romazotti*, quand il est venu quelques jours après. Mon frère n'a donné aucune explication sur l'origine de ces cartouches.

Je ne connais pas les nommés *Lucien-Firmin Philippet, Jean-Baptiste Lebarzic* et *Florent Dugas*. Jamais mon frère ne s'est mêlé de politique ; il est doux et tranquille, et jamais il n'a eu la moindre dispute avec personne.

(Dossier Walch, n°   du greffe, pièce   .)

146. — Femme Sevin (Marie-Joseph-Geneviève Devaux), *âgée de 40 ans, portière de la maison rue Saint-Ambroise, n° 8.*

(Entendue le 7 juin 1839, devant M. Perrot, juge d'instruction, délégué.)

Le jour où les troubles ont commencé, je crois bien que c'était un dimanche, le nommé *Walch* n'est rentré que vers minuit ; j'étais couchée, la sonnette m'a réveillée et j'ai tiré le cordon : je n'ai pas vu l'individu ; mais comme il n'y a que lui qui couche au-dessus de notre loge, j'ai bien entendu que c'était lui qui rentrait : je lui ai même entendu tirer ses bottes ; je ne l'avais pas vu sortir le matin. Je l'ai vu le lendemain, mais il ne m'a pas parlé. Le nommé *Walch* ne rentrait jamais tard ; et je dois dire que c'est un jeune homme tranquille. Les époux *Jux*, dont la femme est sa sœur, paraissent de bien braves gens.

(Dossier Walch, n°   du greffe, pièce   .)

FAITS PARTICULIERS A LEBARZIC.

147. — *Procès-verbal de perquisition et d'enquête concernant l'inculpé* LEBARZIC.

L'an mil huit cent trente-neuf, le 1er juin,

Nous *Louis-François Gille*, commissaire de police de la ville de Paris, spécialement chargé des délégations judiciaires,

Procédant en exécution d'une ordonnance de M. *Perrot*, juge d'instruction, délégué par M. le Président de la Cour des Pairs, en date de ce jour, ci-annexée,

Nous sommes transporté à la filature de coton du sieur *Lafleur*, rue des Amandiers-Popincourt, n° 19.

Nous avons trouvé dans la cour de la fabrique le nommé *Lebarzic*, dont les prénoms sont *Jean-Baptiste*, ainsi qu'il nous l'a déclaré; nous l'avons conduit dans le bureau du sieur *Lafleur;* là, nous l'avons sommé de nous dire ce qu'il avait fait d'un drapeau dont il était porteur, le dimanche 12 mai, lequel était enveloppé dans du papier. Le nommé *Lebarzic* nous a répondu qu'il n'avait jamais eu de drapeau, et qu'il ne savait pas ce qu'on voulait lui dire. Nous avons fait connaître alors à la dame *Lafleur* notre qualité et la partie de l'ordonnance précitée qui nous prescrivait de procéder à une perquisition dans sa fabrique, à l'effet d'y rechercher le drapeau dont il est mention ci-dessus. Aussitôt, et en sa présence, nous avons procédé aux recherches les plus minutieuses dans les différentes localités de la fabrique, et notamment dans le lieu dit *la Pompe*, où se tient ordinairement le nommé *Lebarzic*, chauffeur, ainsi que dans le caveau souterrain de l'aqueduc, dont la trappe qui en ferme l'entrée est placée en face de la bouche du fourneau de la chaudière de la machine à vapeur : toutes nos recherches ont été infructueuses. Sur ces entrefaites est rentré le sieur *Lafleur*, à qui nous avons donné connaissance de notre qualité et de l'objet de notre transport; et aussitôt ledit sieur *Lafleur* nous a remis cinq petites clefs retenues par une petite chaîne en cuivre, appartenant au nommé *Philippet*, son contre-maître; nous avons déclaré au sieur *Lafleur* que nous saisissions ces clefs; nous y avons en conséquence attaché une étiquette indicative, signée de nous et du sieur *Lafleur*, et scellée de notre sceau. Nous avons, à l'aide de la plus grande de ces clefs, ouvert une petite armoire située au rez-de-chaussée dans l'atelier des éplucheuses, et qui était à l'usage particulier de l'inculpé *Philippet;* nous avons examiné avec la plus grande attention tous les objets contenus dans cette armoire, la nature de la poussière qui s'y trouvait, et nous n'y avons rien trouvé de suspect.

Cette opération terminée, nous avons fait conduire au poste le plus voisin le nommé *Lebarzic*, nous réservant de procéder ultérieurement à une perquisition dans son domicile.

Nous avons fait comparaître ensuite devant nous la nommée *Rosalie Delille* (1), et, après avoir fait retirer du cabinet du sieur *Lafleur*, où nous nous trouvions, toutes les personnes dont la présence aurait pu gêner la liberté des réponses qu'avait à nous faire ladite *Delille* aux questions que nous avions à lui adresser, nous lui fîmes alors diverses interpellations auxquelles elle nous répondit qu'il était vrai que le sieur *Philippet* lui avait proposé de se coiffer d'un bonnet rouge, et de marcher avec les républicains lorsqu'ils mettraient leurs projets à exécution; qu'elle porterait de la charpie et des bandes, et qu'elle panserait les blessés; et que, si les républicains avaient la victoire, elle aurait une croix. C'est huit jours environ avant les événements des 12 et 13 mai dernier que ledit *Philippet* lui fit cette proposition; à quoi elle avait répondu qu'elle irait bien *tout de même*, attendu qu'elle ne considérait, dans cette action de sa part, qu'un acte d'humanité, puisqu'elle donnerait des secours aux blessés sans distinction de partis auxquels ils pourraient appartenir; mais que le dimanche, 12 mai, *Philippet* ne lui avait point reparlé de cela, probablement parce qu'il avait la tête occupée de ce qui devait se passer et qu'elle l'ignorait, puisque le soir de ce jour elle était allée, avec sa sœur *Octavie Delille*, au théâtre de madame Saqui. La demoiselle *Delille* nous dit, en réponse aux questions que nous lui adressâmes relativement au drapeau que lui avait montré le nommé *Philippet,* que, six semaines environ avant le 12 mai, *Philippet* était venu la chercher à son atelier, lui disant que quelqu'un la demandait à la pompe (lieu où se tient le chauffeur); qu'elle s'y rendit, et que là, en présence du nommé *Jean-Baptiste* (c'est ainsi qu'on appelait le chauffeur), le nommé *Philippet* lui avait montré une plaque en tôle de fer, de six pouces environ de longueur sur trois pouces de largeur, sur laquelle était peint un drapeau tricolore, dont les couleurs étaient disposées (horizontalement) comme dans le dessin ci-annexé que nous avons tracé d'après les indications à nous données par la nommée *Delille,* et, que *Philippet* lui avait dit que c'était ainsi que serait fait le drapeau de la république : ce drapeau était surmonté d'un bonnet de la liberté; enfin, qu'elle avait vu souvent aussi ledit *Philippet* venir parler bas à la dame *Martin*, autre soigneuse de l'atelier. Enfin, ladite demoiselle *Delille* nous a déclaré que ledit *Philippet* et le chauffeur l'avaient attirée le mardi 7 mai dans le grenier au duvet, et que là ces deux individus avaient déployé devant elle un grand drapeau en étoffe de coton croisé, d'environ une aune et demie de large sur autant de hauteur; que les couleurs bleue, blanche et rouge, qui se trouvaient placées dans le haut en travers, formaient à peu près les deux tiers du drapeau,

---

(1) Voir une autre déposition de ce témoin, ci-devant, page 119.

et que l'autre tiers était formé par une bande noire de même étoffe que les autres couleurs; et qu'elle ne pense pas qu'aucune autre personne qu'elle, dans la fabrique, n'avait dû voir ce drapeau, parce qu'elle seule était dans leur confidence. Ladite demoiselle *Delille* a ajouté que le drapeau, qui était précédemment enveloppé dans du papier, avait été monté au grenier par le chauffeur, tandis que *Philippet* était venu la chercher et que ledit *Philippet* lui avait dit, en lui montrant ce drapeau : Voilà qui nous servira lundi (le lundi suivant était le 13 mai); et que c'était tout ce qu'elle savait.

Lecture faite à la demoiselle *Delille*, de sa déposition, a persisté et a déclaré ne savoir signer.

Nous avons fait comparaître ensuite la dame *Martin* (1), laquelle nous a dit se nommer *Louise-Aimable Aubry*, épouse du sieur *Martin*, demeurant avec son mari, rue Charonne, n° 169 ou 179; et, en réponse à nos interpellations, elle nous a dit qu'il était vrai que le sieur *Philippet*, contre-maître, lui avait dit quelquefois qu'on se battrait, qu'il parlait souvent de la république dans l'atelier; qu'il ne lui avait jamais fait de confidences particulières, et que les opinions républicaines de *Philippet* étaient connues de tous les ouvriers et ouvrières de la fabrique; enfin, qu'il ne lui avait jamais montré de drapeau en étoffe, ni de plaque sur laquelle un drapeau aurait été peint. La dame *Martin* ajoute que tous les ouvriers de la fabrique en connaissaient autant qu'elle.

Nous avons signé seul, la dame *Martin* ayant déclaré ne le pas savoir.

Nous, commissaire de police susdit et soussigné, attendu qu'une perquisition, aux termes de l'ordonnance de M. *Perrot*, juge d'instruction, doit être faite dans les domiciles de la nommée *Rosalie Delille*, des époux *Martin*, et du nommé *Lebarzic*, nous sommes transporté :

1° Au domicile de la nommée *Rosalie Delille*, demeurant rue de la Muette, n° 35, où étant en sa présence nous avons procédé à la plus minutieuse perquisition dans tous ses effets et dans ceux de la demoiselle *Octavie Delille*, sa sœur, logeant avec elle, ainsi que dans les meubles garnissant le logement, et nous n'avons rien trouvé qui ait trait à l'objet de nos recherches.

2° Au domicile des époux *Martin*, demeurant rue de Charonne, n° 179, où étant, en présence de la dame *Martin*, née *Louise-Aimable Aubry*, nous avons procédé à une exacte perquisition dans tous les meubles et effets qui se trouvaient dans le logement, et nous n'avons rien trouvé de suspect.

3° Enfin, au domicile du nommé *Lebarzic* (*Jean-Baptiste*), que nous avions été reprendre au poste de la rue du Chemin-Vert, où nous l'avions provisoirement déposé; nous avons procédé, en présence de cet individu, à une exacte perquisition dans toutes les parties de son domicile, et nous n'avons trouvé ni armes, ni munitions, ni écrits de nature suspecte; mais, attendu

---

(1) Voir une seconde déposition de ce témoin, ci-devant, page 123.

que, d'après des renseignements que nous avions pris, nous avions été informé que, dans l'après-midi du 12 mai dernier, ledit *Lebarzic* était vêtu d'une redingote en drap vert foncé, d'un pantalon à côtes bleu et d'un gilet, nous avons visité avec le plus grand soin lesdits vêtements, que nous avons trouvés dans l'un des tiroirs de la commode; nous n'avons rien trouvé dans le pantalon ni dans le gilet; mais nous avons trouvé, dans les poches de derrière de la redingote du nommé *Lebarzic*, de la poussière de tabac à fumer parmi laquelle nous avons remarqué qu'il se trouvait quelques petits grains noirs ressemblant à des grains de poudre à tirer. Nous avons, en présence du nommé *Lebarzic*, mis cette poussière sur un carré de papier blanc; mais voulant nous assurer si les grains qui nous semblaient être de la poudre à tirer en étaient réellement, nous avons fait allumer une chandelle, puis nous avons allumé ensuite une allumette, que nous avons soufflée aussitôt qu'elle fut bien enflammée; puis, profitant de l'état d'incandescence de cette allumette, nous l'avons approchée de l'un des grains noirs que nous supposions pouvoir être de la poudre à tirer, et aussitôt ce grain s'enflamma en crépitant assez fortement, et nous fûmes convaincu que nous ne nous étions point trompé. Nous demandâmes au nommé *Lebarzic*, qui venait d'être témoin de l'expérience que nous venions de faire, d'où provenait la poudre à tirer dont nous venions de retrouver quelques grains dans les poches de sa redingote; le nommé *Lebarzic* nous répondit qu'il ne concevait point comment il avait pu se trouver des grains de poudre dans ses poches, puisqu'il n'avait jamais eu de poudre en sa possession. Nous dîmes alors audit *Lebarzic* que nous étions informé qu'il s'était trouvé à la distribution de cartouches qui avait eu lieu dans le passage qui donne à la fois rue de Charenton, n° 51, et dans la rue du faubourg Saint-Antoine, n° 52, et que nous ne doutions point que les grains de poudre trouvés dans ses poches ne provinssent de cartouches qu'il avait reçues et mises dans ses poches lors de cette distribution. Le nommé *Lebarzic*, malgré l'évidence, persista à soutenir qu'il eût jamais eu de poudre ni de cartouches en sa possession. Nous avons renfermé dans un papier la poussière de tabac, parmi laquelle il se trouvait encore des grains que nous pensons être identiques avec le grain sur lequel nous avons fait notre expérience. (En soumettant à l'action du feu, jusqu'à l'état d'incandescence, une plaque de tôle, et en jetant dessus de la poussière de tabac à fumer contenant encore quelques grains de poudre, on obtiendra promptement l'inflammation et la crépitation de chacun desdits grains de poudre.)

Nous en avons fait un paquet, que nous avons joint au paquet contenant la redingote, le gilet et le pantalon que portait le nommé *Lebarzic*, le dimanche 12 mai, présente année. Nous avons déclaré audit *Lebarzic* que nous saisissions ces objets; nous y avons en conséquence attaché une étiquette indicative, signée de nous, du nommé *Lebarzic*, et scellée de notre sceau.

Et, attendu que ledit *Lebarzic* était coiffé d'un chapeau, le 12 mai dernier, nous lui avons fait prendre ledit chapeau, dans le cas où il deviendra nécessaire de le confronter à des témoins, vêtu de sa redingote et coiffé de son chapeau.

Nous reconnaissons et constatons que le nommé *Lebarzic*, qui, lors de l'arrestation que nous avions faite de lui, le lundi 13 mai, portait des moustaches et une longue barbe au menton, est aujourd'hui sans barbe ni moustaches.

N'ayant rien de plus à constater, nous nous sommes retiré, et, attendu qu'un mandat d'amener était joint à l'ordonnance de M. *Perrot*, juge d'instruction, nous l'avons remis aux sieurs *Demange* et *Commun*, inspecteurs de police, requis pour nous assister, afin de le notifier audit *Lebarzic*, et se conformant à la loi.

De retour en notre bureau, nous avons alloué et payé de nos deniers, au nommé *Blouet*, cocher du fiacre n° 201, pour six heures et demie de temps que nous avons employé sa voiture, la somme de 11 fr. 90 cent., qui nous seront remboursés en la manière accoutumée, après exécutoire de M. le juge d'instruction.

Et, attendu l'heure avancée, huit heures du soir, nous avons ajourné demain la confrontation que nous avons à faire du nommé *Walch* avec les divers détenus.

De tout quoi nous avons rédigé le présent, que nous avons signé.

Signé GILLE.

Et le 2 juin, nous, commissaire de police, procédant pour l'exécution de la dernière partie de l'ordonnance de M. *Perrot*, juge d'instruction, avons extrait du dépôt de la Préfecture de police le nommé *Walch*, et l'avons conduit à la maison d'arrêt de la Conciergerie, où étant, nous avons fait connaître à M. le directeur de cette prison le motif de notre transport. Notre qualité lui étant connue, nous avons aussitôt fait passer, un à un, devant nous, chacun des détenus pour cause de l'attentat, attirant sur nous seuls toute leur attention, afin qu'ils ne puissent remarquer l'inculpé *Walch*, que nous avions placé en arrière des sieurs *Commun* et *Demange*, inspecteurs de police, chargés de nous assister, et ledit *Walch* n'a reconnu aucun des détenus pour être l'individu signalé par lui comme ayant de gros yeux et une blouse blanchâtre, et pour avoir pris une part active à l'insurrection des 12 et 13 mai. Nous avons également conduit ledit *Walch* dans les deux salles d'infirmerie, dans la cellule de l'inculpé *Barbès*, et il nous a déclaré n'avoir reconnu aucun des détenus.

Notre opération terminée, nous nous sommes retiré, et avons réintégré ledit *Walch* au dépôt de la Préfecture, où nous n'avons pas jugé nécessaire de lui confronter les détenus, attendu que, depuis hier, il a été réuni à eux, et qu'il nous a dit n'en avoir point reconnu.

De tout quoi nous avons rédigé le présent procès-verbal, lequel, ensemble le dessin représentant un modèle du drapeau républicain, l'ordonnance de M. *Perrot*, juge d'instruction, l'ordre d'extraction qui y était joint, le paquet de vêtements saisis chez le nommé *Lebarzic*, et le petit paquet contenant de la poussière de tabac à fumer, parmi laquelle nous avons constaté qu'il existait des grains de poudre à tirer, et qui avait été trouvée dans les poches de la redingote dudit *Lebarzic*, seront transmis à ce magistrat aux fins de droit.

(Dossier Lebarzic, n°   du greffe, pièce   .)

148. — PONT (François-Joseph), *âgé de 42 ans, marchand de vin traiteur, demeurant à Paris, avenue Parmentier, n° 3* (1).

(Entendu le 4 juin 1839, devant M. Perrot, juge d'instruction, délégué.)

Je ne sais pas si des ouvriers du sieur *Pihet* et du sieur *Lafleur* ont pris part aux troubles des dimanche 12 et lundi 13 mai dernier; j'ai seulement entendu dire que le nommé *Meunier*, ouvrier chez le sieur *Pihet*, avait été blessé et qu'il était mort hier à l'hôpital. Cet individu a mangé chez moi très-longtemps, et je sais qu'il avait une opinion en faveur de la république, disant qu'il fallait qu'elle arrivât tôt ou tard. Le nommé *Dugas* ne mangeait pas à la maison, et j'ignore s'il s'occupait de politique. Je connais le nommé *Philippet* pour l'avoir vu aller et venir dans le quartier, mais je ne sais pas non plus s'il s'occupait de politique; il mange chez le sieur *Capellaro*, marchand de vin du voisinage. Je ne connais pas les nommés *Lebarzic* et *Walch*. Je dois dire que le lundi, 13 mai dernier, avant neuf heures, trois individus étrangers au quartier, vêtus de blouses et paraissant être des ouvriers, entrèrent chez moi et me demandèrent s'il n'y avait pas une société; je leur répondis que non, et ils se retirèrent. Vers onze heures il en revint deux, vêtus de même, qui demandèrent la même chose; l'un d'eux ajouta qu'il devait y avoir un rassemblement pour faire quitter le travail aux ouvriers et les emmener; ils se retirèrent aussi sans rien prendre; enfin, un quart d'heure ou une demi-heure après, il en revint un autre qui demanda s'il n'y avait pas chez moi des personnes en rendez-vous, et il se retira sans rien dire. J'allai prévenir le sieur *Pihet*, qui fit demander de la force armée, qu'on lui envoya de suite. Il n'est venu personne, et la journée s'est passée tranquillement. Je n'ai fait d'attention qu'aux deux individus, parce qu'on a parlé de rassemblement; et peut-être, si je les voyais, pourrais-je les reconnaître.

D. Connaissez-vous le chauffeur et le débourreur du sieur *Lafleur?*

R. Je connais de vue le chauffeur, que je vois aller boire chez le sieur *Douet*, mon voisin.

(Dossier Lebarzic, n°   du greffe, pièce   .)

(1) Voir le procès-verbal d'enquête du commissaire de police Gille, chez ce témoin, page 140.

149. — NICOLLE (Marin-Pierre), *âgé de 42 ans, épicier, demeurant rue Lenoir, n° 9, faubourg Saint-Antoine.*

(Entendu le 7 juin 1839, devant M. Perrot, juge d'instruction délégué.)

Le nommé *Lebarzic* est mon locataire depuis cinq mois; il ne m'a encore donné que 15 francs à compte sur les loyers, me priant d'attendre que ses travaux allassent mieux; comme il a un enfant en nourrice, je lui ai dit : Payez vos mois de nourrice et je vous attendrai. Le dimanche, 12 mai dernier, j'ai vu le nommé *Lebarzic* rentrer vers trois heures, vêtu d'une veste et d'un pantalon de velours, qui sont ses habits de travail. Il a bu un petit verre ou un verre de vin sur mon comptoir, avec le portier de la maison, et je lui ai dit : On ne travaille donc pas aujourd'hui? Au moment où je lui disais cela, nous nous croisions sous la porte cochère, en nous donnant une poignée de main, et je ne sais ce qu'il m'a répondu. Je ne l'ai pas revu de la journée; je ne sais pas à quelle heure il est rentré.

D. Vous avez demandé à *Lebarzic :* On ne travaille donc pas aujourd'hui? Est-ce qu'il avait l'habitude de travailler le dimanche?

R. Oui; je le voyais sortir de grand matin, et rentrer vers sept à huit heures du soir, ce jour-là comme les autres jours.

D. Venait-il du monde le voir?

R. Je n'ai jamais vu personne. J'ajoute que j'ai pris les armes vers huit heures et demie du soir. Je dois dire encore que *Lebarzic* est un homme très-tranquille, et que je ne l'ai jamais entendu parler des affaires du Gouvernement.

(Dossier Lebarzic, n°   du greffe, pièce   .)

150. — VINCENT (Charles-Henri), *âgé de 32 ans, ouvrier fondeur, demeurant à Paris, rue Lenoir, n° 9, faubourg Saint-Antoine.*

(Entendu le 11 juin 1839, devant M. Perrot, juge d'instruction délégué.)

Le nommé *Lebarzic* n'est que depuis un terme dans la maison. C'est un homme parfaitement tranquille. Je ne l'ai pas vu le dimanche 12 mai dernier; j'étais avec ma femme et mon enfant à une fête, à la barrière du Trône; mais le lendemain, lundi, je suis parti pour mon travail en même temps que le nommé *Lebarzic*, à cinq heures moins un quart du matin; nous nous sommes trouvés à la porte, demandant le cordon.

(Dossier Lebarzic, n°   du greffe, pièce   .)

FAITS PARTICULIERS A DUGAS.

151. — *Procès-verbal de perquisition au domicile de* Dugas.

Cejourd'hui premier juin mil huit cent trente-neuf,

Nous *Pierre-Georges-François Moulnier*, commissaire de police de la ville de Paris, pour le quartier Popincourt, officier de police judiciaire, auxiliaire de M. le procureur du Roi,

En vertu d'un mandat décerné cejourd'hui par M. *Perrot*, l'un des juges d'instruction près le tribunal civil de la Seine, délégué par M. le Président de la Cour des Pairs,

Nous sommes transporté au domicile du nommé *Dugas* (Florent), ouvrier mécanicien, demeurant à Paris, rue de Basfroy, n° 12, à l'effet d'y faire, en sa présence, une perquisition et la saisie de tous papiers écrits, imprimés, armes, munitions et autres objets, pouvant se rapporter à tous complots, attentats et associations illicites, où étant dans une première chambre au troisième étage de ladite maison, ayant vue sur le devant de ladite rue, recherches faites en présence dudit *Dugas*, nous n'y avons rien trouvé qui soit dans le cas d'être saisi. Continuant nos recherches dans une chambre faisant suite et servant de chambre à coucher, recherches faites dans une commode trouvée ouverte, nous y avons trouvé quatre exemplaires du journal du *Peuple*, et quatre exemplaires du journal de *l'Intelligence*, que nous avons cru devoir saisir pour être annexés au présent procès-verbal. Ledit *Dugas* nous a dit qu'il était abonné à ce dernier journal; que, quant au journal du *Peuple*, il l'achète tous les dimanches chez un libraire de la rue du Pont-aux-Choux; plus, une brochure recouverte en papier jaune, ayant pour titre: *Philosophie populaire*, que nous avons cru devoir saisir également pour être jointe au présent procès-verbal. Recherches faites dans une petite armoire pratiquée dans le mur, à gauche en entrant, nous y avons trouvé un canon de pistolet, que ledit sieur *Dugas* nous a déclaré avoir rapporté d'Afrique, où il a servi deux ans comme *colon militaire*; malgré laquelle déclaration nous avons cru devoir saisir cette pièce pour être aussi jointe à notre procès-verbal; et après nous être assuré que ledit *Dugas* n'occupait pas d'autre lieu, nous avons fait et clos le présent procès-verbal, que ledit sieur *Dugas* a signé avec nous, après lecture à lui faite; et en vertu du mandat qui nous a été adressé par M. *Perrot*, ce même jour, nous l'avons fait de suite conduire par-devant lui pour répondre aux inculpations existantes contre lui ; et disons que le présent procès-verbal, ensemble les objets saisis dûment étiquetés et scellés de notre cachet, seront en même temps transmis à M. le juge d'instruction.

(Dossier Dugas, n°   du greffe, pièce   .)

152. — *Procès-verbal d'enquête concernant* DUGAS.

L'an mil huit cent trente-neuf, le sept juin,

Nous *Louis-François Gille*, commissaire de police de la ville de Paris, spécialement chargé des délégations judiciaires, officier de police judiciaire, auxiliaire de M. le procureur du Roi ;

Procédant en exécution d'une ordonnance de M. *Perrot*, juge d'instruction délégué par M. le Président de la Cour des Pairs, en date du 6 juin, ci-annexée, par laquelle il nous commet à l'effet de procéder à une enquête afin de connaître l'emploi du temps du nommé *Dugas* pendant les journées du dimanche 12 et du lundi 13 mai dernier,

Avons extrait du dépôt de la Préfecture ledit *Dugas* pour le représenter aux personnes avec lesquelles nous jugerions qu'une confrontation serait nécessaire.

Nous sommes transporté avenue Parmentier, où étant, nous nous sommes adressé successivement aux sieurs *Pont* (1), marchand de vin , n° 3; *Doucet*, marchand de vin, même n°; *Ramel*, marchand de vin, n° 3; *Flobert*, marchand de vin n° 7, et *Artoux*, marchand de vin, n° 17. Nous leur avons demandé si le nommé *Dugas*, que nous leur avons signalé, n'était point venu dans leur maison dans la matinée du lundi 13 mai, avec d'autres individus, et n'aurait point tenu des propos tendant à exciter les ouvriers à la révolte ou à quitter leurs ateliers. Ces divers marchands de vin nous ayant dit la plupart qu'ils ne connaissaient pas le nom de *Dugas*, mais qu'ils le reconnaîtraient peut-être s'ils le voyaient, nous l'avons fait amener devant eux en confrontation, et ils nous ont déclaré ne point se rappeler de l'avoir vu, ni le dimanche 12, ni le lundi 13 mai. Nous leur avons fait observer que *Dugas* portait, à l'époque des troubles, une large mouche de barbe au menton, indépendamment de son collier de barbe qu'il portait fort longue ; mais, malgré ces observations, ces marchands de vin persistaient à ne point le reconnaître. Nous nous sommes transporté ensuite rue des Amandiers, dans les environs de la fabrique du sieur *Lafleur*, filateur ; nous nous sommes adressé successivement chez le sieur *Binochon*, marchand de vin, n° 18, et chez le sieur *Capellaro*, marchand de vin, n° 19 ; nous leur avons adressé les mêmes questions relativement au nommé *Dugas* ; nous le leur avons représenté, et nous n'avons point obtenu un meilleur résultat.

Nous nous sommes transporté ensuite rue Basfroy, n° 12, au domicile du nommé *Dugas*. Nous nous sommes adressé premièrement au sieur *Desvignes*, marchand de vin, même maison, lequel nous a dit, en réponse aux

---

(1) Voir la déposition de ce témoin, page 137.

questions que nous lui avons adressées, qu'il ne connaissait ledit *Dugas* que pour le voir entrer et sortir dans la maison; que rarement il venait boire dans son cabaret, et qu'il n'avait point remarqué ce que cet individu avait fait dans les journées du 12 et du 13 mai.

Nous nous sommes transporté ensuite auprès du sieur *Souffrin*, propriétaire de la maison rue Basfroy, n° 12, y demeurant, lequel, en réponse à nos interpellations, nous a dit qu'il ne savait personnellement rien de la conduite et des habitudes du nommé *Dugas*, mais qu'il avait su de la dame *Minard*, sa portière, que cet individu rentrait tard, et que le bruit courait qu'il n'était point rentré du tout dans la nuit du 12 au 13 mai, et que, dans celle du 13 au 14, il n'était rentré qu'à une heure après minuit; qu'enfin, il lui avait donné congé, parce qu'il ne lui convenait point de conserver un locataire comme le nommé *Dugas*.

Et a le sieur *Souffrin* signé avec nous.

Nous nous sommes transporté ensuite chez la dame *Minard*(1), née *Victoire Lemaire*, portière de ladite maison; nous lui avons fait connaître notre qualité et l'objet de notre visite, et, en réponse à nos interpellations, elle nous a déclaré ce qui suit : « Je suis restée avec mon mari, le dimanche 12 mai, jusqu'à dix heures du soir environ dans notre loge; je n'ai point vu rentrer le sieur *Dugas*; après cette heure, je me suis couchée, et mon mari est resté dans la loge jusqu'à onze heures moins un quart, et il m'a dit n'avoir plus tiré le cordon à personne. Le lendemain matin, je sortais pour aller chercher mon lait; sa sœur, la dame *Billon*, vint au-devant de moi et me dit : Savez-vous si mon frère est rentré? et je lui ai répondu que je ne savais pas, que mon mari avait tiré le cordon jusqu'à onze heures seulement; alors la dame *Billon* me répondit : Alors mon frère n'est pas rentré, parce qu'il n'était point rentré à dix heures et demie. Vers dix heures et demie du matin, le lundi, j'ai vu le sieur *Dugas* à la porte du marchand de vin, mais je ne puis dire s'il arrivait ou s'il descendait de chez lui. J'ai vu la dame *Billon* pleurer dans la rue, en disant que son frère n'était pas rentré le dimanche soir; le lundi ou le mardi, il n'est rentré qu'à une heure du matin, mais je ne puis dire lequel de ces deux jours. Le lundi 13 mai au matin, avant cinq heures, il est monté chez le sieur *Dugas* un homme qui m'a dit qu'il était de ses amis, et qu'il avait besoin de lui parler. J'ai parlé à cet homme, mais sans le voir; il est resté chez *Dugas* un quart d'heure environ. »

Et la dame *Minard* a signé avec nous.

Nous nous sommes transporté ensuite près de la dame *Sens*, marchande de bois et charbon, même maison, que nous avons trouvée malade et alitée; nous lui avons fait connaître notre qualité et l'objet de notre visite; et, en réponse à nos diverses questions, elle nous a dit qu'elle avait entendu, dans sa boutique, la dame

---

(1) Voir une autre déposition du même témoin, ci-après, page 152.

Billon, portière de la maison, n° 4, même rue, demander le lundi matin, vers six heures, à la dame *Minard*, portière de la maison, si son frère le nommé *Dugas* était rentré, et que celle-ci lui avait répondu que non, ou au moins, qu'elle ne le croyait point. C'est tout ce que la dame *Sens* a pu nous dire.

Et nous avons signé seul, la dame *Sens* ne le pouvant, attendu sa maladie.

Nous nous sommes aussitôt transporté au domicile de la dame *Billon*, née *Prudence Dugas*, portière, rue Basfroy, n° 4 ; nous lui avons fait connaître notre qualité et l'objet de notre visite, et, en réponse à nos diverses interpellations, elle nous a déclaré ce qui suit : « Dimanche 12 mai, vers quatre heures après midi, le bruit courut dans le quartier que l'on battait le rappel du côté de la place de la Bastille, et que l'on se battait dans Paris. Inquiète pour mon mari, je demandai à des personnes du chantier si elles avaient vu mon mari ; et dès qu'elles m'eurent appris qu'il revenait, et que je l'aperçus, je fus tranquille. Ayant aperçu, pendant que j'étais dans la rue, ma belle-sœur à sa croisée, malgré que nous ne nous parlions point depuis environ trois mois, je lui demandai si mon frère était à la maison, et elle me répondit qu'il était sorti ; je ne répondis rien et je rentrai chez nous. Ce n'est que le lendemain qu'ayant rencontré chez madame *Sens* la portière de la maison où demeure mon frère, je lui ai demandé si elle savait si mon frère était rentré tard la veille au soir. Elle me répondit : S'il n'est point rentré avant onze heures du soir, c'est qu'il n'est pas rentré ; mais, dans tous les cas, je ne l'ai point vu. Je montai alors chez la dame *Guéraiche*, voisine de mon frère sur le même carré ; je lui ai demandé si mon frère était rentré, et elle me répondit que oui. Je ne suis pas entrée chez mon frère, par conséquent je ne puis dire que je l'ai vu ; mais la dame *Guéraiche* m'a dit qu'elle avait demandé à madame *Dugas* si son mari était rentré, et que celle-ci lui avait répondu que oui ; j'ai vu, dans la matinée, vers dix heures, mon frère qui sortait de son allée ; je ne lui ai point parlé, parce que je ne lui parle point depuis longtemps, comme je vous l'ai dit. »

Lecture faite à la dame *Billon* de sa déclaration, a persisté et n'a pas signé, ne le sachant.

Nous nous sommes transporté ensuite près des divers locataires de la maison n° 12, où demeure le nommé *Dugas*, et plusieurs nous ont dit ne pas connaître le nommé *Dugas* et ne pouvoir rien nous apprendre sur son compte ; nous sommes entré chez la dame *Micault*(1), blanchisseuse, au 2° étage, à qui nous avons fait connaître notre qualité ; et, en réponse à nos questions, elle nous dit que, le lundi matin, elle avait rencontré dans la rue la dame *Billon*, sœur du nommé *Dugas*, qui paraissait s'inquiéter beaucoup du sort de son frère, qui n'était pas rentré chez lui le dimanche 12 mai, au soir, et que la dame *Billon* s'informait à ses voisins si on en avait des nouvelles ; un peu plus tard, un peu avant neuf heures du matin, qu'elle se mit à la croisée, et qu'ayant

---

(1) Voir une autre déposition du même témoin, ci-après, page 150.

aperçu la dame *Billon* dans la rue, elle lui avait demandé, de sa fenêtre, si son frère était rentré, mais que celle-ci lui répondit seulement *chut!* en lui faisant signe de garder le silence, probablement pour que la dame *Dugas*, sa belle-sœur, à qui elle ne parle pas, n'entendît rien de ce qu'elle disait.

Et a la dame *Micault* reconnu vérité à sa déclaration, et a signé avec nous.

Nous sommes transporté ensuite chez le sieur *Guéraiche*, dont nous n'avons trouvé que l'épouse, la dame *Guéraiche*, née *Louise-Victoire Leramier*, demeurant sur le même carré que le nommé *Dugas*; nous lui avons fait connaître notre qualité et l'objet de notre visite, et elle nous a répondu ce qui suit aux questions que nous lui avons adressées (1) :

« Le dimanche 12 mai, le sieur *Dugas*, notre voisin, est venu, comme c'était son habitude, lire le *Constitutionnel* avec mon mari ; il est, je crois, resté chez nous jusqu'à quatre heures de l'après-midi, et il n'est sorti que parce qu'il est venu quelqu'un nous voir, et il est resté chez lui encore environ une heure avant de sortir. Le soir, en rentrant avec mon mari vers dix heures et demie du soir, nous avons vu Mme *Dugas* qui était inquiète de ce que son mari n'était point encore rentré. Je l'ai vu le lendemain, lundi 13 mai, vers dix heures du matin; je ne l'ai point vu avant cette heure, mais je pense qu'il a dû rentrer chez lui, parce que, ayant vu sa femme le matin, elle m'a paru tranquille. Ma fille est entrée chez M. *Dugas*, le matin vers sept heures, et elle m'a dit qu'elle croyait bien que M. *Dugas* était rentré, parce qu'elle avait vu sa montre accrochée à la cheminée; mais elle ne m'a point dit l'avoir vu, attendu qu'il y a deux chambres, et que le lit est dans la seconde pièce. » (Faisons observer à la dame *Guéraiche* que, vu la proximité de la porte du sieur *Dugas* d'avec la leur, il est impossible, dans l'espace d'une demi-heure, heure à laquelle la porte a été définitivement fermée, qu'elle n'ait point entendu ouvrir ou fermer la porte de *Dugas* s'il était rentré. Nous avons envoyé l'un de nos inspecteurs chez la dame *Dugas*, sous un prétexte quelconque, afin de reconnaître si le bruit de la porte se faisait facilement entendre du logement des époux *Guéraiche*, et malgré que nous ayons recommandé à cet inspecteur de ne point pousser cette porte trop fort, nous en avons parfaitement entendu le bruit, lorsqu'il est entré chez la dame *Dugas* et lorsqu'il en est ressorti, et cependant le bruit de la rue, à cette heure, midi et demi, pouvait contribuer à ce que nous n'entendissions le bruit que plus difficilement.)

« Je répète, malgré que je ne l'ai point vu, que j'ai la persuasion que M. *Dugas* est rentré coucher le soir du 12 mai dernier. »

Et la dame *Guéraiche* a signé.

Nous, commissaire de police ci-dessus qualifié, attendu que, quelques démarches que nous ayons pu faire, nous n'avons pu recueillir d'autres renseignements; attendu que la soi-disant femme *Dugas* nous a affirmé que personne

(1) Voir une autre déposition du même témoin, ci-après, page 149.

n'était venu chez elle pour voir son mari le lundi 13 mai, à cinq heures c matin, contrairement à la déclaration de la dame *Minard*, portière, avo borné là notre enquête, et nous nous sommes retiré, emmenant avec no ledit *Dugas*, que nous avons réintégré au dépôt de la Préfecture.

De retour en notre bureau, nous avons alloué et payé au sieur *Aubi* cocher de fiacre, n° 60, la somme de 14 fr. 10 cent. pour sept heures tro quarts que nous avons gardé sa voiture; plus au sieur *Gauthier*, celle 3 fr. 40 cent. pour aliments, tant pour le nommé *Dugas*, inculpé, que po les sieurs *Gauthier*, *Brindy* et *Lecaudey*, à qui nous avons jugé nécessai de faire prendre quelque nourriture dans cette circonstance.

De tout quoi nous avons rédigé le présent procès-verbal, que nous avo signé, pour être transmis à M. *Perrot*, juge d'instruction, aux fins de droit

A Paris, les jour, mois et an que dessus.

(Dossier Dugas, n°   du greffe, pièce   .)

153. — PIHET (Ponce-Auguste), *âgé de 43 ans, mécanicien, demeura à Paris, avenue Parmentier, n° 3.*

(Entendu le 2 juin 1839, devant M. Perrot, juge d'instruction, délégué.)

Le nommé *Dugas* (Florent), l'un de mes ouvriers, a été arrêté hier à tro ou quatre heures de relevée, dans ma fabrique; il devait recevoir sa pa le soir à sept heures, et ne plus revenir travailler chez moi. Je lui avais f donner congé huit jours auparavant, même je devais le lui donner hu jours plus tôt, et je l'avais oublié; mon motif venait de ce que *Dugas* afficha des opinions républicaines, et, depuis les événements des 12 et 13 ma j'ai su qu'il avait cherché à embaucher ses camarades les menuisiers, po prendre part à ces troubles. Je n'ai pas fait d'enquête à cet égard, et je pourrais vous citer, quant à présent, qu'un menuisier nommé *Angé*, q aime assez le vin, et qui répondit à *Dugas* qu'il n'y avait pas assez à boir Je ne sais pas ce que *Dugas* a fait pendant ces deux jours : le dimanc n'était pas un jour de travail; mais il n'est pas paru le lundi. Je vous enverr une note exacte du jour et de l'heure de son retour. Une circonstance à me tionner, c'est que, quelques jours après les événements, *Dugas* a coupé u longue barbe qu'il avait portée jusque-là; un autre de mes ouvriers, nomm *Meunier*, tourneur, n'est pas revenu à la fabrique depuis le samedi 11 ma Nous avons su, par un de ses oncles s'appelant *Meunier* comme lui, chef des tourneurs, qu'il avait reçu une balle au genou, et qu'il était à l hospice, l'hospice Saint-Louis, à ce que je crois; j'ignore l'endroit où aurait été blessé; j'ignore également si d'autres de mes ouvriers ont pris pa aux troubles. Je dois dire que le lundi la fabrique était presque au comple que, sur quatre cents ouvriers environ, il en manquait à peine vingt, c'est-dire moins que le lundi ordinaire. J'ajoute que ce jour-là, à dix heures, qui est l'heure de l'entrée, il y a eu un moment d'hésitation parmi les ouvriers. Des inconnus avaient été vus rôdant autour d'eux. Mon beau-frère est sorti, et, écoutant ses exhortations, ils sont rentrés immédiatement.

D. Dugas était-il chez vous chef d'atelier?

R. Non; mais il gagnait 4 francs par jour. Nous ne lui avons pas fait connaître le motif de son renvoi, et j'ai su qu'il avait dit à ses camarades qu'il se doutait bien que c'était à cause de ses opinions. Les autres ouvriers paraissent contents de son renvoi. Quant au sieur *Meunier* oncle, je dois dire que c'est un homme parfaitement honnête et tranquille. Déjà son neveu était sorti de chez nous, à une autre époque; il l'y avait fait rentrer, et il en a été très-fâché.

D. Connaissez-vous la fabrique du sieur *Lafleur?*

R. Oui; nos établissements se touchent, et nous confectionnons et réparons ses machines.

D. Connaissez-vous les nommés *Philippet,* contre-maître chez le sieur *Lafleur, Lebarzic,* son chauffeur, et le débourreur nommé *Walch?*

R. Je ne connais pas ce dernier; je connais le chauffeur pour le voir aller et venir; quant au nommé *Philippet,* il vient assez fréquemment à la maison. Je ne connais aucun de mes ouvriers avec lequel il soit lié particulièrement; mais j'ai entendu dire, dans la fabrique, qu'il tenait des propos contre le Roi et en faveur de la république. Peut-être ces propos auraient-ils été entendus par le nommé *Pons,* marchand de vin traiteur, chez qui mangent nos ouvriers. C'est là aussi qu'on a vu les étrangers qui sont venus rôder le lundi matin, et le sieur *Pons* nous en a avertis.

D. Savez-vous si *Philippet, Lebarzic,* ou d'autres ouvriers de la filature du sieur *Lafleur* ont pris part aux troubles?

R. Non.

D. Avez-vous entendu parler d'un drapeau destiné à être l'étendard de la république?

R. Non. J'ajoute que nous fabriquons aussi des fusils de guerre, et que nous en possédions bien trois cents au moment des événements; mais, immédiatement après l'explosion de l'insurrection, j'ai demandé de la troupe qui m'a été accordée de suite, et qui a été placée dans les bâtiments des abattoirs Popincourt, où elle est restée jusqu'au lundi soir. Il paraît que les inconnus, le lundi matin, avaient dit qu'ils viendraient le mardi pour prendre nos armes.

(Dossier Dugas, n°   du greffe, pièce   .)

155. — ANGÉ (Jean-Alphonse), *âgé de 26 ans, menuisier-mécanicien chez M. Pihet, demeurant à Paris, rue Beauveau, n° 5, faubourg Saint-Antoine.*

(Entendu le 4 juin 1839, devant M. Perrot, juge d'instruction délégué.)

Je ne connais aucun des ouvriers de la fabrique qui ait pris part aux troubles des 12 et 13 mai dernier; j'ai seulement entendu dire que le nommé *Meunier* avait été blessé, et qu'il était mort hier dans un hospice.

D. Le nommé *Florent Dugas* n'a-t-il pas fait partie des insurgés?
R. Je n'en sais rien.
D. Quelques jours après les troubles, n'a-t-il pas fait couper la barbe de bouc qu'il portait?
R. Je ne m'en suis aperçu que samedi dernier, jour de son arrestation.
D. *Dugas* n'a-t-il pas cherché à enrôler les ouvriers parmi les insurgés?
R. Je n'en sais rien.
D. Ne vous l'a-t-il pas proposé à vous-même, et ne lui avez-vous pas répondu : Il n'y a pas assez à boire?
R. Jamais il ne fait de pareille proposition.
D. Avant les troubles avait-il dit qu'il devait y en avoir?
R. Je n'en sais rien. Tout ce que je sais, c'est qu'il lisait tous les jours un journal, je ne sais lequel, et il parlait politique dans l'atelier; je lui ai dit un jour : Tu m'embêtes, avec ta politique. Il me répondit : Tu es un imbécile; tu ne sais pas, en me disant cela, où ces mots-là peuvent porter.
D. Que disait-il, en parlant politique?
R. Il disait qu'au lieu de faire du bruit tous les jours et d'interrompre ainsi les travaux des ouvriers, il valait mieux en finir de suite tout d'un coup.
D. Connaissez-vous les nommés *Philippet*, *Lebarzic* et *Walch?*
R. Je n'ai jamais vu les nommés *Philippet* et *Walch;* j'ai seulement vu quelquefois le chauffeur chez le sieur *Félix*, marchand de vin, à l'heure des repas. J'ignore s'il s'occupait de politique.
D. Savez-vous si *Dugas* connaissait *Philippet?*
R. Non.

(Dossier Dugas, n°   du greffe, pièce   .)

156. — MENSIER (Honoré-François-Joseph), *âgé de 38 ans, mécanicien, demeurant à Paris, avenue Parmentier, n° 3.*

(Entendu le 4 juin 1839, devant M. Perrot, juge d'instruction délégué.)

Je suis intéressé dans l'établissement du sieur *Pihet*, mon beau-frère. Je ne connais aucun de nos ouvriers, au nombre de quatre cents, qui ait pris part aux troubles des 12 et 13 mai dernier. Le lundi, quatre d'entre eux seuls ne reparurent pas, les nommés *Florent Dugas*, de l'atelier des menuisiers, *Meunier* (neveu), de l'atelier des tourneurs, et les deux autres, dont je ne me rappelle pas les noms, mais hommes parfaitement tranquilles, et sur lesquels aucun soupçon ne peut planer. Nous apprîmes que le nommé *Meunier* avait été blessé dans le quartier Saint-Martin, qu'il avait été transporté à l'hôpital Saint-Louis, où il était mort hier; le nommé *Dugas* ne reparut que le mardi à neuf heures du matin, et je m'aperçus, dans le courant de la semaine, qu'il avait fait couper une assez longue barbe de bouc, qu'il avait portée jusque-là. Ledit *Dugas* était employé chez nous depuis le mois de janvier dernier, et il paraît que depuis son entrée il n'a cessé de tenir, dans son atelier, des propos contre le Gouvernement et en faveur de la république. Je ne sais pas s'il s'est adressé plus particulièrement à un ou plusieurs des ouvriers; il disait, entre autres choses, que le travail allait encore bien, que s'il pouvait aller plus mal, cela serait favorable aux projets des républicains. Il paraît aussi qu'il voyait fréquemment le contre-maître du sieur *Lafleur*, que je ne connais que sous le nom de *Firmin*, ainsi que le chauffeur de la même fabrique. Le contre-maître venait de temps en temps à la maison; je ne sache pas qu'il y ait tenu des propos; mais j'ai entendu dire qu'il avait exprimé des idées républicaines chez les marchands de vin où mangent les ouvriers. J'ajoute que le lundi matin nous fûmes prévenus par le sieur *Pont*, l'un de ces marchands de vin, que des individus étrangers au quartier, sans dire comment ils étaient vêtus, parlaient d'empêcher les ouvriers de rentrer après le déjeuner. La cloche sonna à dix heures pour la rentrée, et, comme les ouvriers ne revenaient pas, je sortis sur l'avenue et je les engageai à rentrer, ce qu'ils firent. Il paraît qu'après cela les mêmes inconnus dirent qu'ils reviendraient dans la journée, et qu'ils interrompraient le travail. J'allai chez le commissaire de police, car il y avait en ce moment dans notre fabrique environ trois cents fusils en état, et il me remit un ordre pour l'adjudant de la caserne Popincourt, qui nous donna immédiatement un piquet de la force armée, qui alla s'établir dans les abattoirs Popincourt, en face de chez nous; mais il n'y eut aucune tentative de commise.

(Dossier Dugas, n°   du greffe, pièce   .)

157.—GAUSSEN (Pierre-Pascal), *âgé de 50 ans, contre-maître des menuisiers chez M.* Pihet, *demeurant à Paris, rue de la Muette, n° 15* (1).

(Entendu le 5 juin 1839, devant M. Perrot, juge d'instruction délégué.)

J'ignore si aucun des ouvriers du sieur *Pihet* a pris part aux troubles des 12 et 13 mai dernier; seulement, nous avons su que le nommé *Meunier* était blessé et était à l'hôpital. Quant à *Florent Dugas*, ce qui m'a surpris en lui, c'est

---

(1) Voir une première déposition de ce témoin, ci-devant, page 121.

que le lundi 13 il n'est pas venu à l'ouvrage, et que quelques jours après il n'avait plus la longue mouche et la barbe de bouc qu'il portait au menton. Cet homme passe, dans l'atelier, pour républicain; mais, quant à moi personnellement, je ne l'ai jamais entendu parler de république, et j'ignore s'il a cherché à enrôler quelques-uns des ouvriers pour la république; on disait, dans l'atelier, qu'il fredonnait des airs républicains, mais je ne l'ai jamais entendu. J'ai vu le nommé *Philippet* venir quelquefois à la maison; mais je ne me suis pas aperçu qu'il eût des rapports avec *Dugas*. J'ai vu quelquefois le nommé *Lebarzic* chez le sieur *Doucet*, marchand de vin, et j'ai entendu dire qu'il connaissait *Dugas*. Je ne connais pas d'individu du nom de *Walch*.

Nous avons représenté successivement au sieur *Gaussen* les inculpés *Florent Dugas, Lucien-Firmin Philippet, Jean-Baptiste Lebarzic* et *Joseph Walch*.

Et le sieur *Gaussen* a dit : Je reconnais bien ces trois premiers, mais je ne reconnais pas ce dernier.

(Dossier Dugas, n°   du greffe, pièce   .)

158. — Demoiselle GUÉRAICHE (Héloïse), *âgée de 12 ans, sans état, demeurant à Paris, chez ses père et mère, rue Basfroy, n° 12.*

(Entendue le 8 juin 1839, devant M. Perrot, juge d'instruction délégué.)

Le nommé *Dugas* est resté quelque temps chez nous dans l'après-midi, le jour où les troubles ont commencé; il n'avait pas encore fait sa toilette du dimanche; je ne sais pas à quelle heure il est sorti de chez lui; je ne l'ai vu ni entendu rentrer, ni le soir, ni dans la nuit. Je suis allée le lundi, à six heures du matin, chercher du feu chez lui, et je l'ai vu dans son lit.

D. Dites-vous la vérité?

R. Je ne suis pas sûre que c'était à six heures.

D. Quelle heure croyez-vous qu'il était?

R. Je ne puis le dire.

D. Vous n'avez pas dit la vérité; qui vous a engagée à mentir?

La jeune fille se met à pleurer, et dit : Je vous jure que ce n'est personne.

D. Quand vous êtes allée chercher du feu chez *Dugas*, votre mère était-elle chez vous?

R. Je ne sais pas; je crois que oui.

D. Et votre sœur, y était-elle?

R. Oui, elle y est toujours.

D. Avez-vous dit à votre mère et à votre sœur que vous aviez vu *Dugas* dans son lit?
R. Non.
D. Les personnes de la maison disent avoir vu *Dugas* le lundi, pour la première fois, vers dix heures. Votre mère elle-même dit ne l'avoir vu qu'à neuf heures; il paraît donc bien qu'on vous a fait la leçon, pour dire que vous l'aviez vu à six heures du matin dans son lit.
La jeune *Guéraiche* pleure encore, et répète qu'on ne lui a pas fait la leçon.
(Dossier Dugas, n°   du greffe, pièce   .)

159. — Femme GUÉRAICHE (Louise-Victoire LERAMIER), *âgée de 41 ans, couturière, demeurant à Paris, rue Basfroy, n° 12* (1).

(Entendue le 8 juin 1839, devant M. Perrot, juge d'instruction délégué.)

Je suis voisine porte à porte des mariés *Dugas.* J'ignore absolument si le mari a pris part aux troubles des 12 et 13 mai dernier, et même je ne le crois pas, parce que c'est un homme tranquille. Le dimanche il est entré chez nous vers deux heures et demie, trois heures, et il en est sorti vers quatre heures. Sa barbe n'était point faite, et il n'était pas habillé; ma fille m'a dit qu'elle l'avait vu sortir de chez lui vers cinq heures; mon mari et moi nous sommes sortis vers neuf heures pour aller conduire une personne de notre connaissance; nous sommes revenus à dix heures un quart, et nous sommes entrés chez les époux *Dugas;* le mari n'était point rentré, et la femme nous en a témoigné beaucoup d'inquiétude. Nous nous sommes couchés immédiatement, et nous n'avons rien entendu pendant la nuit chez les époux *Dugas.*
D. A cinq heures du matin, n'avez-vous pas entendu quelqu'un entrer dans leur chambre?
R. Non.
D. Il paraît qu'on entend très-aisément de votre chambre les mouvements qui se font dans la leur?
R. On n'entend pas facilement quand ils sont dans leur seconde pièce.
D. Connaissez-vous les nommés *Philippet*, Lebarzic et *Walch*, employés dans la filature du sieur *Lafleur?*
R. Nullement; depuis l'arrestation du sieur *Dugas* j'ai seulement entendu dire que le contre-maître et le chauffeur de cette fabrique étaient arrêtés.
D. Vient-il beaucoup de monde voir *Dugas?*
R. Je n'ai jamais vu personne.

---

(1) Voir la première déposition de ce témoin, ci-devant, page 143.

D. Quand votre fille vit *Dugas* sortir le dimanche à cinq heures, vous dit-elle s'il était habillé?

R. Oui; elle dit même qu'il passait sa montre à son cou; elle me dit aussi que le lendemain matin, vers sept heures, elle avait aperçu cette montre pendue à sa cheminée, ce qui m'a donné à penser que ledit *Dugas* était rentré depuis la veille; quant à moi, je l'ai entendu rentrer le lundi, vers dix heures du matin; je ne l'ai pas revu de la journée, mais le soir, vers six à sept heures, quand je suis rentrée, je l'ai vu couché.

(Dossier Dugas, n°   du greffe, pièce   .)

160. — Demoiselle GUÉRAICHE (Augustine-Marguerite), *âgée de 14 ans et demi, couturière, demeurant à Paris, rue Basfroy, n° 12.*

(Entendue le 8 juin 1839, devant M. Perrot, juge d'instruction délégué.)

Le dimanche 12 mai dernier, le nommé *Dugas* est resté quelque temps chez nous; il n'avait point encore fait sa toilette. Environ une heure après qu'il fut sorti de chez nous, je l'ai vu sortir habillé, et passant le cordon de sa montre dans son col; je ne l'ai pas revu, si ce n'est le lendemain matin, à huit heures et demie neuf heures; il rentrait chez lui, il était habillé en dimanche, comme la veille. J'ignore s'il était rentré la nuit du dimanche au lundi, mais je l'ai cru, parce que le lundi, vers six heures du matin, j'ai vu sa montre accrochée à la cheminée.

(Dossier Dugas, n°   du greffe, pièce   .)

161. — Femme MICAULT (Marie-Julienne GENTY), *âgée de 32 ans, blanchisseuse, demeurant à Paris, rue Basfroy, n° 12* (1).

(Entendue le 8 juin 1839, devant M. Perrot, juge d'instruction délégué.)

Je ne connaissais pas le nommé *Dugas*, quoiqu'il demeure au-dessus de moi. Je l'ai remarqué pour la première fois lorsque le commissaire de police l'a fait emmener de chez lui. Je ne me suis point rappelé avoir vu ledit *Dugas*, soit le dimanche, soit le lundi, 12 et 13 mai dernier. La chambre occupée par les mariés *Dugas* est au-dessus de mon logement, ou plutôt au-dessus de notre pièce d'entrée. Notre chambre à coucher est à côté. Dans la nuit du dimanche, nous n'avons entendu aucun bruit dans la chambre dudit *Dugas*. Je ne sais pas si le monde qui montait aux étages supérieurs était pour lui. Je vois sa femme, mais seulement en passant, et nous ne nous sommes jamais adressé la parole. Le lundi matin, vers huit heures, allant cher-

---

(1) Voir la première déposition de ce témoin, ci-devant, page 142.

cher mon lait, j'ai vu dans la rue la sœur de *Dugas*, qui est portière deux ou trois maisons avant la nôtre; elle m'a dit d'un air très-inquiet qu'elle croyait que son frère n'était pas rentré, et qu'elle craignait qu'il ne lui fût arrivé quelque chose. Je suis remontée à mon logement, et vers neuf heures, m'étant mise à ma fenêtre et ayant aperçu la sœur du nommé *Dugas* dans la rue, au bas de notre maison, laquelle regardait en l'air comme pour voir la croisée de la chambre de son frère, je lui ai demandé s'il était rentré, et elle s'est contentée de me dire : Chut ! en me faisant un signe de la main, comme pour m'empêcher de parler davantage ; j'ignore son motif. J'observe qu'elle est fâchée avec sa belle-sœur depuis environ trois mois, et qu'elles ne vont pas l'une chez l'autre.

(Dossier Dugas, n° du greffe   , pièce   .)

162. — MINARD (Joseph), *âgé de 38 ans, portier de la maison rue Basfroy, n° 12.*

(Entendu le 8 juin 1839, devant M. Perrot, juge d'instruction délégué.)

Je suis resté à la maison toute la journée du dimanche, et je n'ai point aperçu le nommé *Dugas*, soit sortant, soit rentrant. Ma femme s'est couchée à dix heures; je me suis couché vers onze heures, et après avoir fermé la porte de l'allée en dedans. Je suis certain qu'à partir de cette heure personne n'est plus rentré. Le lendemain matin, vers 5 heures, ma femme m'a dit qu'un individu venait de demander le nommé *Dugas*, et qu'il était monté à son logement. Je n'ai pas vu cet individu; je suis parti presque aussitôt pour mon travail, et je n'ai point encore vu *Dugas* de cette journée. J'ignore s'il s'est mêlé aux insurgés de ces deux jours. Il y a neuf mois que je suis portier dans la maison, et je n'ai jamais entendu dire de mal de M. *Dugas*. Je n'ai jamais vu personne venir le voir.

(Dossier Dugas, n° du greffe   , pièce   .)

163. — MATHIEU (Joseph), *âgé de 35 ans, menuisier, demeurant à Paris, place du marché Saint-Jean, n° 25.*

(Entendu le 4 juin 1839, devant M. Gille, commissaire de police.)

Lequel a fait une déposition entièrement conforme à celle du sieur *Coulon* (1), à laquelle il a ajouté : Le lundi 13 mai, j'ai rencontré, vers six heures un quart du soir, le nommé *Dugas*, sur le boulevard Saint-Martin, non loin du Château-d'Eau. Il était avec sa femme; je ne me rappelle pas s'ils avaient

---

(1) Voir les dépositions du témoin *Coulon*, ci-après, page 266.

leur petite fille avec eux; j'ai seulement dit à *Dugas:* A demain; j'entendais dire par ces mots que nous nous reverrions le lendemain à l'atelier. Il est à ma connaissance que, peu de jours après les troubles des 12 et 13 mai, *Dugas* a fait couper la barbe et la mouche qu'il portait. M'en étant aperçu, je lui en ai fait l'observation, et il m'a répondu qu'il les avait fait couper parce que cela le gênait.

(Dossier Philippet, n° du greffe   , pièce   .)

164. — Femme MINARD (Victoire LEMAIRE), *âgée de 39 ans, couturière, portière de la maison rue Basfroy, n° 12* (1).

(Entendue le 8 juin 1839, devant M. Perrot, juge d'instruction délégué.)

Le nommé *Dugas* occupe avec sa femme une chambre au troisième de la maison. J'ignore s'il a pris part à l'insurrection des 12 et 13 mai dernier. Le 12, qui était un dimanche, je ne l'ai pas vu de la journée; nous fermons la porte à la nuit. Je me suis couchée à dix heures, et je ne me suis point aperçue si le nommé *Dugas* est sorti ou rentré. J'avais tiré le cordon à plusieurs personnes, et je ne les avais point vues toutes. Mon mari s'est couché à onze heures un quart, et il m'a dit qu'il n'avait pas vu non plus ledit *Dugas.* A onze heures un quart, la porte a été fermée; et nous sommes certains qu'à partir de ce moment il n'est plus rentré personne. Je dois dire que le lendemain matin, avant cinq heures, il est venu un homme demander ledit *Dugas;* mon mari et moi nous n'étions pas encore levés, et nous n'avons pas vu cet individu. Je lui ai reproché de ce qu'il venait si matin troubler le repos de la maison, et il m'a répondu que *Dugas* était son ami, et qu'il avait besoin de lui parler. Cet individu est monté, et il est redescendu un quart d'heure après environ. Je suis certaine que la femme *Dugas* avait passé la nuit chez elle. Je suis allée sur les sept heures chercher mon lait, et j'ai vu la dame *Billon*, sœur de *Dugas*, qui m'a demandé avec inquiétude si son frère était rentré, disant que la veille il ne l'était point encore à dix heures et demie du soir. Sur les dix heures du matin, j'ai vu le nommé *Dugas* dans la rue, à côté du marchand de vin établi près de notre porte; il causait avec un individu que je ne connais pas. Je n'ai jamais remarqué que personne vînt le voir. Jamais il n'a fait de bruit dans la maison. Je n'ai pas fait d'autres remarques les jours suivants, si ce n'est qu'un de ces jours le nommé *Dugas* est rentré vers minuit, minuit et demi: c'est moi qui me suis levée pour lui ouvrir la porte.

(Dossier Dugas, n° du greffe   , pièce   .)

(1) Voir la première déposition de ce témoin, ci-devant, page 141.

FAITS PARTICULIERS A LONGUET.

165. — LEMAIRE (Pierre-Auguste), *âgé de 37 ans, professeur de rhétorique, demeurant à Paris, rue des Quatre-Fils, n° 16.*

(Entendu le 24 mai 1839, devant M. Perrot, juge d'instruction délégué.)

Le lundi 13 mai, je rentrais dans mon quartier, vers une heure après midi, lorsqu'au milieu de la rue Vieille-du-Temple, près de la fontaine, au coin de la rue de Poitou, j'aperçus un groupe d'insurgés faisant feu de la rue de Poitou vers la rue d'Anjou, je ne sais pas sur qui, je n'ai pas vu de force armée en ce moment; ils s'enfuirent alors, et se retirèrent au coin de la rue Neuve-Saint-François pour y recharger leurs armes. Parmi eux se trouva alors un individu vêtu d'un habit, pantalon et gilet noirs, et coiffé d'un chapeau rond noir; je crois qu'il avait aussi un col noir; je le voyais pour la première fois, ce qui me donna à penser qu'il s'était tenu à l'écart pendant l'engagement. Il tenait alors à sa main un papier contenant plusieurs cartouches; je le vis distinctement prendre une cartouche, et la mettre dans le fusil d'un jeune homme qui était près de lui. Comme je vis que l'engagement allait recommencer, je m'éloignai en remontant vers le boulevard; presque aussitôt j'entendis une décharge de coups de fusil partis de la garde nationale, qui venait du côté de l'Imprimerie royale, et j'entendis partir un ou deux coups de fusil du coin de la rue Neuve-Saint-François, où j'avais laissé les insurgés, ou, pour mieux dire, je jugeai cette direction des coups de fusil réciproques, d'après la fumée que j'aperçus dans la rue. Au bout d'un quart d'heure environ, je descendis la rue Saint-Louis; arrivé au coin de la rue du Parc-Royal, j'aperçus un détachement de gardes municipaux venant par la rue Neuve-Saint-Gilles. J'avertis l'officier de se tenir sur ses gardes; et en effet, quand le détachement fut arrivé au coin de la rue Saint-Anastase, ou plutôt la moitié du détachement, car l'autre moitié s'avança plus loin, dans la rue Saint-Louis, j'entendis une décharge à l'entrée de la rue Saint-Anastase, dirigée par les gardes municipaux vers la rue Saint-Gervais, près de la rue de Torigny et de la rue des Coutures-Saint-Gervais. Je ne puis pas dire si les insurgés ont fait feu sur la garde nationale, car je ne les voyais pas : dans ce moment arrivait une compagnie de la 7ᵉ légion, que je reconnus pour la mienne, et je marchai quelque temps avec elle en remontant la rue Saint-Louis jusqu'à la hauteur de l'église; là j'aperçus, assez loin dans la rue Saint-Claude, un individu qui me paraissait être le même, vêtu d'un habit et autres vêtements de drap noir, que j'avais déjà remarqué au coin de la rue Neuve-Saint-

François, tenant à la main des cartouches. Je m'arrêtai quelques instants à le considérer, et, pendant ce temps, ma compagnie disparut par une rue voisine. L'individu que j'observais, arriva près de l'église, au coin de la rue Saint-Louis, et alors je le reconnus parfaitement; il parla à un jeune homme qui me parut avoir 15 ans, que je ne pourrais signaler ni par son physique ni par son vêtement, et il fit un geste vers lui, ce qui me fit penser qu'il lui donnait quelque chose de presque imperceptible, comme le serait une petite pièce d'argent; il traversa alors la rue Saint-Louis, parla encore à un autre jeune homme, dont je n'ai point remarqué davantage le physique, toute mon attention étant absorbée par cet homme que je surveillais; c'était au coin de la rue du Roi-Doré, dans laquelle il entra suivi de ce jeune homme. Je pensai qu'il allait rejoindre les insurgés, qui venaient d'être dispersés, pour les rassembler, et je résolus de le saisir. Je le suivis alors dans la rue Saint-Gervais, où il entra, et quand il fut arrivé en face de la rue Saint-Anastase, je le saisis, en demandant au besoin main-forte à un officier de la garde nationale, qui s'était avancé dans cette rue pour savoir ce qui venait de s'y passer, d'après la fusillade des gardes municipaux. Cet homme ne faisant aucune résistance, je le conduisis moi-même jusqu'au peloton de garde nationale de la 6ᵉ légion, qui se trouvait, avec un détachement de la ligne, dans la rue Saint-Louis. Il y avait au milieu de ce peloton un homme vêtu d'une redingote et d'une casquette; j'ignorais dans quelle condition cet homme se trouvait là. L'officier de la ligne et l'officier de la garde nationale visitèrent les mains de celui que je venais d'arrêter, et reconnurent, à l'odeur surtout, qu'il avait tenu de la poudre; on le fouilla, et on lui trouva de l'argent dans une des poches de derrière de son habit. Le peloton rentra alors dans la rue Saint-Anastase, et vint se poster à l'endroit même où j'avais arrêté cet homme. Là, sur la déclaration de quelques personnes, on fouilla une maison de la rue Saint-Gervais, où l'on trouva un jeune homme qu'on dit être armé d'un fusil. J'ai vu le jeune homme arrêté, mais je n'ai pas vu l'arme. On l'a mené dans le centre du peloton, et, me trouvant un peu éloigné, je n'ai pas entendu ce qu'il a dit. J'ajoute qu'on a livré aussi à la garde nationale un enfant qu'on disait avoir porté une baïonnette au bout d'un bâton. J'accompagnai le peloton jusqu'à la mairie du 6ᵉ arrondissement, où celui qui avait été arrêté par moi refusa de dire son nom.

D. Y a-t-il eu quelqu'un de tué dans les engagements dont vous venez de parler?

R. Je n'ai point entendu dire qu'il y eût eu personne de tué ni même de blessé.

Nous avons fait successivement amener les inculpés *Longuet* (Jules), *Martin* (Pierre-Noël) et *Marescal* (Eugène), et le sieur *Lemaire* a dit : Je reconnais positivement le nommé *Longuet* pour l'individu que j'ai arrêté, le nommé

Martin pour celui qui a été arrêté dans une maison de la rue Saint-Gervais, et le nommé *Marescal* pour celui qui se trouvait dans le peloton quand j'y ai conduit *Longuet*.

Nous avons fait également amener l'inculpé *Delehaye*, et le sieur *Lemaire* a dit : Je ne le reconnais pas pour l'avoir vu dans les groupes d'insurgés armés que j'ai rencontrés à diverses reprises.

(Dossier Martin, n°   du greffe, pièce   .)

166. — DEVILLIERS (Raymond-Charles), *âgé de 36 ans, inspecteur des postes, et capitaine d'une compagnie de grenadiers de la 3ᵉ légion, demeurant à Paris, rue de la Madelaine, n° 44.*

(Entendu le 4 juin 1839, devant M. Jourdain, juge d'instruction délégué.)

L'an mil huit cent trente-neuf, ce mardi quatre juin, heure de onze du matin,

Nous *Charles-Félicité Jourdain*, juge d'instruction, délégué par ordonnance de M. le Président de la Cour des Pairs, du 15 mai 1839, assisté de *Élie-Vincent Deguingand*, commis greffier assermenté,

Nous sommes transporté au domicile de M. *Devilliers*, rue de la Madelaine, n° 44, pour recevoir une déclaration sur les faits qui sont à sa connaissance, relatifs aux événements des 12 et 13 mai dernier.

Nous avons trouvé M. *Devilliers* encore souffrant de la blessure qu'il a reçue dans la journée du 12 mai, et après lui avoir fait prêter le serment de dire la vérité, nous avons reçu la déclaration suivante :

Je me nomme *Raymond-Charles Devilliers*, 36 ans, inspecteur des postes et capitaine d'une compagnie de grenadiers de la 3ᵉ légion, demeurant rue de la Madelaine, n° 44.

Le dimanche 12 mai dernier, j'étais allé chez ma sœur, rue Saint-Lazare, au coin de la rue de Clichy ; j'y appris qu'on avait battu le rappel ; je rentrai chez moi, je me revêtis de mon uniforme, et me rendis immédiatement à la mairie du 3ᵉ arrondissement. Vers sept heures, je reçus de M. le commandant *Delessert* l'ordre de prendre la tête de la colonne d'un bataillon du 53ᵉ de ligne, avec une trentaine d'hommes de ma compagnie ; la colonne était commandée par le colonel *Ballon*, du 53ᵉ de ligne ; j'avais avec moi le lieutenant *Debergue* et les sergents *Bruin* et *Gerlier*. Après avoir parcouru plusieurs rues, nous arrivâmes à la pointe Saint-Eustache ; nous trouvâmes une première barricade qui barrait le chemin entre les piliers des halles et la halle aux Poissons. Elle était formée de planches, de paniers, de bancs, le tout pris dans les halles. On tira en ce moment quelques coups de fusil des piliers des halles, mais de loin. Nous trouvâmes quelques autres barricades autour des halles aux Poissons et au Beurre; ces barricades fermaient le passage des rues communiquant à la rue Saint-Denis; pendant que nous les défaisions, on tirait sur nous, des rues des Prêcheurs et de la Cossonnerie. Nous descendîmes ensuite vers le corps de garde de gardes municipaux, qui est à la Draperie; il était évacué, tout était brisé. Nous traversâmes ensuite le marché des Innocents, en suivant la rue parallèle à celle de la rue de la Ferronnerie, et nous arrivâmes dans la rue Saint-Denis. Pour arriver là, nous avions détruit quelques barricades composées de paniers, de légumes et de paniers remplis d'œufs. Quand nous fûmes rue Saint-Denis, nous eûmes en tête une barricade formée entre nous et la rue Aubry-le-Boucher; elle était composée de coffres, de paniers et de planches; il y avait aussi une guérite. Les insurgés n'étaient pas près de cette barricade, mais ils étaient dans les maisons voisines et dans la rue Aubry-le-Boucher, et faisaient feu sur nous. J'avais toujours marché en éclaireur avec mon détachement en tête du bataillon; j'étais accompagné du colonel *Ballon*, et des sapeurs du 53°. Je fis faire des feux de pelotons, pendant que j'aidais les sapeurs à détruire la barricade. Dès que nous eûmes débarrassé le passage, nous avançâmes dans la rue Saint-Denis : là, nous trouvâmes une autre barricade formée entre la rue des Prêcheurs et la rue de la Cossonnerie. Cette barricade était composée de paniers et de planches, comme celle de la rue Aubry-le-Boucher. Derrière cette barricade on faisait feu sur nous, ainsi que de la Cour-Batave; nous passâmes cette nouvelle barricade sans accident, mais une troisième était formée au coin de la rue Saint-Magloire, barrant la rue Saint-Denis; elle se composait d'un omnibus et de deux camions : de cette barricade, on fit un feu assez vif sur nous; le colonel *Ballon* fut blessé au pied; il fut obligé de se retirer quelques instants après, et je pris le commandement de la colonne. Un instant après je fus moi-même blessé par un homme qui était dans une allée au-dessus de la Cour-Batave, à côté d'un magasin qui avait été enfoncé. J'avais vu cet homme me mettre en joue; je le désignai immédiatement au tambour-major du 53°, qui le tua; ce tambour-major était resté toujours à côté de moi, détruisant les barricades. Je fis alors battre la charge par les deux tambours de ma compagnie; je commandai en avant, et nous enlevâmes la barricade. J'étais blessé à la tête et à la jambe; M. *Grolet*, médecin et grenadier de ma compagnie, qui était dans le détachement, m'étancha le sang un peu plus tard, et ce ne fut que vers dix heures du soir qu'il put m'extraire une chevrotine qui était placée entre le cuir chevelu et le crâne. De l'autre côté de cette barricade, nous trouvâmes le général *Lascours*, qui descendait la rue Saint-Denis avec un bataillon d'un régiment dont je ne me rappelle pas le numéro. Il m'envoya, avec une partie de mon peloton et un détachement du 53° commandé par un officier, au cloître Saint-Méry; nous n'y trouvâmes rien; nous allâmes jusqu'à l'Hôtel de Ville, dont la place était couverte de troupes.

Arrivé rue de la Vannerie, je fus obligé de m'arrêter un instant à cause des souffrances que me causait ma blessure; je revins néanmoins rendre compte au général *Lascours* de ce que j'avais vu et que tout était tranquille du côté où j'avais été. Il me donna ordre ensuite d'accompagner le bataillon du 53º jusqu'au Carrousel : je l'accompagnai, par la rue Saint-Honoré, jusqu'à la rue Croix-des-Petits-Champs, et je rentrai immédiatement à la mairie avec mon détachement. Ce fut là que M. *Grolet* extirpa la chevrotine et me pansa : je retrouvai dans ma capote, à la hauteur de la cuisse, un grain de plomb de chasse. M. *Debergue* était allé auparavant à la rue Tiquetonne avec le commandant *Daugny;* je pris quelques-uns de ces mêmes grenadiers qui vinrent avec moi : ce fut à cette affaire, de la rue Tiquetonne, que fut tué le garde national *Ledoux*, qui faisait partie du 4º bataillon, et qui était allé avec le détachement commandé par M. *Debergue*. Ce dernier vint ensuite avec moi et m'accompagna partout. Les deux tambours de ma compagnie, les nommés *Longeard* et *Delouche*, ont été à l'affaire de la rue Tiquetonne, et m'ont ensuite accompagné dans toutes mes opérations.

Je dois vous dire qu'en revenant avec mon détachement, je vis, au coin de la rue Croix-des-Petits-Champs et de la rue Saint-Honoré, des individus qui renversaient un fiacre. Je fis arrêter un de ces hommes, qui fut conduit à la mairie du 3º arrondissement par deux grenadiers de ma compagnie, dont je ne sais pas les noms maintenant, mais que l'on pourrait facilement avoir.

(Dossier des barricades du marché des Innocents, nº   du greffe, pièce   .)

167. — DENEVEU (François-Édouard), *âgé de 30 ans, capitaine d'état-major, attaché au 53º régiment de ligne, demeurant à Paris, rue de Chartres, nº 9.*

(Entendu le 3 juin 1839, devant M. Jourdain, juge d'instruction délégué.)

Le dimanche, 12 mai dernier, dans l'après-midi, je partis du Carrousel avec un détachement, composé de grenadiers et de voltigeurs du 53º régiment de ligne, sous les ordres de M. *Ballon*, colonel du régiment, et de M. *Ollivet*, commandant du 2º bataillon. Après avoir parcouru plusieurs rues, nous arrivâmes à la pointe Saint-Eustache, vers sept heures ou sept heures un quart; nous trouvâmes le poste de la pointe Saint-Eustache désert; les carreaux étaient brisés. Nous étions accompagnés d'un commissaire de police, qui voulait que nous occupassions ce poste; mais nous le laissâmes, sa position étant très-mauvaise; nous prîmes la rue de la Tonnellerie, à l'entrée de laquelle nous avions trouvé une barricade commencée, et qui barrait la rue Montmartre. Nous allâmes jusqu'à la première rue à droite ; nous trouvâmes là une barricade assez élevée, qui fermait l'autre extrémité de la rue de la Tonnellerie; nous prîmes cette rue à droite, et nous entrâmes dans le marché des Innocents : nous descendîmes le marché jusqu'à l'entrée du côté de la rue de la Ferronnerie ; nous nous arrêtâmes là quelques minutes, pour nous concerter sur ce que nous aurions à faire ; nous vîmes quelques individus, non armés, sortir des étaux couverts du marché, nous les laissâmes passer. Nous entendions tirer des coups de fusil du côté de la rue Saint-Denis ; nous nous portâmes de ce côté ; arrivés près de la rue Aubry-le-Boucher, nous vîmes une barricade d'environ trois pieds de haut, composée de balais, de paniers et de bancs, provenant de la Halle. Cette barricade était au coin et au-dessous de la rue Aubry-le-Boucher, de manière à nous barrer l'entrée de cette rue et de celle de la rue Saint-Denis. On tira plusieurs coups de feu, qui venaient du coin de la rue Aubry-le-Boucher ; nous nous emparâmes de cette barricade, nous tâchâmes de la déblayer, et le grenadier *Pieffer*, qui était sur cette barricade, reçut une balle au bras gauche ; je le remis immédiatement aux soins de l'aide-major, M. *Cambet*. Il fut reçu chez un marchand de fil, n° 88, rue Saint-Denis. Nous étions accompagnés d'un détachement de la 3ᵉ légion de la garde nationale, commandé par le capitaine *Devilliers*. Un grenadier de ce détachement aperçut, dans la rue Aubry-le-Boucher, un homme en blouse blanche, dans le genre de celle des plâtriers ; il le mit en joue, tira dessus, et l'étendit par terre. Nous avançâmes dans la rue Saint-Denis ; il y avait plus haut, au delà de la Cour-Batave, entre la rue des Prêcheurs et celle de la Cossonnerie, une barricade d'où on faisait feu sur nous. Le sergent *Fabri*, qui depuis est mort, après avoir été fait sous-lieutenant, reçut un coup de feu à peu de distance du marché des Innocents : on m'a dit, depuis, que ce coup de feu était parti d'une allée. Nous continuâmes jusqu'à la barricade ; quand nous y arrivâmes, elle était abandonnée. Les insurgés l'avaient quittée, en nous voyant marcher sur eux à la baïonnette. Cette barricade était composée d'un omnibus renversé ; le dessous de cette voiture était tourné vers nous, et le dessus vers le boulevard, du côté des insurgés. Il y avait aussi une autre voiture. Aux roues de l'omnibus était attaché un gros bâton de la grosseur du bras, au bout duquel était un drapeau rouge ; c'était un grand morceau de cotonnade rouge ; il était percé d'un assez grand nombre de grains de plomb, et de plusieurs balles. Le sapeur *Dussenti* se porta en avant pour l'arracher ; il en arracha un morceau ; un autre sapeur coupa, je crois, la corde qui retenait le bâton à la roue. Nous traversâmes cette barricade ; nous en aperçûmes une autre plus haut, près de la rue Saint-Magloire, mais en même temps nous aperçûmes un détachement de notre régiment, qui débouchait par la rue de la Grande-Truanderie, et nous allâmes ensemble jusqu'à la rue de la Tabletterie ; nous stationnâmes là pendant une partie de la nuit. Le capitaine *Devilliers* a été blessé dans la rue Saint-Denis, en approchant de la barricade sur laquelle était le drapeau, lui et son détachement se sont parfaitement conduits. Il pourrait peut-être vous donner des renseignements utiles.

(Dossier des barricades du marché des Innocents, n°   du greffe, pièce   .)

168. — SERVANT (Théodore-Brunot), *âgé de 53 ans, maréchal des logis de la garde municipale à pied, 2ᵉ compagnie, caserné faubourg Saint-Martin.*

(Entendu le 5 juin 1839, par M. Jourdain, juge d'instruction délégué.)

Le 12 mai, je sortis de la caserne du faubourg Saint-Martin vers trois heures et demie, par l'ordre du capitaine de police, M. *Lallemand,* d'après la nouvelle qui avait été donnée qu'on avait pillé les magasins d'armes de *Lepage,* rue Bourg-l'Abbé; lorsque je passai devant la mairie du 6ᵉ arrondissement, l'officier qui commandait le poste me dit de ne pas m'avancer davantage, que je serais écrasé, parce que les insurgés étaient au moins cent cinquante; je lui répondis que j'avais mission d'aller les reconnaître et que je devais la remplir : je continuai ma route. Arrivé rue Bourg-l'Abbé, je ne vis plus que quelques individus qui jetèrent quelques armes et se sauvèrent; le magasin était pillé. Les bourgeois ramassèrent ces armes et voulaient me les remettre; mais je leur dis que, étant obligé d'aller en avant, je ne pouvais pas m'en charger, et je les priai d'aller les porter à la mairie; ces bourgeois me donnèrent, comme l'officier de la garde nationale, le conseil de ne pas aller plus loin, me disant que je n'étais pas en force. Quelques jeunes gens de 12 à 14 ans se mirent à marcher devant moi en m'éclairant, et en me faisant connaître la marche des insurgés que je suivais. Je trouvai une barricade, formée d'un omnibus et d'un fiacre, près de la rue Salle-au-Comte; il y avait beaucoup de bourgeois dans la rue; je les priai de relever ces voitures, et ils s'y prêtèrent avec beaucoup de bonne grâce. Alors j'envoyai deux gardes, l'un, le nommé *Turc,* de la 6ᵉ compagnie, à la caserne Saint-Martin, et l'autre, le nommé *Robardet,* de la 2ᵉ compagnie, à la Préfecture de police, pour rendre compte de ce qui se passait et des obstacles qu'ils pourraient rencontrer en route : j'avais recommandé à *Robardet* de prendre des détours, et de quitter son uniforme même s'il le fallait; j'ai su depuis qu'un bourgeois lui avait prêté une blouse, et qu'il était allé ensuite à la Préfecture. Je me rendis ensuite dans la rue Saint-Denis; vers la rue Mauconseil, je trouvai deux barricades composées d'omnibus, de cabriolets et de fiacres; le poste Mauconseil était évacué; les militaires l'avaient quitté, m'a-t-on dit, cinq minutes auparavant; je descendis ensuite la rue Saint-Denis jusqu'au bout de la rue Aubry-le-Boucher; on me dit que les insurgés étaient au bout de cette rue, dans la rue Saint-Martin; j'y allai, je trouvai deux barricades, l'une, barrant la rue Saint-Martin, formée de deux omnibus dans lesquels se trouvaient des ballots; l'autre, barrant la rue Saint-Méry, formée de fiacres et de cabriolets. Les bourgeois, sur ma demande, s'empressèrent de les relever. Là, on me dit que les insurgés avaient remonté la rue Saint-Martin; je remontai jusqu'à la rue aux Ours, pour les poursuivre; je trouvai, au coin de cette rue et de la rue Saint-Martin, une barricade composée d'un omnibus et d'un fiacre : je les fis relever. Sur ma route je rencontrai des personnes effrayées et qu'on avait forcées de descendre de voiture, le pistolet sur la gorge. Je descendis ensuite la rue Quincampoix dans toute sa longueur jusqu'à la rue des Lombards; je pris à droite pour prendre la rue Saint-Denis, que je suivis jusqu'à la rue Saint-Jacques-la-Boucherie; en arrivant là, je reçus quelques coups de feu; je fis riposter dans la rue Saint-Jacques-la-Boucherie, d'où partaient ces coups de feu; deux insurgés furent tués, les autres se sauvèrent du côté de la rue des Arcis; il n'y avait plus personne dans les rues; nous prîmes la rue Saint-Jacques-la-Boucherie jusqu'au poste, et je tournai à droite et me plaçai devant le poste; il n'y avait plus personne sur la place ni sur les quais; personne ne passait dans ce moment; le poste était criblé de balles; je me fis reconnaître; on l'entr'ouvrit; au même instant un détachement de cavalerie de gardes municipaux entra sur la place par la rue Saint-Jacques-la-Boucherie, venant de la rue des Arcis; il était poursuivi par la fusillade qui se faisait entendre. Un brigadier était blessé, deux autres cavaliers avaient été tués dans la rue des Arcis. Le maréchal des logis commandant le poste ferma la porte, craignant sans doute d'être assailli.

Je me mis alors sous les ordres du lieutenant *Ladroite*, qui me donna l'ordre d'aller prendre le quai; comme j'y arrivais, au coin du café, arriva le lieutenant *Poste*, avec un détachement, venant du côté du pont au Change; je montai le quai jusqu'à la rue Planche-Mibray; M. *Poste* prit la petite rue, la première à gauche sur ce quai; il y avait une barricade à l'entrée de la rue Planche-Mibray, formée d'un omnibus, d'un fiacre et d'un cabriolet; un casque ensanglanté était sur l'omnibus; nous reçûmes des coups de feu en arrivant à cette barricade, et le brigadier *Luiset* reçut une balle qui traversa son shako et lui rasa les cheveux. Nous relevâmes les voitures, et arrivâmes dans la rue Planche-Mibray, jusqu'à la rue de la Vannerie et celle Saint-Jacques-la-Boucherie; au coin de cette rue étaient deux gardes municipaux à cheval, tués; nous stationnâmes là, pendant quelque temps, gardant la rue de la Tannerie et celle de la Vannerie, d'où l'on tirait sur nous. Il y avait près de la barricade deux hommes tués; j'en vis un autre, tué, à gauche dans une petite rue; je pense que c'est par le détachement de M. *Poste*, qui fut blessé dans ce moment. Un garde municipal à pied, du détachement de M. *Poste*, fut tué à cinq ou six pas des gardes à cheval; mais, au moins vingt minutes après, un homme fut blessé par nous dans la rue de la Tannerie; il tomba et se releva : il disparut; je suppose qu'on l'a fait entrer dans une allée de la rue de la Tannerie. Je fis casser deux fusils de chasse et un fusil de munition, que nous ne pouvions pas emporter. Nous restâmes là, environ vingt ou vingt-cinq minutes; je suis revenu par la rue Planche-Mibray; je descendis le quai jusqu'à la place de Grève; là se trouvait une barricade barrant la place, depuis la maison du marchand de vin, au coin, jusqu'aux moëllons; nous reçûmes quelques coups de feu; un homme fut tué sur le parapet, près le pont d'Arcole. Quand nous fûmes sur la place, une quarantaine d'individus se dispersèrent de tous côtés, et nous tirèrent des coups de fusil des petites rues adjacentes, pendant quelques minutes; les derniers s'en allèrent par la rue des Coquilles et la rue de la Tixeranderie, et le feu s'éteignit vers six heures. Un détachement d'infanterie, commandé par le capitaine *Legrouet*, de la caserne Tournon, arriva et occupa le poste de l'Hôtel de Ville; de la troupe de ligne arriva plus tard, et je restai là jusqu'à minuit et demi. Je ne pourrais reconnaître aucun des insurgés, parce que je ne les voyais que de loin. Il y avait parmi eux quelques bourgeois en redingote et en chapeau rond, et bien couverts, et le plus grand nombre en blouse : ces derniers paraissaient presque tous en ribote; les autres paraissaient au contraire de sang-froid.

(Dossier de l'attaque des mairies des 6ᵉ et 7ᵉ arrᵗˢ, n°   du greffe, pièce   .)

169.—CHALU (Jean-Baptiste), *âgé de 47 ans, inspecteur de police, demeurant à la Préfecture.*

(Entendu le 5 juin 1839, devant M. Perrot, juge d'instruction délégué.)

Le lundi 13 mai dernier, vers une heure et demie de relevée, me trouvant au bas de la rue Saint-Louis, j'aperçus deux individus armés de fusils de munition entrer dans la rue Neuve-Saint-Gilles. J'allai prévenir à la mairie du 8ᵉ arrondissement, et on me donna une compagnie du 28ᵉ de ligne, avec laquelle je me dirigeai par la rue Culture-Sainte-Catherine et celle des Trois-Pavillons. A peine avions-nous débouché dans cette rue, que je vis six individus, dont quatre en blouses bleues et grises, armés de fusils; un, en bourgeron, armé d'un fleuret, et le sixième, en veste ronde, armé d'une longue lame, lesquels débouchaient en courant de la rue du Parc-Royal sur la place de Thorigny. Ces deux derniers étaient à quelque distance en arrière des quatre premiers, et je me mis à courir sur eux. Comme j'approchais de celui en veste ronde, il jeta sa lame par-dessus le mur de la Légion d'honneur, et continua à se sauver par la rue de Thorigny avec l'individu en bourgeron. Celui-ci, se voyant ainsi poursuivi par moi, jeta son fleuret devant la maison rue de Thorigny, n° 5, et je le ramassai; au même instant, j'aperçus deux des quatre individus armés de fusils dans la rue de Thorigny, au coin de celle Saint-Gervais, et visant avec leurs fusils du côté des rues du Roi-Doré et Neuve-Saint-François. Ils lâchèrent leurs coups de fusil, et s'enfuirent par la rue des Coutures-Saint-Gervais. Deux gardes nationaux, qui étaient au bout de la rue Neuve-Saint-François, avaient aussi tiré; mais je ne sais si c'était sur les deux insurgés qui venaient de faire feu. Je me retirai alors près de la compagnie que j'avais amenée, et qui avait fait halte sur la place Thorigny. Dans ce moment, jetant les yeux sur la rue de la Perle et des Quatre-Fils, j'aperçus des gardes nationaux et des gardes municipaux qui entraient sous une porte cochère un individu que j'ai su depuis avoir été blessé. J'allai dans la maison de la Légion d'honneur, et j'y trouvai, dans une petite cour, l'arme qu'y avait jetée l'individu en veste ronde, et qui était une lame d'espadon sans poignée.

Nous avons représenté au sieur *Chalu* la lame d'espadon et le fleuret démoucheté reconnus par les époux *Perdereau*.

Et le sieur *Chalu* a dit : Je les reconnais positivement pour les deux armes blanches dont je viens de parler. Je me rappelle très-bien que le fleuret avait été démoucheté et paraissait avoir été grossièrement aiguisé, comme sur un pavé.

D. Une étiquette sans signature annonce que cette lame d'espadon et ce fleuret démoucheté auraient été trouvés sur la voie publique rue des Quatre-Fils, à l'endroit où le blessé dont vous avez parlé, et qui est le nommé *Grégoire*, venait d'être frappé d'une balle.

R. Cette énonciation est une erreur qui tient à la confusion du moment.

D. Parmi les insurgés, aviez-vous remarqué des individus en habits ou en redingotes noirs ?

R. Non.

Nous avons fait successivement amener dans notre cabinet les inculpés *Martin* (Pierre-Noël), *Pierné* aîné et *Marescal* (Eugène).

Et le sieur *Chalu* a dit : Je n'en reconnais aucun.

(Dossier Martin, n° du greffe   , pièce   .)

170. — PETIT (Elleter), *âgé de 25 ans, grenadier, 1re compagnie, 1er bataillon, au 7e régiment de ligne, caserné à Courbevoie.*

(Entendu le 6 juin 1839, devant M. Jourdam, juge d'instruction délégué.)

Le dimanche 12 mai dernier, je suis allé à la mairie du 4e arrondissement, avec un détachement de notre régiment, de 20 à 25 hommes, commandé par le sous-lieutenant *Jonquoy*. Nous partîmes avec une vingtaine de gardes nationaux : il pouvait être de six heures à six heures et demie ; nous sommes entrés dans la rue Saint-Denis près le marché des Innocents ; nous traversâmes deux barricades sans obstacle ; arrivés à trente ou quarante pas d'une troisième, nous reçûmes un feu assez vif, auquel nous ripostâmes. J'ai vu un drapeau sur cette barricade; mais je n'ai pas remarqué la couleur, parce que la fumée m'en empêchait, et que d'ailleurs j'étais occupé à tirer. Le sous-lieutenant *Jonquoy* fut tué là d'un coup de feu : je n'ai pas vu de quel endroit est venu ce coup de feu, parce que dans ce moment j'étais occupé à charger; les insurgés s'étaient retirés dans les rues voisines, mais comme nous étions trop peu de monde pour nous y engager, nous revînmes à la mairie, où nous restâmes à faire patrouille pendant toute la nuit; nous y restâmes jusqu'au mardi matin. Je n'ai vu aucun des insurgés assez près pour pouvoir reconnaître quelqu'un d'entre eux.

(Dossier des barricades du marché des Innocents, n° du greffe,   pièce   .)

171. — FRABOULET (François), *âgé de 32 ans, grenadier au 1ᵉʳ bataillon, 1ʳᵉ compagnie, du 7ᵉ de ligne, caserné à Courbevoie.*

(Entendu le 6 juin 1839, devant M. Jourdain, juge d'instruction délégué.)

Le dimanche 12 mai dernier, un détachement de 25 hommes environ de notre régiment, et dont je faisais partie, sortit de la 4ᵉ mairie, sous le commandement du sous-lieutenant *Jonquoy;* il y avait avec nous à peu près autant de gardes nationaux: nous arrivâmes au marché des Innocents, dans la rue Saint-Denis : il pouvait être environ six heures et demie. Nous trouvâmes près du marché une première barricade, que nous traversâmes sans empêchement; nous en trouvâmes une seconde plus loin, dans la rue Saint-Denis; nous la traversâmes, comme la première, sans obstacle; nous en vîmes une troisième, de laquelle on fit feu sur nous: nous ripostâmes, et bientôt le lieutenant *Jonquoy* tomba; je regardai d'où partait ce coup de feu, et je vis, dans une rue à gauche, de la fumée à une fenêtre d'un second étage; j'aperçus aussi un homme dans l'appartement. Des gardes nationaux ont dit que c'était de la rue de la Cossonnerie; je crois me rappeler que c'est la première rue à gauche après avoir passé la seconde barricade, mais je n'en suis pas sûr. Je suis retourné le soir sur les lieux, et je n'ai pas pu reconnaître la rue ni la maison. J'avançai jusqu'à quelques pas de la barricade : on tirait sur nous des rues voisines; mais bientôt on battit la retraite et nous rentrâmes à la mairie, où nous sommes restés jusqu'au mardi matin.

(Dossier des barricades du marché des Innocents, n° du greffe,   pièce   .)

172. — Dussenty (Nicolas), *âgé de 29 ans, sapeur au 53ᵉ régiment de ligne, caserné au quartier Marigny.*

(Entendu le 3 juin 1839, devant M. Jourdain, juge d'instruction délégué.)

Le dimanche 12 mai, je partis avec un détachement commandé par le colonel *Ballon* ; nous partîmes de la place des Victoires, et nous gagnâmes la halle par la rue Montmartre. Quand nous arrivâmes à la rue de la Tonnellerie, nous trouvâmes une barricade ; nous en enlevâmes plusieurs autour des marchés ; on tirait quelques coups de feu sur nous.

Enfin nous nous trouvâmes en présence d'un omnibus et d'un fiacre qui tenaient toute la rue Saint-Denis ; un bâton était attaché à une roue de l'omnibus, et au bout flottait un drapeau rouge. Mon colonel fut blessé devant cette barricade. Dans ce moment les tambours de la garde nationale battirent la charge. Je me portai en avant ; je montai sur la barricade ; j'arrachai le drapeau, qui était percé de plomb et de balles. Je le mis dans mon shako, et je continuai ensuite à faire feu avec ma carabine. Je reçus quelques grains de plomb dans la jambe ; et j'ai été pansé par le chirurgien du 15ᵉ de ligne. J'ai gardé ce drapeau ; je le dépose entre vos mains.

Nous l'avons mis sous scellé.

(Dossier des barricades du marché des Innocents, n°   du greffe, pièce   .)

173. — Vallois (Louis-Gabriel-Christophe), *âgé de 42 ans, tabletier, rue Saint-Martin, n° 237* (1).

(Entendu le 27 mai 1839, devant M. Jourdain, juge d'instruction délégué.)

Le dimanche 12 mai courant, je me rendais à Belleville, lorsque j'appris qu'il y avait des troubles, et que l'on faisait des barricades ; je m'empressai de rentrer chez moi et de revêtir mon uniforme. J'allais sortir, lorsque j'entendis des cris ; je vis que le poste, qui avait d'abord pris les armes, s'était replié dans la seconde cour de la mairie, et je vis que les insurgés, au nombre de 150 au moins, étaient maîtres du poste et de la première cour de la mairie. Mais bientôt ils se replièrent sur la rue Grenétat, derrière une barricade qu'ils avaient formée avec des planches, des tonneaux et d'autres objets. Je vis au même instant arriver un détachement de 15 ou 20 gardes municipaux accompagnés de M. *Haymonet*, commissaire de police. Je descendis alors et me rendis à ce détachement ; alors une fusillade s'était engagée entre les insurgés et les gardes municipaux, qui me donnèrent quelques cartouches, et je me joignis à eux ; quelque temps après nous attaquâmes la barricade, qui fut enlevée.

---

(1) Voir une autre déposition de ce témoin, ci-après, page 278.

En passant par-dessus une planche, je tombai sur trois individus blessés; l'un d'eux me dit : Achevez-moi; je ne vous eusse pas manqué. Ils étaient bien mis, avaient des foulards en ceinture, et portaient des cheveux longs. A l'aide de plusieurs personnes je les plaçai sur le trottoir. Le marchand de vin *Duval*, à droite, que je connais, me dit que les insurgés avaient laissé des cartouches et des capsules chez lui; il me les remit, et je les portai à la mairie. Nous allâmes ensuite fouiller une maison qui est en démolition; pendant ce temps on faisait feu d'une barricade qui était au coin de la rue Bourg-l'Abbé et du passage de la Trinité; nous allâmes les en déloger, et plusieurs se réfugièrent dans la rue du Grand-Hurleur et dans des maisons de cette rue, et notamment dans une qui est à gauche, et dans laquelle on entre en montant trois marches. Lorsque nous y arrivâmes, la porte en était fermée : nous enlevâmes ensuite deux autres barricades; puis je rentrai à la mairie. Nous fîmes pendant la nuit des patrouilles; vers quatre heures du matin nous arrêtâmes deux individus qui se chauffaient auprès d'un feu à l'encoignure du quai près la rue Planche-Mibray : l'un d'eux avait les mains noires de poudre; l'un s'est dit menuisier et l'autre aide couvreur; nous les remîmes entre les mains de M. *Cabuchet*, commissaire de police.

Ce jour-là, lundi 13 courant, nous fîmes encore des patrouilles dans le Marais. Nous arrêtâmes quatre individus: l'un du côté de la rue Saint-Gervais, dans un grenier. Ce jeune homme porte de grands cheveux blonds; il nous dit qu'il n'avait tiré que trois coups, mais qu'il avait tiré sur un grenadier; qu'il ne savait pas s'il l'avait tué; qu'il regrettait de n'en avoir pas tiré davantage. Nous avons arrêté aussi un jeune homme en habit noir, qu'un chasseur de la 7º légion nous a dit avoir vu deux fois montrer à un gamin à charger son fusil. On l'a arrêté chez un marchand de vin au coin de la rue Saint-Anastase. Je reconnaîtrais très-bien ces individus, car j'ai vu trois de ceux arrêtés le 13 mai passer aujourd'hui pendant que j'étais dans la salle des témoins.

(Dossier de l'attaque des mairies des 6º et 7º arr^{ts}, nº   du greffe, pièce   .)

174. — SAMSON (Boniface), *âgé de 34 ans, marchand de vin, rue Grenétat, nº 1.*

(Entendu le 23 mai 1839, devant M. Jourdain, juge d'instruction délégué.)

Le dimanche 12 mai courant, vers trois heures de l'après-midi, on vint me dire qu'il y avait du bruit, et que l'on pillait le magasin d'armes de MM. *Lepage* frères, rue Bourg-l'Abbé; mais je ne vis rien en ce moment. La rue Grenétat était tout à fait calme; mais j'entendis dire que, vers trois heures et demie, des insurgés étaient descendus du côté de la rue aux Ours et de la rue Saint-Denis, se dirigeant du côté des quais. Vers quatre heures et demie, je vis un assez grand nombre d'individus armés déboucher par la rue Royale-

Saint-Martin, entrer dans la rue Saint-Martin, et se porter vers la mairie du 6ᵉ arrondissement, sur laquelle ils tirèrent des coups de fusil. La garde nationale et la garde municipale s'étaient renfermées dans la cour de cette mairie; quand les insurgés les aperçurent, ils revinrent vers la rue Grenétat. Dès que j'avais vu ces individus arriver, je m'étais mis en devoir de fermer les volets de ma boutique : aussitôt douze ou quinze individus entrèrent chez moi; j'étais si troublé qu'il me serait difficile de les reconnaître. Ils me demandèrent des armes et des barres de fer; je leur répondis que je n'en avais pas, que je n'étais que garçon de cave, que je ne faisais pas le service de la garde nationale, et que je fermais mes volets avec de petits boulons. Ces individus alors me prirent mes tables et mes tabourets et formèrent une barricade, et ils me demandèrent du vin, de l'eau et de l'eau-de-vie. Bientôt la garde municipale survint, fit feu sur la barricade, et douze ou quinze des insurgés tombèrent blessés; on entra dans la salle au fond de ma boutique ceux qui n'étaient que blessés; on les pansait et ils s'en allaient : on en amena ainsi de quarante-cinq à cinquante, qui, après avoir été pansés, se sont en allés. Trois d'entre eux qui étaient plus grièvement blessés sont restés, et ont été enlevés et conduits à la mairie après la prise de la barricade. Le feu dura pendant près d'une heure; il pouvait y avoir deux cents à deux cent cinquante individus armés derrière la barricade. Les insurgés avaient deux ou trois tambours qui battaient la charge derrière la barricade. On m'a dit qu'un jeune homme en blouse la battait très-bien; mais je ne l'ai pas vu.

(Dossier de l'attaque des mairies des 6ᵉ et 7ᵉ arrᵗˢ, n°   du greffe, pièce   .)

175. — LAROULLY (François-Eugène), *âgé de 39 ans, quincailler, rue Sainte-Avoye, n° 39.*

(Entendu le 8 juin 1839, devant M. Jourdain, juge d'instruction délégué.)

J'étais au Musée pendant l'insurrection du 12 mai dernier, et je ne suis rentré qu'à huit heures et demie du soir. Mon magasin a été enfoncé, à ce qu'il paraît, vers cinq heures. C'est M. *Houlé*, fabricant d'équipements militaires, dans la maison, qui me l'a dit. M. *Houlé* a parlé aux insurgés; il en a remarqué un qui avait un mouchoir en ceinture et qui paraissait être le chef : c'est ce dernier, à ce que m'a dit M. *Houlé*, qui leur a commandé de sortir. On m'a pris mon fusil, mon sabre, ma giberne, deux merlins, et environ une douzaine de barres d'acier pour leur servir à faire des barricades. Il y a mon nom sur la bretelle de mon fusil. Je ne puis donc reconnaître aucun des insurgés. Sept ou huit personnes du voisinage, dont je ne connais pas les noms, m'ont dit que cet individu, qui avait un mouchoir en ceinture et qui paraissait leur chef, devait être un apprêteur en chapellerie : il paraît qu'ils le reconnaissaient très-bien.

(Dossier de l'attaque du poste de la place du Châtelet, n°   du greffe, pièce   .)

176. — LEFÈVRE (Francisque-Hippolyte), *âgé de 19 ans, commis épicier chez M. Baudoin et C*, *rue d'Anjou, n° 19, au Marais.*

(Entendu le 10 juin 1839, devant M. Perrot, juge d'instruction délégué.)

Le lundi 13 mai dernier, dans l'après-midi, je vis, devant notre magasin, environ une quinzaine d'individus, dont un seul avait un fusil, les autres des sabres ou épées rouillées, et d'autres encore des bâtons. L'un de ces individus, qui paraissait être leur chef, était vêtu d'un habit et d'un pantalon noirs, et coiffé d'un chapeau rond noir. Il portait un sabre nu à la main. Je crois que je pourrais le reconnaître ; mais je n'en reconnais aucun des autres. Il paraît que l'individu en habit noir voulait forcer à les suivre un jeune homme qui était vêtu d'une blouse et n'avait pas d'arme. Celui-ci sauta dans notre magasin par-dessus la barrière ; l'autre y sauta également, mais, s'étant embarrassé dans son sabre, il fit un faux pas ; il menaça le premier de le tuer s'il ne les suivait pas. Il s'enfuit, traversa la cour, toujours poursuivi par l'homme en habit noir ; mais quelqu'un de la maison lui donna asile, et l'autre fut obligé de revenir auprès de ses compagnons : ils s'éloignèrent. Il passa, quelque temps après, de la garde nationale ; et bientôt nous entendîmes des coups de fusil du côté de la rue des Quatre-Fils. Je ne sais rien autre chose.

(Dossier Martin, n°   du greffe, pièce   .)

177. — DENIZOT (Denis), *boulanger, âgé de 33 ans, demeurant à Paris, rue de Poitou, n° 17.*

(Entendu le 17 mai 1839, devant M. Masson, commissaire de police.)

L'an mil huit cent trente-neuf, le dix-sept mai à midi,

Devant nous *Pierre-N. Masson* commissaire de police de la ville de Paris, et spécialement du quartier du Mont-de-Piété,

S'est présenté le sieur *Denizot* (Denis), boulanger, demeurant rue de Poitou, n° 17,

Lequel nous a dit ce qui suit :

Lundi dernier, 13 du courant, vers deux heures de relevée, une trentaine d'individus, dont un seulement armé d'un fusil et les autres de sabres ou de baïonnettes, sont venus me demander mon fusil de garde national. Comme je refusais de le remettre, celui qui était armé d'un fusil me mit en joue, ce que voyant, je donnai mon arme qui était garnie de sa baïonnette et de sa bretelle, retenue par un bouton en cuivre de forme longue, sur lequel était gravé mon nom. Je ne puis me rappeler le numéro qu'elle portait, et il me serait même impossible de la reconnaître : le capitaine de ma compagnie était absent de Paris pour le moment.

L'individu qui m'a mis en joue m'a paru âgé de 20 ans, de grande taille. Ses cheveux étaient blonds, et il portait de petites moustaches rousses.

Je ne puis me rappeler quels étaient ses vêtements. Je ne puis vous signaler les autres, car j'étais très-troublé et je les ai à peine examinés.

(Dossier Martin, n°   du greffe, pièce   .)

178. — *Autre déposition du même témoin.*

(Reçue le 25 mai 1839, par M. Perrot, juge d'instruction délégué.)

Je persiste dans ma déclaration au commissaire de police du 17 mai courant, dont je vous répète le contenu. Quelques minutes après que les insurgés furent sortis de chez moi, j'entendis tirer un coup de fusil. Un petit quart d'heure après j'en ai entendu tirer plusieurs, mais je n'ai rien vu.

Nous avons fait successivement amener les inculpés *Martin* (Pierre-Noël), *Marescal* (Eugène) et *Longuet* (Jules), et le sieur *Denizot* a dit : Je ne reconnais aucun de ces individus. Il me serait impossible de dire s'ils étaient ou non au nombre de ceux qui sont entrés chez nous.

D. Votre fusil ne porte-t-il pas le n° 3093.
R. Je ne me le rappelle pas.

(Dossier Martin, n°   du greffe, pièce   .)

179. — Fougère (Jean-Baptiste-Antoine), *âgé de 31 ans, fabricant de plaqué, rue Jean-Robert, n° 24* (1).

(Entendu le 5 juin 1839, devant M. Perrot, juge d'instruction délégué.)

Je persiste dans ma précédente déclaration : je suis certain que le fusil de munition armé d'une baïonnette, que j'ai ramassé aux pieds du blessé *Grégoire*, près la porte cochère de la maison rue des Quatre-Fils, n° 10, le lundi 13 mai dernier, portait, gravé sur une petite plaque jaune, le nom du sieur *Denizot;* je suis certain aussi que ce fusil était chargé, et il a dû être déchargé à la mairie du 6ᵉ, où je l'ai porté, et où on déchargeait toutes les armes prises aux insurgés, dans la crainte d'accidents.

---

(1) Voir une autre déposition de ce témoin, ci-après, page 222.

Nous, juge d'instruction, avons représenté au sieur *Fougère* un fusil de munition avec la baïonnette, et sa buffleterie, sur laquelle est une petite plaque en cuivre jaune, portant gravé le nom de *Denizot*.

Et le sieur *Fougère* a dit : Je le reconnais positivement pour le fusil que j'ai ramassé auprès de l'individu trouvé blessé rue des Quatre-Fils, et qu'on a dit s'appeler *Grégoire*.

D. Une étiquette jointe à ce fusil énonce qu'il aurait été trouvé entre les mains de l'inculpé *Pierre-Noël Martin?*

R. Ce ne peut être que par erreur.

(Dossier Martin, n°   du greffe, pièce   .)

180. — ZOEGGER (Marie-Luison), *âgé de 40 ans, fabricant de cordes d'instruments de musique, demeurant rue des Grands-Degrés, n° 24, à Paris.*

(Entendu le 28 mai 1839, devant M. Perrot, juge d'instruction délégué.)

Le dimanche, 12 mai courant, j'étais de service au poste de l'Hôtel de Ville, et j'étais allé à mon domicile vers deux heures, laissant mon fusil au râtelier : ce fusil porte le n° 686. Sur les quatre heures et demie, j'ai appris les troubles ; on m'a dit que les insurgés avaient pris l'Hôtel de Ville. Je n'y suis pas retourné depuis ; je n'ai été témoin d'aucun désordre pendant les deux jours.

(Dossier Martin, n°   du greffe, pièce   .)

181. — PERDEREAU (Antoine), *marchand fripier, âgé de 46 ans, demeurant à Paris, place de la Rotonde-du-Temple, n° 14* (1).

(Entendu le 15 mai 1839, devant M. Moulnier, commissaire de police.)

L'an mil huit cent trente-neuf, le quinze mai, à deux heures après midi,

Devant nous *Théodore-Laurent-Philippe Moulnier,* commissaire de police à Paris, quartier du Temple, n° 14, y demeurant,

S'est présenté le sieur *Perdereau (Antoine)*, marchand d'habits, place de la Rotonde-du-Temple, n° 14, y demeurant, lequel nous a fait la déclaration suivante :

Lundi dernier, 13 du courant, vers une heure après midi, une quarantaine d'individus, dont un seul armé d'un fusil de calibre, les autres de bâtons, sont venus frapper à la porte de ma boutique. J'ai refusé de l'ouvrir ; mais, comme ils frappaient à grands coups de crosse de fusil, et qu'ils allaient l'enfoncer, j'y ai été forcé. Trois sont entrés et m'ont pris huit paires de fleurets, six lames d'épées avec fourreaux, sans poignets, et six lames de sabres avec fourreaux, également sans poignets. Si l'on me représentait les trois qui sont entrés, je les reconnaîtrais, ainsi que celui qui était armé, et un autre qui avait

---

(1) Voir les autres dépositions de ce témoin, pages 170, 214, 215, 228.

l'accent allemand. Ce dernier est grand, mince, et porte sa barbe en collier, qui est d'un blond foncé. Celui qui portait le fusil était en blouse; il est du quartier; il peut avoir environ dix-sept à dix-huit ans. Les trois autres, je les reconnaîtrais, mais je ne puis dire comment ils étaient vêtus. Un, celui qui paraissait le chef et qui a fait à ma porte la distribution des armes, portait un habit noir; il est d'une taille ordinaire.

(Dossier Martin, n°   du greffe, pièce   .)

182. — *Autre déposition du même témoin* (1).

(Reçue le 29 mai 1839, par M. Perrot, juge d'instruction délégué.)

Je persiste dans ma déclaration au commissaire de police, du 15 mai courant, dont je vous répète le contenu. Avant que les individus en question vinssent me piller, je les avais vus de ma porte renverser un omnibus près du couvent. Le jeune homme qui était le seul qui eût un fusil est le nommé *Martin*, enfant du voisinage; il a mis son fusil en travers de ma porte, pour empêcher tous les autres de se précipiter chez moi; il n'en est entré que trois, l'un vêtu d'un habit noir, qui était à la tête, et qui m'a paru être le chef, les deux autres, vêtus de blouses; l'un paraissant plus âgé que l'autre, et ayant un fort collier de barbe et de fortes moustaches noires. J'ai moins remarqué l'autre. Ils m'ont demandé *des armes! des armes!* et je leur répondis que je n'avais pas de fusils; alors le plus petit en habit noir a pris ce qu'il y avait dans mon râtelier, en armes blanches: il n'y avait qu'une paire de fleurets démouchetés; il en a fait la distribution aux autres de dessus ma porte; ils tendaient tous la main pour les recevoir de celles du jeune homme en habit noir; alors ils ont démoucheté plusieurs fleurets, et ont aiguisé les pointes sur le pavé de la rue. Ensuite, un de ceux qui étaient restés à la porte, dont je ne me rappelle pas le vêtement, mais qui avait, à ce que je crois, une calotte en velours bleu, assez grand et ayant une barbe rougeâtre, m'a demandé mon fusil. Je l'avais dans ma paillasse; mais je lui ai répondu que la veille on me l'avait pris. En effet, en revenant de Saint-Denis, le dimanche à neuf heures du soir, une femme me dit qu'un assez grand nombre d'insurgés était venu à la maison demandant des armes. Ils avaient bien vu les vieilles armes blanches qui étaient à mon râtelier, mais c'étaient des fusils qu'ils voulaient avoir; ils n'ont rien pris. Ma femme avait caché mon fusil dans ma paillasse aussitôt qu'elle avait entendu parler des troubles.

Nous avons fait successivement amener les inculpés *Martin* (Pierre-Noël); *Longuet* (Jules) et *Marescal* (Eugène);

Et le sieur *Perdereau* a dit :

Je reconnais positivement le nommé *Martin* pour celui qui seul avait un fusil et en a barré ma porte.

(1) Voir trois autres dépositions de ce témoin, ci-après, pages 214, 228 et 240.

Je reconnais aussi positivement le nommé *Longuet* pour celui en habit noir qui est entré chez moi avec deux autres, qui a pris les armes blanches et en a fait la distribution.

Enfin, je reconnais tout aussi bien le nommé *Marescal* pour celui à la barbe rougeâtre, et qui m'a demandé mon fusil.

(Dossier Martin, n°   du greffe, pièce   .)

183. — QUELQUEJEU (Charles-François), *pharmacien, âgé de 38 ans, demeurant à Paris, rue de Poitou, n° 13.*

(Entendu le 17 mai 1839, devant M. Masson, commissaire de police.)

L'an mil huit cent trente-neuf, le dix-sept mai, à dix heures et demie du matin,

Devant nous *Pierre-Nicolas Masson*, commissaire de police de la ville de Paris, quartier du Mont-de-Piété,

S'est présenté le sieur *Quelquejeu (Charles-François)*, pharmacien, rue de Poitou, n° 13, lequel nous a dit :

Lundi dernier, 13 du courant, vers une heure et demie de relevée, une dizaine d'individus se sont présentés devant ma porte et m'ont demandé mon fusil ; j'offris à l'un d'eux de m'accompagner dans ma cave où je l'avais caché, mais il refusa en me disant d'aller le chercher, qu'il ferait respecter ma maison ; je me rendis de suite à ma cave, et je remis un fusil seulement, bien que j'en eusse trois appartenant à la compagnie dont je suis sergent-major.

Celui que j'ai remis était garni de sa baïonnette, sans bretelle ; il portait le n° 3891.

L'individu qui m'a engagé à aller chercher mon fusil m'a paru âgé de 25 ou de 28 ans ; il était de petite taille.

Il était vêtu d'un habit noir râpé, à collet de velours, et coiffé d'un chapeau bas de forme, à larges bords ; il était armé d'un sabre ; c'est à lui que j'ai remis mon fusil, mais il ne l'a pas gardé, il l'a donné à un autre individu.

(Dossier Longuet, n°   du greffe, pièce   .)

184. — *Autre déposition du même témoin* (1).

(Reçue le 25 mai 1839, par M. Perrot, juge d'instruction délégué.)

Le lundi 13 mai courant, je n'avais point ouvert ma boutique non plus que mes voisins ; mais revenant, vers une heure de relevée, de la caisse Laffitte, et ayant vu les boutiques des boulevards et des rues adjacentes ouvertes, je dis

---

(1) Voir une autre déposition de ce témoin, ci-après, page 219.

à mon commis qu'il pouvait ouvrir, qu'il n'y avait point de danger. Je l'envoyai ensuite porter une potion rue Popincourt, et je restai seul à la boutique. Peu d'instants après, je vis passer un individu dont je ne me rappelle plus le costume, qui brandissait un sabre nu; j'allai à ma porte et j'aperçus un groupe qui était à la porte du boulanger du coin de la rue de Touraine : c'était huit ou dix individus, la plupart vêtus de blouses, et les autres de mauvais habits; quelques-uns avaient des fusils, d'autres des sabres, et d'autres rien. Je me mis en devoir de fermer ma boutique; et, dans ce moment, se présenta un ouvrier du sieur *Hecque*, cordonnier dans la rue, dont j'ignore le nom et qui me prit une des barres pour m'aider à fermer plus vite. Les individus dont je viens de parler arrivèrent à leur tour, et ils me demandèrent mon fusil, disant qu'ils me le rapporteraient; je ne pouvais résister, et, comme j'avais l'air de craindre qu'ils ne pénétrassent dans ma boutique, celui à qui j'avais vu un sabre un moment auparavant, et qui portait un habit noir, prit le fusil d'un de ses compagnons, le mit en travers devant la porte de ma boutique et dit que personne n'y entrerait; l'ouvrier cordonnier qui était avec moi dans la boutique, prit le fusil de mes mains pour regarder le numéro, et me le rendit; après quoi je le remis à celui qui avait l'habit noir et qui paraissait le chef de la bande, car il n'avait pas de fusil et se contentait de tenir son sabre à la main; alors je fermai précipitamment ma porte et j'entendis tirer un coup de fusil et des cris de femme. Cependant je n'ai point entendu dire que quelqu'un ait été blessé. Dix minutes après arriva de la garde nationale et de la ligne, mais je n'ai entendu le bruit d'aucune fusillade. J'ai fait ma déclaration à M. *Masson*, commissaire de police, et je lui ai donné le numéro de mon fusil que les insurgés ne m'ont point rapporté. J'ai oublié ce numéro; mais, de retour chez moi, je vais vous l'envoyer : j'y joindrai les numéros des fusils de ceux de mes voisins à qui on en a pris comme à moi. En qualité de sergent-major de la compagnie, j'ai chez moi le contrôle d'armement.

Nous avons fait amener dans notre cabinet les inculpés *Longuet* (Jules), *Martin* (Pierre-Noël) et *Marescal* (Eugène);

Et le sieur *Quelquejeu* a dit : Je ne reconnais aucun de ces trois individus.

Nous, juge d'instruction, constatons que le nommé *Longuet* est vêtu d'une redingote noire, qu'il a prise à son domicile, lors de la perquisition, en remplacement de l'habit noir dont il était vêtu le lundi 13 mai courant, au moment de son arrestation.

(Dossier Longuet, n°   du greffe, pièce   .)

185. — GALLOIS (Jean-Pierre-Bazilic), *monteur en bronze, âgé de 32 ans, demeurant à Paris, rue d'Anjou, n° 4, au Marais* (1).

(Entendu le 17 mai 1839, devant M. Masson, commissaire de police.)

L'an mil huit cent trente-neuf, et le dix-sept mai, à dix heures quarante minutes du matin,

Nous *Pierre-Nicolas Masson*, commissaire de police de la ville de Paris, et spécialement du quartier du Mont-de-Piété,

Avons appelé en notre bureau le sieur *Gallois* (Jean-Pierre), âgé de 32 ans, monteur en bronze, demeurant rue d'Anjou, n° 4, que l'on nous avait dit pouvoir nous donner des renseignements sur quelques-uns des insurgés qui avaient passé dans la rue de Poitou, le lundi 13 du courant.

En réponse aux questions que nous lui avons adressées, il nous a dit ce qui suit :

Lundi dernier, 13 du courant, vers deux heures moins un quart de relevée, j'étais dans l'établissement du sieur *Poinçot*, limonadier, rue de Poitou, n° 31, lorsqu'une dizaine d'insurgés passèrent devant cet établissement, venant de la rue d'Anjou. Deux de ces individus étaient armés chacun d'un bout de fleuret, un troisième avait un fusil de munition, et un quatrième, qui paraissait commander aux autres, portait à la main *une lame de sabre de luxe*. Les autres n'étaient point armés ; quelques-uns seulement avaient des bâtons. Ils s'arrêtèrent un instant devant la porte de la boutique du sieur *Poinçot*, et l'un des deux individus armés d'un bout de fleuret demanda à ce dernier *son fusil de garde national*. Il lui répondit qu'il n'en avait pas, parce qu'il n'était pas de la garde nationale. C'est une réponse comme une autre, reprit cet individu. Au même moment, le groupe d'insurgés continua son chemin jusqu'à la boutique du sieur *Desgroux*, charcutier, au n° 22, qu'ils ont forcé à livrer son fusil.

Les deux individus armés de bouts de fleuret étaient, l'un et l'autre, coiffés de casquettes à visières, et vétus de blouses, l'une bleue, l'autre grisâtre.

Celui qui avait un fusil de munition était vêtu d'une blouse bleue, et coiffé d'une casquette. Il m'a paru âgé de 18 ans, et de la taille de cinq pieds un pouce environ. Celui qui paraissait être le chef, et qui avait à la main une lame de sabre, était vêtu d'un habit noir, d'un pantalon noir, et coiffé d'un chapeau ; il m'a paru âgé de 24 ans ; il est de la taille de cinq pieds et d'assez forte corpulence ; il a le teint brun et la figure pleine. Je reconnaîtrais facilement ce dernier individu, mais il me serait difficile de reconnaître les autres.

Ceux qui n'étaient point armés étaient vêtus de blouses, à l'exception d'un seul, qui avait un bourgeron bleu et était coiffé d'une casquette ronde, sans

(1) Voir une autre déposition de ce témoin, ci-après, page 177.

visière, *dont le fond tombait sur le côté*. Celui-ci, en passant, a traité de canaille les personnes qui se trouvaient à la porte du café du sieur *Poinçot*.

Lecture faite audit sieur *Gallois* de sa déclaration, il en a affirmé la sincérité, y a persisté et a signé avec nous.

Signé, *Gallois* et *Masson*.

De tout quoi nous avons dressé le présent procès-verbal, qui sera transmis à M. le conseiller d'État, préfet de police, aux fins de droit.

(Dossier Longuet, n°   du greffe, pièce   .)

186. — PORTHAULT (Lubin-Joseph), *tisserand, âgé de 17 ans, demeurant à Paris, Grande-Rue-de-Reuilly, n° 47.*

(Entendu le 24 mai 1839, devant M. Perrot, juge d'instruction délégué.)

Le lundi 13 mai courant, vers onze heures, onze heures et demie du matin, mon père m'a donné quatre francs pour aller chercher de la marchandise chez le sieur *Lacombe*, rue aux Ours, n° 31. En arrivant à la Porte-Saint-Antoine, on me dit qu'il y avait du danger de passer par la rue Saint-Antoine, et je pris les boulevards jusqu'à une rue par laquelle je descendis à la rue du Parc-Royal. Ayant traversé la rue Saint-Louis, j'arrivai à une autre rue dont je ne me rappelle plus le nom, et j'y vis vingt-cinq à trente individus, dont quelques-uns vêtus de redingotes noires, et le plus grand nombre vêtus en blouse, ayant presque tous l'air d'ouvriers, sauf un ou deux bien mis, mais dont je ne pourrais dire la profession. Il y en avait peu qui fussent armés, et les autres entraient chez les marchands de la rue : je n'ai pas remarqué s'ils en sortaient avec des fusils ou autres armes. Tout à coup survint une patrouille de garde nationale; les insurgés s'enfuirent au bout de la rue et se cachèrent dans les encoignures, d'où ils tirèrent environ cinq ou six coups de fusil. La garde nationale riposta. Je me trouvai plus rapproché d'elle que des insurgés, et soit parmi elle, soit parmi ces derniers, je n'ai vu personne ni tué ni blessé. J'avais entendu siffler les balles, et je me sauvai dans une maison rue Culture-Saint-Gervais, n° 2, à ce que je crois. J'entrai par l'allée en même temps qu'un individu qui me précédait, et qui était vêtu en ouvrier, avec un tablier devant lui. Nous montâmes aux étages supérieurs, et quand nous y fûmes arrivés, je vis qu'il était armé d'un fusil de munition, qu'il me dit qu'il allait cacher sous un escalier. Je redescendis, et, arrivé dans la rue, je fus arrêté par le concierge de la maison en face, qui me dit qu'il en avait vu un autre armé entrer en même temps que moi dans la maison. Il m'y conduisit, et je lui montrai le dessous d'escalier où l'individu armé m'avait dit qu'il cacherait son fusil : il y était caché aussi. Il en sortit avec son fusil, et le concierge l'ayant sommé de le lui rendre, il l'a mis en joue et lui a répondu qu'on n'aurait son arme que lui mort. Le concierge, effrayé, s'est retiré avec moi, et il m'a emmené chez lui, où il m'a livré ensuite à la garde nationale. Je n'ai point vu de barricades. Parmi les insurgés, j'avais remarqué un jeune homme vêtu d'un habit noir et qui n'avait pas d'arme. Je l'ai reconnu ensuite à la mairie, ainsi que l'individu avec qui j'étais entré dans la maison de la rue Culture-Saint-Gervais, n° 2.

D. Ce jeune homme en habit avait-il l'air d'être le chef de la bande?
R. Je n'en sais rien. Ils allaient et venaient sans ordre.

D. Ces deux individus étaient-ils blessés, et portaient-ils des taches de poudre?
R. Le jeune homme en habit en avait aux mains; il n'était pas blessé. L'autre jeune homme en avait aux mains et à la bouche; de plus, il avait à l'un des doigts une plaie vive, qu'il a dit lui avoir été faite la veille par une balle. Il a même ajouté que c'était cette blessure qui l'avait exalté et l'avait porté à se battre dans les troubles de lundi.

D. Ce qui donnerait à penser que vous-même vous faisiez partie de cette bande, c'est que vous vous êtes sauvé devant la garde nationale?
R. C'est que je craignais qu'ils ne me prissent pour un insurgé, et qu'ils ne tirassent sur moi comme sur eux.

Nous avons fait amener successivement dans notre cabinet les inculpés *Jules Longuet* et *Pierre-Noël Martin;*

Et le nommé *Porthault* a dit : Je reconnais dans le nommé *Longuet* le jeune homme qui avait l'habit noir, et dans le nommé *Martin* le jeune ouvrier qui est entré avec moi dans la maison rue Culture-Saint-Gervais, n° 2, et qui était armé d'un fusil de munition.

(Dossier Longuet, n°   du greffe, pièce   .)

187. — CAUCHE (François), *opticien, et sous-lieutenant de la garde nationale, âgé de 36 ans, demeurant à Paris, rue Saint-Martin, n° 161.*

(Entendu le 25 mai 1839, devant M. Jourdain, juge d'instruction délégué.)

Le dimanche 12 courant, ayant appris qu'on avait pillé les magasins de MM. *Lepage,* arquebusier, je me rendis vers quatre heures à ma mairie, et j'accompagnai, avec quelques gardes nationaux et des gardes municipaux, les tambours qui battaient le rappel. Nous ne rencontrâmes pas d'insurgés; mais, à notre retour, rue Aumaire, nous aperçûmes une bande d'hommes armés au coin de la rue Royale et de la place Royale-Saint-Martin ; ils firent feu sur nous, nous ripostâmes : ils se reployèrent sur la rue Grenétat; nous continuâmes à tirer, et quatre d'entre eux tombèrent au coin de la rue Grenétat où ils s'étaient retranchés derrière une barricade. Nous rentrâmes à la mairie, et nous en sortîmes presque aussitôt avec un détachement de gardes municipaux commandés par le lieutenant *Tisserand :* la barricade fut enlevée à la baïonnette; nous nous prîmes corps à corps avec les insurgés et on les repoussa; je restai dans cette position pour la garder; nous ramassâmes quelques armes derrière cette barricade, et entre autres un fusil à deux coups dont un canon était crevé et dont tout le bois était brisé.

Représentation faite au témoin, des fusils déposés par la dame *Guy*, il a dit : Je vois là le canon double du fusil dont je viens de vous parler et dont un est crevé; je crois bien aussi que celui de ces fusils qui est simple et dont la crosse est cassée était parmi les armes trouvées derrière la barricade.

Le lendemain lundi, j'étais en patrouille; je passai rue du Grand-Chantier; nous reçûmes des coups de feu au coin de la rue des Quatre-Fils. Un jeune homme en blouse bleue, que nous avions vu dans les barricades, s'était sauvé et s'était réfugié dans la maison n° 2, rue Saint-Gervais, au cinquième étage, dans un petit grenier; il était encore nanti d'un fusil de munition quand nous l'arrêtâmes. Nous lui demandâmes où il avait pris ce fusil; il nous dit qu'il l'avait pris à un grenadier qui rejoignait la mairie, et il nous avoua avoir tiré trois coups de feu sur nous; il s'en glorifiait; il me disait que s'il nous avait tenus en face de lui, il ne nous en aurait pas tant dit, qu'il nous aurait descendus.

Représentation faite au témoin, du nommé *Martin* (Pierre-Noël), il a dit : Je reconnais parfaitement cet individu; c'est bien celui que nous avons arrêté rue Saint-Gervais, n° 2, et qui s'est vanté d'avoir tiré sur nous.

Au même instant on a arrêté dans la même rue, sous la porte cochère en face, un jeune homme en blouse blanche, de 12 ans environ, que celui que vous venez de me représenter nous a dit d'arrêter, en disant : C'est lui qui m'a vendu. Il avait un pistolet et une baïonnette : nous ne trouvâmes plus rien sur lui. Quelque temps après, en passant dans la rue des Quatre-Fils, deux jeunes gens nous remirent un individu d'environ 36 ans, vêtu d'une redingote bleue, et coiffé d'une casquette de velours violet; ils nous dirent que cet homme venait de désarmer, à domicile, un charcutier, demeurant dans une rue qui va de la rue d'Anjou à la rue Vieille-du-Temple; il avait encore le fusil dans les mains, et l'on voyait par l'état du bassinet de ce fusil qu'il avait fait feu récemment; l'individu avait les lèvres toutes noircies par la poudre. Le fusil de cet homme, et l'autre saisi sur *Martin*, ont été déposés à la mairie du 6° arrondissement.

Nous continuâmes notre route vers la rue Saint-Louis; nous aperçûmes au coin de la rue Saint-Anastase un rassemblement non armé, au milieu duquel se trouvait un jeune homme en habit noir; il excitait les autres : deux Messieurs décorés nous désignèrent ce jeune homme, en nous disant que depuis quelque temps ils le suivaient; qu'ils avaient remarqué qu'il excitait tous les jeunes gens à prendre les armes contre la garde nationale : nous l'arrêtâmes; partout où nous passions, en le ramenant dans nos rangs, nous entendions dire : *Ah! le voilà enfin arrêté!*

Représentation faite du nommé *Jules Longuet*, le témoin a dit : Je reconnais parfaitement ce jeune homme; c'est bien le jeune homme dont je viens de vous parler et que nous avons arrêté au coin de la rue Saint-Anastase au milieu d'un rassemblement qu'il excitait.

Il y avait là MM. *Vallois*, chasseur, 4ᵉ compagnie, et *Jean*, lieutenant, qui pourront vous donner des renseignements positifs à cet égard.

(Dossier Longuet, nº   du greffe, pièce   .)

188. — GALLOIS (Jean-Pierre-Bazilic), *monteur en bronze, âgé de 32 ans, demeurant à Paris, rue d'Anjou, nº 4, au Marais* (1).

(Entendu le 27 mai 1839, devant M. Perrot, juge d'instruction délégué.)

Je persiste dans ma déclaration au commissaire de police, en date du 17 mai courant, et dont je vous répète le contenu. Il n'y avait pas cinq minutes que ces dix insurgés environ étaient passés, que je vis arriver quatre ou cinq gardes nationaux les poursuivant à la course; je leur dis même : N'avancez pas trop, vous n'êtes pas en force; mais ils poursuivirent leur chemin. A peine étaient-ils au bout de la rue de Poitou, que j'entendis quelques coups de fusil, du côté de la fontaine de l'Échaudé; je venais de rentrer dans ce moment; et dix minutes n'étaient pas écoulées, que j'entendis d'autres coups de fusil, dans la direction de la rue du Perche et de la rue des Quatre-Fils. J'ai appris peu de temps après que deux individus étaient tombés dans ces engagements, et que le nommé *Célestin*, l'un d'eux, avait été tué dans ce dernier engagement. Je connaissais cet homme depuis longtemps, comme homme de peine, fréquentant le quartier : c'était un ivrogne fieffé, et je crois qu'il était incapable de prendre part aux troubles. D'ailleurs, il n'était pas parmi ceux que j'avais vus passer; il paraît, d'après les bruits du quartier, qu'il était ivre au moment où il a été frappé. Je n'ai pas entendu nommer celui qui a été blessé; je ne connais pas d'individu du nom de *Grégoire*.

Nous avons fait amener dans notre cabinet les inculpés *Martin* (Pierre-Noël), *Longuet* (Jules) et *Marescal* (Eugène);

Et le sieur *Gallois* a dit : Je ne reconnais pas le nommé *Marescal*.

Je reconnais le nommé *Longuet* pour l'individu en habit noir, et qui avait la lame de sabre de luxe.

Quant au nommé *Martin*, il me fait assez l'effet de celui qui avait le fusil; mais je ne pourrais l'affirmer.

(Dossier Longuet, nº   du greffe, pièce   .)

---

(1) Voir une autre déposition de ce témoin, ci-devant, page 173.

189. — NICOL (Nicolas-Pierre-Théodore), *commissaire de police, inspecteur des poids et mesures, âgé de 44 ans, demeurant à Paris, rue Neuve-Saint-François, n° 10.*

(Entendu le 31 mai 1839, devant M. Perrot, juge d'instruction délégué.)

Le lundi 13 mai courant, vers deux heures de relevée, étant à ma fenêtre au troisième étage, je vis accourir de la rue Vieille-du-Temple, dans ma rue, quatre individus, dont trois vêtus de blouses et coiffés de casquettes ou bonnets, et le quatrième vêtu d'un habit noir et coiffé d'un chapeau rond noir. Je crois que les trois premiers étaient armés de fusils qui m'ont paru être des fusils de munition, sans que je puisse l'affirmer; s'ils n'étaient pas armés tous les trois, deux du moins l'étaient. Il y avait aussi, à ce que je crois, deux blouses blanches parmi eux. Je ne saurais dire comment était vêtu le troisième. Je m'attachai davantage à considérer l'habit noir, qui me paraissait donner aux trois autres leurs directions. Ils s'embusquèrent au coin de la rue Saint-Gervais (côté de la rue Vieille-du-Temple), ce coin faisant aussi celui de la rue Neuve-Saint-François, et je vis très-distinctement l'homme en habit noir amorcer deux fusils avec de la poudre contenue dans un cornet de papier blanc. A cet instant arriva de la force armée qui cria : Fermez les fenêtres. Je me retirai et fermai la mienne, et immédiatement j'entendis quelques coups de fusil. Vers trois heures, je descendis et j'entrai dans un café au coin de la rue Vieille-du-Temple et de la rue de Poitou, et après moi se présenta un Monsieur qui demanda, à moi et à ceux qui étaient là, si nous avions remarqué, parmi les insurgés, un individu en habit et pantalon noirs. Avant de lui répondre, je lui demandai à quel titre il prenait ces renseignements, et il dit que c'est qu'il avait arrêté cet individu en flagrant délit d'insurrection. Ce Monsieur ajouta qu'il s'appelait *Lemaire.*

Nous, juge d'instruction, avons fait amener dans notre cabinet l'inculpé *Longuet* (Jules);

Et M. *Nicol* a dit :

La taille me paraît bien être la même. J'avais dans l'idée que celui que j'ai vu était plus âgé, plus maigre et moins pâle. Au surplus, je ne l'avais vu que d'un troisième, et à une distance de vingt-cinq pas. Quant aux autres, je ne m'y suis nullement attaché, et je ne pourrais les reconnaître. Je n'ai pas remarqué s'ils avaient des armes blanches.

(Dossier Longuet, n°   du greffe, pièce   .)

190. — CHEVALIER (Philippe-Fortune-Caille), *âgé de 52 ans, ancien officier de marine, capitaine de grenadiers de la 6ᵉ légion de la garde nationale, demeurant à Paris, rue*

(Entendu le 3 juin 1839, devant M. Perrot, juge d'instruction délégué.)

Le lundi 13 mai dernier, je faisais partie du détachement commandé par le capitaine *Vail*, qui fit jonction avec la garde municipale, à la rue des Quatre-Fils. Le peloton que je commandais passa sans s'arrêter devant la maison n° 10, où il y avait un mort et un blessé, parce qu'on nous disait qu'il y avait encore des insurgés au bout de la rue. Je ne pourrais donc donner aucun détail sur ce qui s'est passé à la maison n° 10. Je n'ai vu ramasser dans ma route aucun fusil ni armes blanches, telles que espadon et fleurets.

D. Lorsque vous passâtes dans le Marais, au coin de la rue Vieille-du-Temple et de la rue de l'Échaudé, n'y avait-il pas des insurgés chez le marchand de vin?
R. Je n'en sais rien.
D. Ne l'avez-vous pas entendu dire par le marchand de meubles voisin?
R. Non.
D. Le sieur *Fougère* croit vous en avoir entendu parler?
R. Il fait erreur; je lui ai parlé du sieur *Perdereau*, qui m'a dit que si nous étions arrivés un peu plus tôt, nous aurions pris ces insurgés chez lui et à sa porte.

J'ajoute que c'est moi qui, la nuit suivante, vers minuit, ai conduit à la Préfecture de police les individus que nous avions arrêtés, et, parmi eux, le nommé *Longuet*, qui avait refusé de dire son nom à la mairie. A la Préfecture, il s'est décidé à dire qu'il s'appelait *Jules Longuet*, en présence des autres, notamment du nommé *Martin*.

(Dossier Longuet, n°   du greffe, pièce   .)

191. — BONNAIRE (Charles), *commis de rouenneries en gros, âgé de 18 ans, demeurant à Paris, rue Saint-Martin, n° 116.*

(Entendu le 25 mai 1839, devant M. Perrot, juge d'instruction délégué.)

Le dimanche 12 mai courant, au moment où les troubles commençaient, je suis allé, avec les deux frères *Longuet* et mon camarade *Prémont*, au Palais-Royal, où nous avons dîné, puis à la barrière de l'École. *Jules Longuet* et moi sommes allés ensuite à la barrière du Maine et à la barrière Mont-Parnasse, et comme nous nous ennuyions dans ces bals, nous sommes revenus à Paris. *Jules Longuet* a couché dans la chambre des commis, et moi au magasin comme de coutume. Le lendemain matin, lorsque je me levai, *Jules Longuet* était déjà parti, et je ne l'ai pas revu. Je ne le connaissais pas pour s'occuper de politique; il voyage pour la maison tenue à Paris par son frère, et il n'est presque jamais à Paris: il y vient tout au plus deux ou trois fois par an; il était venu cette fois pour se rassortir de divers échantillons, et il devait repartir le lendemain 13.

D. Vous a-t-il proposé de prendre part aux troubles des 12 et 13 mai courant?
R. Pas du tout.

D. Connaissez-vous les nommés *Martin* et *Marescal?*
R. Nullement.

D. *Jules Longuet* avait-il des armes?
R. Je ne lui en ai jamais connu.

(Dossier Longuet, n°   du greffe, pièce .)

FAITS PARTICULIERS A MARTIN.

192. — *Procès-verbal d'arrestation des inculpés* MARTIN *et* MARESCAL.

(Par M. Dambeza, sergent à la 5ᵉ légion.)

Parti de la mairie du 6ᵉ arrondissement sous les ordres du capitaine *Surgue*, du 1ᵉʳ bataillon, et arrivé à la rue de la Perle, on nous signala un attroupement composé de plusieurs individus armés de fusils. Nous arrêtâmes presqu'aussitôt un *individu porteur d'un fusil de munition*, qu'il nous dit tenir d'un charcutier. Cet individu avait les lèvres noircies par la poudre; le fusil venait d'être déchargé, et cet individu nous a dit se nommer *Marescal*, demeurant rue de la Calandre. En poursuivant l'attroupement, nous arrêtâmes un autre individu signalé par divers comme excitant les individus de l'attroupement, rue Thorigny. Nous arrêtâmes le nommé *Porthault*, qui s'était réfugié dans une maison, sur lequel on n'a rien saisi de suspect. Nous arrêtâmes, dans une autre maison, en face de la précédente, un autre individu nommé *Martin*, porteur d'un fusil pris à un grenadier de la garde nationale, rue Michel-le-Comte. *Il nous a avoué avoir tiré trois coups de feu sur notre détachement.* Mis en présence du nommé *Marescal*, il manifesta un vif mouvement de surprise, en reconnaissant que le nommé *Marescal* était arrêté, ce qui nous confirma que ces deux individus faisaient partie de l'attroupement que nous poursuivions.

Signé DAMBEZA,

Sergent de la 4ᵉ compagnie du 2ᵉ bataillon, 5ᵉ légion, rue Saint-Martin, n° 208.

(Dossier Martin, n°   du greffe,   pièce.)

193. — DAMBEZA (Jérôme), *apprêteur pour les bijoutiers, âgé de 32 ans, demeurant à Paris, rue Saint-Martin, n° 208, sergent dans la 5ᵉ légion, 2ᵉ bataillon, 4ᵉ compagnie.*

(Entendu le 24 mai 1839, devant M. Perrot, juge d'instruction délégué.)

Je persiste dans le rapport que j'ai déjà rédigé, le lundi 13 mai au soir, sur la demande de M. Haymonet, commissaire de police, et que je lui ai remis. Je reconnais ce rapport dans celui sans date que vous me représentez. Je demeure près de la mairie du 6ᵉ arrondissement. Le dimanche

12, lorsque j'eus connaissance des troubles, je revêtis mon uniforme; mais, comme j'allais sortir de l'allée, un gros d'insurgés venant attaquer la mairie, je fus forcé de remonter à mon logement qui est au troisième, et en regardant par intervalle aux fenêtres, il me fut impossible de juger du nombre des insurgés, qui cependant me paraissait assez considérable, et armé en grande partie; ni de la classe de la société à laquelle ils pouvaient appartenir en général. Aussitôt que l'action fut finie, pensant qu'il pourrait y avoir quelques difficultés à ce que je rejoignisse la 5ᵉ légion, dont je fais partie, je me rendis à la mairie du 6ᵉ et je me mis à la disposition du chef de cette légion. Ma coopération le dimanche soir et dans la nuit n'a consisté qu'à faire patrouille et escorte pour des individus arrêtés. Le lundi matin, jusqu'à midi, se passa aussi en service ordinaire; mais, vers midi, nous fûmes informés que des hommes armés avaient renversé un omnibus dans le clos du Temple. Nous partîmes sous les ordres de deux chefs de bataillon, et il partit aussi de la troupe de ligne appartenant au 28ᵉ régiment de ligne. Arrivés aux environs du lieu indiqué, nous trouvâmes l'omnibus relevé par les soins de M. le commissaire de police *Cabuchet,* et nous nous divisâmes en plusieurs pelotons, pour tâcher de cerner l'attroupement. Le peloton dont je faisais partie étant arrivé rue des Quatre-Fils, quelques-uns des gardes nationaux et des soldats de ligne qui étaient avec nous se détachèrent pour courir après un individu armé que je n'avais point vu, qui fuyait du côté de la rue Vieille-du-Temple, où ils l'arrêtèrent; après quoi ils l'amenèrent dans le peloton; c'était le nommé *Marescal.* Je n'ai pas sondé son fusil; mais quelqu'un que je ne me rappelle plus l'a sondé, et a dit qu'il n'était pas chargé. Le nommé *Marescal* niait s'en être servi, disant le tenir d'un charcutier; je ne me rappelle pas s'il dit l'avoir eu de force ou de bonne volonté, mais j'ouvris le bassinet, qui était encrassé de poudre; je n'oserais affirmer, mais il me semble, d'après mes souvenirs, qu'il y avait du blanc autour de la lumière, ce qui nous donna à penser que le coup venait d'être tiré; d'après aussi cette circonstance que le nommé *Marescal* avait les lèvres noircies comme par la poudre. Je dois dire que, dès la rue des Enfants-Rouges, et dans celle aussi des Quatre-Fils, nous avions entendu tirer plusieurs coups de fusil, en avant et sur les côtés. J'observai que notre peloton était le troisième dans la marche, qu'il était précédé d'un peloton de grenadiers de la légion et d'un peloton de la ligne, et qu'un quatrième peloton de la ligne venait derrière le nôtre. Immédiatement après l'arrestation de *Marescal,* les tambours battirent la charge, et nous traversâmes la rue de la Perle, la rue du Parc-Royal; nous arrivâmes rue Saint-Louis, où, sur l'indication d'un sieur *Lemaire* (j'ai su son nom dans la suite), nous arrêtâmes un individu vêtu d'un habit noir, que j'ai su depuis s'appeler *Jules Longuet,* auquel ledit sieur *Lemaire* dit, en notre présence, qu'il l'avait vu dans l'attroupement, excitant ceux qui le composaient. Cet individu n'avait pas d'armes quand il fut amené au détachement. Il me semble avoir entendu dire vaguement, ou qu'on lui avait vu quelque chose dans les mains, ou qu'on lui avait vu charger un fusil ; mais je ne pourrais donner aucune indication précise à cet égard. Je n'ai pas remarqué s'il avait les mains et la bouche noires. Nous prîmes la rue Saint-Anastase, et nous arrivâmes rue Thorigny, où un portier nous livra un jeune homme, vêtu d'une blouse blanche, qui dit s'appeler *Porthault*, et que je reconnais dans celui ici présent. Ce jeune homme n'avait rien qui annonçât qu'il fît partie de l'insurrection. Cependant, comme on l'avait vu suivre l'attroupement, on le retint. On cherchait un insurgé qu'on avait vu monter, armé d'un fusil de munition, dans une maison de la même rue. Un tambour de la 6ᵉ légion, qui n'avait que son sabre, monta dans cette maison avec quelques grenadiers, et ils en ramenèrent bientôt un individu que j'ai su depuis s'appeler *Martin*. Ils portaient aussi le fusil de munition, qui était chargé à ce qu'ils disaient ; je ne l'ai pas vérifié dans ce moment, mais je l'ai vérifié le soir, à la mairie, avec la baguette d'un autre fusil, celle de ce fusil se trouvant égarée : toutefois, je n'ai point ouvert le bassinet. Ceux qui ramenèrent *Martin* de la maison où il était caché, le bousculaient un peu, exaspérés sans doute par les coups de fusil qui venaient d'être tirés. Je dis qu'il était sous la protection de la loi, et ce mot suffit. Je le conduisis au peloton où se trouvait *Marescal*; et, en le voyant, il fit un mouvement de surprise qui me donna à penser, ainsi qu'aux autres gardes nationaux présents, qu'ils se connaissaient ; je dis même à *Martin* : Il paraît que vous vous connaissez ; et il me répondit : Je ne suis point un mouchard pour dénoncer ceux qui sont avec moi ; mais ceux qui nient sont des lâches. Il avait quelques cartouches sur lui que lui prirent les gardes nationaux, et il dit en avoir brûlé trois, deux sur le caporal qui le suivait de plus près (c'est un caporal de chasseurs du 3ᵉ bataillon, 6ᵉ légion), la troisième sur la masse, Je n'ai pas remarqué s'il avait de la poudre aux mains et au visage ; il disait avoir pris son fusil à un grenadier de la garde nationale, rue Michel-le-Comte, que les autres insurgés voulaient tuer, et auquel il avait sauvé la vie. Il ne parut pas reconnaître le nommé *Longuet*; mais, apercevant *Porthault*, il dit : C'est lui qui m'a livré ; mais il n'avait rien sur lui. Si je te tenais, lui dit-il, je t'allongerais les oreilles. A la mairie, on fut obligé d'ôter *Porthault* d'auprès de lui, parce qu'il paraît qu'il le menaçait encore. Je ne sais rien autre chose.

Nous, juge d'instruction, avons fait successivement amener dans notre cabinet les inculpés *Marescal*, *Longuet* et *Martin*;

Et le sieur *Dambeza* a dit : Je les reconnais positivement tous les trois pour ceux dont je viens de parler dans ma déclaration.

D. Le jeune *Porthault* prétend que c'est rue Culture-Saint-Gervais que lui et *Martin* ont été arrêtés.

R. Je crois bien que c'est rue Thorigny; au surplus, je vais en avoir le cœur net, car j'y vais passer de suite, et je vous en rendrai compte.

Lecture faite, a persisté et a signé.

Et le même jour, 24 mai, devant nous, *M.-F. Perrot,* juge d'instruction, assisté de *J. Guillemot,* commissaire greffier assermenté,

Est de nouveau comparu le sieur *Dambeza,* lequel a dit :

J'ai été vérifier le nom de la rue que je croyais être rue de Thorigny; je m'étais trompé: c'est la rue non pas Culture-Saint-Gervais, mais Saint-Gervais tout court, qui fait suite à la rue de Thorigny. Le portier qui a remis entre nos mains le jeune *Porthault* sortait de la maison n° 3 ; c'est dans la maison en face, n° 2, que le nommé *Martin* a été arrêté.

(Dossier Martin, n°   du greffe   pièce   .)

194. — *Rapport sur les blessures de l'inculpé* MARTIN, *par M. le docteur* Olivier d'Angers.

Nous, soussigné, docteur en médecine de la faculté de Paris, membre de l'Académie royale de médecine, etc.; en vertu de l'ordonnance ci-jointe de M. *Legonidec,* juge d'instruction, avons procédé aujourd'hui, 17 mai 1839, à la visite du nommé *Martin* (Pierre-Noël), détenu à la Conciergerie, à l'effet de constater la nature et de déterminer les causes des blessures qu'il porte sur sa personne.

Il existe sur le bord cubital du doigt indicateur gauche une excoriation de la peau, recouverte de sang concrété, longue de six à sept lignes et large de quatre lignes. Elle est située au niveau de l'articulation de la première et de la seconde phalange de ce doigt: le sieur *Martin* nous a déclaré que cette blessure lui avait été faite par une balle qui avait froissé obliquement le doigt indiqué.

A la partie antérieure de la poitrine, sur la partie gauche et inférieure du sternum, au niveau de l'articulation du cartilage des sixième et septième côtes, plaie linéaire de dix-huit lignes d'étendue, dirigée presque verticalement, n'intéressant qu'une partie de l'épaisseur de la peau, un peu plus large à sa partie supérieure que dans sa partie inférieure où elle ne consiste plus que dans une légère excoriation de la peau, le sieur *Martin* nous a dit que cette blessure lui avait été faite par un coup de pointe de sabre, et l'on remarque sur sa blouse un trou qui correspond à cette blessure, et qui vient à l'appui de cette déclaration. La chemise, mal retenue par la cravate, pouvait être largement ouverte quand le coup fut porté au sieur *Martin*, et cette circonstance peut expliquer pourquoi la chemise n'a pas été percée par la pointe de l'instrument; il est évident, en outre, que l'instrument a seulement effleuré la peau.

Enfin, dans la moitié droite de la paupière supérieure, la peau a été légèrement excoriée dans une étendue de six lignes ; la netteté de cette division linéaire de la peau dénote qu'elle a été faite avec la pointe d'un instrument acéré.

Toutes ces blessures sont récentes ; elles remontent, par leurs caractères particuliers, à l'époque indiquée par le sieur *Martin* (le 12 mai dans la soirée), et l'explication qu'il donne de chacune d'elles nous paraît fondée ; celle de la paupière est la seule dont il ne peut indiquer précisément la cause.

Toutes ces blessures sont d'ailleurs très légères, et n'auraient entraîné aucune incapacité de travail.

Paris, le 17 mai 1839.

Signé, OLIVIER D'ANGERS.

(Dossier Martin, n°   du greffe, pièce   .)

195. — WINTER (François-Léopold), *âgé de 36 ans, demeurant à Paris, rue Saint-Louis, n° 18, au Marais, secrétaire du commissariat de police du quartier Saint-Martin-des-Champs.*

(Entendu le 3 juin 1839, devant M. Perrot, juge d'instruction délégué.)

Lorsque le lundi, 13 mai dernier, vers une heure de relevée, M. Cabuchet sortit de son commissariat pour tâcher d'apaiser le désordre qui se manifestait dans la rue du Temple, au moment où on venait de renverser une citadine, je le suivis et j'aperçus dans ce moment quinze à vingt insurgés dont un seul était armé d'un fusil. Cet individu paraissait âgé de 18 ans environ, avait une blouse bleue et un tablier d'ouvrier par-devant. M. Cabuchet marcha à eux, en saisit un qui était vêtu aussi d'une blouse bleue ; alors les autres se jetèrent sur lui, le frappèrent à l'aide de perches qu'ils venaient de prendre au marché du Temple, et lui arrachèrent son captif. Je m'avançai pour le secourir, et un individu d'une trentaine d'années, de taille et corpulence moyenne, vêtu d'une redingote bleue, mise soignée en général, me porta un coup d'une canne qu'il avait à la main, lequel m'atteignit à l'épaule droite. Mon chapeau tomba, et dans le même moment je reçus par derrière, sur la tête, un coup violent qui fit jaillir le sang ; la plaie n'est pas encore fermée, et j'éprouve de fréquents maux de tête et des insomnies. Les insurgés se portèrent alors à la rotonde du Temple, et la force armée que nous avions fait prévenir est arrivée. L'un des individus qui ont frappé M. Cabuchet, était jeune, assez petit et gros, figure large, nez épaté, physionomie commune ; je n'ai pas remarqué d'individu en habit noir.

Nous avons fait amener successivement à notre cabinet les inculpés *Martin* (Pierre-Noël), *Marescal* (Eugène) et *Pierné* (Aimé) ;

186   FAITS PARTICULIERS.

Et le sieur *Winter* a dit : Je ne reconnais pas le nommé *Marescal* ; je crois bien reconnaître le nommé *Martin* pour celui qui avait un fusil ; je crois reconnaître aussi le nommé *Pierné* pour l'individu qui, armé d'une perche, a frappé le premier M. le commissaire de police. Il y avait un autre individu d'une haute stature, vêtu aussi d'une blouse bleue, qui, aussitôt, l'a frappé d'un second coup de perche.

(Dossier Martin, n°   du greffe, pièce   .)

196.— *Rapport sur la blessure de M.* WINTER, *par M. le docteur* Boudard.

Nous *Michel-François Perrot*, juge d'instruction au tribunal de la Seine, délégué par M. le Président de la Cour des Pairs,

Vu l'instruction commencée contre *Martin* et autres, inculpés d'attentat, détenus ;

Attendu que, le lundi 13 mai dernier, le sieur *Winter*, secrétaire du commissariat de police du quartier Saint-Martin-des-Champs, a reçu sur la tête un coup d'un instrument qu'il n'a pas vu, et qui lui a fait jaillir le sang ;

Que ce coup lui a été porté par un des individus qui venaient de désarmer un garde national et de renverser une citadine, rue du Temple, pour construire une barricade ;

Qu'il importe de constater la nature, l'étendue et l'état actuel de cette blessure, ainsi que le genre probable de l'instrument qui l'a produite, et le temps approximativement nécessaire pour sa guérison ;

Ordonnons que ces appréciations seront faites par M. *Boudard*, docteur en médecine, place Saint-André-des-Arcs, n° 30. Serment préalablement prêté entre nos mains, il nous fera son rapport, qu'il affirmera également devant nous.

Fait en notre cabinet, au Palais de Justice, ce trois juin mil huit cent trente-neuf.

Signé, PERROT.

L'an mil huit cent trente-neuf, le trois juin, par-devant nous *Michel-François Perrot*, juge d'instruction au tribunal civil de la Seine, délégué par M. le Président de la Cour des Pairs, assisté de *Nicolas Menu*, notre greffier, est comparu M. *Toussaint-Nicolas Boudard*, docteur en médecine, demeurant place Saint-André-des-Arcs, 30, lequel, connaissance prise de l'ordonnance qui précède, a dit accepter la mission qu'elle lui confère, et a prêté serment de la remplir en son honneur et conscience.

Lecture faite, a signé, etc.

Je soussigné, docteur de la faculté de Paris, médecin des bureaux de bienfaisance, chevalier de la Légion d'honneur, demeurant rue Saint-André-des-Arcs, n° 30; en vertu d'une ordonnance de M. *Perrot*, juge d'instruction, serment préalablement prêté, ai procédé à la visite de M. *Winter*, secrétaire d'un commissariat de police.

M. *Winter* porte, à la partie latérale gauche supérieure et un peu postérieure de la tête, une cicatrice encore peu solide, rosée, et d'une étendue de 12 à 14 lignes, présentant peu d'inflammation dans ses environs, quoique offrant un peu de douleur à la pression, et quand elle est exposée à l'air.

Cette cicatrice a succédé à une plaie grave faite sur la partie de la tête ci-dessus indiquée.

Cette plaie a donné lieu à un fort écoulement de sang, et le malade, avant de reprendre ses occupations, a dû recevoir les soins d'un médecin et garder le lit et la chambre pendant douze à quinze jours.

Actuellement encore, 3 juin, M. *Winter* se plaint de douleurs dans la tête et d'absence de sommeil, accidents qui dépendent sûrement de la plaie faite à la tête. Cette blessure, très-grave de sa nature, pouvait avoir les suites les plus funestes.

M. *Winter* souffre encore, ainsi que je viens de le déclarer, et, bien qu'il soit à espérer que désormais il n'arrivera aucuns désordres graves, je ne pourrais pas indiquer au juste quand M. *Winter* sera complétement sans douleurs à la tête, l'état de sa santé demandant encore de grands ménagements.

Quant à la nature de l'instrument qui a pu donner lieu à la blessure à laquelle a succédé la cicatrice dont je viens de parler, je pense que l'instrument était contondant.

Paris, 3 juin 1839. — *Signé*, BOUDARD.

Et le même jour est comparu M. le docteur *Boudard*, précédemment dénommé, lequel a déposé le rapport qui précède, et l'a affirmé sincère et véritable.

(Dossier Martin, n°   du greffe, pièce   .)

197. — CABUCHET (Michel-Victor), *âgé de 46 ans, commissaire de police du quartier Saint-Martin-des-Champs, demeurant à Paris, rue du Temple, n° 101.*

(Entendu le 31 mai 1839, devant M. Perrot, juge d'instruction délégué.)

Le lundi 13 mai courant, dès le matin, le bruit s'était répandu dans le voisinage du marché du Temple que ce marché serait pillé par les insurgés et même incendié dans la soirée.

Vers une heure et demie après midi, j'ai vu de mon bureau douze ou quinze individus, vêtus de blouses, arrêter une citadine-omnibus, rue du Temple, en face les n°ˢ 85 ou 87; ils ont fait dételer les chevaux, descendre les voyageurs, et ont renversé cette voiture en travers de la rue. Dès le commencement de cette manifestation, j'avais envoyé en toute hâte le sieur *Babeur*, mon inspecteur, demander au colonel de la 6⁰ légion un détachement aussi fort que possible, pour empêcher la formation de cette barricade; cependant les séditieux, abandonnant cette voiture, et rejoints par d'autres, ont pénétré par plusieurs issues dans le marché du Temple, du côté de la rue Percée. Je dois dire que, dès le matin, la plupart des marchandes qui étaient à ce marché avaient emporté leurs marchandises les plus précieuses, et que toutes leurs échoppes étaient fermées au moment dont je parle. Craignant que ces insurgés ne prissent des boiseries du Temple pour achever leur barricade, et que d'autres ne commençassent le pillage des marchandises, je me suis dirigé vers ce groupe avec le sieur *Winter*, mon secrétaire surnuméraire, le sieur *Meunier*, mon inspecteur, et le sieur *Georget*, mon porte-sonnette. Vers la troisième échoppe, au commencement de la rue Percée, j'ai entendu l'un des émeutiers, qui, je crois, était vêtu d'un habit, dire à un jeune homme en blouse, âgé d'une vingtaine d'années : *Prends donc cette perche.* Au moment où ce dernier s'emparait de ladite perche, placée en travers d'un couloir du marché, je l'ai saisi par la blouse, et l'inspecteur *Meunier* l'entraînait avec moi. Pendant ce temps, le sieur *Puertas*, concierge de la maison rue du Temple, n° 101 cherchait à désarmer le seul des séditieux à qui j'aie vu un fusil. Ce témoin m'a dit en avoir jeté au loin la baïonnette peu après que le porteur de cette arme s'avançait pour en frapper soit le sieur *Winter*, soit moi; le sieur *Delense*, ciseleur, rue du Temple, 101, a prêté assistance au sieur *Puertas*, sans qu'ils aient pu désarmer leur adversaire. Pendant ce temps, un Monsieur, demeurant rue du Temple, 91, dont le nom m'échappe, mais que je vous ferai connaître, est venu me prêter assistance. Déjà nous avions traversé presque toute la place du Temple, emmenant celui que j'avais saisi; mais, à ses cris, ses camarades, dont le nombre alors pouvait dépasser quatre-vingts, et qui s'étaient armés des perches qui ferment le marché du Temple, nous ont accablés de coups. Le sieur *Winter* a reçu au sommet de la tête une blessure d'où le sang a coulé abondamment. Je venais d'abandonner l'insurgé en blouse, et de ramasser mon chapeau, qu'un coup avait fait tomber, lorsqu'un jeune homme m'a porté un dernier coup que j'ai paré avec la paume de la main. Je crois que je reconnaîtrais ce dernier : il peut être âgé de 22 à 24 ans, taille au-dessous de cinq pieds, figure ronde, large et pleine, barbe noire en collier et coupée ras; il avait sous sa blouse un pantalon gris, des bottes fines : tout me porte à croire que la blouse n'est pas son costume ordinaire. M. *Husson*, colonel de la 6⁰ légion, est arrivé alors, à la tête d'un détachement, et à son approche nos assaillants avaient pris la fuite.

Nous avons fait amener successivement les inculpés *Martin* (Pierre-Noël), *Marescal* (Eugène), *Longuet* (Jules) et *Guyard* (Auguste), et le sieur

Cabuchet a dit : Je ne reconnais aucun de ces quatre individus pour ceux qui ont pu frapper mes regards dans la scène dont je viens de donner le récit. Le nommé *Guyard* a une figure un peu oblongue, comme celui que j'avais arrêté ; mais je ne puis dire que ce soit lui.

(Dossier Martin, n°   du greffe, pièce   .)

198. — PUERTAS (Emmanuel), *âgé de 47 ans, sellier, rue du Temple, n° 101.*

(Entendu le 3 juin 1839, devant M. Perrot, juge d'instruction délégué.)

Le lundi, 13 mai dernier, quand je vis M. *Cabuchet* et le sieur *Winter*, son secrétaire, aller dans la rue du Temple, où il y avait un rassemblement, je les suivis, et je vis M. *Cabuchet* saisir un des individus qui le composaient ; cet individu se mit à crier : *A moi, à moi ;* et au même instant la troupe accourut du marché du Temple, où elle était allée prendre des perches. Un seul était armé d'un fusil, et, le voyant marcher la baïonnette en avant sur M. *Winter*, je me jetai à sa rencontre, et lui arrachai son fusil ; ma lutte avec lui m'empêcha de voir ceux qui frappaient M. le commissaire de police et M. *Winter*. L'individu que j'avais désarmé saisit le fusil que je ne lâchai pas ; et, dans notre lutte, nous allâmes jusqu'au milieu de la place du Temple, où je le terrassai, et démontai la baïonnette du fusil, que je jetai au loin. Je restai maître une seconde fois du fusil : alors la bande s'avança sur moi en me menaçant, et voyant qu'il fallait céder au nombre, je rendis le fusil à l'individu, en disant que je n'avais pas voulu lui faire de mal ; et en effet, tandis que je le tenais sous moi, je l'avais prié de lâcher son fusil, disant que c'était pour son bien. Ils ne m'ont point frappé.

Nous avons fait successivement amener dans notre cabinet les inculpés *Martin* (Pierre-Noël), *Marescal* (Eugène) et *Pierné* (Aimé) ;

Et le sieur *Puertas* a dit : Je ne reconnais pas les nommés *Marescal* et *Pierné*, mais je reconnais le nommé *Martin* pour celui qui avait le fusil.

D. Avez-vous vu un individu en habit noir ?

R. Non ; j'en ai seulement vu un en redingote bleue, qui avait l'air de rire de ce qui se passait, et qui même excitait les perturbateurs.

(Dossier Martin, n°   du greffe, pièce   .)

199. — RANCHER DE SAINT-LÉGER (François-Laurent-Pierre), *âgé de 39 ans, capitaine de voltigeurs au 2ᵉ bataillon du 28ᵉ de ligne, caserné à la Courtille.*

(Entendu le 25 mai 1839, devant M. Perrot, juge d'instruction délégué.)

Le lundi 13 mai courant, on vint dire à la mairie du 6ᵉ, où ma compagnie était de service, que l'on construisait une barricade du côté du Temple; nous nous mîmes en marche ainsi échelonnés : un peloton de garde nationale en avant, une première section ensuite, puis de la garde nationale, et enfin une seconde section. Je voulus marcher le premier; ce fut la garde nationale elle-même qui revendiqua ce périlleux honneur. Nous entrâmes dans le Marais, et, du côté de la rue Vieille-du-Temple, on arrêta un premier individu, qu'on n'amena pas de mon côté, de sorte que je n'ai pas su s'il avait un fusil, ni dans quel état étaient ses mains et son visage. Nous poursuivîmes, et, en approchant de la rue Saint-Louis, nous rencontrâmes un peloton de garde municipale qui parla, je crois, de deux insurgés qui avaient été mis hors de combat. Nous fîmes halte près de la rue Saint-Anastase, et un Monsieur nous livra un individu vêtu d'un habit noir, sans armes, que nous fouillâmes, et sur qui nous ne trouvâmes rien; je ne me rappelle même pas s'il avait de l'argent; mais je pris ses mains que je sentis : elles étaient toutes noires et exhalaient l'odeur de la poudre, comme des mains qui ont travaillé à faire des cartouches. On nous dit, dans cet instant, que deux insurgés s'étaient réfugiés dans une maison rue Saint-Gervais; nous nous y rendîmes; quelques-uns des voltigeurs et des gardes nationaux montèrent dans la maison, et ils ramenèrent un individu qui avait un fusil de munition : je n'ai pas vérifié s'il était chargé, et je n'ai pas remarqué l'état des mains de cet individu. On nous a livré en même temps un petit bonhomme en blouse blanche, qui paraissait étranger à l'émeute, et qui n'avait aucune arme. Arrivés à la mairie, l'individu en habit noir refusa de dire son nom; celui qui avait été arrêté dans la maison avait quelques cartouches, et il convint avoir tiré sur un grenadier et deux chasseurs de la garde nationale.

Nous avons fait amener successivement les inculpés *Marescal* (Eugène), *Longuet* (Jules) et *Martin* (Pierre-Noël);

Et le sieur *de Saint-Léger* a dit :

Je reconnais dans le nommé *Marescal* l'individu qui a été amené le premier au peloton; dans le nommé *Longuet*, l'individu à l'habit noir arrêté le second, et dont les mains avaient la couleur et l'odeur de la poudre; et dans le nommé *Martin*, celui qui fut arrêté dans la maison de la rue Saint-Gervais. J'ajoute que je n'ai pas été témoin des fusillades qui ont eu lieu.

(Dossier Martin, n°   du greffe, pièce   .)

200. — Chennevière (Dominique-Antoine), *âgé de 42 ans, tambour dans la 6ᵉ légion de la garde nationale, demeurant à Paris, rue Guérin-Boisseau, n° 20.*

(Entendu le 27 mai 1839, devant M. Perrot, juge d'instruction délégué.)

Le lundi 13 mai courant, je suis venu avec une compagnie de grenadiers de la 6ᵉ légion, commandée par le capitaine *Fargue*, dans la rue Saint-Louis, au Marais, où on disait qu'il y avait des insurgés; je courais en avant. Arrivé au coin de la rue Saint-Anastase, j'ai battu la charge. Un insurgé qui était au coin de la rue Saint-Gervais m'a ajusté et tiré son coup, qui ne m'a point atteint. Il paraît que les autres insurgés se sauvaient; j'en ai vu environ cinq ou six. La compagnie de grenadiers est arrivée avec un peloton de la ligne; nous avons couru à l'entrée de la rue Saint-Gervais, et là on nous a dit que deux insurgés étaient entrés dans la maison n° 2; j'ai déposé ma caisse à la porte; je suis monté dans cette maison, le sabre à la main, suivi par quelques gardes nationaux et quelques soldats : le nommé *Loréal*, tambour de la 6ᵉ légion, 1ʳᵉ compagnie, 1ᵉʳ bataillon, était à côté de moi. Nous sommes entrés dans le grenier, et j'ai vu un individu armé d'un fusil de munition se sauver dans un coin. Je l'ai saisi à l'estomac, et je l'ai piqué un peu avec la pointe de mon sabre, en lui disant : Brigand, avoue où est l'autre; il m'a répondu : Monsieur, je vous demande pardon, je n'ai tiré que trois coups. J'ai remis son fusil au nommé *Loréal*, et j'ai livré l'individu à un garde national. Je n'ai pas remarqué s'il avait du noir aux mains et à la figure; j'étais trop troublé. J'ai monté sur les toits pour chercher le second, mais il paraît qu'il n'y en avait pas d'autre. Je n'ai vu aucun des autres qui ont été arrêtés. Cela se passait au milieu de la journée.

Nous avons fait amener dans notre cabinet l'inculpé *Martin* (Pierre-Noël);
Et le sieur *Chennevière* a dit :

Je le reconnais positivement pour l'individu que j'ai arrêté. Je ne puis dire si c'est lui qui a tiré sur moi, et celui-là je ne pourrais le reconnaître.

(Dossier Martin, n°   du greffe, pièce   .)

201. — Bouttevillain (Victor-Jean-François), *bimbelotier, âgé de 44 ans, demeurant à Paris, rue Grenétat, n° 2, passage Saint-Denis.*

(Entendu le 27 mai 1839, devant M. Perrot, juge d'instruction délégué.)

Le lundi 13 mai courant, comme caporal de chasseurs de la 6ᵉ légion, 3ᵉ bataillon, 2ᵉ compagnie, j'étais de service à la mairie. Vers onze heures ou midi, on vint nous dire que des insurgés pillaient le Temple. En attendant que la compagnie fût en marche, je partis en avant avec le sieur *Seyés*, sergent de ma compagnie, un voltigeur, un tambour et un lieutenant dont je ne me rappelle pas le nom. Nous les atteignîmes rue de l'Échaudé, et je vis qu'ils étaient environ une vingtaine, la plupart vêtus de blouses. J'étais en avant des quatre autres, et trois coups de fusil furent tirés sur moi. Je ripostai ainsi que mes compagnons, et, au bout de cinq minutes, en poursuivant notre course, j'entendis tirer du côté de la rue des Quatre-Fils. Nous arrivâmes rue Saint-Gervais; et là les insurgés se dispersèrent. Nous nous y retrouvâmes avec la compagnie et un peloton de la ligne. On nous dit que deux insurgés étaient entrés dans la maison n° 2 : j'y montai avec le tambour *Chennevière* et quelques autres, et nous arrêtâmes un individu, armé d'un fusil de munition, qui ne fit pas de résistance : je n'ai pas remarqué l'état de sa personne. Je me suis occupé, avec *Chennevière*, de rechercher le second; mais il n'y en avait pas d'autre. Arrivés à la mairie, l'individu que nous avions arrêté a dit qu'il avait tiré sur moi deux coups de fusil, en me désignant par mon grade de caporal. Je ne l'ai pas reconnu pour un de ceux que nous poursuivions : il m'aurait été impossible d'en reconnaître aucun, à cause de la distance. J'ajoute qu'en passant rue de Poitou, avec mes quatre compagnons, avant d'arriver à la rue de l'Échaudé, quelqu'un nous avait dit de ne pas avancer, parce que nous n'étions pas en force.

Nous avons fait successivement amener dans notre cabinet les inculpés *Marescal* (Eugène) et *Longuet* (Jules);

Et le sieur *Bouttevillain* a dit : Je ne les reconnais pas.

Nous avons fait amener ensuite l'inculpé *Martin* (Pierre-Noël); le sieur *Bouttevillain* a dit : Je le reconnais positivement pour l'individu que nous avons arrêté rue Saint-Gervais, n° 2, et qui, arrivé à la mairie, a dit qu'il me reconnaissait pour ce caporal sur lequel il avait tiré deux coups, ajoutant qu'il en avait tiré un troisième sur les autres.

Sur quoi, l'inculpé *Martin* répond : Ce n'est pas rue de l'Échaudé que j'ai commencé à tirer, c'est rue Neuve-Saint-François. Là, j'ai tiré deux coups sur un caporal et quelques gardes nationaux qui étaient avec lui; le troisième coup, je l'ai tiré, rue Saint-Louis, sur les trois détachements qui arrivaient. Je n'avais pas reconnu la figure du caporal, en tirant sur lui et les autres; mais j'avais bien reconnu son grade. Quand ce témoin, ici présent, que je reconnais bien pour l'avoir vu à la mairie où on nous a conduits, me dit qu'il avait tiré sur nous en nous poursuivant, alors je lui répondis que j'avais aussi tiré sur lui, mais qu'il était plus adroit que moi; que les deux balles avaient passé si près de ma figure que cela me faisait l'effet d'une poignée de sel qu'on m'aurait jetée dans le visage.

Le sieur *Bouttevillain* reconnaît l'exactitude de ce dire, ajoutant que c'étaient les insurgés qui avaient commencé à tirer, sans quoi il n'aurait pas pensé à faire feu sur eux; que son but et celui de ses compagnons était de les arrêter ou de les disperser.

L'inculpé *Martin* se rappelle que c'est *Marescal* qui a tiré le premier, mais en l'air, pour essayer son fusil; il ajoute : Il avait le fusil d'un charcutier, moi celui d'un grenadier de garde nationale à qui je l'avais pris sur son épaule. Le fusil du pharmacien était dans les mains d'un homme de 36 ans environ, que je ne connaissais pas, et qui me disait toujours que j'avais peur. Il avait une blouse bleue et, je crois, une casquette. On m'a dit qu'il avait été tué; c'est un individu que je ne connais pas, déposé comme moi dans les caves de la mairie du sixième, qui me l'a dit. Enfin, le fusil du boulanger avait été pris par un jeune homme de 18 ans environ, vêtu aussi d'une blouse bleue, et coiffé d'une casquette brune, que je ne connais pas davantage. Je n'ai vu que nous quatre armés de fusil, les autres avaient des fleurets démouchetés que nous venions de prendre au Temple; au moment du pillage, nous étions dix-huit ou vingt, mais je n'ai rien pris, et j'ai même empêché qu'il en entrât plus d'un dans la boutique du marchand. J'avais déjà mon fusil. Celui qui est entré est le nommé *Jules Longuet*. Il y avait encore d'autres insurgés dans le voisinage dont une partie avait des manches à balais, et on ne les a pas revus. Les cartouches nous ont été données au moment où nous venions de prendre le fusil du pharmacien, dans la rue de Poitou, par un petit brun, frisé, paraissant âgé de 25 à 30 ans, qui en avait plein ses deux mains. Il était vêtu d'une redingote à la propriétaire, et venait de la rue de Touraine. J'ajoute qu'au Temple deux personnes ont voulu m'ôter mon fusil, disant que c'était pour mon bien; et dans nos mouvements, la baïonnette est tombée par terre et a été ramassée je ne sais par qui. Dans la rue de Poitou, un jeune homme a voulu me donner une baïonnette qui était au bout d'un manche à balai, et il n'a pas pu la retirer. Si je voyais les individus dont je viens de parler, j'ignore si je pourrais les reconnaître. Au Temple, les autres avaient renversé un omnibus, près du couvent, entre les deux fontaines. Quant à moi, j'avais dit que cela ne servait à rien. Je n'ai pas reçu de cartouches des mains de *Longuet;* il a voulu prendre mon fusil, mais je n'ai pas voulu le lui donner. Il a pris la plus belle lame de sabre de la boutique du Temple, mais elle était sans poignée, et il la tenait par la queue qui entre dans la poignée.

(Dossier Martin, n°   du greffe, pièce   .)

202. — RAYNAUD (François), *âgé de 24 ans, caporal au 28ᵉ de ligne, voltigeur au 2ᵉ bataillon, caserné à la Courtille.*

(Entendu le 24 mai 1839, devant M. Perrot, juge d'instruction délégué.)

Le lundi 13 mai, après midi, nous sommes partis de la mairie du 6ᵉ arrondissement sous la conduite du sieur *de Saint-Léger*, notre capitaine, avec un détachement de garde nationale. Parvenus rue Saint-Louis, nous avons entendu tirer des coups de fusil dans les rues voisines, à gauche, en montant au boulevard. Comme nous avions été précédés par un autre détachement de la garde nationale, je pensai que c'était ce détachement qui avait eu un engagement; nous nous dirigeâmes du même côté, et, arrivés à une rue dont je ne sais pas le nom, nous arrêtâmes un individu qui était vêtu d'un habit noir, et qui était sans armes. Notre capitaine lui examina les mains, et je vis qu'elles étaient toutes noires, comme des mains qui avaient manié de la poudre; les plis de sa main en étaient eux-mêmes imprégnés; il en avait aussi aux lèvres. Un peu plus loin, on nous livra un petit jeune homme, qui dit s'appeler *Porthault*, et on ramena d'une maison voisine un individu ayant un tablier, auquel on avait pris un fusil de garde national; je ne me rappelle pas s'il avait de la poudre aux mains et à la figure. On disait que deux individus étaient entrés dans cette maison; j'y suis monté avec d'autres, mais nous n'avons trouvé personne.

Nous avons fait amener les inculpés *Longuet* (Jules), *Martin* (Pierre-Noël), *Marescal* (Eugène) et *Delehaye* (Louis). Et le sieur *Raynaud* a dit : Je reconnais positivement le nommé *Longuet* pour l'individu en habit noir qui a été arrêté le premier, et le nommé *Martin* pour celui qu'on a ramené de la maison où je suis monté; ensuite, je ne reconnais pas les nommés *Marescal* et *Delehaye.*

D. Il paraît que le nommé *Marescal* avait été arrêté le premier du côté de la Vieille-Rue-du-Temple?

R. Je ne me suis pas aperçu de cette arrestation; je n'ai pas remarqué si ces individus paraissaient se connaître. Il n'y a eu personne de tué ni de blessé dans les pelotons qui sont partis de la mairie du 6ᵉ arrondissement.

(Dossier Martin, n°   du greffe,   pièce.)

203. — COURTADE (Jean-Jacques), *âgé de 23 ans, voltigeur au 28ᵉ de ligne, 2ᵉ bataillon, caserné à la Courtille.*

(Entendu le 24 mai 1839, devant M. Perrot, juge d'instruction délégué.)

Le lundi 13 mai courant, j'étais de service à la mairie du 6ᵉ arrondissement avec le 2ᵉ bataillon dont je fais partie, lorsque, vers une heure de relevée, on vint dire qu'il y avait des insurgés du côté du Temple. Nous nous mîmes en marche avec la garde nationale. Ma section marchait la dernière, et je n'ai point entendu tirer de coups de fusil ; je ne connais aucune des rues que nous avons traversées. Après quelque temps de marche, nous avons arrêté un individu qui fuyait avec un fusil de munition : je n'ai pas regardé ses mains, et je n'ai pas remarqué s'il y avait des taches de poudre, non plus qu'à sa figure. Je n'ai pas entendu ce qu'il a dit, car j'étais un peu en arrière. J'ignore si son fusil était encore chargé. Plus loin, la section de garde nationale qui était avec nous a arrêté un jeune homme en habit noir, parce qu'on disait que c'était lui qui entraînait les autres. Il n'avait point d'arme sur lui ; mais j'ai vu ses mains qui étaient noircies par la poudre, et j'en ai senti l'odeur, même sans les approcher tout près de ma figure. Ses lèvres m'ont paru aussi noircies par la poudre. Il disait qu'il n'avait pas touché de poudre ni de fusil. Nous avons continué notre marche, et, à l'entrée d'une rue, on nous a indiqué une maison dans laquelle étaient entrés deux ou trois insurgés. J'y suis monté précédé par un tambour de la garde nationale et quelques gardes nationaux. Ils ont arrêté un individu que le tambour a trouvé, à ce qu'il paraît, sur le toit du grenier, et qui était aussi armé d'un fusil de munition, dont je n'ai pas vérifié l'état. Je n'ai pas remarqué s'il avait les mains et les lèvres noires. Nous l'avons fouillé, et nous avons trouvé sur lui plusieurs cartouches ; il a dit qu'il en avait brûlé trois ou quatre sur un caporal de la garde nationale, à ce que je crois. Les gardes nationaux qui nous précédaient ont dit qu'il y avait eu plusieurs coups de fusil d'échangés entre eux et les insurgés ; mais je n'ai pas entendu dire qu'il y eût eu personne de tué ou même blessé. Il y a eu un quatrième individu d'arrêté dans la même rue que le dernier dont je viens de parler ; mais c'était un enfant, que je reconnais dans le nommé *Porthault*. Je ne sais pas si ces quatre individus se connaissaient.

Nous avons fait amener successivement les inculpés *Marescal* (Eugène), *Longuet* (Jules) et *Martin* (Pierre-Noël), et le sieur *Courtade* a dit : Je reconnais ledit *Marescal* pour le premier arrêté, le nommé *Longuet* pour celui qui a été arrêté ensuite, enfin le nommé *Martin* pour celui qui a été arrêté dans une maison.

(Dossier Martin, n° du greffe   , pièce   .)

204. — Femme BRAYE (Marie-Jeanne TRICHASSON), *âgée de 30 ans, couturière, demeurant à Paris, rue Saint-Gervais, n° 2, au Marais.*

(Entendue le 25 mai 1839, devant M. Perrot, juge d'instruction délégué.)

Le lundi 13 mai courant, vers deux heures de relevée, entrant chez le boucher au coin de la rue Saint-Louis et Saint-Anastase, je vis venir, du côté de la place Royale, quatre ou cinq individus tous en blouses, dont l'un, plus âgé que les autres, avait une blouse bleue longue; un autre avait un tablier, et c'était le seul qui fût armé d'un fusil; ils entrèrent dans la rue Neuve-Saint-François; à l'entrée, le plus grand dit : *Faites feu!* et plusieurs coups de fusil partirent. Je m'empressai de retourner à la maison, et, en y arrivant, je trouvai à sa porte M. *Legentil*, qui me dit que deux des insurgés y étaient entrés. Dans le même moment sortit de l'allée un petit jeune homme en blouse blanche, que je reconnus pour l'avoir vu en même temps que les cinq ou six individus dont j'ai parlé, sans pouvoir dire s'il était de leur bande; il dit qu'il y avait dans la maison un individu armé d'un fusil, protestant qu'il était étranger, soit à lui, soit aux autres. Nous montâmes l'escalier, dirigés par ce petit jeune homme, et, arrivés au carré du premier, nous y trouvâmes, en effet, un individu que je reconnus pour l'avoir vu avec les quatre ou cinq autres, armé d'un fusil; il avait encore ce fusil entre les mains; il mit en joue le sieur *Legentil;* j'étais tellement effrayée, que je ne sais pas ce qu'ils se sont dit; nous sommes redescendus, et j'ai prié un Monsieur d'aller chercher la force armée au bout de la rue Saint-Anastase. La garde nationale et la troupe de ligne arrivèrent, et on trouva l'individu caché dans le grenier.

Nous avons fait amener successivement les inculpés *Martin* (Pierre-Noël), *Longuet* (Jules) et *Marescal* (Eugène);

Et la dame *Braye* a dit :

Je ne reconnais, parmi ces trois individus, que le nommé *Martin*, qui a été arrêté dans la maison, porteur d'un fusil.

(Dossier Martin, n° du greffe,   pièce   .)

205. — BERTON (Pierre), *âgé de 27 ans, teinturier, demeurant à Paris, rue de Poitou, n° 5.*

(Entendu le 25 juin 1839, devant M. Perrot, juge d'instruction délégué.)

Le dimanche 12 mai courant, je n'ai vu que casser quelques lanternes par des gamins. Le lendemain 13, vers deux heures de relevée, étant auprès de ma femme qui était fort malade, j'entendis frapper de grands coups à ma porte; j'allai ouvrir : il se présenta à moi quatre individus, dont trois en blouses et un en habit noir. Celui-ci n'avait pas d'armes; deux des autres étaient armés de fusils de munition, et le troisième, d'une épée antique; ils me demandèrent mes armes, et je leur dis que je n'en avais pas, que je les avais données la veille.

C'était un mensonge : je ne suis pas de la garde nationale, et j'avais encore chez moi un fusil de chasse. L'un d'eux m'a répondu : Ce n'est pas vrai ! Il m'a mis en joue; je leur ai dit: Entrez, mais ne faites pas de bruit, car j'ai quelqu'un de malade. L'habit noir a dit: Vous faites bien de nous prévenir. Ils se sont retirés en se dirigeant vers la fontaine qui est au coin de la rue de Poitou, et de là rue du Temple. Un instant après j'ai entendu un coup de fusil; je me suis mis à ma porte, et j'ai vu arriver la garde nationale et la troupe de ligne qui ont fait feu; il n'y a eu personne de tué.

Nous avons fait amener successivement dans notre cabinet les inculpés *Martin* (Pierre-Noël), *Longuet* (Jules) et *Marescal* (Eugène);

Et le sieur *Berton* a dit: Le nommé *Martin* me fait un peu l'effet de celui qui m'a mis en joue; mais je ne puis pas l'affirmer.

Quant aux deux autres, je ne les reconnais pas; notamment celui qui avait l'habit noir était plus jeune que le nommé *Longuet*, et avait la figure plus effilée.

(Dossier Martin, n°   du greffe, pièce   .)

206. — LEGENTIL (Barthélemy), *bijoutier, âgé de 39 ans, demeurant à Paris, rue Saint-Gervais, n° 1, au Marais.*

(Entendu le 25 mai 1839, devant M. Perrot, juge d'instruction délégué.)

Le lundi 13 mai, entre deux et trois heures de relevée, ayant entendu du bruit dans la rue Saint-Gervais et deux coups de fusil, je me mis à ma croisée, et je vis une bande de quinze ou vingt insurgés venant de la rue Saint-François, qui passèrent sous nos fenêtres; ils étaient en blouse aux trois quarts, le reste en veste ou en bras de chemise. Les trois premiers étaient armés de fusils; les autres, de briquets, fleurets et bâtons. J'entendis distinctement un petit jeune homme en blouse blanchâtre dire : « Voilà un garde national, il « faut le tuer! » Il s'adressait à l'un de ceux qui avaient un fusil, et qui avait un tablier vert. Ils se mirent tous à courir vers la place Thorigny; ils ont pris ensuite la rue du Parc-Royal, et ils sont entrés dans la rue Saint-Louis, qu'ils ont quittée pour entrer dans la rue du Roi-Doré; nous avons entendu des coups de fusil tirés au coin de cette rue, environ six ou huit coups, et en même temps j'ai entendu des tambours qui battaient la charge. Les mêmes individus ont suivi, en courant, la rue du Roi-Doré, et trois se sont détachés de la bande, dont deux sont entrés dans la maison, rue Saint-Gervais, n° 2, en face de chez moi: c'était le petit jeune homme qui avait indiqué précédemment un garde national, et l'individu en tablier, armé d'un fusil, auquel il l'avait indiqué; le troisième, qui était un homme en blouse, et qui m'a paru âgé de 45 à 50 ans, taille moyenne et corpulence assez forte, s'est embusqué derrière la borne, au coin de la rue Saint-Anastase. Dans ce moment, je vis arriver, de la rue Saint-Louis dans la rue Saint-Anastase, un capitaine de grenadiers décoré, de la 6ᵉ légion, accompagné d'un tambour de chasseurs: l'homme embusqué le mit en joue, tout en cherchant à se cacher derrière l'angle de la maison; et les voisins et moi, nous faisions signe au capitaine et au tambour de ne pas avancer. Un insurgé sans armes, qui était au coin de la rue des Coutures-Saint-Gervais, dit à l'autre : *Retirons-nous, parce qu'il y a du danger;* et ils s'en allèrent par la rue de Thorigny.

Le soir, le sieur *Bottet,* marchand de vin au coin de la rue de Thorigny, me dit qu'un insurgé d'un certain âge lui avait jeté son fusil en fuyant, en lui disant qu'on le lui avait fait prendre de force, et qu'il était maçon, que cela ne le regardait pas. Je pensai que ce pouvait être l'individu embusqué au coin de la rue Saint-Anastase. Le sieur *Bottet* ajouta que des gardes municipaux, qui venaient de la rue des Quatre-Fils, avaient tiré sur ces deux individus et qu'ils en avaient arrêté un. Quoi qu'il en soit, je descendis dans la rue, et j'entrai dans la maison n° 2, où j'avais vu se réfugier l'individu au tablier, armé d'un fusil, et le petit jeune homme à la blouse blanchâtre. Il y avait, au coin de l'escalier, un coin obscur, et j'y cherchai un instant. Dans ce moment, le petit jeune homme descendait l'escalier, et je lui demandai le fusil qu'il avait en entrant; il me montra le recoin et me dit : Il est là, prenez-le. J'avançais, lorsque tout à coup je me vis mettre en joue par l'autre individu, qui me dit que je n'aurais son arme que lui mort, et je sentis le bout du fusil qui me touchait au menton, et que je détournai d'une main, en lui disant : Misérable! est-ce que tu voudrais me tuer? Je sortis de la maison avec le petit jeune homme que je donnai à garder au sieur *Wetter,* propriétaire du n° 3. On était allé chercher la force armée; elle arriva. Des gardes nationaux et des soldats de ligne montèrent dans la maison, et leur première recherche fut inutile; ils y montèrent une seconde fois, et ils trouvèrent l'individu en question, avec son fusil, caché au milieu d'un tas de linge sale dans le grenier. On sut qu'un locataire du quatrième ou du cinquième lui avait entendu recharger son arme. Je ne sais rien autre chose.

D. Êtes-vous certain que le jeune homme à la blouse blanchâtre était avec les insurgés?

R. Oui; c'est bien lui que j'avais vu indiquer le garde national après lequel on avait couru sur la place Thorigny; il avait quelque chose à la main, j'ignore ce que c'est. Il a prétendu qu'allant en commission pour son père, il s'était trouvé là par hasard, et qu'il s'était sauvé dans la maison dans la crainte des coups de fusil.

Nous avons fait successivement amener les inculpés *Martin* (Pierre-Noël), *Longuet* (Jules) et *Marescal* (Eugène);

Et le sieur *Legentil* a dit : Je reconnais le premier pour celui qui m'a mis en joue dans la maison n° 2, et qui a été arrêté ensuite.

Je ne reconnais pas les deux autres.

(Dossier Martin, n°   du greffe, pièce   .)

207. — POINÇOT (Jean-Nicolas), *limonadier, âgé de 33 ans, demeurant à Paris, rue de Poitou, n° 31.*

(Entendu le 27 mai 1839, devant M. Perrot, juge d'instruction délégué.)

Le lundi 13 mai courant, vers deux heures de relevée, des insurgés passèrent devant mon café, et quatre d'entre eux me demandèrent mon fusil, auxquels je répondis que je n'en avais pas; ils me demandèrent si j'étais garde national, et je leur répondis que non, à quoi ils répliquèrent : C'est une réponse tout comme une autre. Je m'empressai de fermer ma boutique, ce qui m'empêcha de les bien remarquer; mais le sieur *Gallois*, qui était là, a pu les observer. Il y avait un en habit noir, les autres étaient en blouses. A peine étaient-ils passés que je vis arriver quelques gardes nationaux à leur poursuite : ceux-ci ne furent pas arrivés au bout de la rue que j'entendis quelques coups de fusil, et, quelques minutes après, j'en entendis une quinzaine dans la direction de l'église Saint-François et des rues du Perche et des Quatre-Fils. On nous a dit qu'un homme avait été tué et un autre blessé dans cette dernière fusillade. Je ne connaissais pas le nommé *Célestin*, que vous me dites être celui qui a été tué; je ne connais pas non plus d'individu du nom de *Grégoire*.

Nous avons fait successivement amener les inculpés *Martin* (Pierre-Noël), *Longuet* (Jules) et *Marescal* (Eugène);

Et le sieur *Poinçot* a dit : Je ne reconnais aucun des trois individus; seulement le nommé *Martin* me fait l'effet de celui qui m'a demandé un fusil, et qui en portait un lui-même.

(Dossier Martin, n°   du greffe, pièce   .)

208. — Femme MASSON (Françoise-Adèle GUILLAUME), *couturière, âgée de 22 ans, demeurant à Paris, rue Saint-Gervais, n° 2.*

(Entendue le 28 mai 1839, devant M. Perrot, juge d'instruction délégué.)

Je demeure au cinquième étage, sur le devant. Le lundi 13 mai courant, vers deux heures et demie, trois heures, étant à travailler dans ma chambre, j'entendis du bruit dans la rue, et je me mis à la fenêtre, d'où je vis plusieurs individus, vêtus de blouses, redingotes et habits, partie armés de fusils, venant de la rue Neuve-Saint-François. Je vis l'un d'eux, qui avait une blouse, cacher dessous quelque chose qui brillait, et ayant forme de baïonnette. Ils paraissaient être poursuivis de plusieurs côtés; je vis l'un d'eux derrière une borne, dans notre rue, au coin de l'épicier, ayant son fusil tourné dans la rue des Coutures-Saint-Gervais; il paraissait viser, mais je n'entendis pas partir son fusil; cependant j'avais appelé ma petite filleule, *Adèle Champion*, de Gagny (Seine-et-Oise), qui était alors chez moi, et qui jouait dans la rue avec mon enfant, et ils remontèrent tous les deux. A peine notre porte était-elle fermée que nous entendîmes monter vivement les escaliers de la maison, et presque aussitôt j'entendis des coups de fusil dans la rue. Dans ce moment, la petite *Adèle* entendit parler à notre porte; elle l'ouvrit, croyant que c'était notre propriétaire, puis elle la referma, et vint me dire qu'il y avait à la porte deux individus dont l'un portait un fusil : alors nous entendîmes frapper à la porte avec force; nous nous gardâmes bien d'ouvrir, et bientôt j'entendis quelqu'un qui montait l'étage supérieur; puis j'entendis marcher dans le grenier qui est au-dessus de ma chambre. Un instant après, j'entendis monter plusieurs personnes dans l'escalier; j'entendis de ma chambre ces mots : Je me rends, je me rends; voilà mon fusil, ne me faites pas de mal. On redescendit, et j'ouvris ma porte; dès lors, je vis entre les mains des gardes nationaux un jeune homme vêtu d'une blouse bleue, avec tablier devant, et ayant une cravatte jaune.

J'omettais de vous dire que, tandis qu'il était à notre porte, je l'avais entendu comme charger son fusil, mais je ne puis l'affirmer et je le dis aux gardes nationaux; alors l'un d'eux, qui tenait le fusil, lui dit : Vois-tu, gamin, il est chargé, armé et amorcé; et il jeta l'amorce sur le carreau. Ils descendirent. C'est tout ce que j'ai vu. On a dit que l'autre individu avait été arrêté dans la rue.

Nous avons fait amener dans notre cabinet l'inculpé *Martin* (Pierre-Noël), et la dame *Masson* a dit : Je ne le reconnais pas.

(Dossier Martin, n°   du greffe, pièce   .)

209. — MOUTON (Henri), *garçon charcutier, âgé de 20 ans, demeurant à Paris, chez M. Desgroux, charcutier, rue de Poitou, n° 22, au Marais.*

(Entendu le 28 mai 1839, devant M. Perrot, juge d'instruction délégué.)

Je n'ai rien vu de ce qui s'est passé le dimanche soir dans les rues d'Anjou et de Berry. Nous ne sommes pas sortis de la maison; j'ai seulement entendu la fusillade, qui a duré assez longtemps. Je ne saurais indiquer aucun des insurgés de ce jour. Le lendemain, nous apprîmes que la veille on était entré chez plusieurs marchands de la rue, et qu'on leur avait pris leurs fusils : mon patron avait échappé à ce pillage; mais lundi, vers deux heures et demie, trois heures, il se présenta à notre boutique douze à quinze insurgés, dont deux seulement avaient alors des fusils. Ils commencèrent à cogner avec les crosses de leurs fusils, du moins je le pense, d'après le bruit que cela faisait;

j'ouvris la porte, et l'un des deux qui étaient armés d'un fusil, jeune homme âgé d'une vingtaine d'années, blond, vêtu d'une blouse, et ayant devant lui un tablier, me demanda le fusil de mon maître; je ne voulais pas qu'ils entrassent. Ce jeune homme dit : Non, non, nous ne voulons pas entrer, mais il nous faut des armes. Alors j'allai chercher le fusil de garde national de M. *Desgroux*, et je le remis à ce jeune homme, qui dit aux autres : Qui est-ce qui veut un fusil? et l'un d'eux, vêtu d'une redingote bleue, et coiffé d'une calotte de velours bleu ou violet, ayant étendu la main, il le lui remit. Cependant je dois dire que cet individu a regardé le fusil et a dit : Il est marqué d'un R, et je le rapporterai. Il n'est pas revenu. Je dois dire que je l'ai vu charger ce fusil et le tirer en l'air. Il y a une trace de balle au-dessous de la gouttière de la maison du sieur *Hecque*, cordonnier; mais j'ignore si elle a été faite par le coup de fusil tiré par cet individu. Ils sont tous partis du côté de la rue de l'Échaudé; des gardes nationaux sont survenus en les poursuivant. Nous sommes rentrés chez nous, et nous avons entendu tirer des coups de fusil : on nous a dit que cet individu avait été arrêté par le sieur *Adenel Thome*, rue d'Orléans, n° 5.

Nous avons fait successivement amener les inculpés *Martin* (Pierre-Noël), *Marescal* (Eugène) et *Longuet* (Jules);

Et le sieur *Mouton* a dit : Je ne reconnais pas le nommé *Longuet*.

Je crois bien reconnaître le nommé *Martin* pour celui qui m'a fait donner le fusil; et je reconnais positivement le nommé *Marescal* pour celui à qui il a été remis, qui l'a chargé et tiré en ma présence.

(Dossier Martin, n°   du greffe, pièce   .)

210. — SEYÉS (Jean-Jacques), *fabricant de nécessaires, âgé de 40 ans, demeurant à Paris, rue Saint-Denis, n° 380.*

(Entendu le 29 mai 1839, devant M. Perrot, juge d'instruction délégué.)

Le dimanche, 12 mai, vers cinq heures de relevée, passant rue Beaubourg avec le sieur *Dufour*, mon beau-frère, lorsque les troubles avaient déjà commencé, nous vîmes deux individus armés de fusils de chasse, dont l'un assez grand, maigre de corps et de figure, ayant les favoris noirs et une écorchure à la joue gauche, était vêtu d'une redingote verte de moyenne longueur, en assez mauvais état, et coiffé d'un chapeau rond noir, malpropre; il paraissait âgé de quarante ans environ, et je crois que je le reconnaîtrais; l'autre, plus jeune, était de la même taille; il était châtain; il était vêtu d'un bourgeron bleu et coiffé d'une casquette. Ils nous croisaient marchant tranquillement, et ils allaient du côté de la rue Michel-le-Comte. En revenant, au bout de dix minutes, et passant rue Michel-le-Comte, je vis piller le magasin du sieur *Hautelet*, arquebusier ; la porte de la boutique était enfoncée ; les insurgés étaient au moins une vingtaine. Après qu'ils eurent pris des fusils et des balles, ils allèrent à la porte de l'estaminet en face la rue Michel-le-Comte, et comme le garçon la fermait, ils donnèrent des coups de crosses dans la porte. Je ne pourrais en reconnaître aucun ; cependant il serait possible, si je les voyais, que la physionomie de quelques-uns me revînt à la mémoire ; surtout je crois que je reconnaîtrais bien un insurgé qui, du coin de la rue Phelippeaux et de la rue du Temple, criait : *Aux armes !* Je l'ai d'autant plus remarqué qu'il agitait en l'air la crosse de son fusil. Ces individus étaient vêtus de blouses bleues, et coiffés d'une casquette ; il y en avait peut-être deux ou trois vêtus de mauvaises redingotes. Je n'ai rien vu autre chose le dimanche.

Le lundi, je me rendis, à sept heures du matin, à la mairie du 6°. Vers onze heures, midi, on vint nous dire qu'il y avait un gros d'insurgés au Temple. Nous partîmes avec la troupe de ligne, et j'allai en avant avec le sieur *Bouttevillain*, caporal de la compagnie dont je suis sergent, un lieutenant et un chasseur d'une autre compagnie, ainsi qu'un tambour que je ne connais pas. En arrivant au Temple, le sieur *Perdereau* nous dit qu'ils étaient partis par la rue Porte-Foin. Nous les poursuivîmes et les atteignîmes rue de Poitou, où l'un d'eux tira un coup de fusil, je ne saurais dire lequel. Un peu plus loin, l'un d'eux, vêtu d'une blouse bleue, portant un tablier et ayant une cravate jaune, tira sur nous de la fontaine de la rue de l'Échaudé : je ne saurais dire si c'est un ou deux coups ; je ripostai, le caporal *Bouttevillain* et le chasseur m'imitèrent. Bientôt on arrêta un individu assez grand de taille, vêtu d'une redingote bleue, et coiffé d'une casquette de velours. Arrivés rue Saint-Gervais, nous arrêtâmes l'individu à tablier et à cravate jaune, qui s'était réfugié dans le grenier d'une maison ; il avait l'un des doigts écorché, et il nous dit que cela venait d'une balle qui l'avait atteint, la veille, à une barricade : il n'a pas dit laquelle. Il ajouta que c'était pour s'en venger qu'il s'était armé le lendemain. Il avait sur lui quelques cartouches d'un très-petit calibre.

Nous avons fait successivement amener dans notre cabinet les inculpés *Martin* (Pierre-Noël) et *Longuet* (Jules), n'ayant pu faire amener *Marescal*, qui avait été extrait pour aller en opération ;

Et le sieur *Seyés* a dit : Je les reconnais positivement l'un et l'autre : *Martin*, pour celui qui a tiré sur nous, rue de l'Échaudé et que nous avons arrêté dans une maison, rue Saint-Gervais ; et *Longuet*, pour un individu qui a été arrêté dans la même expédition, et qui a été amené au peloton. Je n'ai pas remarqué si leurs mains et leurs bouches étaient noires. Ledit *Longuet* n'est pas le premier arrêté qui avait une redingote bleue et une casquette de velours ; je crois que je le reconnaîtrais bien aussi.

(Dossier Martin, n°   du greffe, pièce   .)

211. — LORÉAL (Jean-Pierre), *âgé de 37 ans, tambour à la 6ᵉ légion, 1ᵉʳ bataillon, 1ʳᵉ compagnie, demeurant à Paris, rue du Verbois, n° 24 bis.*

(Entendu le 29 mai 1839, devant M. Perrot, juge d'instruction délégué.)

Le lundi 13 mai courant, vers deux heures et demie, trois heures, la garde nationale et la ligne ont poursuivi des insurgés dans le Marais : c'était M. *Fargue*, capitaine de grenadiers, qui commandait notre détachement. Arrivés rue Saint-Gervais, on nous a dit qu'il y avait des insurgés qui s'étaient réfugiés dans la maison n° 2 ; j'y suis monté avec mon camarade *Chennevière*, quelques gardes nationaux et soldats de la ligne. Nous avons fait recherche dans tous les logements, et, arrivés au grenier, nous y avons trouvé un individu en blouse bleue, ayant un tablier devant lui, lequel était porteur d'un fusil de munition chargé et armé. Cet individu n'a pas fait de résistance ; il s'est rendu aussitôt. Il avait la figure noire. Je n'en ai pas vu d'autre que lui. Il a dit qu'il avait tiré trois coups de fusil. Je le reconnais dans *Martin* (Pierre-Noël), que vous mettez en ma présence.

(Dossier Martin, n°   du greffe, pièce   .)

212. — ASSELIN (Pierre-Julien), *fabricant de chapeaux, âgé de 54 ans, demeurant à Paris, rue des Blancs-Manteaux, n° 42.*

(Entendu le 24 mai 1839, devant M. Perrot, juge d'instruction délégué.)

J'étais de service, comme garde national de la 7ᵉ légion, 1ʳᵉ compagnie de grenadiers, le dimanche 12 mai courant, à la mairie du 7ᵉ arrondissement. Je sortis dudit poste pour aller à mon domicile, et j'y laissai mon fusil au râtelier ; ce fusil porte mon nom et le n° 41 ou 43 ; il n'était pas chargé. Vers six heures du soir, j'ai appris que notre poste avait été désarmé et que mon fusil avait été pris. Comme j'avais eu récemment une affaire en police correctionnelle, avec les ouvriers chapeliers, pour coalition, ayant entendu dire qu'il y en avait beaucoup parmi les insurgés, je craignis une vengeance, et je restai chez moi ; mais le lendemain, à quatre heures du matin, je retournai à mon poste. Du reste, je ne puis indiquer aucun individu ayant pris part aux troubles du dimanche et du lundi. Je ne reconnais pas les nommés *Martin*, *Longuet*, *Marescal* et *Delehaye* qui ont été amenés dans votre cabinet.

(Dossier Martin, n°   du greffe, pièce   .)

213. — Morize (Jacques-Louis), *négociant, âgé de 51 ans, demeurant à Paris, rue Michel-le-Comte, n° 24* (1).

(Entendu le 18 mai 1839, devant M. Dourlens, commissaire de police.)

L'an mil huit cent trente-neuf, le dix-huit mai, à sept heures du soir, Devant nous *Alexandre-Hippolyte Dourlens*, commissaire de police de la ville de Paris pour le quartier Sainte-Avoye,

S'est présenté le sieur *Morize* père, quincailler, rue Michel-le-Comte, 24, qui nous a déclaré ce qui suit :

Lundi 13 mai, ayant entendu battre le rappel, je me rendis à la mairie en uniforme de la garde nationale, fusil sur l'épaule. Il était à peu près midi et demi lorsque je rencontrai, rue Michel-le-Comte, une trentaine d'individus qui me dirent : *Grenadier, il faut nous remettre votre fusil;* je leur répondis que non. Aussitôt, l'un d'eux, passant derrière moi, saisit mon fusil à l'extrémité pour le faire basculer; ne pouvant en venir à bout, un autre avait saisi mon sabre, et avait la main levée pour m'en frapper sur le poignet, afin de me faire lâcher prise. Voyant que je ne pouvais résister à leur fureur, je laissai aller mon arme, me sauvant chez M. *Pelet,* distillateur, rue Sainte-Avoye, 71, à l'aide de mes voisins, qui me protégèrent. Je déposai chez lui ma giberne contenant deux paquets de cartouches, où ils me poursuivirent; voyant qu'ils n'avaient pu m'atteindre, ils se retirèrent : ils me sont inconnus. Mon fusil m'appartient, mon nom se trouve inscrit sur la bretelle; mon sabre est une lame évidée.

(Dossier Martin, n°   du greffe, pièce   .)

214. — *Autre déposition du même témoin.*

(Reçue le 3 juin 1839, par M. Perrot, juge d'instruction délégué.)

J'étais à Melun le dimanche 12 mai dernier : j'en arrivai le lendemain lundi au matin. Ayant rencontré une forte patrouille de ma légion, j'allai bien vite revêtir mon uniforme et prendre mes armes; je mis même deux paquets de cartouches dans ma giberne. J'avais à peine fait deux cents pas, que je rencontrai un groupe de vingt à trente individus, vêtus de blouses, sans armes, lesquels débouchaient, à ce que je crois, de la rue du Temple, et se jetèrent sur moi pour me désarmer. L'un d'eux avait cherché à me prendre mon fusil par derrière, mais il n'avait pu y parvenir. Celui qui me demanda mes armes était un jeune homme de vingt ans, de taille et corpulence moyennes, vêtu d'une blouse bleue, coiffé d'une casquette noire, et ayant de petites moustaches noires. Malgré son costume, il paraissait assez distingué, ainsi que plu-

(1) Voir les autres dépositions de ce témoin, pages 204, 205, 206.

sieurs de la bande; je n'en remarquai aucun en habit ou en redingote. Je croisai baïonnette, et alors ils se jetèrent sur moi, et saisirent mon fusil, qui était couvert de leurs mains d'un bout à l'autre. L'un d'eux, dans ce moment, tira mon sabre du fourreau, et chercha à m'en porter un coup sur le bras gauche; je vis venir le coup, et retirai mon bras assez vivement pour l'éviter. C'est dans ce moment qu'ils s'emparèrent de mon fusil, que je ne tenais plus que d'une main : je n'ai pas remarqué auquel d'entre eux était resté mon fusil; mais celui qui avait pris mon sabre était petit, également vêtu d'une blouse bleue, et ayant aussi de petites moustaches noires. Il paraissait âgé de 17 à 18 ans. Plusieurs voisins vinrent à mon secours, et on m'emmena chez le distillateur. Ce distillateur est le sieur *Pelet*, rue Sainte-Avoye, n° 71. Les autres voisins sont les sieurs *Garnier*, pharmacien, rue Michel-le-Comte, n° 1; *Sascia*, limonadier, rue du Temple, n° 7 ou 9; *Gafré*, négociant, rue Michel-le-Comte, n° 14; et M. *Desfosses*, rue des Vieilles-Audriettes, n° 3 ou 5. Je n'ai revu ni mon fusil, ni mon sabre. Les individus en question ne m'ont pas frappé; mais j'ai entendu dire que j'avais été mis en joue avec mon propre fusil, qui n'était pas chargé, et que l'un des individus avait dit à celui qui tenait le sabre : *Passe-le-lui au travers du corps.*

J'ajoute que j'ai appris qu'en me quittant ces individus étaient allés rue du Temple, chez une fruitière, à qui ils avaient pris ses manches à balai.

Nous avons fait successivement amener dans notre cabinet les inculpés *Martin* (Pierre-Noël), *Marescal* (Eugène) et *Pierné* (Aimé) ;

Et le sieur *Morize* a dit : *Je n'en reconnais aucun.*

(Dossier Martin, n°   du greffe,   pièce.)

215. — *Autre déposition du même témoin.*

(Reçue le 5 juin 1839, devant M. Perrot, juge d'instruction délégué.)

Je persiste dans ma précédente déclaration. Je dois ajouter que depuis, et en réfléchissant aux inculpés que vous m'avez confrontés, la physionomie de l'inculpé *Martin* m'est revenue à l'esprit, et que je crois bien qu'il était de ceux qui m'ont désarmé; et la principale circonstance qui me rappelle ce jeune homme, c'est que lorsque mon sabre m'eut été pris, quelqu'un ayant dit, en parlant de moi : *Il faut le tuer! il faut le tuer!* un individu de la bande dit : *Non, il ne faut pas le tuer! il ne faut pas le tuer!* et je crois que cet individu est le jeune *Martin*; je l'ai reconnu particulièrement à l'intonation de sa voix.

Nous, juge d'instruction, avons représenté au sieur *Morize* un fusil de munition avec sa baïonnette, indiqué par une étiquette qui y est jointe, comme ayant été saisi entre les mains de *Martin* (Pierre-Noël), et le sieur *Morize* a dit : Ce n'est pas là mon fusil ; je ne le reconnais pas.

(Dossier Martin, n°   du greffe, pièce   .)

216. — *Autre déposition du même témoin.*

(Reçue le 6 juin 1839, devant M. Perrot, juge d'instruction délégué.)

Je persiste dans ma précédente déclaration.

Nous, juge d'instruction, avons représenté au sieur *Morize* un fusil de munition, sans numéro de légion et sans baïonnette, portant la marque B, modèle 1777, et le numéro d'ordre 1815, avec le chiffre B gravé sur le bois ; ledit fusil, envoyé du 6° arrondissement avec une note détachée, signée *Rouget*, lieutenant, 6° légion, 1ᵉʳ bataillon, constatant que ce fusil aurait été pris dans les mains du nommé *Martin*, rue Saint-Gervais, dans une maison.

Et le sieur *Morize* a dit : Ce fusil n'est pas le mien, je ne le reconnais pas ; j'ajoute que je suis allé à la mairie du 6° arrondissement, où avait été conduit le nommé *Martin* ; que je me suis mis en rapport avec M. *Husson*, colonel de cette légion, et que les recherches que nous avons faites de mon fusil ont été jusqu'à présent sans résultat ; ces recherches se continuent. J'ajoute encore que j'ai vu le portier de M. *Cabuchet*, commissaire de police, celui qui avait désarmé le nommé *Martin*, marché du Temple, et avait jeté au loin la baïonnette du fusil ; il m'a dit que les recherches de M. le commissaire de police n'avaient pu encore procurer la découverte de ladite baïonnette.

Nous, juge d'instruction, avons conduit le sieur *Morize* au greffe, dans les pièces où sont déposées les armes saisies dans les troubles des 12 et 13 mai dernier ;

Et examen fait, autant que possible, de ces diverses armes,

Le sieur *Morize* a dit : Je n'y reconnais pas mon fusil.

(Dossier Martin, n°   du greffe, pièce.)

217. — Femme MALDAN (Hélène-Desmarest), *cartonnière, âgé de 42 ans, demeurant à Paris, rue Bailleul, n° 7.*

(Entendue le 30 mai 1839, devant M. Perrot, juge d'instruction délégué.)

Le lundi matin, tandis que mon mari était en course, le nommé *Pierre-Noël Martin*, alors notre ouvrier, est venu à la maison, vers huit heures du matin ; il avait une petite raflure à un doigt, et il ne m'a pas dit d'où cela lui venait. Je le lui ai enveloppé d'un petit linge; il ne m'a pas parlé des événements de la veille; il m'a seulement dit que, se trouvant à la queue des Folies-Dramatiques, il était passé une bande de jeunes gens qui ont dit à ceux qui étaient à la queue : Allons, venez avec nous; si les jeunes gens ne s'en mêlent pas, qui s'en mêlera donc? et qu'ils les avaient emmenés.

D. Vous a-t-il dit si ces jeunes gens étaient armés?
R. Non.
D. Vous a-t-il dit où ces jeunes gens avaient emmené lui et les autres qui étaient à la queue?
R. Non.
D. Vous a-t-il dit l'heure qu'il était?
R. Non.
D. Vous a-t-il dit qu'on lui avait mis un fusil dans les mains?
R. Non, il ne m'a pas parlé de fusil.

(Dossier Martin, n°   du greffe, pièce   .)

218. — THILLAYE (André-Antoine-Théodore), *docteur en médecine, âgé de 42 ans, demeurant à Paris, rue de Bretagne, n° 40.*

(Entendu le 21 mai 1839, devant M. Legonidec, juge d'instruction, délégué.)

J'ai connu il y a dix ou douze ans, je crois, à l'un des dispensaires de la société philanthropique, les époux *Martin*, dont vous m'entretenez. Ils ont été chefs d'une nombreuse famille. Ils demeuraient alors rue de Berry, n° 8.

J'ai soigné plusieurs de leurs enfants d'affection cérébrale; mais je crois me rappeler que je craignais les mêmes accidents pour les autres, à raison de leurs antécédents, de la conformation de leurs têtes, et de la manière malheureuse dont ils étaient élevés.

J'ai remarqué chez ces enfants un caractère irascible, un grand entêtement. La moindre contrariété mettait ces enfants dans une colère convulsive.

Je ne sais rien de particulier sur chacun d'eux.

Il y a trois ou quatre ans que je les ai perdus de vue.

(Dossier Martin, n°   greffe, pièce   .)

219. — JARDIN (Noël), *traiteur, âgé de 45 ans, demeurant à Paris, rue de Bretagne, n° 52.*

(Entendu le 21 mai 1839, devant M. Legonidec, juge d'instruction délégué.)

Les frères *Martin* sont mes locataires. Ils sont l'un et l'autre fort tranquilles.

Jamais ils n'ont manifesté en ma présence d'opinion politique ; ce sont des jeunes gens fous de jeunesse, plutôt que d'autre chose. J'ai été fort étonné, lorsque le lundi 13 de ce mois, de trois à quatre heures de l'après-midi, j'ai vu passer devant ma maison, au milieu d'un peloton de troupe de ligne, l'un de ces jeunes gens.

Il était sorti de chez moi le matin entre huit et neuf heures, avec son tablier devant lui, ce qui m'a fait supposer qu'il allait travailler.

Il était environ huit ou neuf heures du soir, lorsqu'il est rentré le dimanche avec une blessure au doigt, qu'il n'a pas pu m'expliquer.

(Dossier Martin, n° du greffe   , pièce   .)

FAITS PARTICULIERS A MARESCAL.

220. — ADVENEL (Jean-Gabriel), *négociant, âgé de 49 ans, demeurant à Paris, rue d'Orléans, n° 5, au Marais.*

(Entendu le 29 mai 1839, devant M. Perrot, juge d'instruction délégué.)

Le lundi 13 mai courant, vers deux heures de relevée, plus ou moins, je passais rue de Poitou, où des insurgés venaient de désarmer quelques boutiquiers. Entendant des coups de fusil, je pressai le pas; et, en arrivant dans la rue, je rencontrai un homme vêtu d'une redingote, dont je ne me rappelle plus la couleur, et coiffé d'une casquette en velours, porteur d'un fusil de munition. Je l'arrêtai et le fis entrer sous la porte cochère de la maison où je demeure; et de la garde nationale, accompagnée de la troupe de ligne, étant venue à passer, je leur livrai cet individu avec son arme. Je dois dire qu'il ne m'avait opposé aucune résistance, et ne m'avait dit aucune injure : je ne sais si je pourrais le reconnaître, car j'ai peu la mémoire des yeux; j'ajoute que son fusil était fraîchement déchargé, et il m'a dit qu'il venait de le tirer en l'air; j'avais vu des insurgés charger leurs fusils rue de Poitou.

Nous avons fait successivement amener dans notre cabinet les inculpés *Martin* (Pierre-Noël), *Longuet* (Jules) et *Marescal* (Eugène);

Et le sieur *Advenel* a dit : Je ne reconnais pas les deux premiers, mais je reconnais positivement le nommé *Marescal* pour l'individu dont j'ai parlé.

(Dossier Marescal, n° du greffe, pièce .)

221. — *Procès-verbal de constatation des traces d'une balle dans le logement du sieur* LOUVET, *rue de Poitou, n°ˢ 12 et 14.*

(Par M. Masson, commissaire de police.)

L'an mil huit cent trente-neuf, et le vingt-neuf mai, à sept heures un quart du matin,

Nous Pierre-Nicolas Masson, commissaire de police de la ville de Paris, et spécialement du quartier du Mont-de-Piété;

Vu l'ordonnance ci-jointe concernant le nommé *Eugène Marescal* et autres inculpés d'attentat;

Nous nous sommes transporté dans la maison sise rue de Poitou, n°ˢ 12 et 14, accompagné de deux agents de la police municipale et dudit *Eugène Marescal*, extrait à cet effet de la Conciergerie. Nous avons d'abord demandé le sieur *Matelin*, afin qu'il nous montrât la trace de balle signalée en sa déposition ; mais le sieur *Hecque*, cordonnier, son maître, nous a dit qu'il était à l'hospice de l'Hôtel-Dieu. Nous nous sommes ensuite adressé à la portière, à qui nous avons fait connaître le but de notre transport. Elle nous a dit *qu'il existait une trace de balle sur l'entablement, et qu'il n'y en avait sur aucune autre partie du mur de face*. En conséquence, nous sommes monté dans le logement du sieur *Louvet* (Pierre), marchand brocanteur, demeurant au quatrième étage de la partie de ladite maison qui porte le n° 14. Étant dans la chambre à coucher dudit sieur *Louvet*, nous avons reconnu et constaté, en présence de l'inculpé *Marescal*, qu'*il existait au bord de l'entablement, vers le milieu de la fenêtre gauche, une dégradation récente causée par une balle qui, dirigée de bas en haut, avait traversé le bord angulaire dudit entablement, avait frappé ensuite contre la gorge de cet entablement, puis avait atteint les tuiles du bord du toit qui l'avaient repoussée vers la gouttière en zinc qu'elle avait traversée*. A droite, et à huit pouces environ de cette trace de balle, nous avons remarqué dans l'entablement un trou qui nous a paru avoir été fait par une chevrotine. Après avoir fait cette constatation, nous avons vérifié s'il n'existait point quelques traces de balle sur les montants des deuxièmes fenêtres du troisième et du deuxième étage de ladite maison, et nous n'en avons aperçu aucune ; nous n'en avons pas vu non plus sur aucune autre partie du mur de face.

Lecture faite de ce que dessus au nommé *Marescal*, il y a reconnu vérité, et a signé avec nous.

Questionné par nous, hors de la présence de l'inculpé, le sieur *Louvet*, susqualifié, nous a dit que le lundi, 13 du courant, vers deux heures et demie, regardant dans la rue par une des fenêtres de son logement, il avait remarqué, vis-à-vis la maison numérotée 9, un groupe d'une douzaine d'individus, la plupart vêtus de blouses, parmi lesquels s'en trouvaient trois en redingote ; que l'un de ceux-ci avait tiré de dessous sa redingote une poignée de cartouches qu'il avait remises à un autre aussi en redingote, qui tenait un fusil de munition ; que ce dernier avait chargé son fusil, puis l'avait remis à un individu en blouse ; que lui, sieur *Louvet*, s'était alors éloigné de la fenêtre, et était allé sur le carré avec sa femme ; que, quelques minutes après, il avait entendu une détonation d'armes à feu dans la rue, et qu'au bout d'une dizaine de minutes, étant rentré dans sa chambre à coucher, il avait remarqué la trace de balle que nous venions de constater. Il a ajouté qu'il lui serait impossible de reconnaître les individus dont il venait de parler, et qu'il ne reconnaissait pas le nommé *Marescal* qui nous accompagnait, pour avoir fait partie du groupe de factieux ci-dessus mentionné.

Immédiatement après l'opération ci-dessus constatée, nous avons fait réintégrer le nommé *Marescal* à la Conciergerie.

De tout ce que dessus, nous avons dressé le présent procès-verbal, qui sera transmis à M. *Perrot,* juge d'instruction, avec l'ordonnance susrelatée et l'ordre d'extraction qui s'y trouvait joint.

Le commissaire de police, signé *Masson.*

(Dossier Marescal, n°   du greffe, pièce   .)

222. — DESGROUX (Jean-Louis), *charcutier, âgé de 32 ans, demeurant à Paris, rue de Poitou, n° 22.*

(Entendu le 16 mai 1839, devant M. Masson, commissaire de police.)

L'an mil huit cent trente-neuf, le seize mai, à deux heures et demie de relevée,

Devant nous, *Pierre-Nicolas Masson,* commissaire de police de la ville de Paris, quartier du Mont-de-Piété,

S'est présenté le sieur *Desgroux* (Jean-Louis), charcutier, demeurant rue de Poitou, n° 22,

Lequel nous a dit :

Lundi dernier, 13 du courant, vers midi, plus ou moins, une dizaine d'individus, dont trois seulement étaient armés de fusils, vinrent me demander mon fusil en me menaçant de me tuer si je leur refusais; je leur ai remis alors mon fusil avec sa baïonnette; la banderole est retenue par un bouton long en cuivre, sur lequel est gravé mon nom.

Parmi ces individus un seul était âgé de 30 ans; tous les autres n'avaient pas plus de 20 ans; ils étaient presque tous vêtus de blouses; l'individu qui était le plus âgé est de grande taille, il ne portait ni moustaches ni favoris; il était vêtu d'une redingote bleue, et coiffé d'une casquette en velours noir, sans visière.

(Dossier Marescal, n°   du greffe, pièce   .)

223. — *Autre déposition du même témoin.*

(Reçue le 25 mai 1839, devant M. Perrot, juge d'instruction délégué.)

Je persiste dans ma déclaration au commissaire de police, du 16 mai courant, dont je vous répète le contenu; seulement, je ne pourrais dire si la casquette de l'homme à la redingote bleue était de velours noir ou de velours violet. C'est mon garçon, le nommé *Henri,* qui a ouvert la porte aux insurgés et leur a remis mon fusil; mon nom est gravé sur le bouton de la bretelle; je ne me rappelle pas le numéro, mais le sieur *Quelquejeu,* notre sergent-major, pourra vous le donner. J'étais sur la porte de l'allée quand ces individus sont arrivés; ils étaient presque tous vêtus de blouses; le plus âgé, qui était en redingote bleue, n'est pas celui qui a demandé mon fusil, mais c'est à lui qu'il a été donné par celui de ses compagnons à qui mon garçon l'avait remis. Ce dernier pouvait avoir vingt ans; il était vêtu d'une blouse grisâtre, moyenne taille, plutôt mince que gros, et il paraît que c'était toujours lui qui se mettait en avant pour demander des fusils. Ils n'ont pas menacé de tirer sur mon garçon; mon fusil n'était pas chargé; je l'ai vu charger par celui à qui on venait de le remettre, qui l'a tiré en l'air pour l'essayer. Je suis rentré chez moi, et ai entendu ensuite quelques coups de fusil.

D. Votre fusil ne porte-t-il pas le n° 557?

R. Je ne me le rappelle pas.

Nous avons fait amener successivement dans notre cabinet les inculpés *Marescal* (Eugène), *Martin* (Pierre-Noël) et *Longuet* (Jules);

Et le sieur *Desgroux* a dit : Je ne reconnais pas les nommés *Martin* et *Longuet,* mais je reconnais le nommé *Marescal* pour l'homme à redingote bleue, plus âgé que les autres, à qui mon fusil a été remis, et qui a tiré un coup en l'air. Je reconnais la casquette en velours bleu clair qu'a dans ce moment le nommé *Marescal,* pour celle qu'il avait le jour en question.

(Dossier Marescal, n°   du greffe, pièce   .)

224. — BECQUERET (Jacques-Charles-César-François), *âgé de 59 ans, directeur de la maison de la Roquette, dépôt des condamnés, y demeurant.*

(Entendu le 27 mai 1839, devant M. Perrot, juge d'instruction délégué.)

Au mois de mars ou d'avril 1837, le nommé *Marescal* est entré à la maison en qualité de garçon de service; il n'y est resté que treize ou quinze jours; il avait le défaut de s'enivrer. Le motif de son renvoi tient précisément à l'ivresse. Il était de garde à une des portes d'entrée, s'ouvrant à l'intérieur et donnant sur la cour de l'administration. On frappa à cette porte pendant longtemps; et comme elle ne s'ouvrait pas, on fut obligé de lever la serrure en dehors. On ne fut pas peu surpris de trouver *Marescal* endormi; il était tellement ivre que le bruit ne l'avait pas réveillé. Je le consignai pour huit jours, et il fit le récalcitrant; alors je lui dis qu'il fallait en passer par là, ou quitter la maison. Il prit ce dernier parti.

Nous avons fait amener l'inculpé *Eugène Marescal;*

Et le sieur *Becqueret* a dit : Je le reconnais positivement pour l'individu dont j'ai parlé dans ma déclaration.

(Dossier Marescal, n°   du greffe, pièce   .)

225. — Soury (Jean-Baptiste-François-Athanase), *sculpteur, âgé de 43 ans, demeurant à Paris, rue de Chevreuse, n° 1.*

(Entendu le 28 mai 1839, devant M. Perrot, juge d'instruction délégué.)

J'employais le nommé *Marescal*, comme homme de peine, depuis le mois de décembre dernier. Le dimanche 12 mai courant, il était venu à Meudon avec moi et ma famille en partie de plaisir. Ce n'est qu'à notre retour, et en passant à Clamart, que nous avons appris les troubles. *Marescal* nous a quittés à la barrière du Mont-Parnasse, à 9 heures du soir; je ne l'ai pas revu depuis. Je n'ai su son arrestation que par sa femme. Il n'a pas d'enfants; il n'a de ressources que son travail et celui de sa femme, et ils ne sont pas heureux. Jamais je n'ai entendu *Marescal* parler de politique; je n'ai jamais eu de reproches à lui faire, et je n'ai pas remarqué qu'il fût enclin à l'ivrognerie.

(Dossier Marescal, n°   du greffe, pièce   .)

FAITS PARTICULIERS A PIERNÉ.

226. — PERDEREAU (Antoine), *marchand d'habits, âgé de 46 ans, demeurant à Paris, place du marché du Temple, n° 14* (1).

(Entendu le 14 mai 1839, devant M. Haymonet, commissaire de police.)

L'an mil huit cent trente-neuf, le quatorze mai, à dix heures du matin, Devant nous *François-Bonaventure Haymonet*, commissaire de police, etc.,

Est comparu le sieur *Perdereau*, marchand d'habits, demeurant place du marché du Temple, n° 14, lequel nous a fait la déclaration suivante :

Hier, vers neuf heures du matin, mon magasin a été envahi par des hommes faisant partie d'un rassemblement armé, qui avait déjà désarmé plusieurs gardes nationaux de mon voisinage, et, entre autres armes, ils ont volé dans ma boutique six paires de fleurets.

Je reconnais le fleuret que vous me représentez comme ayant été dans les mains du nommé *Pierné*, pour m'appartenir, et provenir du pillage dont je me réserve la dénonciation. Je dois ajouter que je reconnais également le nommé *Pierné*, que vous me représentez, pour avoir fait partie des insurgés qui ont violé mon domicile ; il était un des plus acharnés au pillage, qui paraissait dirigé par un grand jeune homme vêtu de noir, qui a été ensuite arrêté dans la rue Saint-Louis, où il a refusé de dire son nom. Cependant on pense qu'il se nomme *Jules Longuet*, commis, rue Quincampoix, n° 11. Les manœuvres de cet individu et de sa bande pourront être surtout dénoncées par les sieurs :

Nicol, rue Neuve-Saint-François, n° 10 ;
Quelquejeu, pharmacien, rue de Bretagne ;
Denizot, boulanger, même rue.

Lecture faite au sieur Perdereau de sa déclaration, il a persisté, et a déclaré ne savoir signer, de ce interpellé suivant la loi.

Signé HAYMONET.

(Dossier Pierné, n° du greffe, pièce .)

---

(1) Voir les autres dépositions de ce témoin, pages 169, 170, 215.

227. — *Autre déposition du même témoin* (1).

(Reçue le 29 mai 1839, par M. Perrot, juge d'instruction délégué.)

Je viens de persister devant vous (affaire *Martin* et autres, n°˙ 168, 169, 170 et 171) dans la déclaration que j'avais faite au commissaire de police, le 15 mai courant, du pillage d'armes blanches qui a eu lieu chez moi, le lundi 13 du même mois. M. *Haymonet,* commissaire de police, m'a représenté un fleuret, saisi entre les mains d'un nommé *Pierné;* j'ai reconnu ce fleuret, et je le reconnais encore parfaitement dans celui que vous me représentez pour un de ceux qui ont été pris par plusieurs insurgés dans ledit pillage. Je ne reconnais pas la baïonnette de fusil de munition qui y est jointe.

Nous avons fait amener l'inculpé *Aimé Pierné;*

Et le sieur *Perdereau* a dit : Je le reconnais pour un des insurgés qui sont restés en dehors; mais je l'ai remarqué pour un des plus animés. Avant que le jeune *Martin* ait mis son fusil en travers de ma boutique, ledit *Pierné* poussait les autres pour les faire entrer chez moi.

(Dossier Pierné, n°   du greffe, pièce   .)

228. — Veuve ANFRAY (Isidore-Goudet), *propriétaire, âgée de 58 ans, demeurant à Paris, rue de Montreuil, n° 31.*

(Entendue le 21 mai 1839, devant M. Perrot, juge d'instruction délégué.)

Je persiste dans le certificat que j'ai donné le 20 mai courant, en faveur d'*Aimé Pierné :* ce n'est point un certificat de complaisance ; ce jeune homme s'est toujours bien conduit, et ne s'est jamais mêlé de politique. Il ne sortait jamais que dans le quartier, s'amusant de préférence avec des enfants. Le dimanche, 12 courant, il est rentré de très-bonne heure.

(Dossier Pierné, n°   du greffe, pièce   .)

229. — HUZÉ (Jean-Baptiste), *fabricant de chaussons, âgé de 28 ans, demeurant à Paris, rue Saintonge, n° 19.*

(Entendu le 31 mai 1839, devant M. Perrot, juge d'instruction délégué.)

Je ne puis donner aucun indice sur les auteurs des troubles des deux jours. Pendant quatre jours j'ai cherché un de mes ouvriers, *Aimé Pierné,* dont la mère et moi nous ne connaissions pas l'arrestation ; il y avait à peu près

---

(1) Voir trois autres dépositions du même témoin, pages 169 et 228.

un mois que cet individu travaillait chez moi, et je dois dire qu'il était fort régulier; le lundi 13 mai courant, il arriva de bonne heure, et il me dit que, la veille, il était allé se promener à la barrière du Trône ; qu'ensuite il était descendu dans Paris pour voir ce qui se passait, et qu'il était rentré de bonne heure. Vers neuf heures du matin, le lundi, nous eûmes dans le quartier une espèce d'alerte dont j'ignore la cause, et nous fermâmes nos boutiques. *Pierné* s'en alla ; et c'est depuis ce moment que je ne l'avais pas revu ; je l'aurais cru incapable de se joindre aux insurgés ; s'il l'a fait, il faut qu'il ait été entraîné.

(Dossier Pierné, n°   du greffe, pièce   ,)

230. — HYON (François-Louis), *âgé de 41 ans, fabricant de plaqué, demeurant à Paris, rue des Fontaines, n° 17.*

(Entendu le 31 mai 1839, devant M. Perrot, juge d'instruction délégué.)

Le dimanche 12 courant, rentrant dans mon quartier, j'appris que la mairie du 6ᵉ avait été prise par des insurgés et reprise sur eux. Je me hâtai de revêtir mon uniforme et de m'y rendre. Toute la nuit nous fûmes sur pied ; mais pour ce jour je ne puis signaler aucun fait précis. Le lendemain 13, j'étais à la mairie lorsque, vers une ou deux heures de relevée, on vint nous prévenir que des insurgés construisaient une barricade au bout de la rue Phelippeaux, près la rue du Temple. Nous partîmes formant quatre sections, dont deux de garde nationale et deux de troupe de ligne : cette dernière commandée par le capitaine *Saint-Léger*. Quand nous arrivâmes rue du Temple, déjà la barricade avait été détruite. On nous dit que les insurgés étaient à la rotonde du Temple ; nous nous y rendîmes immédiatement, et la femme d'un marchand nous dit qu'ils venaient de piller leur boutique, du moins quant aux fleurets qu'elle contenait. Nous suivîmes sans relâche les traces des insurgés qui étaient indiquées par les habitants des rues, et nous arrivâmes du côté de la rue d'Anjou, où nous échangeâmes quelques coups de fusil avec ceux des factieux que nous rencontrâmes. J'en vis cinq ou six prendre la fuite rue des Coutures-Saint-Gervais, et j'en poursuivis un que j'atteignis bientôt et que j'arrêtai. Je l'ai encore présent devant les yeux. C'est un jeune homme de 18 à 20 ans, plutôt petit que grand, un peu gros, ayant la tête forte et ronde, et de grosses lèvres. Mes camarades me dirent de faire attention, parce qu'il pourrait avoir quelque arme de cachée sous sa blouse; je lui fis ôter ses bretelles, et dans ce moment tomba par terre, de dessous sa blouse, une baïonnette que je ramassai. Aussitôt une personne présente, et qui était vêtue en bourgeois, remit à un de nos gardes nationaux, qui l'a apporté à la mairie, un fleuret que j'avais vu entre les mains de l'individu par moi poursuivi et arrêté, et qu'il avait jeté dans sa fuite. Je n'ai plus quitté cet individu qu'à la mairie. En y revenant nous avons passé par la rue des Quatre-Fils, et nous y avons rencontré un détachement de gardes municipaux à pied, près duquel nous nous sommes arrêtés. Là j'ai vu gisant sur le trottoir un homme qui m'a paru mort, parce qu'il était sans mouvement. Je n'en ai pas vu d'autres dans le même état, et je n'ai pas remarqué non plus d'individu en bourgeron, qu'on aurait arrêté cachant un fusil sous une porte cochère; je n'ai pas vu dans ce moment le sieur *Saint-Martin*, notre lieutenant-colonel; mais notre colonel, M. *Husson*, était avec nous.

De retour à la mairie, nous avons fouillé l'individu que j'avais arrêté, et nous n'avons rien trouvé sur lui de remarquable. Nous avons vu qu'il avait une cicatrice à l'une des jambes. Dans ce moment, un garde national a représenté le fleuret qui avait été remis par un bourgeois au moment de l'arrestation, et nous l'avons joint à la baïonnette. Le sieur *Perdereau*, marchand du Temple, est venu le lendemain matin, et il a reconnu le fleuret pour faire partie des armes qui lui avaient été prises; il a dit aussi qu'il avait reconnu l'individu à qui ce fleuret avait été saisi, pour faire partie de l'attroupement qui l'avait pillé.

Nous avons représenté au sieur *Hyon* la baïonnette et le fleuret joints à l'affaire *Pierné*, comme pièces à conviction;

Et le sieur *Hyon* a dit : Je ne puis affirmer l'identité, mais cette baïonnette et ce fleuret ressemblent bien à ceux dont était porteur l'individu en question.

Nous avons fait amener dans notre cabinet l'inculpé *Pierné*;

Et le sieur *Hyon* a dit : Je le reconnais positivement pour l'individu dont je viens de parler. Je ne pourrais reconnaître aucun autre des individus que nous poursuivions.

Nous, juge d'instruction, constatons que l'inculpé *Pierné* porte une cicatrice au milieu et sur la partie antérieure de la jambe droite.

(Dossier Pierné, n°   du greffe, pièce   .)

231. — DOUILLIEZ (Jean-Baptiste-Albert), *âgé de 44 ans, lieutenant de la garde municipale, caserné aux Minimes.*

(Entendu le 31 mai 1839, devant M. Perrot, juge d'instruction délégué.)

Le lundi 13 mai courant, vers les deux heures de l'après-midi, il se fit une grande rumeur aux environs de notre caserne; on disait que deux ou trois cents insurgés venaient pour nous attaquer. Notre capitaine fit prendre les armes; nous nous formâmes en deux sections, et, d'après les renseignements qui nous avaient été donnés, la première section, commandée par le capitaine, prit par la rue des Douze-Portes; la seconde, commandée par moi, prit par la rue Saint-Gilles. Ma section déboucha la première rue Saint-Louis, et les habitants nous dirent que les insurgés s'étaient jetés dans les rues à notre gauche, celles Saint-Anastase, du Roi-Doré et Neuve-Saint-François. Ma section arrivait à la hauteur de la rue des Douze-Portes en même temps que celle du capitaine en débouchait. J'allais avec les miens au pas de course, et ma section se trouva avant celle du capitaine. A cet instant nous reçûmes cinq ou six coups de fusil des insurgés, qui se trouvaient au coin de la rue du Roi-Doré, et un réverbère, dont la corde fut coupée, tomba derrière nous; quelques-uns de mes hommes ripostèrent; et, poursuivant notre course, nous arrivâmes rue du Roi-Doré, où nous ne vîmes personne; nous la suivîmes jusqu'au bout, et là, apercevant une partie des insurgés qui fuyaient à gauche, nous les poursuivîmes par la rue de Thorigny, où nos hommes lâchèrent encore quelques coups de fusil. Les insurgés détournèrent dans la rue de la Perle, qui fait face à la rue des Quatre-Fils; nous les suivions toujours, et c'est au coin de la rue de la Perle que partirent nos derniers coups de fusil, au nombre de six à huit; nous arrivâmes ainsi à la rue Vieille-du-Temple, où finit la rue de la Perle et commence celle des Quatre-Fils. Un détachement de la garde nationale de la 6ᵉ légion, commandé par le colonel, arrivait par la rue Vieille-du-Temple, et se trouva avant nous à l'entrée de la rue des Quatre-Fils. Je crois même que l'avant-garde de ce détachement a fait feu. Après avoir fait quelques pas dans la rue des Quatre-Fils, nous vîmes deux hommes vêtus de blouses bleues, gisant par terre, sur le trottoir à droite près de la maison n° 10. La garde nationale s'était jointe à nous. Un de ses pelotons nous précédait, et nous étions suivis par un ou plusieurs autres. On s'arrêta devant la maison n° 10; nous avons vu que l'un des deux hommes était mort et que l'autre était blessé à l'épaule gauche.

Dans cet instant la porte cochère de ladite maison s'ouvrit, plusieurs personnes s'y présentèrent en dedans; je vis un individu, aussi vêtu d'une blouse bleue, tenu par un officier de la garde nationale; je pensai même qu'il sortait de la maison; mais il paraît que cet individu venait d'être arrêté dans une rue voisine, porteur d'une baïonnette et d'un fleuret. L'homme blessé fut remis à un médecin de la maison n° 10, pour lui donner les premiers soins : je n'avais vu aucune arme, ni fusil ni autre, à côté des deux hommes en question; mais on a dit en ce moment que des personnes de la garde nationale avaient ramassé près d'eux un fusil de munition; je n'ai pas entendu parler d'armes blanches, fleurets, espadons ou autres. J'ai entendu dire qu'après notre passage, des gardes nationaux et de la troupe de ligne avaient arrêté quelques autres insurgés, armés, du côté de la rue Saint-Gervais; ce qui m'a convaincu que les insurgés s'étaient divisés en deux bandes : l'une à gauche par la rue de Thorigny, et c'est celle que nous avions poursuivie; l'autre, par la rue Neuve-Saint-François, aurait été rencontrée par les détachements de la garde nationale et de la troupe de ligne dont je viens de parler : j'ai su depuis, par M. *Gronfier*, commissaire de police, que l'homme blessé s'appelait *Grégoire*. J'ignore le nom de l'autre. J'avais vu leurs visages, et ils avaient les lèvres noires. Au surplus, nous ne nous arrêtâmes qu'un instant à la rue des Quatre-Fils, parce qu'on disait qu'il se construisait une barricade rue du Temple. Quand nous y arrivâmes, nous vîmes qu'elle était détruite : ce n'était pas la première barricade de la rue Phelippeaux, pour laquelle la garde nationale s'était mise en mouvement, c'en était une autre, au bout de la rue Sainte-Avoye, et dans cet endroit le pavé avait été ôté en partie. Nous conduisîmes la garde nationale jusqu'à la mairie, et, en revenant à notre caserne, nous rencontrâmes, rue Saint-Louis, un détachement de la même légion, accompagné d'un détachement du 28ᵉ de ligne commandé par le capitaine Saint-Léger, qui ramenait quelques individus qu'ils avaient arrêtés peu après notre passage, en poursuivant ceux qui avaient fui par la gauche.

Nous avons fait amener dans notre cabinet l'inculpé *Aimé Pierné*;

Et le sieur *Douilliez* a dit : Je le reconnais pour l'individu que j'ai vu tenu par un garde national près de la maison rue des Quatre-Fils, n° 10, et qu'on m'a dit avoir été arrêté avec une baïonnette et un fleuret.

Nous, juge d'instruction, n'avons pu confronter au sieur *Douilliez* l'inculpé *Grégoire*, non encore rétabli de sa blessure.

(Dossier Pierné, n°   du greffe, pièce   .)

232. — QUELQUEJEU (Charles-François), *âgé de 39 ans, pharmacien, demeurant à Paris, rue de Poitou, n° 13.*

(Entendu le 8 juin 1839, devant M. Perrot, juge d'instruction délégué.)

Je persiste dans mes précédentes déclarations (1).

Nous, juge d'instruction, avons représenté au sieur *Quelquejeu* la baïonnette de fusil de munition saisie sur le nommé *Pierné*, et portant le n° 3891 ;

Et le sieur *Quelquejeu* a dit :

Je crois que le numéro de cette baïonnette est bien celui de mon fusil de garde national ; au surplus, je renvoie pour cela à la note que je vous ai remise touchant les fusils qui ont été pris dans ma rue par les insurgés.

Nous avons fait amener l'inculpé *Aimé Pierné*;

Et le sieur *Quelquejeu* a dit : Je ne le reconnais pas ; j'ai peu la mémoire des physionomies, et je ne puis dire s'il faisait partie des individus qui sont venus me désarmer le lundi 13 mai.

(Dossier Pierné, n°   du greffe, pièce   .)

---

(1) Voir ces déclarations ci-devant, p. 171 et suivantes.

FAITS PARTICULIERS A GRÉGOIRE.

233. — SOUFFLOT (François-Gabriel), *âgé de 48 ans, capitaine de la garde municipale à pied, caserné aux Minimes, à Paris.*

(Entendu le 27 mai 1839, devant M. Perrot, juge d'instruction délégué.)

Le lundi 13 mai courant, de midi et demi à une heure et demie, étant sur la Place-Royale, près de la mairie, je fus averti qu'un gros d'insurgés s'avançait par la rue Saint-Louis, à l'attaque de la caserne des Minimes; j'y courus en toute hâte, et je trouvai ma compagnie prête à partir, sous les ordres de M. *Douilliez*, mon lieutenant. Nous partîmes immédiatement, et, en débouchant dans la rue Saint-Louis, je fis mettre ma troupe en ligne. Au même instant nous reçûmes le feu des insurgés, qui se trouvaient à la hauteur de l'église et de la rue du Roi-Doré. Une des balles coupa la corde d'un réverbère, qui tomba derrière nous; dans ce moment ils tirèrent cinq ou six coups de fusil, et, comme ils étaient dans les encoignures, je ne puis dire quel était leur nombre : j'en ai aperçu distinctement cinq ou six. Deux ou trois de mes hommes tirèrent, et nous les poursuivîmes au pas de course. En arrivant à l'église, au coin de la rue du Roi-Doré, je rencontrai de la garde nationale de la 6ᵉ, commandée par son lieutenant-colonel; on nous dit que les insurgés s'étaient enfuis par les rues du Roi-Doré et de Saint-Anastase, se dirigeant vers la rue de Thorigny; je convins, avec le lieutenant-colonel, d'un petit mouvement qui avait pour but de les cerner; je pris la rue de Thorigny avec ma compagnie, et nous allâmes jusqu'à la rue de la Perle. Voyant les insurgés fuir devant nous, nous continuâmes toujours à les poursuivre, faisant feu sur eux; nous arrivâmes ainsi rue des Quatre-Fils, où, en face de la maison n° 10, nous trouvâmes le cadavre d'un insurgé, et un individu blessé à l'épaule, gisant par terre à côté du cadavre, lequel j'ai su plus tard s'appeler *Grégoire*. Il y avait aussi un jeune homme vêtu d'un bourgeron bleu, que mes hommes m'ont dit avoir vu cherchant à cacher un fusil de munition sous la porte cochère de la maison n° 10. Ce même jeune homme avait une baïonnette cachée sous son bourgeron. Cet individu, ainsi que le nommé *Grégoire*, avait les mains et la figure noires : je pense que c'était par la poudre; mais je n'avais pas le temps de le sentir. Nous ne trouvâmes pas d'autres fusils dans cet endroit, mais on y trouva un fleuret et un espadon.

Nous nous étions rejoints en cet endroit avec le lieutenant-colonel de la

6° légion et sa troupe. Ce fut un officier de la garde nationale qui s'empara du jeune homme et du fusil qu'il voulait cacher. Je laissai emmener ce jeune homme par la garde nationale; un médecin qui demeure dans la maison n° 10 parut, et nous demanda de lui remettre l'homme blessé, pour qu'il pût lui donner les premiers secours. Il le réclamait au nom de l'humanité, et je lui répondis que nous venions d'en donner l'exemple, car le lieutenant-colonel de la garde nationale et moi, nous venions de croiser l'épée pour protéger le blessé et l'autre insurgé contre l'exaspération bien légitime de nos hommes. On nous dit, dans ce moment, que les mêmes insurgés construisaient une barricade dans la rue des Vieilles-Audriettes; la garde nationale était tête de colonne, et je priai le lieutenant-colonel de nous céder cette place, en lui disant que la garde nationale pourrait rendre de plus grands services en nous appuyant : il me répondit que c'était à la garde nationale à donner l'exemple, ajoutant qu'il allait en conférer avec ses officiers, et ils nous permirent de marcher en avant, nous suivant immédiatement. Quand nous arrivâmes à la barricade, nous n'y trouvâmes plus que des curieux, qui nous dirent que les insurgés s'étaient échappés à droite et à gauche. J'accompagnai la garde nationale jusqu'à la mairie du 6°, et je rentrai à ma caserne par la rue Saint-Louis, dans laquelle je rencontrai un peloton de garde nationale, dont je ne me rappelle plus la légion, et un peloton de ligne, avec lesquels nous nous rendîmes les honneurs d'usage. J'ajoute que M. *Gronfier*, commissaire de police, m'envoya chercher pour venir à la mairie du 8°; qu'on y apporta *Grégoire* sur un brancard, et qu'en me voyant il me fit un salut militaire, avec un air qui annonçait la reconnaissance de ce que je l'avais protégé. Comment! malheureux, lui dis-je, vous êtes ancien militaire; et il me dit : Je suis enfant de troupe, mon capitaine.

(Dossier Grégoire, n°   du greffe, pièce   .)

234. — VIOUJAS (Henri), *âgé de 27 ans, garde municipal à pied, 8° compagnie, caserné aux Minimes.*

(Entendu le 1ᵉʳ juin 1839, devant M. Perrot, juge d'instruction délégué.)

J'accompagnais mon brigadier, M. *Rémion*, lorsque nous sommes arrivés, le lundi 13 courant, à l'entrée de la rue des Quatre-Fils, poursuivant des insurgés qui avaient tiré sur nous, rue Saint-Louis, et auxquels nous ripostions, en les suivant au pas de course. Nous étions des premiers avec des gardes nationaux qui venaient de déboucher de la rue Vieille-du-Temple. En approchant de la maison n° 10, rue des Quatre-Fils, je vis, dans le coin à gauche de la porte cochère, un individu blessé, vêtu d'une blouse, et coiffé d'une casquette. Il avait les lèvres tout à fait noires; son fusil était près de lui à ses pieds, et, en arrivant, je le vis essayer de le faire glisser sous la porte cochère. Un officier de garde nationale, arrivé en même temps que nous, a ramassé le fusil, et l'a emporté. Il y avait, à deux ou trois pas au-dessus du blessé, sur le trottoir, un homme tué, dont je ne me rappelle pas la coiffure. Il n'y a pas eu d'homme arrêté en cet endroit, et je n'ai pas vu par terre d'armes blanches, soit espadons, soit fleurets : je ne sais pas si quelque autre en a ramassé dans le voisinage.

(Dossier Grégoire, n°   du greffe,   pièce.)

235. — FOUGÈRE (Jean-Baptiste-Antoine), *fabricant de plaqué, âgé de 31 ans, demeurant à Paris, rue Jean-Robert, n° 24, adjudant sous-officier de la 6ᵉ légion* (1).

(Entendu le 1ᵉʳ juin 1839, devant M. Perrot, juge d'instruction, délégué.)

Je faisais partie du détachement de la garde nationale commandé par le colonel, le 13 mai dernier, pour aller à la poursuite d'insurgés qui s'étaient répandus dans le Marais; en arrivant au Temple, nous nous divisâmes pour tâcher de les cerner, et l'autre détachement partit sous les ordres du capitaine *Fargue*. Lorsque nous arrivâmes rue Vieille-du-Temple, nous entendîmes sur notre gauche quelques coups de fusil ; nous descendîmes la rue Vieille-du-Temple, et je courais, avec quelques autres, en avant du détachement, lorsque, approchant de la rue de la Perle et de la rue des Quatre-Fils, qui font jonction à cet endroit, je vis quatre insurgés venant de la rue de la Perle, dont l'un, qui, je crois, était armé d'un fusil, (je n'ai pas remarqué ce que portaient les autres), tourna vite au coin de la rue de la Perle, et regarda de notre côté. Lui et ses compagnons couraient à toutes jambes, suivant tout droit la rue des Quatre-Fils. Quelques hommes du détachement lâchèrent leurs coups de fusil, et je leur disais de ne pas tirer, espérant de prendre ces individus à la course ; celui qui avait le fusil courait en se baissant et en allongeant le corps, portant son fusil d'une main pendante à côté de lui.

Je vis cet homme tomber sur le trottoir, à droite de la rue des Quatre-Fils, à la décharge d'une partie du détachement ; son fusil tomba le premier, et, faisant effort pour avancer, il tomba de manière que ses pieds touchaient presque à la baïonnette de son fusil. Je courus sur lui, et je m'emparai du fusil ; je retournai l'individu pour voir ce qu'il avait, et il me dit d'un ton de mépris : Vous êtes un enfant. En même temps, je vis qu'il avait les lèvres noires de poudre. Je lui dis : Vous avez tiré sur nous ! A quoi il me répondit : Non, c'est mon camarade. Au-dessus de lui, et à trois ou quatre pas de dis-

---

(1) Voir une autre déposition du même témoin, ci-devant, p. 168.

tance, se trouvait un autre individu gisant sur le trottoir, et qui était mort. L'opinion générale du quartier est que cet homme ne faisait pas partie des insurgés; il paraît que c'était un homme de peine du quartier, qui avait l'habitude de s'enivrer. Je serais tenté de partager cette opinion, car l'homme tué était un homme d'un certain âge, et les quatre individus que j'avais vus fuir me paraissaient jeunes encore ; notamment les trois qui se sont échappés me firent l'effet d'être des jeunes gens.

Je frappai à la porte cochère, et j'aidai le blessé à entrer ; il se présenta un Monsieur de la maison qui se dit médecin, lequel s'offrit de lui donner les premiers soins. L'homme mort était vêtu d'une blouse bleue; je ne sais quelle était sa coiffure; le blessé était aussi vêtu d'une blouse bleue, et, je crois, coiffé d'une casquette. Je le reconnaîtrais bien. Au moment où nous venions d'arriver à la rue des Quatre-Fils, nous avions été joints par un détachement de la garde municipale, qui nous a accompagnés et nous a reconduits ensuite rue Saint-Martin. J'ai examiné le fusil, il n'était pas chargé, mais il était noirci par la poudre et paraissait avoir été tiré tout récemment ; il appartenait à la septième légion et portait le nom *Denizot,* gravé sur le bouton en cuivre de la buffleterie. Je n'ai pas vu d'armes blanches, espadons ou fleurets, près du blessé et du mort. On a pu en trouver plus haut dans la rue des Quatre-Fils, car les trois qui fuyaient m'ont paru porter quelque chose, notamment le plus grand, qui était vêtu d'une blouse bleue.

Depuis, j'ai entendu dire que l'homme blessé s'appelait *Grégoire*, et le sieur *Sandemoy* aîné, négociant, rue des Quatre-Fils, n° 10, m'a rapporté qu'après que nous fûmes partis ledit *Grégoire* avait demandé à s'en aller, à quoi on lui avait répondu : Non ; on vous a confié à moi en disant que je répondais de vous sur ma tête, et si on ne vient pas vous chercher, j'irai moi-même demander qu'on vous fasse transporter. Ce fut, en effet, sur la demande du sieur *Sandemoy* que le nommé *Grégoire* fut porté à une mairie. Je dois dire enfin que M. *Chevallier,* officier de la sixième légion, m'a rapporté tenir d'un marchand de meubles de la rue Vieille-du-Temple ou de la rue de l'Échaudé, voisin du marchand de vin qui fait le coin de ces deux rues, qu'au moment où nous étions passés, une vingtaine d'insurgés armés se trouvaient chez le marchand de vin ; nous étions entrés en passant chez ce marchand de vin : nous y avions bien vu quelques hommes suspects jouant au billard ; mais, n'ayant pas vu d'armes, nous avions passé outre. J'observe qu'à la porte de ce marchand de vin j'avais ramassé une lame de fleuret, que j'avais remise à quelqu'un de la légion que je ne me rappelle pas.

(Dossier Grégoire, n°   du greffe, pièce   .)

236. — RENNIAU (Jean), *âgé de 40 ans, brigadier de la garde municipale, 4ᵉ compagnie à pied, caserné aux Minimes.*

(Entendu le 1ᵉʳ juin 1839, devant M. Perrot, juge d'instruction délégué.)

Le lundi 13 mai dernier, je faisais partie du détachement commandé par le capitaine *Soufflot*, et qui poursuivait les insurgés dans le Marais. Rue de la Perle, nous avons fait feu sur une partie de ces insurgés qui fuyaient devant nous. Arrivés rue des Quatre-Fils, nous vîmes un individu blessé, couché près de la porte cochère du n° 10, et un homme tué deux ou trois pas au-dessus de lui. Quand je m'approchai du blessé, déjà un officier de la garde nationale avait ramassé le fusil. Il me dit qu'il l'emporterait. Je lui demandai son nom, et il me donna celui de *Fougère*. Dans cet instant sortit un Monsieur de la porte cochère, et comme les gardes nationaux et municipaux menaçaient le blessé avec quelque vivacité, menaces dont j'arrêtais l'effet de tout mon pouvoir, ce Monsieur dit qu'il n'était pas coupable, et je lui répondis : Comment voulez-vous qu'il ne le soit pas? il a encore les lèvres toutes noires de poudre, et on vient de trouver un fusil à côté de lui ! Alors ce Monsieur ne répondit plus rien. Je n'ai pas vu d'espadon ni de fleuret par terre. J'ajoute que le nommé *Vioujas*, l'un de nos gardes, m'a dit avoir vu le blessé chercher à glisser ce fusil sous la porte cochère.

(Dossier Grégoire, n°   du greffe, pièce   .)

237. — FOURNIÈRE (Jean-Baptiste), *âgé de 36 ans, concierge, demeurant à Paris, rue des Quatre-Fils, n° 10.*

(Entendu le 3 juin 1839, devant M. Perrot, juge d'instruction délégué.)

Le lundi 13 mai dernier, vers deux heures de relevée, étant sur la porte, j'ai vu une vingtaine d'insurgés, armés de fusils et de bâtons, au bout de la rue de la Perle, dans le petit renfoncement. Dans ce moment un peloton de la 7ᵉ passait dans la Vieille-Rue-du-Temple, et, prévoyant un engagement, j'ai ouvert la grande porte cochère, pour que le camionneur de M. *Sandemoy* fît bien vite entrer son camion, qui était chargé de marchandises, et je la refermai immédiatement, ainsi que la petite porte battante. Environ cinq minutes après, j'ai entendu des coups de fusil, et le bruit d'un corps quelconque qui tombait sur la porte cochère. Presque au même instant, j'entendis frapper de grands coups à la porte, et dire : *Ouvrez, au nom de la loi*. J'ouvris : c'était des gardes nationaux de la 6ᵉ, accompagés de gardes municipaux. Il paraît que le détachement de la 7ᵉ légion, que j'avais vu auparavant, ne s'était pas arrêté. On entra, dans ce moment, un homme blessé dans la cour. Je ne vis dans la rue aucune arme, ni fusil, ni autre ; mais je vis sur le trottoir, au-dessus de la porte cochère, un homme en blouse bleue, pantalon de toile bleue, qui y dormait depuis dix heures de la matinée, couché sur le ventre, et en état complet d'ivresse, lequel avait été atteint par la fusillade, et était mort. Au moment où j'avais fermé la porte cochère, je l'y avais encore vu. Je rentrai dans la cour, et le blessé me disait, ainsi qu'aux autres : « Achevez-moi, achevez-moi; « me voilà estropié, et maintenant je suis incapable de gagner la vie de mes « quatre enfants. » Il avait la bouche très-noire. Je n'ai pas fait attention à ses mains. Il était vêtu d'une blouse bleue et d'un pantalon de velours ; il demandait sa casquette, que nous n'avons pas trouvée. Il ne m'a pas dit son nom ; il m'a dit seulement qu'il était fabricant de paillassons.

(Dossier Grégoire, n° du greffe   pièce   .)

238. — Deschamps (Jacques-Lamontagne), *âgé de 35 ans, docteur en médecine, demeurant à Paris, rue des Quatre-Fils, n° 10.*

(Entendu le 31 mai 1839, devant M. Perrot, juge d'instruction délégué.)

Le lundi 13 mai courant, je rentrai chez moi vers midi ; j'étais dans mon cabinet, lorsque, vers deux heures moins un quart, j'entendis deux feux de peloton ; je descendis vivement, et il y avait déjà plusieurs personnes de la maison réunies dans la cour, et on ouvrait la porte de côté de la porte cochère. Je suis sorti avec d'autres personnes, et nous avons vu un détachement de garde municipale et un de garde nationale, qui étaient arrêtés sur la chaussée, devant la porte. En tournant les yeux à droite, je vis deux hommes couchés sur le trottoir, l'un au-dessus de l'autre, et tous les deux vêtus de blouses; ils se touchaient presque : celui qui était au-dessus était mort, le plus rapproché de la porte n'était que blessé par une balle qui lui avait traversé la partie supérieure de l'épaule gauche, de bas en haut ; je le fis transporter dans la cour de la maison et déposer sur de la paille fraîche ; là, je sondai la plaie avec le doigt, et je n'ai reconnu la présence ni de projectile ni d'aucun autre corps étranger ; il n'y avait pas d'hémorragie, et, dans cet état, le blessé n'avait pas besoin du secours immédiat de l'art ; il avait les lèvres légèrement noires ; j'incline à croire que c'était par la poudre, mais je ne pourrais pas l'affirmer; ses mains étaient sales, mais je n'ai pu y reconnaître la trace de la poudre. Je lui ai fait donner à boire par deux fois un peu d'eau, sans qu'il l'eût demandé. Il a prétendu qu'il ne faisait point partie des insurgés ; qu'il allait chez un fabricant de tapis ou de paillassons, rue Notre-Dame-de-Nazareth. J'ai envoyé chercher un brancard, et j'ai dit qu'on le portât à Saint-Louis ou à l'Hôtel-Dieu. Je n'avais vu aucune arme auprès des deux individus terrassés ; un grenadier de la garde nationale, faisant partie du détachement, m'a présenté un

226   FAITS PARTICULIERS.

fusil de munition, garni de sa baïonnette, à ce que je crois, qu'il m'a dit avoir été trouvé par terre.

J'ajoute que l'homme tué a été reconnu immédiatement, par les personnes du voisinage, pour un homme de peine du quartier, connu sous le sobriquet de *Grain-de-Sel*, et pour un ivrogne fieffé, et que l'opinion commune est qu'il se trouvait là par hasard, et qu'il n'avait pas pris part à l'insurrection. Il paraît qu'il était resté là toute la matinée, cuvant son vin. Quant à moi, je dirai qu'en rentrant et en sortant je l'avais vu plusieurs fois couché sur le trottoir, et sur le ventre; que même, vers dix heures, dix heures et demie, j'avais reconnu qu'il avait uriné dans son pantalon, ce qui formait un petit ruisseau à côté de lui. Lorsque je le vis mort, je n'examinai ni ses mains ni son visage; convaincu qu'il n'existait plus, je ne m'occupai que du blessé, et je n'ai pas su le nom de ce dernier.

Nous, juge d'instruction, n'avons pu confronter au sieur *Deschamps* le nommé *Grégoire*, non encore rétabli de sa blessure.

D. Avez-vous eu connaissance d'un troisième individu, vêtu d'un bourgeron bleu, qui aurait été arrêté dans le même moment, cherchant à glisser un fusil de munition sous la porte cochère de votre maison?

R. Je n'ai pas entendu parler de cela.

D. Avez-vous entendu dire que le blessé eût cherché à glisser le fusil sous la porte cochère?

R. Pas davantage.

(Dossier Grégoire, n°   du greffe, pièce   .)

239. — SANDEMOY (Jean-Baptiste), *négociant, âgé de 44 ans, demeurant à Paris, rue des Quatre-Fils, n° 10.*

(Entendu le 3 juin 1839, devant M. Perrot, juge d'instruction délégué.)

Le lundi 13 mai dernier, vers une ou deux heures de relevée, je me trouvais à mon bureau, au premier, lorsque j'entendis des coups de fusil dont le bruit était fort rapproché. Je descendis rapidement, et je vis le portier fermer la petite porte de la porte cochère. Au même moment on y frappa plusieurs coups comme avec des crosses de fusils, et il se présenta quelques gardes nationaux qui voulaient entrer, croyant que des insurgés s'étaient réfugiés dans la maison. Je leur affirmai le contraire; comme j'étais connu de quelques-uns d'entre eux, ils me crurent sur parole. Je sortis à la porte, et mes yeux furent d'abord frappés par un individu qui était dans le coin de la porte cochère, sur ma droite, comme accroupi, et qui était blessé à l'épaule gauche; au même moment se présenta un garde national qui, me montrant un fusil de munition, me dit : Voilà le fusil que je lui ai pris. Je fis entrer cet homme dans ma cour par ordre d'un capitaine de la 6ᵉ légion et d'un officier de la garde municipale, lequel me dit que j'en répondais sur ma tête.

Je vis en même temps sur le trottoir, à un ou deux pas au-dessus du blessé, un individu mort, lequel était resté toute la matinée couché sur le trottoir dans le sommeil de l'ivresse. Je l'y avais vu moi-même. Dans cet endroit, la rue remonte un peu en venant de la rue de la Perle et de la rue Vieille-du-Temple; et c'est ainsi qu'il aura pu être atteint par une balle, même étant couché par terre. Je ne vis pas par terre, dans la rue, d'armes blanches, sabre, espadon ou fleuret. Rentré dans la cour où le blessé avait été déposé, je lui posai de la charpie et une bande sur sa blessure, aidé de mes commis. Je dois dire que je remarquai qu'il avait le côté gauche de la bouche noir; je lui en demandai la cause, et il me répondit que c'est qu'il *chiquait*; mais ce n'était pas la couleur noire du tabac. Ma conviction est que c'était de la poudre. Je dois observer qu'il n'y en avait pas à la partie droite de la bouche, ce que je n'ai pu m'expliquer. Il avait les mains sales et calleuses comme un homme qui travaille. Il était vêtu d'une blouse bleue, pantalon de velours. Je ne me rappelle pas sa coiffure. Mon commis me remit un vieux portefeuille que je crois qu'il avait ramassé par terre, et qui était celui de cet individu. Je reconnais ce portefeuille dans celui que vous me représentez. Dans la conversation, je dis à cet homme qu'il paraissait qu'il avait tiré sur la garde nationale, et il me répondit : Comment voulez-vous qu'il en soit ainsi? je suis décoré de juillet; et il n'y a pas plus de quinze jours ou trois semaines que j'ai reçu trente francs du Roi. Il a ajouté que c'était un individu qui, en fuyant, lui avait jeté un fusil dans les jambes, ce qui l'avait fait chanceler et tomber.

D. Cet individu n'a-t-il pas voulu s'en aller de chez vous?

R. J'ajoute qu'il ne m'a pas dit son nom, et que d'ailleurs je ne le lui ai pas demandé. Personne dans la maison ne l'a fouillé, et j'ignore absolument s'il avait sur lui des armes cachées ou des munitions.

(Dossier Grégoire, nº   du greffe, pièce   .)

240. — Femme PERDEREAU (Marie-Antoinette-Flore WANET), *âgée de 50 ans, marchande d'habits et objets d'occasion, demeurant à Paris, place de la Rotonde-du-Temple, nº 14.*

(Entendue le 31 mai 1839, devant M. Perrot, juge d'instruction délégué.)

Le dimanche 12 mai, mon mari était à Saint-Denis. A partir de cinq heures du soir, j'ai entendu des fusillades, d'abord à la mairie du 6ᵉ arrondissement, ensuite du côté des rues d'Anjou et de Berry. Vers sept heures et demie du soir, une dizaine d'insurgés sans armes, vêtus de blouses et bourgerons, et coiffés de casquettes, sont entrés à la maison, et m'ont demandé des armes. Je leur ai répondu que nous n'avions que des fleurets et des lames de sabres, et ils ont dit : *Ce sont des armes à feu qu'il nous faut.* J'ai répliqué que je n'en avais pas, et ils se sont retirés. J'avais caché le fusil de garde national de mon mari dans notre paillasse. Le lendemain, mon mari était alors de retour, trente ou quarante insurgés, dont un seul avait un fusil et plusieurs autres des bâtons, se sont présentés, vers une heure de relevée, et nous ont demandé des armes. Celui qui avait le fusil l'a mis en travers, pour empêcher les autres de se précipiter chez nous. Trois seulement d'entre eux y sont entrés, dont un vêtu d'un habit noir. Celui-ci a pris les armes, s'est mis à la porte de la boutique, et en a fait la distribution. Ceux qui avaient des fleurets les ont démouchetés et aiguisés sur les pavés. J'étais tellement effrayée, le premier comme le second jour, que je ne pourrais reconnaître aucun de ces individus; mais il m'a semblé que ceux du lundi n'étaient pas les mêmes que ceux du dimanche.

Nous avons représenté à la dame *Perdereau* la lame d'espadon et le fleuret démoucheté, paraissant avoir été aiguisés grossièrement, saisis au moment de l'arrestation de l'inculpé *Grégoire* (Louis-Nicolas), ainsi que la baïonnette et le fleuret démoucheté, et non aiguisé, saisis au moment de l'arrestation de *Pierné* ;

Et la dame *Perdereau* a dit : Je reconnais la lame de l'espadon et les deux fleurets pour partie des armes qui ont été pillées chez nous le lundi 13 mai courant; mais je ne reconnais pas la baïonnette; elle ne nous appartient pas.

(Dossier Grégoire, n° du greffe, pièce .)

241. — PERDEREAU (Antoine), *âgé de 46 ans, marchand fripier, demeurant à Paris, rotonde du Temple, 14* (1).

(Entendu le 29 mai 1839, devant M. Perrot, juge d'instruction délégué.)

Je viens de persister devant vous dans ma déclaration au commissaire de police, du 15 mai courant (affaire *Martin* et autres, n° 168), touchant le pillage d'armes blanches qui a eu lieu à mon domicile le 13 mai courant.

Nous, juge d'instruction, avons représenté au sieur *Perdereau* une lame d'espadon, sans poignée, et un fleuret démoucheté, saisis sur la voie publique, rue des Quatre-Fils, à l'endroit où l'inculpé *Grégoire* a été relevé blessé d'une balle à l'épaule gauche.

Et le sieur *Perdereau* a dit : Je reconnais positivement ces deux armes pour faire partie de celles qui m'ont été soustraites dans le pillage en question.

(Dossier Grégoire, n° du greffe, pièce .)

---

(1) Voir les autres dépositions de ce témoin, pages 169, 170, 214 et 215.

242. — Borel (André), *fabricant de paillassons, âgé de 74 ans, demeurant rue Notre-Dame-de-Nazareth, n° 10.*

(Entendu le 31 mai 1839, devant M. Perrot, juge d'instruction délégué.)

Le nommé *Grégoire* a travaillé chez moi pendant une année, il y a environ sept à huit ans. Je le connaissais pour un bon ouvrier et un bon père de famille; depuis, je le rencontrai de loin en loin, mais il ne m'a pas demandé d'ouvrage. Il travaillait pour son compte, à ce qu'il m'a dit. Je ne sais pas s'il s'occupait ou non de la politique. J'ignore ce qu'il a pu faire les dimanche et lundi 12 et 13 mai courant.

D. Le lundi 13 mai, devait-il aller chercher de l'ouvrage chez vous?
R. Je n'en sais rien.

D. Lui aviez-vous fait dire de venir chercher de l'ouvrage?
R. Non.

D. Depuis l'époque où il a travaillé chez vous, il y a huit ans, vous a-t-il quelquefois demandé de l'ouvrage?
R. Non, et je ne lui en ai pas proposé non plus.

(Dossier Grégoire, n°   du greffe, pièce   .)

243. — Constatation *des blessures de l'inculpé* Grégoire.

Je soussigné, docteur en médecine, professeur à la faculté de médecine, membre de l'Institut, chirurgien de l'Hôtel-Dieu et consultant du Roi, certifie qu'il est entré dans mon service chirurgical de l'Hôtel-Dieu, le 13 de ce mois, le nommé *Grégoire* (Dominique), âgé de 40 ans, fabricant de paillassons, présentant à l'épaule gauche une blessure par arme à feu.

Dans cette blessure, les éminences acromion et coracoïde, appartenant à l'os scapulum, ont été fracturées, et l'articulation de l'épaule elle-même a été intéressée.

L'état de cette blessure est grave, et j'ai pensé qu'il y avait indication d'une opération chirurgicale; mais jusqu'ici le blessé s'est refusé à l'exécution de toute opération.

Signé Breschet.

(Dossier Grégoire, n°   du greffe, pièce   .)

ANNEXES

AUX DÉPOSITIONS DES TÉMOINS.

243. — PROCÈS-VERBAL *de vérification d'écriture, concernant une pièce saisie sur le nommé* Maréchal, *par* M. OUDART, *expert écrivain.*

Nous soussigné, *Augustin-Joseph Oudart*, expert écrivain, vérificateur, assermenté près la cour royale de Paris, demeurant en ladite ville, rue Montaigne, n° 8 ;

D'après l'invitation qui nous en a été faite par M. *Zangiacomi*, juge d'instruction près le tribunal de 1ʳᵉ instance du département de la Seine, délégué par M. le Chancelier de France, pour l'instruction de l'attentat des 12 et 13 mai, nous sommes présenté devant lui cejourd'hui 25 mai 1839, en son cabinet au Palais-de-Justice, où étant M. le juge d'instruction, assisté de son greffier, nous a donné connaissance de son ordonnance en date du 23 du même mois, par laquelle il nous a commis pour faire une vérification d'écriture dans cette procédure, et, sur notre déclaration d'accepter la mission qui nous a été confiée, et après nous avoir fait prêter le serment de la remplir en notre honneur et conscience, il nous a remis :

1° Une pièce de très-petit format, saisie sur le sieur *Maréchal*, décédé à l'hôpital Saint-Louis; ladite pièce ainsi conçue : *Marchand de vin, Saint-Martin, n° 10, — deux heures et demie*, dont l'écriture est à vérifier;

2° Un écrit contenant cinq pages et quelques lignes d'écriture, commençant par ces mots : *Le récipiendaire est introduit,* et finissant par ceux-ci : *Le récipiendaire est rendu à la lumière.* Ladite pièce saisie chez le sieur Alberny, à Carcassonne, est également à vérifier pour l'écriture.

Et pour servir de comparaison aux écritures de ces deux pièces, M. le juge d'instruction nous a aussi remis l'écriture et la signature *A. Barbès*, d'une lettre, en date de Sainte-Pélagie, ce 21 novembre 1836, adressée à M. le procureur général, commençant par ces mots : *Monsieur le Procureur général, par suite de mon arrestation, un grand nombre de papiers furent saisis chez moi*, et finissant par ceux-ci : *de donner l'ordre de les rendre à mon beau-frère, porteur du présent. Recevez mes salutations et civilités;*

A l'effet, par nous expert écrivain, d'examiner l'écriture de la pièce ainsi conçue : *Marchand de vin, Saint-Martin, n° 10, — 2 heures 1/2*, saisie sur *Maréchal*, et l'écriture de la pièce contenant les statuts d'une association illicite, et saisie chez Alberny; de rapprocher et confronter ces écritures avec l'écriture de l'inculpé *Barbès*, et de nous expliquer et donner notre avis motivé sur la question de savoir si elles sont ou ne sont pas émanées de sa main. En conséquence, nous expert écrivain, avons, avec le plus grand soin, procédé à ladite vérification, et comme suit :

Nous avons d'abord examiné l'écriture de chacune des deux pièces à vérifier, et nous avons reconnu que ces mots : *Marchand de vin, Saint-Martin, n° 10, — 2 heures 1/2*, de la pièce saisie sur *Maréchal*, ont été écrits avec franchise, au courant de la plume ; et que l'écriture de la pièce contenant les statuts d'une association illicite, saisie chez *Alberny*, a également été tracée sans le moindre déguisement. Enfin, dans la confrontation que nous avons faite desdites pièces entre elles, nous avons reconnu qu'elles sont écrites de la même main ; ce qui est évident au premier coup d'œil.

Ensuite nous avons examiné l'écriture de l'inculpé *Barbès*, nous l'avons attentivement rapprochée et confrontée avec l'écriture, tant de la pièce saisie sur *Maréchal*, que de celle saisie chez *Alberny*, et dans cette vérification nous avons fait les remarques et observations suivantes : l'écriture libre et franche des mots : *Marchand de vin, Saint-Martin, n° 10, — 2 heures et demie*, de la pièce saisie sur *Maréchal*, est, dans toutes ses parties, pour la forme, le goût de toutes les lettres, et pour la manière de faire, le toucher et les habitudes particulières de la main, d'une entière et frappante identité avec l'écriture du prévenu *Barbès*, qui ne permet pas de douter qu'elle est émanée de sa main. Conséquemment, dans notre opinion, elle doit lui être attribuée.

Et en effet les lettres *d e*, du mot *de*, sont figurées, disposées et assemblées comme elles le sont dans l'écriture du prévenu *Barbès*, et notamment au mot *de*, de la pièce de comparaison.

La lettre *v* du mot *vin* est également encore de même forme, de même goût que la lettre *v* du mot *civilités*, qui se lit dans la missive de comparaison signée *Barbès*.

La lettre *M* du mot *Martin* est si parfaitement commencée, figurée et terminée comme l'est la lettre *M* des mots *Monsieur, Madame*, de la pièce de comparaison signée *A. Barbès*, qu'il est évident qu'elle émane de la main qui a écrit et signé cette pièce ; et nous ajouterons que toutes les lettres de ce mot, et notamment la lettre *a*, sont d'une grande et frappante conformité avec les mêmes lettres de la missive susénoncée comme de comparaison.

La lettre *h* du mot *heures* est aussi, par la manière dont elle est commencée, figurée et terminée, d'une entière identité avec la lettre *h* du mot *chez* employée dans la pièce de comparaison signée *A. Barbès*.

Enfin, et ce qui est bien remarquable et bien frappant de conformité entre l'écriture de cette pièce saisie sur *Maréchal* et celle de l'inculpé *Barbès*, c'est la lettre *s* dudit mot *heures*, laquelle est, dans sa configuration toute particulière, commencée, figurée comme l'est la lettre *s* finale de tous les mots de l'écriture de la pièce de sa main, donnée comme de comparaison.

L'écriture de la pièce contenant les statuts d'une association illicite, saisie chez *Alberny*, est aussi dans toutes ses parties, pour la forme de toutes les lettres majeures et mineures, et pour les habitudes et la manière de faire de la main, d'une entière conformité, d'une frappante identité avec l'écriture de l'inculpé *Barbès*, qui sont de nature à frapper tous les yeux, et à donner de suite l'opinion et la conviction que cette pièce à vérifier est de sa main, et qu'elle présente son écriture franche et courante.

La lettre *d* de cet écrit est frappante d'identité avec la même lettre de l'écriture de la pièce de comparaison.

Les doubles *ff* dans le mot *affaires*, de la lettre missive de comparaison, signée *Barbès*, sont figurées et liées entre elles comme elles le sont dans tous les mots de l'écrit à vérifier, où les doubles lettres *ff* sont employées; et l'identité est entière et frappante.

Les lettres *m n* de l'écriture de la pièce saisie chez *Alberny* et de la pièce de comparaison sont de même forme et de même goût; et la lettre *r* initiale, médiale et finale des mots, est aussi d'une entière conformité dans ces deux pièces.

La lettre *s* initiale des mots de l'écriture de la pièce à vérifier est commencée, figurée et terminée comme l'est la lettre *s* qui commence les mots dans l'écriture du prévenu *Barbès;* mais la lettre *s* finale des mots de l'écriture de ces deux pièces de questions et de comparaison est, dans sa forme toute particulière, figurée si identiquement de la même manière et par la même habitude de la main, qu'elle donne la preuve que l'écriture de la pièce contenant les statuts d'une association illicite est émanée du prévenu *Barbès*.

Enfin les lettres *a p v* et les mots *de, le, la* de l'écriture de cette pièce, sont respectivement d'une si grande identité avec les mêmes lettres et les mêmes mots de la pièce de comparaison, que l'on ne peut douter de l'unité d'auteur.

En conséquence des remarques et observations qui précèdent, nous, expert écrivain soussigné, déclarons faire résulter, ainsi que nous l'estimons dans toute l'intégrité de notre conscience et notre intime conviction;

1° Que l'écriture des mots : *Marchand de vin, Saint-Martin, n° 10, deux heures et demie*, de la pièce saisie dans les effets du sieur *Émile Maréchal*, décédé à l'hôpital Saint-Louis, est émanée de la main du prévenu *Barbès*; qu'elle est son écriture franche et courante, et doit lui être formellement attribuée.

2° Que l'écriture de la pièce contenant les statuts d'une association illicite, saisie en 1838 chez le sieur *Alberny*, à Carcassonne, est émanée de la main de l'inculpé *Barbès*; qu'il l'a tracée sans le moindre déguisement de son écriture, franche, ordinaire et courante, et qu'elle doit lui être formellement attribuée.

Tel est, Monsieur le Juge d'instruction, notre avis motivé sur les questions que vous nous avez soumises, et telle est aussi notre déclaration en notre honneur et conscience, d'après l'examen scrupuleux que nous avons fait des écritures et des signatures des pièces que vous nous avez remises, et que nous vous représentons après les avoir signées et paraphées, ainsi que le présent rapport que nous affirmons sincère et véritable. Déclarons avoir employé, tant pour notre vérification et confrontation d'écriture, que pour notre rapport,
 vacations.

Fait et clos au Palais de Justice, à Paris, le vingt-sept mai mil huit cent trente-neuf.

244. — *Procès-verbal constatant la prise du poste du Palais de Justice.*

L'an mil huit cent trente-neuf, et le 13 mai, à onze heures du matin :
Nous *Jean-Jacques Jennesson*, commissaire de police de la ville de Paris, spécialement du quartier du Palais de Justice,
Avons procédé à une enquête à l'effet de rechercher et constater les circonstances qui ont précédé, accompagné et suivi la prise du poste du Palais de Justice, qui a eu lieu dans la journée d'hier; et à cet effet nous avons appelé les militaires qui étaient de garde audit poste, et que nous avons entendus ainsi qu'il suit :
1° Le sieur *Conte* (Jean-Pierre), âgé de 25 ans, caporal à la 5ᵉ compagnie du 2ᵉ bataillon du 21ᵉ régiment de ligne, caserné à l'Ave Maria, nous a déclaré ce qui suit[1] :
Hier, vers trois heures et demie de relevée, le factionnaire placé à la porte du corps de garde du Palais de Justice a crié : *Aux armes!* Nous sommes sortis aussitôt du poste, et nous avons aperçu une soixantaine d'individus environ qui suivaient le quai aux Fleurs, côté des maisons, et qui paraissaient se diriger sur nous; ils étaient tous armés de fusils de chasse; je demandai au lieutenant chef du poste s'il fallait prendre nos sacs et charger

---

[1] *Voir* trois autres dépositions du même témoin, ci-devant, pages 25-68 et 72.

nos armes; il nous a répondu que non; il nous a fait mettre en rang avec l'arme au pied; comme ces individus s'avançaient toujours sur nous, j'insistai de nouveau près du lieutenant pour qu'il nous fît charger nos armes; il me répondit d'attendre encore un moment; comme ils continuaient à s'approcher, le lieutenant les engagea à s'éloigner; mais ils lui dirent de se rendre; il refusa, et nous commanda alors de charger nos armes; mais aussitôt ils firent une décharge sur nous; le lieutenant tomba, au moment où il nous commandait: Apprêtez armes. Il avait reçu deux balles, une dans la poitrine et l'autre dans le cou; il expira quelques moments après. Le sergent et plusieurs autres hommes sont tombés aussi, les uns morts, les autres grièvement blessés. Aussitôt après cette décharge, ils sont arrivés sur nous; le désordre s'est mis dans nos rangs, et, malgré notre résistance, ils se sont rendus maîtres du poste; ils nous ont désarmés; ils ont également pris nos gibernes, et ils se sont retirés, en se dirigeant du côté de la rue de la Barillerie: je dois ajouter qu'après avoir fait feu, ils ont crié: *Vive la ligne!* Un des gardiens du Palais de Justice est venu alors nous trouver au poste, et nous a conduits dans la cour d'entrée de la Conciergerie, où nous avons transporté nos morts et nos blessés. On est venu ensuite nous relever, et nous nous sommes rendus à la Préfecture de police.

Déclaration du caporal Grossmann.

2° Le sieur *Grossmann* (Martin), âgé de 30 ans, caporal à la 4ᵉ compagnie du 2ᵉ bataillon du 21ᵉ régiment de ligne, caserné à l'Ave-Maria, nous a fait la déclaration suivante (1):

Hier, vers quatre heures moins un quart, au moment où les factieux, venant du quai aux Fleurs, se dirigeaient sur notre poste, j'étais en dehors du corps de garde, je criai, ainsi que le factionnaire: *Aux armes!* Les hommes du poste sortirent: j'engageai de suite le lieutenant à nous faire charger nos armes; il refusa, en disant qu'il fallait attendre; il nous fit mettre l'arme au pied. Il voulut parler aux factieux, qui lui crièrent de se rendre; il refusa, et alors il nous commanda de charger nos armes. Pendant que ce commandement s'exécutait, nous essuyâmes une décharge qui fit tomber le lieutenant, le sergent et plusieurs hommes. Nous avons été aussitôt assaillis par les factieux, qui étaient au nombre de soixante environ, tous armés de fusils de chasse; ils se sont emparé du corps de garde, nous ont désarmés, et ils sont partis ensuite du

---

(1) Voir ci-devant, page 18, une seconde déposition du même témoin.

côté de la place du Palais de Justice; ils ont crié plusieurs fois : *Vive la ligne!* Je ne sais pas au juste le nombre des morts et des blessés, mais il manque neuf hommes, y compris l'officier, qui était lieutenant à la 3ᵉ compagnie du 3ᵉ bataillon. Le sergent, nommé *Herrier*, est de la 5ᵉ compagnie du 2ᵉ bataillon. Les autres soldats font partie du 2ᵉ bataillon.

Déclaration du soldat Velge.

3° Le sieur *Velge* (Pierre-Jacques), âgé de 23 ans, fusilier à la 5ᵉ compagnie du 2ᵉ bataillon du 21ᵉ de ligne, nous a déclaré ce qui suit (1) :

Hier, au moment où les individus armés, et au nombre de soixante-dix environ, qui sont venus nous attaquer, ont fait feu sur nous, j'ai reçu à la tête une balle qui m'a fait une blessure peu dangereuse, à ce qu'il paraît. Nous n'avons pas eu le temps de charger nos armes, notre lieutenant ayant voulu attendre et leur parler avant de les repousser; aussi nous avons été désarmés par ces individus, qui sont entrés dans le corps de garde.

Déclaration du soldat Ruban.

4° Le sieur *Ruban* (Claude), âgé de 33 ans, fusilier à la 4ᵉ compagnie du 2ᵉ bataillon du 21ᵉ régiment de ligne, nous a dit ce qui suit :

Hier, peu d'instants après la prise du corps de garde du Palais de Justice, les factieux passèrent devant moi, j'étais alors de faction dans la cour du Palais de Justice, ils me crièrent, *au nom de la République, rends-toi!* je refusai; ils tirèrent alors sur moi sans m'atteindre; j'ai remarqué aussi qu'on avait tiré sur moi d'une des fenêtres de la maison, place du Palais de Justice, n° 13; je ne puis indiquer de quelle fenêtre, car j'ai seulement remarqué la fumée produite par l'explosion.

Déclaration du soldat Pilet.

5° Le sieur *Pilet* (Claude-Eugène), âgé de 22 ans, fusilier à la 4ᵉ compagnie du 2ᵉ bataillon du 21ᵉ de ligne, nous a déclaré qu'au moment de la prise du poste du Palais de Justice par les factieux, une balle lui avait écorché la pommette de la joue droite.

---

(1) Voir deux autres dépositions du même témoin, ci-devant, pages 21 et 59.

245. — *Procès-verbal d'enquête relatif à l'attaque du poste du Palais de Justice, par M.* Jennesson, *commissaire de police.*

L'an mil huit cent trente-neuf, et le quatorze mai, à dix heures du matin, devant nous *Jean-Jacques Jennesson*, commissaire de police de la ville de Paris, spécialement pour le quartier du Palais de Justice, officier de police judiciaire, auxiliaire de M. le procureur du Roi,

S'est présenté le sieur *Michelan* (Jean-Baptiste), âgé de 51 ans, fabricant de compas, demeurant place Dauphine, n° 7, lequel nous a fait la déclaration suivante (1):

Dimanche, 12 de ce mois, vers quatre heures de relevée, je descendais de mon logement situé au quatrième étage, lorsque, arrivé au premier, je rencontrai un jeune homme nommé *Sorel*, qui allait voir sa mère qui demeure au troisième étage, et qui me dit : Ah ! monsieur *Michelan*, ne sortez pas, on a voulu me tuer. Je lui demandai alors l'explication de ces paroles ; il me répondit qu'une révolution venait d'éclater ; comme il paraissait très-effrayé, je lui conseillai de monter chez sa mère, ce qu'il fit ; je descendis alors le premier étage, et, au bas de l'escalier, je fus fort étonné de trouver dans l'allée environ huit individus qui paraissaient vouloir se cacher, et qui étaient armés de fusils de chasse, de munition, et de paquets de cartouches ; je leur demandai vivement ce qu'ils voulaient, et au même moment, j'en pris un par le corps et le poussai dehors ; les autres paraissaient vouloir résister, je me saisis d'un fusil avec lequel je les frappai en les mettant dehors ; celui à qui appartenait le fusil que j'avais pris, me priait de le lui remettre ; je refusai d'abord, mais ayant vu les camarades qui, de la rue, m'ajustaient et se disposaient à faire feu sur moi, je le lui rendis, en le poussant dehors à coups de pied, et je fermai la porte d'entrée ; en me retournant, j'aperçus à terre, dans l'allée et à l'entrée de la cave, des paquets de cartouches, des balles et des capsules ; je les portai et les déposai à la porte de ma chambre que je n'avais pu ouvrir ; quelques instants après, un commissaire de police et des gardes municipaux sont arrivés, je leur ai donné entrée dans la maison et j'ai déposé au commissaire de police les cartouches, balles et capsules. Les individus dont je vous ai parlé plus haut étaient des jeunes gens assez bien vêtus, les uns en redingote, les autres en blouse ; ils ne paraissaient pas appartenir à la classe ouvrière.

Et à l'instant s'est présenté le sieur *Meunier* (Martin) (2), âgé de 33 ans, pro-

---

(1) Voir ci-devant page 31, une seconde déposition du même témoin.
(2) Voir les dépositions de ce témoin, pages 236 et 242.

fession de bijoutier, demeurant rue de la Calandre, n° 55, lequel nous a fait la déclaration suivante (1) :

Dimanche dernier, au moment où le poste du Palais de Justice a été attaqué, je me trouvais sur le quai aux Fleurs, côté de l'eau; je vis arriver une bande de factieux d'environ *trente*, qui s'avançaient sur le corps de garde du Palais de Justice; *à huit ou dix pas* des militaires, qui avaient l'arme au pied, un individu, âgé d'environ 24 à 28 ans, de taille moyenne, portant moustaches, de figure pâle, vêtu d'une redingote courte fond brun, avec ceinture et petite giberne, coiffé d'un chapeau, s'est détaché du groupe, et s'est avancé sur l'officier, qu'il a pris au collet, en lui disant : *Rendez vos armes!* le lieutenant refusa, en lui disant de se retirer, et il fit un geste avec son sabre pour lui faire lâcher prise ; en même temps qu'il se retournait pour commander à ses soldats d'apprêter leurs armes, en cet instant, l'individu que j'ai signalé plus haut se détourna un peu, laissa tomber son bras comme s'il voulait donner un signal, et aussitôt plusieurs coups de feu partirent des rangs des factieux, et je vis tomber le lieutenant, le sergent et six soldats. Un jeune homme, que j'ai remarqué pour avoir tiré le premier, s'est alors détaché de ses camarades, a monté sur la borne qui fait l'angle du quai et du marché aux Fleurs, et a levé en l'air son fusil; comme je me trouvais alors sur le Pont au Change, je vis au même moment un individu fort bien mis, âgé d'environ 40 ans, sortir de sa poche un mouchoir, se placer au milieu du pont, et l'élever en l'air, comme pour donner un signal, et aussitôt je vis d'autres factieux qui, placés sur la place du Châtelet, se mirent à tirer des coups de fusil; quelques moments avant cet incident, j'avais dit à haute voix, sur le Pont au Change, que c'était une indignité de massacrer ainsi des soldats, et ce même monsieur m'avait dit de me taire, que cela ne me regardait pas, et qu'*au surplus, pour un coup de main, on ne regardait pas au sang de quelques hommes;* je me rendis alors chez moi, et étant placé à ma porte, je vis passer le même individu qui avait fait feu le premier, et qui était monté sur la borne; il vint à moi et me dit : *Tiens, mon vieux, prends ce fusil, viens avec nous à la Préfecture. Vive la république!* Je refusai, et ils se dirigèrent du côté de la cour de la Sainte-Chapelle. Je rentrai chez moi, et je ne vis plus rien.

Je reconnaîtrais parfaitement bien cet individu, ainsi que celui qui a pris le lieutenant au collet, et le monsieur qui a donné un signal avec son mouchoir, sur le Pont au Change.

Lecture faite, le sieur *Meunier* a persisté dans sa déclaration, et a signé avec nous.

(Dossier Barbès, n°   du greffe, pièce   .)

Signé MEUNIER et JENNESSON.

---

(1) Voir deux autres dépositions du même témoin, ci-devant, pages 26 et 242.

246. — *Procès-verbal d'enquête, relatif au pillage des magasins du sieur* Lepage.

(Par M. Haymonet, commissaire de police.)

L'an mil huit cent trente-neuf, le seize mai, à huit heures du soir.

Nous *François-Bonaventure Haymonet*, commissaire de police de Paris, spécialement du quartier de la porte Saint-Denis.

Procédant, par continuation de nos procès-verbaux relatifs à l'attentat du douze mai, en ce qui concerne le pillage des armes enlevées dans les magasins des frères *Lepage*, nous avons mandé à notre bureau les personnes susceptibles de fournir des renseignements sur les circonstances et les auteurs de cet événement; nous les avons entendues successivement et séparement, ainsi qu'il suit :

Le sieur *Guet*, (Jean-Nicolas), âgé de trente-cinq ans, bonnetier en gros, demeurant rue Bourg-l'Abbé, n° 5 (1).

Lequel nous a déclaré ce qui suit :

Le 12 mai courant, vers trois heures ou quatre heures après midi, ayant été attiré dans la rue par un bruit extraordinaire, j'ai remarqué plusieurs individus de mauvaise apparence, qui suivaient et obéissaient à deux personnages bien vêtus, dont le signalement ci-contre : Le plus petit, âgé de 28 ans environ, de moyenne corpulence, taille d'un mètre 62 centimètres environ, cheveux, favoris blonds et barbe de bouc; il était vêtu d'une redingote et coiffé d'un chapeau.

L'autre, âgé de 28 ans environ, taille d'un mètre 75 centimètres, mince, cheveux et barbe à collier, bruns; il était vêtu d'une redingote en drap, couleur foncée, et coiffé d'un chapeau.

Ces derniers étaient armés d'une hache neuve et d'un pistolet; je les ai vus entrer sous la porte cochère de la maison habitée par les frères *Lepage*; ils se retournèrent du côté de la rue, en criant, *aux armes!* et entonnèrent le *Chant du départ*, qui rappela un grand nombre de malveillants, qui suivirent les premiers chez le sieur *Lepage*; j'ai vu jeter des fusils par les fenêtres, avec quelques paquets de capsules, ensuite j'ai remarqué que les fusils étaient apportés par la porte cochère.

Après le pillage des armes, j'ai vu un jeune homme fort bien couvert, petite taille, portant la barbe rouge, sans favoris, qui criait de toutes ses forces : *aux armes!* puis il est entré dans la maison située même rue, n° 16, où il a distribué des cartouches qui se trouvaient dans une malle.

(Dossier pillage d'arme chez Lepage, n°   du greffe, pièce   )

Signé GUET et HAYMONET.

---

(1) Voir deux autres dépositions de ce témoin, ci-après, pages 279 et 285.

AUX DÉPOSITIONS DES TÉMOINS.

Le sieur *Renault* (Dominique-Prudent), quincaillier, demeurant rue Bourg-l'Abbé, n° 9 (1).

Lequel nous a déclaré ce qui suit :

Dimanche dernier, 12 du courant, vers trois heures après midi, j'ai entendu dans la rue des cris que je n'ai pu distinguer d'abord ; je me suis aussitôt mis à la croisée, et j'ai vu, devant la maison n° 22, occupée par les frères *Lepage*, une trentaine d'individus qui criaient *aux armes!* en ouvrant une caisse qui contenait des haches et des ceintures rouges ; ils sont ensuite entrés dans la maison indiquée ci-dessus, et cinq minutes après, ils étaient au nombre de deux ou trois cents. J'ai vu ouvrir la croisée des magasins des frères *Lepage*, donnant sur la rue, et les insurgés jeter une grande quantité de fusils et de pistolets. Ils ont ensuite retiré de l'allée de la maison n° 16 une malle de vingt-quatre à vingt-sept pouces de longueur, contenant des cartouches, qu'ils se sont distribuées sur la voie publique ; ils ont, après cela, essayé leurs armes, en tirant en l'air une quarantaine de coups de fusil.

Voici le signalement ci-contre : le premier avait favoris et barbe roux ; il était très-bien vêtu et coiffé d'un chapeau ; taille d'un mètre 76 centimètres au moins, de mince corpulence. L'autre étant de taille d'un mètre 70 centimètres environ ; cheveux et barbe châtains, sans favoris, figure pleine et colorée ; il était vêtu d'une redingote courte, couleur foncée, et coiffé d'un chapeau de forme ronde, à large bord, avec ruban, torsade de gros glands. De deux individus que j'ai été à même de bien remarquer, l'un est le premier qui a crié : *Aux armes!* en agitant une hache en l'air ; l'autre n'est arrivé qu'au moment où l'on jetait les armes par la croisée ; et tous deux paraissaient être les chefs de la révolte.

Lecture faite au sieur *Renault* de sa déclaration, il y a reconnu la vérité et a signé avec nous.

3° Le sieur *Bourga* (Jacques), marchand de vin, rue Bourg-l'Abbé, n° 13.

Lequel nous a fait la déclaration suivante (2) :

Dimanche dernier, 12 du courant, vers trois heures un quart après midi, étant dans l'intérieur de ma boutique à servir la pratique, j'entendis crier : *Aux armes! aux armes!* et aussitôt, je remarquai une cinquantaine d'individus devant la porte cochère de la maison, n° 22, sise même rue, occupée par les frères *Lepage*, marchands d'armes ; je vis au milieu de ce groupe, occupé à ouvrir une caisse qui contenait des haches neuves et des ceintures rouges, un individu paraissant âgé de 28 ans environ, de la taille d'un mètre 73 centimètres, mince, cheveux roux, et vêtu d'une redingote ou d'un habit couleur foncée, et coiffé d'un chapeau rond, tirer de cette caisse une hache, et

---

(1) Voir une seconde déposition du même témoin, ci-devant, page 57.
(2) Voir deux autres dépositions de ce témoin, ci-après, page 283.

crier : *Aux armes!* en mettant autour de lui une des ceintures que contenait ladite caisse. Ils sont ensuite montés dans les magasins des sieurs *Lepage*, et immédiatement après, j'ai vu jeter des croisées, des fusils, pistolets, munitions, etc., etc.

Lecture faite au sieur *Bouga* de sa déclaration, il y a reconnu la vérité, et a signé avec nous.

4° Le sieur *Bourgoin* (Étienne-Basile-Victor), marchand de couleurs, demeurant rue Bourg-l'Abbé, n° 18 (1).

Lequel nous a dit ce qui suit :

Dimanche dernier, 12 du courant, vers trois heures après midi, j'ai vu arriver et s'arrêter devant le n° 22, susdite rue, une trentaine d'individus, et après une pause de deux minutes, l'un d'eux (que je vais vous signaler plus bas), prit son chapeau à la main, et cria : *Aux armes!* Ils entrèrent ensuite dans la maison occupée par les frères *Lepage*, et quelques minutes après, je vis les insurgés jeter par les croisées donnant sur la rue, des armes, fusils et pistolets, que des individus recevaient. Pendant ce laps de temps, leur nombre s'est accru de deux cents individus environ.

Après le pillage des armes, j'ai remarqué deux individus paraissant être les chefs, se diriger vers la rue aux Ours.

L'un d'eux qui, le premier, a crié : *aux armes!* paraissait âgé de 30 ans, taille d'un mètre 70 centimètres, de moyenne corpulence, figure pleine, portant des moustaches châtaines ; il était vêtu d'une redingote bleue, d'un gilet fond blanc et coiffé d'un chapeau rond.

L'autre paraissait âgé d'environ 30 ans, beaucoup plus grand, mince, figure maigre, cheveux et favoris roux ; il était vêtu d'une redingote brune, et coiffé d'un chapeau rond. Avant le départ des insurgés, ils ont tiré plusieurs coups de fusil.

5° Le sieur *Legros* (Augustin-Étienne-Marc), hôtelier, demeurant rue Bourg-l'Abbé, n° 9 *bis*, lequel nous a fait la déclaration suivante :

Dimanche dernier, 12 du courant, vers trois heures un quart de l'après-midi, étant occupé à ma cave, j'ai entendu pendant quelques minutes des cris confus qui m'ont engagé à remonter; arrivé sur le seuil de ma porte, j'ai vu un groupe de soixante individus environ, qui recevaient des fusils et des pistolets que d'autres individus descendaient et jetaient des croisées des magasins des sieurs *Lepage* frères, rue Bourg-l'Abbé, n° 22 ; quand tous furent armés, ils essayèrent leurs armes dans ladite rue, et partirent.

Je ne puis vous fournir aucun renseignement sur les circonstances relatives à cet événement.

Seulement j'ai remarqué près des insurgés, au moment du pillage des armes,

---

(1) Voir deux autres dépositions de ce témoin, ci-après, pages 279 et 283.

un individu privé du bras gauche, paraissant âgé de 45 ans, taille d'un mètre 73 centimètres, figure maigre et pâle, vêtu d'une redingote verte, et coiffé d'un chapeau, portant à sa boutonnière le ruban rouge, qui paraissait examiner leurs mouvements, et qui est revenu à la même place une demi-heure après leur départ.

De ce que dessus nous avons rédigé le présent, qui sera immédiatement transmis à M. le conseiller d'État, préfet de police.

Signé HAYMONET.

(Dossier pillage d'armes chez Lepage, n°   du greffe, pièce   .)

247. — *Déclaration du sieur* PEINJON (Charles-François), *limonadier, âgé de 31 ans, demeurant à Paris, rue Bourg-l'Abbé, n° 22* (1), *et autres.*

(Devant M. Haymonet, commissaire de police.)

L'an mil huit cent trente-neuf, le quatorze mai, à onze heures du matin,

Devant nous *François-Bonaventure Haymonet*, commissaire de police de la ville de Paris, quartier de la porte Saint-Denis, officier de police judiciaire, auxiliaire de M. le procureur du Roi,

Se sont présentés les sieurs *Thuilard*, cordonnier, rue Boug-l'Abbé, n° 16; *Bourg*, fabricant de toile cirée, rue Bourg-l'Abbé, n° 7; *Peinjon*, limonadier, rue Boug-l'Abbé, n° 22; *Bourga*, marchand de vin, même rue, n° 13; *Guet*, bonnetier, rue Bourg-l'Abbé, n° 5; *Legros*, hôtellier, même rue, n° 9 *bis*, *Bourgoin*, marchand de couleur, n° 18; *Renault*, quincaillier, rue Bourg-l'Abbé, n° 9; *Esnouf*, marchand de plumes à écrire, même rue, n° 7; *Delargille*, limonadier, rue Bourg-l'Abbé, n° 11.

Lesquels nous ont déclaré ce qui suit :

Dimanche dernier, *douze* du courant, vers trois heures de relevée, nous avons remarqué un groupe de deux à trois cents individus, qui se sont rassemblés devant la maison de MM. *Lepage* frères, marchands d'armes, rue Bourg-l'Abbé, n° 22; qu'ensuite ils sont entrés dans la maison, et que, quelques instants après, nous avons vu jeter, par les croisées du premier étage au-dessus de l'entresol, une quantité de fusils de chasse, pistolets, munitions, etc, etc.

Nous ajoutons que les armes soustraites dans les magasins de MM. *Lepage* étaient en si grande quantité, que beaucoup d'entre eux étaient porteurs de trois et quatre fusils ou pistolets, paraissant être des armes de prix.

Nous vous faisons la présente déclaration, tant dans l'intérêt de MM. *Lepage* frères, que pour rendre hommage à la vérité.

Nous déclarons, en outre, que les insurgés se sont introduits dans les magasins de MM. *Lepage*, à l'aide d'effraction.

---

(1) Voir une autre déposition du même témoin, ci-devant, page 56.

248. — MESNAGE (Alexandre-Louis) *déjà entendu* (1)

(Entendu, le 30 mai, par M. Zangiacomi, juge d'instruction.)

D. Croyez-vous que vous pourriez reconnaître l'individu qui était à la tête de la bande d'insurgés qui, le 12 courant, s'est portée sur le Palais de Justice?
R. Oui, monsieur, je le crois; cet homme était grand, maigre, porteur d'une forte barbe avec moustaches, vêtu d'une redingote courte, de couleur foncée; il était armé d'un fusil de chasse. C'est lui qui a parlé à l'officier et qui lui a dit : Rendez-vous, il ne vous sera rien fait. L'officier lui a répondu : Plutôt mourir. A ces mots, je rentrai dans ma boutique pour détaler et faire rentrer mes enfants.

Et aussitôt nous avons conduit le témoin à la Conciergerie, dans le local occupé par le nommé *Barbès*; après l'avoir examiné, il déclare (avec la plus vive émotion) que c'est bien là l'homme qui est entré en pourparler avec l'officier; que c'est un devoir pour lui, malgré la peine qu'il en éprouve, de le déclarer, ajoutant que ce n'est que parce qu'il est forcé par sa conviction, qu'il fait une pareille déposition.

(Dossier Barbès, n°   du greffe, pièce   .)

249. — MEUNIER (Martin), *33 ans, bijoutier, rue de la Calandre, n° 51* (2).

(Déposition faite, le 16 mai 1839, devant M. Jourdain, juge d'instruction délégué.)

Dimanche, vers trois heures et demie ou quatre heures moins un quart, j'étais sur le Pont au Change du côté de la place du Châtelet. Je vis un garde municipal à cheval, qui n'était pas en service; il était à pied, coiffé d'un chapeau à trois cornes; il est décoré; il allait du côté de la rue Saint-Martin. Un monsieur de quarante ans environ, portant de petits favoris droits dont je n'ai pas remarqué la couleur, vêtu d'une redingote marron boutonnée jusqu'en haut, et décoré, se trouvait aussi sur le pont; il adressa la parole au garde, et lui dit : N'allez pas par là, on vous assassinerait; si vous restez là, on ne vous fera rien, c'est moi qui vous le dis. Je frappai alors sur l'épaule du garde, et lui dis : on n'assassinerait pas un vieux soldat qui a la croix. Je continuai à avancer sur le pont, et je le descendais du côté du quai aux Fleurs, lorsque je vis une bande de trente ou quarante factieux armés de fusils, dont quelques-uns avaient des baïonnettes; ils débouchaient du pont Notre-Dame sur le quai aux Fleurs. A

---

(1) Voir deux autres dépositions de ce témoin, pages 27 et 248.
(2) Voir deux dépositions de ce témoin, ci-devant, p. 26 et 236.

un signe de leur chef, une partie d'entre eux chargèrent leurs armes dans la rue basse du quai aux Fleurs. Le chef suivit cette rue le long des boutiques; le rassemblement se porta sur le poste, en passant sur le marché aux Fleurs. Le chef s'adressa à l'officier du poste du quai aux Fleurs, en lui disant : Rendez vos armes, les postes sont à nous. L'officier lui répondit: Retirez-vous.

Au même instant le chef des factieux voulut saisir l'officier au collet; celui-ci le repoussa avec son sabre, et à un signal du chef des factieux, qui s'était effacé en faisant un demi à droite, l'on fit feu sur le poste. L'officier tomba ainsi que le sergent et six soldats; les autres soldats rentrèrent dans le poste, et les factieux s'y jetèrent en même temps qu'eux. Un des factieux, de 20 à 22 ans, petit, et vêtu d'une redingote bleue, est celui qui tira le premier; après le feu, il alla se placer à l'angle du quai aux Fleurs, près la maison de *Chevalier*. Je remontai alors le pont, en disant que c'était une indignité d'assassiner des soldats comme cela. Alors le même monsieur qui avait parlé au garde municipal, et qui se trouvait dans ce moment juste au milieu du pont, me dit : Qu'est-ce que cela vous fait? cela ne vous regarde pas. Je lui répondis que cela me regardait comme tout le monde; je ne puis voir assassiner du monde ainsi. Il me répondit : Vous êtes un imbécile; ils sont tous comme cela! on ne regarde pas au sang de quelques hommes, quand on veut faire un coup de main. Dans ce moment, quatre ou cinq individus non armés vinrent se grouper autour de lui; je remarquai parmi eux un homme de 28 à 30 ans, assez grand vêtu d'un habit noir, bien mis, la taille serrée, et sans barbe, et qui était pâle et basané : il avait les deux poches de son pantalon un peu grosses; elles pouvaient contenir des pistolets, mais je n'en suis pas sûr.

Un instant avant l'arrivée de ces individus, et au moment où le monsieur me disait qu'il ne fallait pas regarder au sang de quelques hommes, je le vis regarder du côté du poste du quai aux Fleurs. J'y regardai aussi, et je vis le jeune homme qui était venu se placer au coin de la maison de *Chevalier*, élever son fusil, et je vis au même instant le monsieur qui venait de me parler, tirer de sa poche un mouchoir bleu à raies rouges, élever le bras en le tenant à la main, et au même instant un coup de feu partit du côté du poste du Châtelet, et l'attaque de ce poste commença. Je vis de loin, entre autres, un individu tirer un coup de fusil à travers les créneaux du poste. Voyant que je courais des dangers, je rentrai vite chez moi, et au moment où je rentrais à ma porte, le même jeune homme que j'avais vu au coin de *Chevalier* tenait alors deux fusils et me proposa de m'en donner un. Je les vis entrer ensuite dans la Cour des comptes. On m'a dit qu'on avait vu des insurgés sortir d'une maison de notre rue, avec des fusils; je ne sais pas la maison, ni les noms des personnes qui m'ont dit cela : on le disait dans le voisinage.

Le chef de la bande qui a assailli le Palais de Justice peut avoir de 25 à

30 ans; il a au moins cinq pieds quatre pouces; il est un peu mince; il avait une redingote assez courte, une ceinture avec une giberne à ceinture. J'ai remarqué qu'il avait une barbe en pointe; je n'ai pas remarqué s'il avait ou n'avait pas de moustaches.

Le jeune homme qui est venu sur le pont dans le groupe où se trouvait le monsieur qui m'avait parlé, et dont j'avais remarqué les poches un peu grosses, avait une bague chevalière au doigt indicateur de la main gauche; elle était en or anglais à plaque, sur laquelle était gravée une couronne.

(Dossier Barbès, n°   du greffe, pièce   .)

250. — DUBOSC (Prosper-Richard), *âgé de 29 ans, homme de lettres, actuellement détenu à Sainte Pélagie.*

(Interrogatoire subi le 6 juin 1839, devant M. Zangiacomi, juge d'instruction délégué.)

D. Vous êtes détenu à Sainte-Pélagie par suite de la condamnation prononcée contre vous dans l'affaire Raban?

R. Oui, Monsieur.

D. Le 12 mai dernier, lors de l'insurrection qui a éclaté dans Paris, il a été saisi dans les quartiers occupés par les factieux, une proclamation au bas de laquelle se trouve votre nom, est-ce vous qui l'y avez apposé?

R. Non, Monsieur; il y a plus, je ne crois pas à ce fait jusqu'à sa démonstration.

D. Vous désavouez en tout cas votre signature?

R. Complétement.

(Dossier Barbès, n°   du greffe, pièce   .)

251. — VOYER D'ARGENSON (Marc-René-Marie), *âgé de 67 ans, propriétaire, ancien membre de la Chambre des Députés, demeurant présentement à Lagrange, commune de Moré, et ayant son domicile aux Ormes.*

(Interrogatoire subi à Châtellerault, le 8 juin 1839, devant M. Dautriche, juge d'instruction délégué.)

D'après la communication officielle que vous m'avez donnée de la commission rogatoire du Président de la Cour des Pairs, signée *Pasquier*, et à la date du 5 courant, je vois qu'elle ne renferme que deux questions qui doivent m'être adressées, et auxquelles je m'empresse de répondre.

AUX DÉPOSITIONS DES TÉMOINS.

1° Je n'ai eu, directement ni indirectement, aucune connaissance de l'écrit que vous me mettez sous les yeux, et au bas duquel se trouve écrit mon nom, antérieurement à la communication que vous venez de m'en donner, et je n'ai autorisé qui que ce soit à me faire figurer dans le susdit écrit;

2° Quant à la connaissance que je pourrais avoir des faits relatifs à l'insurrection des 12 et 13 mai dernier, elle se renferme entièrement dans celle que tout le public a pu acquérir comme moi, par la voie des journaux.

(Dossier Barbès, n°   du greffe, pièce   .)

252. — DE LA MENNAIS (Félicité), *âgé de 57 ans, homme de lettres, né à Saint-Malo (Ile-et-Vilaine), demeurant à Paris, rue Fontaine-Saint-Georges, n° 21.*

(Interrogatoire subi le 11 juin 1839, devant M. Zangiacomi, juge d'instruction délégué.)

D. Le 12 mai dernier, on a trouvé, dans un quartier envahi par les insurgés, une proclamation imprimée au bas de laquelle votre nom se trouve apposé, et dans laquelle aussi on vous signale comme membre du gouvernement provisoire; est-ce de votre consentement ou de votre aveu que votre nom figure dans cette pièce?

R. Vous m'apprenez l'existence de cette pièce, et par conséquent ce n'est pas de mon aveu que mon nom y a été apposé.

(Dossier Barbès, n°   du greffe, pièce   .)

253. — LEBLOND, (Jean-Pierre), *49 ans, lieutenant de garde municipale à pied, caserné à Saint-Martin* (1).

(Entendu le 14 mai 1389, par M. Jourdain, juge d'instruction, délégué.)

Vers quatre heures moins un quart, je suis sorti de la caserne Saint-Martin avec 24 hommes d'infanterie. J'avais appris qu'on pillait le magasin d'armes de M. *Lepage*, arquebusier, rue de Bourg-l'Abbé, n° 22. Je me dirigeai vers ce point, et en route, je rencontrai M. *Haymonet*, commisssaire de police. Avant de sortir de la rue Saint-Martin, arrivé près du magasin de MM. *Lepage*, nous le trouvâmes pillé, et personne n'y était plus. M. *Haymonet* m'engagea à me rendre à la mairie du 6° arrondissement : je m'y rendis en effet; j'y trouvai le colonel de la 6° légion, qui donna ordre de faire battre le rappel, et il me demanda sept hommes pour accompagner le tambour. Bientôt on me prévint qu'un rassemblement composé d'une soixantaine d'hommes armés, venait de notre côté. Je fis ranger mon peloton dans la cour, et fis fermer les portes en

---

(1) Voir une autre déposition de ce témoin, ci-devant, page 18.)

les laissant toutefois entre-baillées, de manière à voir ce qui se passait au dehors. Je vis, en effet, arriver un rassemblement armé de fusils de chasse, de fusils de munitions, qui s'approcha de la porte, et quand les individus qui le composaient virent qu'il y avait de la troupe dans la cour, ils se retirèrent; mais aussitôt je fis avancer ma troupe, et fis faire un feu de deux rangs bien nourri. Cinq ou six individus tombèrent à cette décharge, d'autres furent blessés: ils tirèrent en même temps sur nous. Je fis continuer le feu, et nous arrêtâmes plusieurs individus blessés que nous remîmes à M. *Haymonet*, commissaire de police; tous les individus composant ce rassemblement, lorsqu'ils virent que nous les poursuivions, se retranchèrent derrière une barricade qui était à l'entrée de la rue Grenétat, et ce fut là que cinq ou six hommes furent tués. Ils faisaient feu sur nous. Je n'avais pas assez de monde pour enlever cette barricade, qui était défendue par une soixantaine d'hommes armés; mais M. *Tisserand*, lieutenant de la même compagnie, arriva avec un détachement beaucoup plus fort que moi, longeant le mur de droite, de manière à ne pas être vu des gens de la barricade, arriva près d'eux; alors je me portai moi-même en avant, et la barricade fut enlevée par M. *Tisserand*, avec mon assistance.

J'avais été requis par M. le commissaire de police *Haymonet* de garder la position du 6ᵉ arrondissement, et je ne pouvais la quitter, dans la crainte que les insurgés ne s'en emparassent. J'avais entendu dire en même temps que les insurgés armés arrivaient par la rue Royale-Saint-Martin, et comme il y avait de ce côté une porte donnant entrée dans la première cour de la mairie, je m'y portai pour défendre cette entrée, que je croyais menacée. Chargé ainsi de la défense de la mairie, j'y restai par les ordres de M. *Haymonet*, et M. *Tisserand* poursuivit les insurgés dans la rue Grenétat. Je divisai mon détachement en quatre parties: l'une chargée de la garde de la rue Grenétat; l'autre garda l'entrée de la rue Aumaire; une autre l'entrée de la rue Jean-Robert, et l'autre celle de la rue du Grand-Hurleur. Pendant deux heures ou deux heures et demie, nous eûmes à essuyer le feu de plusieurs insurgés qui tiraient en passant et repassant dans les rues, et auxquels nous ripostions pour les tenir éloignés, parce que M. *Haymonet*, m'avait bien positivement recommandé de ne pas quitter les lieux, pour empêcher qu'on ne prît la mairie.

Enfin vers huit heures le feu cessa; il y avait quelques instants seulement que le feu avait cessé, lorsque je vis un individu blessé à la tête, qui traversait la rue Saint-Martin, venant de la rue du Grand-Hurleur, pour se rendre dans la rue Jean-Robert. Je remarquai cet individu, d'abord parce qu'il était blessé et qu'il avait la figure couverte de sang, puis ensuite parce qu'il paraissait profondément absorbé dans ses réflexions. J'ordonnai aux gardes *Gry* et *Mirgadin* de la 6ᵉ compagnie de l'arrêter, ainsi qu'au maréchal des logis *Niclasse* de la 2ᵉ compagnie. Lorsque cet homme fut arrêté, je le fis fouiller; on ne trouva rien sur lui, mais sa figure me frappa. Je pensai que c'était le nommé *Barbès*, que j'ai vu figurer dans l'affaire des poudres de la rue de l'Oursine, parce que j'étais de service pendant ce procès. Cet homme ne voulut pas dire son nom. Je le fis conduire au poste du 6ᵉ arrondissement par les trois hommes qui l'avaient arrêté, qui me déclarèrent à leur retour que cet homme n'avait pas voulu leur dire son nom, mais qu'il leur avait dit qu'ils lui rendraient un grand service s'ils voulaient le débarrasser de la vie. Je l'ai ensuite vu à l'hôpital Saint-Louis, où il a dit se nommer *Louis Durocher*. Je trouvai au moins cinq ou six fusils de chasse et un fusil de munition à la barricade de la rue Grenétat, et je les ai fait remettre à la mairie du 6ᵉ arrondissement par des hommes de mon détachement. Je ne sais pas ceux de mes hommes qui ont porté les fusils à la mairie ; mais j'ai conservé tous les noms de ceux de mon détachement, et je vous les ferai connaître. Depuis ce moment, il n'est plus rien arrivé.

(Dossier Barbès, n°   du greffe, pièce   .)

254. — *Procès-verbal de saisie d'équipements militaires appartenant à l'officier et aux soldats du poste du Palais de Justice.*

(Par M. Vassal, commissaire de police.)

L'an 1839, le 20 juin,

En exécution d'une ordonnance de M. *Zangiacomi*, juge d'instruction, en date du 18 de ce mois, nous commettant à l'effet de nous transporter au domicile du sieur *Mesnage*, brossier, place du marché aux Fleurs, et saisir tous objets d'équipements, hausse-col, pouvant se rapporter aux événements des 12 et 13 mai dernier.

Nous, *Alexandre Vassal*, commissaire de police de la ville de Paris, spécialement du quartier de l'Hôtel de Ville,

Nous sommes transporté chez le sieur *Mesnage*, marchand brossier, demeurant rue de la Barillerie, n° 16, et nous lui avons donné lecture et communication de l'ordonnnance ci-dessus analysée.

M. *Mesnage* nous a déclaré :

J'ai chez moi quelques effets provenant des militaires tués au poste du Palais de Justice ; témoin des coups de feu qu'ils venaient de recevoir, je les avais recueillis chez moi pour leur donner des secours. L'officier est mort entre les mains de ma femme ; je l'avais vu, peu d'instants auparavant, faire mettre les hommes de son poste sous les armes, sur l'avertissement qui lui avait été donné par un sergent de ville de l'approche des insurgés. En effet, ceux-ci descendaient le quai aux Fleurs, ayant à leur tête un individu qui m'a été représenté, qu'on m'a dit se nommer *Barbès*, et que j'ai bien reconnu pour être celui qui marchait en avant et faisait sommation au chef du poste de se rendre, lui disant qu'il ne lui serait rien fait; puis, l'officier du poste s'étant laissé approcher, et ayant répondu aux sommations : *Plutôt mourir!* j'ai vu baisser les armes sur lui, et je n'ai plus regardé. Il a reçu deux balles, une à la tête, l'autre à la poitrine ; je ne puis dire que ce soit *Barbès* qui l'ait tué; mais j'affirme que c'est lui qui, un fusil à la main, était le plus près de l'officier; que l'officier a fait même sur lui un mouvement avec son sabre, comme pour se défendre. Les explosions des armes des insurgés sont parties presque au même instant; il y a eu un sergent et deux soldats, ainsi que l'officier, qui sont tombés sous les coups.

Le sieur *Mesnage* nous a remis :

1° Un col noir en étoffe dite lépine, appartenant à l'officier;

2° Une giberne garnie de son baudrier, taché de sang, portant le n° 2392, et sur une petite patte le nom *Ouillon* ;

3° Un shako d'infanterie, avec plaque numérotée 21; le pompon rouge, n° 1. Dans l'intérieur, au fond du shako, est écrit : 21e régiment, 2e bataillon, 1re compagnie, *Ouillon Joseph*, fusilier.

Ce shako appartenait à un soldat qui avait reçu une balle dans le ventre.

4° Un mouchoir en coton, de couleur, sans marque ;

5° Deux paires de gants en coton blanc;

6° Un nécessaire d'armes de soldat.

Tous ces effets étaient dans le shako.

Nous avons saisi lesdits effets et placé dessus étiquette indicative de la saisie que nous en opérions, signée de M. *Mesnage* et de nous.

Et a M. *Mesnage* signé avec nous, lecture faite.

(Dossier Barbès, n°   du greffe, pièce   .)

255 — CUGNET (Pierre-Cléry-Christophe), *âgé de 33 ans, marchand de vin, rue Saint-Martin, n° 10, né à Vaugirard.*

(Entendu le 27 mai 1839, devant M. le Chancelier de France, Président de la Cour des Pairs.)

D. Dites ce que vous savez sur les rassemblements qui ont eu lieu dans la journée du dimanche 12 mai, dans votre quartier?

R. Le dimanche, vers deux heures et demie, cinq ou six personnes étaient à boire chez moi; elles sortaient, rentraient, et avaient l'air de s'attendre les unes les autres; du reste, je n'ai pas remarqué qu'elles fussent armées. Elles sont restées environ trois quarts d'heure à la maison; quand j'ai entendu du bruit, pour la première fois, du côté de la rue Aubry-le-Boucher, je voulais fermer ma boutique. Les individus qui étaient à la maison s'y opposèrent; l'un d'eux me dit que ce n'était rien, que c'était des enfants. Lorsque j'entendis les premiers coups de fusil, je dis, ce ne sont pas des enfants; et j'exigeai qu'ils sortissent; l'un d'eux paya pour les autres : ils avaient consommé environ quatre canons. Quand ils furent sortis, je fermai ma boutique, je fermai même la porte de derrière dans la crainte que les insurgés n'eussent l'idée de pénétrer dans la maison, et de sortir par cette porte. Quand la boutique fut fermée, nous montâmes dans la chambre, ma femme et moi, et je fis même monter mon garçon, dans la crainte, comme il est jeune, que l'idée ne lui vînt de sortir. Il me serait bien difficile de reconnaître les personnes dont je viens de vous parler; je n'ai remarqué particulièrement qu'un individu bien vêtu, n'ayant pas plus de cinq pieds, barbu, allant et venant, et donnant beaucoup de poignées de mains aux passants sur le trottoir; cet individu avait à la main une canne de bois des îles; je crois que je le reconnaîtrais si je le voyais.

D. Vous savez que votre maison avait été indiquée à l'avance comme lieu de rendez-vous pour les insurgés?
R. M. le commissaire de police me l'a dit, mais je n'en ai rien su; cela est possible, comme ayant un comptoir de marchand de vin. Quand les personnes qui étaient chez moi ont été parties, j'ai bien eu l'idée qu'elles faisaient partie de ces gens-là.

D. Est-il venu quelqu'un chez vous pendant que les individus dont vous avez parlé y étaient?
R. Il n'y est venu que l'homme dont j'ai parlé plus haut, et qui a allumé sa pipe plusieurs fois.

D. L'avez-vous reconnu pour être du quartier?
R. Non, Monsieur.

D. Les cinq ou six individus dont vous parlez avaient-ils l'habitude de venir chez vous?
R. Non, Monsieur; il ne vient pas d'habitués chez moi; il n'y a que des allants et venants et des voisins.

(Dossier Barbès, n° du greffe,   pièce   .)

256. — MOREL (Reine), *âgée de 21 ans, couturière, demeurant à Ris.*

(Entendue le 22 juin 1839, devant M. Zangiacomi, juge d'instruction délégué.)

J'ai fait, il y a 12 ans environ, la connaissance de la famille *Nouguès*, qui habitait alors, ainsi que la mienne, rue Coquenard, n° 60; c'est de cette époque que remontent mes liaisons avec le sieur *Louis Nouguès.* J'ai continué de le voir de temps en temps depuis cette époque, et j'ai même été en correspondance de lettres avec lui; ma famille ne le trouvait pas mauvais, et les lettres que l'on a pu saisir prouvent que je ne lui ai donné que de bons conseils.

J'ai su, il y a trois ans, que ce jeune homme avait été arrêté pour politique, mais sans en connaître jamais au juste le motif. Depuis, j'ai bien remarqué qu'il était un peu exalté, mais il ne me parlait pas politique, quoique je susse qu'il eût des idées républicaines.

Il y avait deux mois que je ne l'avais vu à l'époque des événements de mai; j'étais à Paris lorsqu'ils eurent lieu, et je craignis que le sieur *Nouguès* ne s'en fût mêlé. Néanmoins, je ne parlai à personne des inquiétudes que je pouvais avoir à ce sujet.

Le lundi, 13 mai, j'étais chez madame *Barthe*, lorsque, dans la soirée, un jeune homme que je ne connais pas vint m'apporter une petite lettre et disparut aussitôt après; j'y lus avec beaucoup d'étonnement que *Louis Nouguès*, qui me l'écrivait, m'y disait qu'il s'était battu toute la journée, qu'il ne lui était rien arrivé, et qu'il recommencerait le soir. Il me demandait en même temps de prier pour lui.

Je ne fis point de réponse à cette lettre, parce que j'étais mécontente qu'il eût pris part à de pareils actes. Huit jours environ se passèrent sans que j'entendisse parler de lui, mais il revint me voir, et je ne lui dissimulai pas combien sa conduite était répréhensible à mes yeux. Il essaya de se justifier, en disant qu'il avait été entraîné par d'autres; qu'il s'était vu forcé de suivre ses amis, et qu'il avait fait le moins de mal qu'il avait pu; il expliqua sa lettre en ajoutant qu'il avait craint de périr dans ces événements, et qu'il avait voulu me dire un dernier adieu. Nous nous sommes séparés assez froidement, et je suis partie pour la campagne sans l'avoir revu. Quelques jours avant de quitter Paris, j'ai jugé à propos de me dessaisir de toutes les lettres que j'avais de lui et de les lui renvoyer par mon frère *Alexandre*, qui demeure rue du Faubourg Montmartre, n° 61.

Mon frère avait déposé quelques effets d'habillement et quelques outils chez *Nouguès*. Je demanderais, en son nom, qu'on l'autorisât à les retirer.

(Dossier Nouguès, n°   du greffe, pièce   .)

257. — MOREL (Louis-Alexandre), *âgé de 22 ans, ébéniste, demeurant à Paris, rue du Faubourg Montmartre, n° 62.*

(Entendu le 24 juin devant M. Zangiacomi, juge d'instruction délégué.)

Il y a plus de dix ans que je connais le nommé *Nouguès* avec qui j'ai été élevé. J'ai su, comme toute ma famille, que ce jeune homme avait désiré épouser ma sœur, et que depuis longtemps il la recherchait en mariage. Mais les idées politiques de ce jeune homme étaient trop peu en conformité avec les nôtres, et cette union n'aurait pas, je crois, pu se faire, d'autant que ma sœur, ayant appris par lui qu'il avait combattu, le 12 mai, dans les rangs des insurgés, m'avait chargé de lui reporter toutes les lettres qu'elle en avait reçues. J'ai rempli cette commission quelques jours avant le départ de ma sœur pour la campagne, et je n'ai plus revu *Nouguès* depuis.

Comme j'avais demandé à *Nouguès* de recevoir ma malle et celle d'une autre personne dans son domicile, quelque temps avant son arrestation, je désirerais que l'on m'autorisât aujourd'hui à l'enlever, ainsi que les effets qui m'appartiennent.

(Dossier Nouguès, n°   du greffe, pièce   .)

258. — GAZAN (Alexandre-Zacharie-Alexis-Nicolas), *âgé de 47 ans, chef d'escadron d'artillerie, demeurant à Paris, rue Guénégaud, n° 5.*

(Témoin entendu le 19 juin 1839, devant M. Zangiacomi, juge d'instruction délégué.)

Nous avons représenté au comparant le fusil à deux coups, saisi le 12 mai dernier sur le nommé *Roudil*, et lui avons demandé si les deux coups avaient été tirés, et s'ils l'avaient été plusieurs fois.

Examen fait du fusil, M. *Gazan* déclare qu'il n'y a que le canon droit qui ait été tiré; il estime qu'il l'a été plusieurs fois.

(Dossier Roudil, n°   du greffe, pièce   .)

259. — POIRIER (Louis), *homme de confiance, âgé de   ans, demeurant à Paris, rue des Marais, n° 6.*

(Entendu le 12 mai 1839, devant M. Loyeux, commissaire de police.)

L'an 1839, le 12 mai, à dix heures un quart du soir :
Devant nous, *Charles-Léonore Loyeux*, commissaire de police de la ville de Paris, et spécialement du quartier du marché Saint-Jean;
Étant à la mairie, à l'effet de procéder sur les faits de rébellion venus à notre connaissance,
Et en présence de M. le maire de l'arrondissement,
S'est présenté M. *Poirier* (Louis), homme de confiance, demeurant faubourg Saint-Germain, rue des Marais, n° 6, lequel nous dit :
J'avais, de cinq heures à six heures, accompagné une patrouille de la

7ᵉ légion, et j'avais vu faire des barricades sur plusieurs points de la rue Sainte-Avoye et de la rue du Temple.

En quittant cette patrouille, j'avais remarqué au même endroit qu'il y avait encore des jeunes gens qui se disposaient à rétablir ces barricades. Je me rendis, en conséquence, à la Grève, où je demandai qu'une forte patrouille vint avec moi.

Je partis de la Grève avec une patrouille d'une compagnie de ligne.

Nous montâmes rue du Temple, et nous arrêtâmes, rue Sainte-Avoye, près le n° 31, un individu armé qui cachait son fusil chargé dans la grille du boucher à notre arrivée.

Cet homme, qui dit se nommer *Julien Duval*, fouillé, il n'a rien été trouvé sur lui.

Il était accompagné d'un autre individu aussi en blouse, qui a été arrêté par la troupe.

Nous continuâmes le long de la rue du Temple.

Arrivés au Temple, j'ai remarqué de loin, et de toute la largeur de la place, des baïonnettes reluire, et j'en prévins le capitaine, qui fit faire halte.

Quand les individus porteurs d'armes que nous avions aperçus virent notre mouvement, ils nous couchèrent en joue.

La troupe avança en se divisant.

Ils tirèrent sur nous un seul coup de fusil, et le fusil de l'un de ces hommes braqué sur le capitaine rata deux fois.

On fonça, et ils se sauvèrent par la porte opposée.

On arrêta alors trois individus dans la maison et sur la porte.

L'un d'eux était armé d'un fusil chargé; c'est celui qui déclare se nommer *Alphonse Veizet*. Il avait onze balles à fusil sur lui. Il n'a pas fait de résistance, et nous a dit : Je vois que je suis perdu; tuez-moi.

Celui en blouse qui a reçu un coup de baïonnette était bien avec les individus armés.

Quant au troisième, je ne pourrais pas le reconnaître, non plus qu'un autre, qui a été pris par une autre patrouille.

Il a été trouvé un fusil au même endroit.

Les trois fusils sont chargés.

(Dossier Delsade, n°   du greffe, pièce   .)

260. *Déclaration de M.* Terreville, *capitaine au 55ᵉ de ligne* (1).

(Reçue le 12 mai 1839 par M. Loyeux, commissaire de police.)

L'an 1839, le 12 mai,

Devant nous *Ch.-L. Loyeux*, commissaire de police de la ville de Paris, spécialement du quartier du marché Saint-Jean,

---

(1) Voir une seconde déposition de ce témoin ci-devant, page 68).

AUX DÉPOSITIONS DES TÉMOINS.

Étant à la mairie à l'effet de procéder sur les faits de rébellion venus à notre connaissance,

Et en présence de M. le maire de l'arrondissement, s'est présenté :

M. *Terreville*, capitaine au 55ᵉ ligne, lequel nous a dit :

J'étais en patrouille, dirigé par un sieur *Poirier*, qui était venu sur la place de l'Hôtel de Ville nous demander de venir dans le quartier Sainte-Avoye.

Dans la rue Sainte-Avoye, nous avons arrêté un homme qui déposait son fusil, pour nous éviter, près la maison n° 31.

Son fusil a été saisi. Je ne reconnaîtrais pas cet homme.

On a pris en même temps, et au même endroit, un individu qui paraissait accompagner le premier.

De là nous sommes allés à la rotonde du Temple, sur l'indication du sieur *Poirier*, qui nous disait d'avancer sur ce point, que c'était là qu'étaient les révoltés.

Au moment où nous arrivions à vingt pas au moins d'une petite rue où est une boutique de marchand de vin, un individu en blouse, qui était sur le pas de la porte de ce marchand de vin, m'a couché en joue, et son fusil a raté deux fois sur moi. Aussitôt, et comme nous foncions et qu'un de mes soldats a eu tiré sur lui, cet homme, ainsi que plusieurs autres hommes armés, ont pris la fuite par l'autre porte de la boutique.

Nous sommes encore cependant arrivés à temps pour arrêter un jeune homme en redingote et casquette, porteur d'un fusil chargé, ayant des balles dans ses poches.

Ce jeune homme, qui dit se nommer *Alphonse Veizet*, nous a dit : Oh! tuez-moi si vous voulez.

Nous avons encore trouvé un fusil le long du mur, près le marchand de vin; ce fusil, comme les deux autres, était chargé.

Il a été, dans le trajet, ramassé trois autres hommes, pour lesquels je ne puis préciser les causes d'arrestation. — Et a ledit signé, ajoutant que l'individu arrêté, qui dit se nommer *Jean Ouroud*, a été pris chez le marchand de vin d'où des hommes armés avaient tiré.

(Dossier Delsade, n°   du greffe, pièce   .)

261. — *Déclaration du nommé* Bussy, *concernant l'accusé* Mialon.

(Reçue le 15 mai 1839, par M. Vassal, commissaire de police.)

Le 15 mai 1839,

Nous, *Alexandre Vassal*, commissaire de police, spécialement du quartier de l'Hôtel de Ville,

Recherchant des renseignements sur le mouvement insurrectionnel du 12 de ce mois, et ayant appris que le nommé *Bussy*, ouvrier travaillant aux travaux de l'Hôtel de Ville, avait été provoqué et entraîné à prendre part à l'insurrection,

Avons appelé en notre bureau ledit *Bussy*, qui s'est dénommé :

Jean Bussy, âgé de 51 ans, chef d'équipement aux travaux de l'Hôtel de Ville, demeurant rue de l'Hôtel-de-Ville, n° 126, chez *Coutard*, logeur.

Et nous a déclaré ce qui suit :

Dimanche dernier, 12 mai, j'ai travaillé jusqu'à trois heures et demie; après mon travail, je me suis rendu place de l'Hôtel de Ville, pour aller prendre mon repas chez le sieur *Fromentin*, marchand de vin, dite place, n° 31 : en ce moment le poste de la préfecture de la Seine était au pouvoir des insurgés.

Près d'arriver à la boutique du sieur *Fromentin*, j'ai été pris par le bras par un individu porteur d'un fusil de chasse, et armé de deux pistolets à piston qu'il avait à une ceinture formée par un mouchoir de poche blanc, en dessus ses vêtements.

Il m'a dit : *Camarade, viens avec nous prendre les armes.* Je lui ai répondu que *je ne le voulais pas et que j'allais manger*. Il m'a dit : *Vous ne manquerez de rien; vous aurez à boire et à manger*, et en même temps il m'a entraîné au poste de l'Hôtel de Ville, que l'on pillait. Ce même individu m'a dit *qu'il était le capitaine*, et il était accompagné de deux autres individus, jeunes, grands, et armés aussi de fusils de chasse à deux coups. Arrivé audit poste, il m'a remis un fusil de munition sans baïonnette et une cartouche. J'ai chargé mon fusil avec ladite cartouche, qu'un des insurgés a déchirée avec ses dents; puis cet individu qui se disait capitaine, et qui, en effet, paraissait commander aux insurgés, *a dit :* Il faut laisser vingt hommes ici et marcher au 7°. Ils m'ont emmené avec eux, et je les ai suivis, ne pouvant m'échapper pour l'instant.

A notre départ, nous étions environ *quatre-vingt*, dont quarante au plus étaient armés de fusils de chasse et de munition, quelques-uns avaient de petits pistolets et des baïonnettes, et les autres étaient sans armes.

Cette troupe a suivi la rue des Coquilles et celle de la Verrerie, et est arrivée à la place du marché Saint-Jean, vers quatre heures et demie.

A son approche, le poste militaire d'infanterie de ligne est sorti avec ses armes; tous les militaires n'étaient pas encore dehors, lorsque la tête de la colonne d'insurgés, sur le refus par les militaires dudit poste de rendre leurs armes, a fait feu; deux soldats sont tombés immédiatement à terre, et deux autres sont restés debout quoique blessés. Alors tous les militaires ont été désarmés, et les insurgés sont entrés dans le poste, qu'ils ont fouillé, paraissant rechercher des munitions. J'ai jugé alors le moment propice pour mon évasion, et j'ai abandonné mon fusil, dont je n'avais pas fait usage, dans un coin du poste, et j'ai gagné promptement la rue Saint-Antoine, indigné de ce qui s'était passé à mes yeux.

Je pense que je reconnaîtrais, si on me le représentait, l'insurgé capitaine. Il est âgé d'environ trente-six ans, taille de cinq pieds trois pouces, châtain-brun, portant une barbe en collier, et une royale au menton. La barbe est fournie. Ses cheveux étaient courts. Ses mains noires me font penser que c'est un chapelier ou un forgeron. Il était vêtu d'une redingote en drap bleu commun, pantalon de couleur foncée, et coiffé d'un chapeau un peu usé. Il avait pour cravate un foulard de couleur jaune avec un nœud à la marinière. La voix de cet homme était assez forte et ses gestes énergiques.

Je ne pourrais signaler particulièrement aucun des autres insurgés, qui m'ont tous paru appartenir à la classe ouvrière. Quelques-uns étaient misérablement mis, et paraissaient apartenir à la dernière classe du peuple; beaucoup étaient en bourgeron et en blouse.

On a proféré, à plusieurs reprises, les cris de *Vive la république! à bas Louis-Philippe I*er*! aux armes! et marchons!*

(Dossier Bussy, n°   du greffe, pièce   .)

262. — BUSSY (Jean), *âgé de 51 ans, manouvrier, né à Massa (Puy-de-Dôme), demeurant à Paris, rue de l'Hôtel de Ville, n° 126.*

(1er interrogatoire subi le 17 mai 1839, devant M. Vassal, commissaire de police.)

L'an 1839, le 17 mai,

Nous, *Alexandre Vassal*, commissaire de police du quartier de l'Hôtel-de-Ville,

Ayant appris que le nommé *Bussy*, ouvrier manouvrier, demeurant rue de l'Hôtel de Ville, n° 126, qui, le 15 de ce mois, a déclaré devant nous avoir été forcé par les insurgés à prendre un fusil et à les suivre pour marcher à l'attaque du poste du marché Saint-Jean, et qui a prétendu ne connaître aucun d'eux, avait depuis cité un de ses compatriotes comme ayant fait partie des insurgés et tiré sur les hommes du poste,

Avons fait amener devant nous ledit *Bussy*, et l'avons interrogé comme suit :

D. Quels sont vos noms, âge, lieu de naissance, profession et demeure?

R. *Bussy* (Jean), âgé de 51 ans, natif de Massa (Puy-de-Dôme), ouvrier manouvrier, demeurant rue de l'Hôtel de Ville, n° 126.

D. Lorsque, le 15 de ce mois, vous vous êtes présenté en ce bureau pour y déclarer que, le dimanche 12, des insurgés vous avaient contraint à prendre un fusil, à marcher avec eux à l'attaque du marché Saint-Jean, n'avez-vous pas été invité à faire connaître les circonstances de l'attaque et à désigner et signaler, autant que cela vous serait possible, les insurgés que vous aviez pu remarquer?

R. Oui, monsieur, et j'ai même signalé celui qui prenait parmi eux le titre de *capitaine*.

D. Mais parmi les insurgés n'y avait-il personne de votre connaissance?

R. Non, Monsieur, je n'y connaissais personne.

D. Votre réponse est en contradiction avec vos discours; car, depuis votre déclaration, vous avez dit avoir vu, parmi les insurgés, un de vos compatriotes, qui est venu à l'attaque du poste du marché Saint-Jean, et qui a fait feu sur les soldats?

R. Oui, je l'ai dit, et cela est vrai, et je n'ai pas fait attention quand j'ai fait ma déclaration.

D. Comment, vous n'avez pas fait attention; mais cela est impossible, puisque vous avez été invité à signaler ceux que vous aviez vus, et que vous avez désigné le capitaine.

R. Je vous réponds que je n'y ai pas fait attention.

D. Si vous voulez faire entendre, par votre réponse, que vous ne vous êtes pas rappelé votre compatriote en venant faire votre déclaration, comment se fait-il que, le jour même ou le lendemain, la mémoire vous soit revenue, et que vous ayez parlé de lui et de ses actions?

R. Je n'y avais pas pensé du tout quand je suis venu en votre bureau.

D. N'avez-vous pas dit avoir vu ce compatriote faire feu sur la troupe du poste du marché Saint-Jean?

R. Oui, je l'ai dit, et *cela est vrai*, il a fait feu.

D. Comment appelez-vous cet homme, et où demeure-t-il?

R. Je ne sais pas son nom; je ne connais pas sa demeure; je sais qu'il est ouvrier terrassier; je le vois souvent sur la place de l'Hôtel de Ville, au rendez-vous des maçons.

D. Quel est son signalement?

R. Agé d'environ 45 à 46 ans, taille de 5 pieds 1 pouce, cheveux châtains clairs, yeux bruns un peu enfoncés, nez aplati, bouche grande, menton pointu, visage ovale, favoris petits.

D. Pouvez-vous nommer une personne qui pourrait faire connaître la demeure de cet individu.

R. Oui, un nommé *Taillandier*, terrassier, rue de Bièvre, le connaît, mais je ne sais pas le numéro de la maison où habite *Taillandier*.

D. Vous voyez combien votre silence sur votre coupable compatriote peut éveiller des soupçons sur la participation que vous-même pouvez avoir prise à l'insurrection, car, maintenant qu'il est évident que vous avez cherché à soustraire aux investigations de l'autorité un insurgé que vous connaissiez particulièrement, ne peut-on pas présumer que vous n'êtes venu faire une déclaration que pour prévenir les poursuites qui pourraient être dirigées contre vous, si vous étiez dénoncé pour avoir eu les armes à la main pendant l'insurrection?

R. Je n'ai pas fait attention pour mon compatriote, c'est par crainte et par force que j'ai pris un fusil, et je suis loin de partager les opinions politiques de ceux avec lesquels j'ai marché un instant.

D. Avez-vous déjà été arrêté?

R. Jamais.

Lecture faite, a signé avec nous.

Et à l'instant nous nous sommes transporté rue de l'Hôtel de Ville, n° 126, au domicile dudit *Bussy*, logé en garni.

Perquisition faite dans la chambre qu'il occupe en commun avec plusieurs ouvriers de sa profession, il n'a été trouvé aucun papier, aucune arme, ni munitions, ni aucun objet de nature suspecte;

Et en conséquence de tout ce qui précède, d'où résulte que la participation prise par *Bussy*, les armes à la main, à l'insurrection du 12 mai, pourrait n'avoir pas été contrainte et forcée, comme il en avait fait la déclaration, puisqu'il a apporté dans cette déclaration des réticences qui avaient pour but de ne pas mettre sous la main de la justice un individu bien connu de lui, qu'il aurait vu faire le coup de feu sur la troupe,

Disons, que ledit *Bussy* sera conduit au dépôt de la préfecture de police, en état de mandat d'amener, et pour être examiné sur les faits relatifs à l'insurrection.

Et de tout quoi nous avons dressé le présent procès-verbal que nous avons signé.

(Dossier Bussy, n°   , greffe, pièce   .)

263. — (2ᵉ interrogatoire subi par *Bussy*, le 18 mai 1839, devant M. Perrot, juge d'instruction délégué, contenant sa confrontation avec l'inculpé *Mialon*.)

D. Avez-vous déjà été arrêté?

R. Jamais.

D. Persistez-vous dans vos réponses au commissaire de police?

R. Oui; j'avais travaillé le dimanche, 12 mai, depuis cinq heures du matin, dans les constructions de l'Hôtel de Ville, lorsque vers trois heures un quart, le sieur *Vinel*, maître maçon, interrompit la paye qu'il faisait aux ouvriers, à cause des troubles qui commençaient à éclater; je sortis du côté de l'arcade Saint-Jean, et je vis que le poste de la garde nationale était désert; il y avait, soit sur la place, soit près du poste ou à l'intérieur, environ quatre-vingts individus, dont une cinquantaine armés de fusils de chasse et de munitions; ils étaient vêtus de redingotes, vestes et blouses, et tous me paraissaient appartenir à la classe ouvrière. Trois d'entre eux s'approchèrent de moi, dont l'un, vêtu d'une redingote bleue de gros drap, les deux autres de blouses bleues; le premier portait un fusil de chasse à deux coups, et une ceinture garnie de deux pistolets : cette ceinture était blanche, j'ignore si c'était un mouchoir ou une serviette; il paraissait âgé de 28 ans, taille de 5 pieds 4 pouces, d'assez forte corpulence, figure assez ronde, pleine et fraîche, brun, ayant une mouche longue au-dessous de la lèvre inférieure, ayant un collier en barbe, mais point de moustaches; il était coiffé d'un chapeau noir un peu usé, et j'ai remarqué que ses mains étaient un peu noires et fatiguées par le travail; il me dit : Camarade, il faut prendre les armes avec nous; je lui répondis : Monsieur, je viens de travailler, et j'ai besoin de manger; et il répliqua : Ne craignez rien, nous aurons de quoi boire et manger; et les deux autres ajoutèrent : Camarade, ne craignez rien. Et tous les trois m'entraînèrent dans le corps de garde de la Grève, où ils me mirent dans les mains un des fusils de munition qui étaient au râtelier, plus, deux cartouches. C'est celui qui avait une redingote qui a pris le fusil, l'a chargé et me l'a remis; les autres disaient que c'était leur *capitaine*.

Après que le poste a été entièrement dévalisé, il a dit : Partons pour le *septième*; il disait de laisser vingt hommes pour garder le poste de la Grève, mais j'ignore s'ils y sont restés, ils m'ont fait passer avec eux par la rue du Mouton, la rue de la Verrerie, jusqu'au marché Saint-Jean; un des insurgés a voulu désarmer le factionnaire; celui-ci résistait et défendait son arme; dans ce moment les insurgés ont fait feu, et ce factionnaire ainsi qu'un autre militaire qui venait de sortir du poste sont tombés morts, les autres n'ont pas riposté, il y a eu environ dix coups de fusil de tirés par les insurgés, et j'ai vu sortir du poste un soldat sans armes qui était blessé à l'épaule, et qui s'est en allé à gauche, je suis entré dans le poste pour tâcher de me débarrasser de mon fusil; tous les militaires étaient partis, et il y avait une vingtaine d'insurgés qui cherchaient dans les gibernes, je les ai laissés sortir de manière à rester le dernier; ils avaient un tambour qui les rassembla à la porte, et ils partirent sans que je sache quelle direction ils avaient prise; il se rassembla beaucoup de monde et j'en profitai pour abandonner mon fusil dans le corps de garde et m'esquiver derrière la foule, je retournai au chantier, je rendis compte à mon maître de ce qui s'était passé et il me fit travailler avec sept ou huit autres à remettre en place les planches des palissades que les insurgés avaient démolies pour faire une barricade sur le quai près du pont d'Arcole; j'ajoute que dans le trajet de l'Hôtel de Ville au marché Saint-Jean, les insurgés criaient : *A bas Louis-Philippe Ier ! vive la République !* Je cherchais à disparaître par quelque allée de maison; mais toutes les portes étaient fermées, quelques insurgés frappaient à ces portes avec les crosses de leurs fusils, et je les ai vus casser deux ou trois desdites crosses, sur quoi le capitaine a dit, il ne faut pas frapper si fort; si vous cassez vos armes vous ne pourrez plus vous en servir; je suis rentré à mon garni vers huit heures et demie, et je ne suis pas ressorti.

D. Qu'avez-vous fait le lundi?

R. J'ai travaillé toute la journée depuis six heures du matin jusqu'à huit heures du soir, et ce jour-là je n'ai été témoin d'aucun désordre.

D. A vous entendre, c'est comme forcé, contraint, que vous auriez pris un fusil et suivi les insurgés de l'Hôtel-de-Ville au marché Saint-Jean?

R. C'est vrai.

D. Ce qui donnerait à penser que vous avez agi volontairement, c'est que vous avez dit d'abord que vous ne connaissiez personne parmi eux tandis que la suite a prouvé que vous connaissiez le nommé *Mialon* que vous avez dit avoir vu faire feu au marché Saint-Jean?

R. Je ne pouvais pas dire son nom, ne le connaissant que de vue.

D. Oui, mais dans le premier moment vous aviez dit au commissaire que vous ne connaissiez personne parmi ces individus.

R. Je le lui ai dit, parce que cet individu n'est pas venu d'abord à mon idée.

D. Cela n'est pas croyable, car vous aviez bien su parler au commissaire de cet autre individu qu'on appelait le capitaine, lequel vous était inconnu, tandis que vous connaissiez *Mialon*, au moins de vue.

R. Je répète que ça n'est pas venu à mon idée.

D. Vous avez dit au commissaire avoir vu faire feu par cet individu sur le poste du marché Saint-Jean?

R. Oui, Monsieur, je l'ai vu.

D. Son coup de fusil a-t-il atteint un militaire?

R. Je ne sais pas.

D. Vraisemblablement vous connaissiez encore quelques-uns des insurgés, quels sont-ils?

R. Je n'en connais pas d'autres.

D. Le nommé *Mialon* travaillait-il aux constructions de la ville ou dans les environs?

R. Non; mais il pouvait se faire qu'il se trouvât sur la Grève, car je l'y ai vu souvent venir chercher de l'ouvrage.

D. Faites-vous partie de quelque société politique?

R. Jamais, jamais de société, jamais de batterie; après mes travaux je vais manger et me coucher.

Nous avons fait amener dans notre cabinet le nommé *Mialon* (Jean-Antoine),

Et le nommé *Bussy* a dit : Je le reconnais pour l'ouvrier terrassier que je connaissais de vue avant les événements dont il s'agit, et je répète que je l'ai vu parmi les insurgés, au marché Saint-Jean, faire feu sur le poste dudit marché; je ne l'avais pas remarqué auparavant au nombre desdits insurgés; il était armé d'un fusil de munition, je n'ai pas remarqué s'il était ou non garni de sa baïonnette.

Sur quoi *Mialon* répond : Je ne connais pas le nommé *Bussy* ici présent, cependant sa figure ne m'est pas inconnue : je crois l'avoir aperçu parmi les ouvriers qui fréquentent la place de Grève; mais je nie positivement avoir porté un fusil dans les deux jours de troubles qui viennent d'avoir lieu; je nie m'être mêlé aux insurgés, soit le dimanche, soit le lundi, notamment lors de l'attaque du poste de l'Hôtel de Ville et de celui du marché Saint-Jean; je n'ai rien vu de cela, et il est faux que j'aie fait feu sur ce dernier poste ni sur aucun autre.

Le nommé *Bussy* persiste au contraire,

Et ils sont restés en opposition.

Lecture faite à *Mialon* de ce qui le concerne, il a persisté et a dit ne savoir signer.

Et après avoir fait retirer ledit *Mialon*, nous avons continué à interroger *Bussy* ainsi qu'il suit :

D. Y a-t-il longtemps que vous connaissez *Mialon?*

R. Il y a seize ans; j'étais à cette époque garçon de chantier chez le sieur *Saint-Yonin*, maître maçon, rue du Faubourg-Saint-Martin, en face des frères; le nommé *Mialon* y travaillait comme terrassier avec un autre individu qui est mort depuis au service; une circonstance remarquable, c'est qu'ils trouvèrent dans la terre un pot rempli de pièces de six francs; depuis je l'ai revu de loin en loin, et depuis deux ans que je travaille à la ville, je l'ai vu plus souvent sur la place de Grève.

D. Tout cela démontre de plus en plus que vous aviez omis à dessein de faire connaître cet individu au commissaire de police, sans doute parce que vous aviez pris part bénévolement l'un et l'autre à l'attentat dont il s'agit.— Pour quoi vous êtes inculpé d'attentat contre la sûreté de l'État..

R. Je répète que j'ai été forcé d'aller.

(Dossier Bussy, n° du greffe, pièce   )

264. — Delehaye (Louis), *âgé de 29 ans, ébéniste, né à Valenciennes, demeurant à Paris, rue aux Ours, n° 18* (1). (Alors inculpé.)

(1ᵉʳ interrogatoire subi, le 14 mai 1839, devant M. Haymonet, commissaire de police.)

L'an mil huit cent trente-neuf, le quatorze mai, à sept heures du soir.

Nous *François-Bonaventure Haymonet*, commissaire de police de la ville de Paris, spécialement du quartier de la Porte Saint-Denis;

Vu notre procès-verbal de ce jour, servant à constater la saisie de deux fusils paraissant avoir servi à tirer sur la troupe pendant l'insurrection, lesquels auraient été cachés avec beaucoup de précaution, par les soins du nommé *Delehaye*, concierge de la maison sise rue Bourg-l'Abbé, n° 18, qu'il est resté détenteur desdites armes de guerre pendant quarante-huit heures sans donner aucun avis à l'autorité, ce qui constitue un délit formel, et un commencement de complicité d'un attentat commis à main armée par le nommé *Martin* et l'individu qui l'accompagnait, auxquels lesdits fusils auraient appartenu, probablement par suite de vol commis à l'aide de violence; agissant au cas assimilé au flagrant délit;

Nous avons décerné contre le nommé *Delehaye* un mandat d'amener, en vertu duquel il a été conduit en notre bureau par les soins du sieur *Dringues*, inspecteur de police attaché à notre bureau; et de suite nous avons procédé à son interrogatoire, ainsi qu'il suit :

D. Quels sont vos nom, prénoms, âge, lieu de naissance, profession et demeure?

R. Je m'appelle *Delehaye* (Louis), ébéniste, né à Valenciennes, et suis âgé de 29 ans, demeurant rue aux Ours, n° 18.

D. Reconnaissez-vous les deux fusils que je vous représente pour avoir été cachés, par vous, dans une cave, où ils étaient recouverts par une grande quantité de pièces de bois de construction?

R. Oui, je les reconnais, et je conviens que je les ai cachés dans le lieu où vous les avez trouvés.

D. Pourquoi avez-vous réservé ces armes au lieu de les déposer en mon commissariat?

R. J'ai pris le parti de cacher ces deux fusils dans la crainte d'éprouver quelques désagréments si on apprenait que je les eusse reçus des insurgés.

D. D'où vous proviennent les fusils dont il est question?

R. Dimanche, vers huit heures du soir, des hommes poursuivis par la troupe sont parvenus à ma demeure, que j'ai eu l'imprudence d'ouvrir, et ils

---

(1) Voir sa confrontation avec *Mialon*, ci-devant page 90.

m'ont demandé un refuge. L'un d'eux, qui avait bu avec moi, en compagnie de mon beau-frère *Gougé*, a dit qu'il se nommait *Martin*, ouvrier cartonnier ; le second ne s'est pas fait connaître par son nom, mais il a dit qu'il était garçon tailleur, qu'il venait de tirer sur la troupe. Sur leur demande, j'ai consenti à prendre leurs fusils, parce qu'ils ne voulaient pas sortir de chez moi.

D. Pouvez-vous donner le signalement des deux individus qui vous ont laissé la responsabilité de leurs fusils?

R. Non, mais je les reconnaîtrais au besoin.

D. Aviez-vous connaissance du complot qui était préparé le 12 mai courant.

R. Non.

D. N'avez-vous pas pris une part active à l'insurrection, en aidant à établir des barricades?

R. J'ai vu renverser un omnibus, mais je n'ai pas pris part à cette violence.

D. Connaissez-vous les individus qui ont renversé cette voiture?

R. Non.

D. Avez-vous déjà été arrêté ou repris de justice?

R. Jamais.

Lecture faite au nommé *Delehaye* de ses dires à l'interrogatoire ci-dessus, il a dit qu'ils contiennent vérité, y a persisté, et a déclaré ne savoir signer.

Signé HAYMONET.

Atttendu qu'il résulte de nos procès-verbaux et de l'interrogatoire ci-dessus, que le nommé *Delehaye* est prévenu d'avoir recélé des armes de guerre provenant de source illicite, et qu'il aurait reçues des mains de deux insurgés sans en avoir prévenu l'autorité.

Disons qu'il sera immédiatement conduit, en état de mandat d'amener, au dépôt de la Préfecture de police, où il sera traduit devant M. le conseiller d'État, préfet de police, pour être statué à son égard ce qu'il appartiendra.

Transmettons, avec le présent, un procès-verbal, un mandat et deux fusils sous scellés.

Fait à Paris, les jour, mois et an que d'autre part.

Signé HAYMONET.

(Dossier Delehaye, n°   du greffe, pièce   ).

265. — (2ᵉ interrogatoire subi par *Delehaye* le 16 mai 1839, devant M. Legonidec, juge d'instruction délégué.)

D. Vous connaissez le nommé *Martin?*
R. Je le connais d'avoir bu un verre de vin avec lui; je ne sais pas son nom ni où il reste.

D. Comment l'avez-vous connu?
R. Je l'ai connu, il y a trois mois environ, chez un marchand de vins, dans la rue du Grand-Hurleur, dont je ne sais pas le nom. Le jour de la naissance de ma fille, j'allais chercher un témoin pour déclarer la naissance de mon enfant; je l'ai rencontré alors dans ce cabaret.

D. L'avez-vous revu depuis?
R. Je l'ai revu le jour qu'il est entré chez moi, avec un autre individu que je ne connais pas; le dimanche, le jour qu'il s'est battu, on les poursuivait; cinq ou six autres individus sont entrés en même temps qu'eux; mais il n'y a que *Martin* et son camarade qui soient entrés dans la maison, les autres sont restés dans l'allée, et ont fini par se sauver du côté de la rue Quincampoix; alors la porte du marchand de vin a été cassée, si bien qu'il veut aujourd'hui que je la lui répare, comme si je les avais laissés entrer, ces individus, de bon gré; mais je n'ai pas pu m'y opposer; ils me traitaient de *faignant*, et m'auraient f...... des coups.

D. A quelle heure sont-ils entrés chez vous?
R. A la brune.

D. Comment en sont-ils sortis?
R. Tout simplement, en laissant leurs fusils à la maison.

D. Quel est l'état du camarade de *Martin?*
R. Tailleur, je crois, c'est du moins ce que l'individu a dit.

D. Le reconnaîtriez-vous?
R. Oui, Monsieur.

D. Connaissez-vous les individus qui composaient la bande?
R. Non, Monsieur.

D. Les avez-vous revus dans le courant de la soirée?
R. Non, Monsieur.

D. Le lendemain matin, lundi, *Martin* est-il venu chercher son fusil?
R. Non, Monsieur.

D. Était-il blessé lorsqu'il vous a quitté?
R. Il avait une petite égratignure à un doigt.

D. Pourquoi n'avez-vous pas remis immédiatement ces fusils à l'autorité?

R. Je les aurais portés tout de même, mais pas sitôt que cela, il aurait fallu que je les emportasse; et cela m'aurait gêné; il aurait fallu que j'eusse dans la maison quelqu'un de plus malin que moi pour me le dire.

D. Ne s'est-on pas servi des fenêtres de votre maison pour faire feu sur la troupe?

R. Non, Monsieur, la maison est sur le derrière, et la façade n'appartient pas au même propriétaire.

D. Combien de temps avez-vous gardé *Martin* chez vous?

R. Environ deux heures.

D. Vous a-t-il raconté quelques particularités de sa journée?

R. Non, Monsieur; il m'a dit seulement avoir ramassé dans la rue son fusil, et qu'il ne s'en était pas servi parce qu'il n'allait pas. Quant au tailleur, il avait des cartouches, et son fusil était chargé.

D. Vous avez donné asile à des bandes armées; vous ne leur avez pas fermé votre porte lorsqu'elles se sont présentées chez vous; vous avez recélé sciemment leurs armes.

R. Je ne pouvais pas fermer ma porte parce qu'il y avait des locataires dans la rue.

D. Connaissez-vous le nommé *Eugène Marescal*.

R. Non, Monsieur.

D. Avez-vous déjà été arrêté?

R. Non, Monsieur.

(Dossier Delehaye, n°   du greffe, pièce   .)

266. — (3ᵉ interrogatoire subi par *Delehaye*, le 23 mai 1839, devant M. Perrot, juge d'instruction délégué.)

D. Persistez-vous dans vos précédents interrogatoires?

R. Oui, j'ai dit la vérité, je ne connais pas les deux individus qui sont entrés à la maison le dimanche, 12 au soir.

D. Vous aviez dit que vous n'aviez pu fermer la porte parce que les locataires étaient dehors.

R. Oui, il en manquait deux ou trois.

D. Ces locataires étaient-ils à la porte comme curieux, où étaient-ils dans Paris?

R. Il y en avait qui étaient dans Paris, et d'autres devant la porte, qui regardaient.

D. Quels sont les locataires qui étaient à la porte?

R. Ce sont MM. *Buffet,* cordonnier, *Morsault* fils, fabricant de procédés pour les queues de billard, et la dame *Derné,* femme d'un peintre en bâtiments; il y en avait encore d'autres que je ne me rappelle pas.

D. Ces trois personnes et les autres locataires qui étaient à la porte, ont-ils vu entrer dans la maison le nommé *Martin,* l'individu désigné sous le nom du *tailleur,* et les autres individus qui ne sont entrés que dans l'allée.

R. Certainement ils les ont vus, et, en les voyant arriver, ils se sont sauvés dans la cour et sont montés chez eux.

(Dossier Delehaye, n°   du greffe, pièce   .)

267. — TISSERAND (Émile) *déjà entendu* (1).

(Déposition reçue le 29 mai 1839, par M. Zangiacomi, juge d'instruction, délégué.)

C'est moi qui, le 12 courant, de quatre heures et demie à cinq heures, ai frappé d'un coup d'épée dans la poitrine le nommé *Maréchal :* je l'ai reconnu parmi les morts à l'hôpital Saint-Louis.

Cet individu se trouvait parmi les insurgés qui défendaient la barricade Grenétat, lorsque je l'escaladai à la tête de ma compagnie; il m'appliqua sur la poitrine son fusil qui était déjà couché en joue et il allait lâcher la détente lorsque je le frappai d'un coup d'épée. A côté de lui se trouvait un homme porteur d'une longue chevelure blonde; il m'a tiré à bout portant un coup de fusil, qui heureusement n'a fait que m'effleurer l'oreille droite. Cet homme doit être porteur d'un coup d'épée qui a dû l'atteindre dans la poitrine, et ce signalement, ajouté à sa chevelure blonde, ne permettra pas de douter de son identité.

Représentation faite du nommé *Austen,* M. *Tisserand* le reconnaît positivement pour l'individu à chevelure blonde qu'il aurait atteint d'un coup d'épée, au moment où il venait de faire feu, lors de la prise de la barricade Grenétat.

(Dossier Austen, n°   du greffe, pièce   .)

268. — Veuve ROYER (Joséphine-Pinson), *âgée de 34 ans, logeuse, demeurant rue Saint-Ambroise, n° 8* (2).

(Entendue le 22 juin 1839, devant M. Perrot, juge d'instruction délégué.)

Je persiste dans ma précédente déclaration dans l'affaire du nommé *Walch.*

---

(1) Voir la première déposition de ce témoin, ci-devant, page 106.
(2) Voir une autre déposition de ce témoin, ci-devant p. 130.

D. Walch a dit qu'il était allé trouver le sieur *Romazotti*, et lui faire l'aveu de sa participation à l'attentat, parce qu'il avait été effrayé de voir arrêter deux autres individus ; avez-vous connaissance de cette circonstance ?

R. Non, aucun de mes locataires n'a été arrêté, mais je me rappelle que, dès le commencement, il s'est dit à la maison que le chauffeur du sieur *Lafleur*, où travaillait *Walch*, avait été arrêté.

(Dossier Walch, n°   du greffe, pièce   .)

269. — WALCH (Agnès), *âgée de 30 ans, fruitière, demeurant rue Saint-Ambroise, n° 3, à Paris ; sœur de* Walch (Joseph).

(Entendue le 22 juin 1839, devant M. Perrot, juge d'instruction délégué.)

Je persiste dans ma précédente déclaration, j'ignore le motif pour lequel mon frère s'est ouvert au sieur *Romazotti*, il ne m'a pas parlé de deux individus qui auraient été arrêtés avant cette confidence, et qu'il se fût déterminé à la faire par la crainte qu'il ne lui en arrivât autant.

(Dossier Walch, n°   du greffe, pièce   .)

270. — COULON (Jean-Joseph), *âgé de 50 ans, ouvrier menuisier, demeurant rue Beauveau, marché Lenoir, faubourg Saint-Antoine.*

(Entendu le 4 juin 1839, devant M. Gille, commissaire de police.)

Il n'est point à ma connaissance que *Dugas* ait fait des propositions d'embauchage à aucun des ouvriers de notre atelier. Son établi était à une certaine distance au bout du mien. Quelquefois je lui ai entendu chanter des chansons patriotiques, mais non pas républicaines, et si *Dugas* avait des opinions républicaines, il ne m'a jamais fait aucune proposition, parce que je suis connu pour être ami de l'ordre et pour ne m'occuper que de mon travail. C'est tout ce que je puis vous dire.

(Dossier Dugas, n°   du greffe, pièce   .)

271. — *Autre déposition du même témoin.*

(Reçue le 5 juin 1839, par M. Perrot, juge d'instruction, délégué.)

Il y a quatre mois que je suis rentré chez *Piket*, atelier des menuisiers ; je ne connaissais par le nommé *Meunier*, et j'ignore si lui ou d'autres ouvriers de la fabrique ont pris part à l'insurrection des 12 et 13 mai dernier : jamais *Dugas* ne m'a fait la proposition d'agir pour la république, et je ne sache pas qu'il en ait fait à d'autres. Il chantait quelquefois, et d'après quelques mots que j'ai pu saisir au milieu du bruit du travail, j'ai vu que c'était des chansons politiques. J'ai saisi les mots : France et patrie ; je n'ai pas entendu le mot république.

D. Est-ce que *Dugas*, dans ses conversations, ne parlait pas de la république?

R. Je n'ai jamais été en conversation avec lui, je ne sais pas s'il en parlait aux autres ; j'ignore s'il était lié avec les nommés *Lucien-Firmin Philippet, Jean Baptiste Lebarzic* et *Joseph Walch*. Je ne reconnais pas ces individus que vous me représentez pour les avoir jamais vus. Mais je reconnais bien le nommé *Florent Dugas*, que vous mettez aussi en ma présence, pour celui dont j'ai parlé.

(Dossier Dugas, n°   du greffe, pièce   .)

272. — DARLOT (Pierre), *âgé de 49 ans, marchand de vin, rue de Charenton n° 119 à Paris.*

(Entendu le 4 juin 1839, par M. Perrot, juge d'instruction délégué.)

Le dimanche, 12 mai dernier, vers neuf heures du soir, il s'est formé un rassemblement sur notre place, composé d'individus vêtus de blouses pour la plus grande partie ; quelques-uns étaient en vestes et très-peu en redingotes. Ils entraient boire à la maison par trois, quatre ou six. Ils ne m'ont pas demandé d'armes ; dans le premier moment même je ne savais pas que ce fût un rassemblement. Lorsque je l'ai eu reconnu, je fis fermer de suite par mon garçon. Ces individus sont montés d'abord à la barrière de Charenton, puis ils sont descendus par la rue de Charenton, se dirigeant dans l'intérieur de Paris.

Nous avons représenté successivement au sieur *Darlot* les nommés *Lucien-Firmin Philippet, Joseph Walch, Jean-Baptiste Lebarzic* et *Florent Dugas*.

Et le sieur *Darlot* a dit, je ne reconnais aucun de ces quatre individus.

(Dossier Philippet, n°   du greffe, pièce   .)

273. — FARJAS (Thomas), *âgé de 50 ans, courtier-gourmet en vins, demeurant à Paris, rue Saint-Victor, n° 126.*

(Entendu le 25 mai 1839, devant M. Legonidec, juge d'instruction délégué.)

Il était quatre heures moins un quart lorsque, le dimanche 12 de ce mois, j'ai été prévenu que des coups de feu étaient tirés, que les postes du quai aux Fleurs et du marché Saint-Jean avaient été égorgés ; je m'empressai d'envoyer chercher le capitaine, qui se trouvait chez le sergent-major, quai des Grands-

Degrés et, sur ces entrefaites, je reçus la visite du l'adjudant-major *Roubier*, qui m'apporta le mot d'ordre ; il fut convenu qu'il m'enverrait du secours.

Bientôt après arriva le commandant *Vasset ;* il était d'avis de rentrer les armes dans l'Hôtel de Ville, et je lui avais manifesté l'intention d'obtempérer à ses ordres, lorsque le capitaine arriva. Le commandant lui donna le même conseil ; il y eut une conférence entre eux : le capitaine était d'avis d'attendre, pensant que les factieux n'arriveraient peut-être pas encore.

Nous n'avions pas de cartouches, et le concierge n'en avait pas plus de six à nous offrir.

Dans cette cruelle position, nous n'étions que neuf ; nous nous sommes mis sous les armes sur le perron : telle était notre position lorsque j'aperçus, au coin de la rue du Mouton, un groupe de trente à quarante personnes, armées de fusils de chasse ou de munition ; le poste fut couché en joue ; un coup de feu fut tiré ; le capitaine leva la main, sans doute pour empêcher de tirer, et s'avança vers eux à cinquante pas ; l'un d'eux, vêtu d'une blouse d'un gris-blanc, s'en détacha, s'approcha du capitaine, et lui donna une poignée de main ; puis ils s'approchèrent ensemble du corps de garde, et l'ordre du capitaine fut de rendre les armes ; tout aussitôt le poste fut envahi ; les uns remplacèrent leurs armes par les nôtres ; ceux qui n'avaient que des pistolets vinrent prendre des fusils de chasse ; d'autres s'emparèrent des pistolets et des poignards dont les premiers s'étaient débarrassés. Tandis que le capitaine et le tambour étaient entraînés, quelques factieux me demandèrent le mot d'ordre : *il n'est pas arrivé,* répondis-je (je le tenais dans mes doigts et je le froissai) ; *c'est le capitaine qui l'a,* reprit un autre : *il n'est pas ici,* répliquais-je ; un troisième observa qu'il ne faisait que d'arriver, ce qui fit voir que nous étions épiés.

J'avais plusieurs pistolets appuyés contre ma poitrine, contre ma tête, pour livrer le mot d'ordre. *Canaille,* me dit un petit au nez court, et au menton barbu, *il y a assez longtemps que vous nous faites souffrir, à votre tour !* Quelques autres criaient : *Vive la garde nationale !* Je parvins à me dégager sous prétexte de chercher le mot d'ordre, qui devait, soi-disant, se trouver parmi les feuilles du rapport, et tout à coup faisant semblant de me moucher, j'avalai le mot d'ordre ; quand je fus assuré que ces individus avaient l'intention de demeurer au poste, je m'en suis éloigné, d'abord lentement pour ne pas éveiller les soupçons, puis en toute hâte, quand j'eus gagné du terrain ; c'est ainsi que je gagnai ma demeure.

Je ne reconnais aucun des individus composant le groupe, dont je viens de vous parler ; mais j'en reconnaîtrais certainement, s'il m'en était représenté. A quelques jours de là, j'ai reconnu le cadavre de l'un d'eux à la Morgue.

(Dossier de l'attaque de l'Hôtel de Ville, pièce .)

AUX DÉPOSITIONS DES TÉMOINS.

274. — *Autre déposition du même témoin.*

(Reçue le 5 juin 1839, par M. Perrot, juge d'instruction délégué.)

Je persiste dans la déclaration que j'ai faite à M. Legonidec touchant la prise du poste de l'Hôtel de Ville. Les insurgés arrivèrent dès quatre heures moins un quart à quatre heures, du moins quant à la première bande, qui déboucha par la rue du Mouton. Il en revint deux autres bandes de cinq minutes en cinq minutes, la première par la rue de la Vannerie, et la seconde par le quai. La bande de la rue du Mouton était armée de fusils de munition et de fusils de chasse, quelques-uns avaient des pistolets; celle de la rue de la Vannerie n'avait que des pistolets et des poignards; celle enfin du quai était armée en grande partie de fusils de munition et le reste de fusils de chasse : il y en avait aussi, de petits jeunes gens, armés de pistolets et de poignards. C'est quatre de ces petits jeunes gens, vêtus de blouses bleues et grises, qui m'ont mis leurs pistolets sur la poitrine et un à l'oreille droite, en me disant : *Lieutenant, donnez-nous le mot d'ordre.* Ceux qui avaient des fusils de chasse les ont déposés dans le poste et ont pris nos fusils de munition; ceux qui avaient des pistolets ont pris les fusils de chasse, et ceux qui n'étaient point armés ont pris les pistolets et les poignards.

Nous avons représenté successivement au sieur Farjas les inculpés *Lucien-Firmin Philippet, Joseph Walch, Jean-Baptiste Lebarzic* et *Florent Dugas.*

Et le sieur Farjas a dit : Je ne me rappelle pas du tout avoir vu les nommés *Lebarzic, Walch* et *Dugas.* Quant au nommé *Philippet,* il m'a été déjà confronté au dépôt de la préfecture, dans une confrontation générale, et il m'a semblé et il me semble encore le reconnaître pour l'avoir vu, le 12 mai dernier, au nombre des insurgés dans le poste de l'Hôtel de Ville. Je ne puis dire de laquelle des trois bandes il faisait partie, ni s'il était armé. Je crois me rappeler qu'il était vêtu d'une redingote comme il l'est maintenant. Si c'est lui, il avait le teint plus animé. J'ajoute qu'on a dit dans le poste qu'après que ces trois bandes furent venues, et presque immédiatement, il était arrivé en fiacre des personnes bien mises, armées de fusils à deux coups et de pistolets.

Lecture faite, a signé.

275. — *Extrait d'un procès-verbal de transport à l'hôpital Saint-Louis, constatant la saisie d'un billet et d'un paquet de cartouches dans les effets du nommé Maréchal.*

(Par M. Zangiacomi, juge d'instruction.)

L'an mil huit cent trente-neuf, le 13 mai.

Nous *Prosper Zangiacomi*, juge d'instruction près le tribunal de 1re instance de la Seine, accompagné de M. de *Saint-Didier*, substitut de M. le procureur du Roi, et assisté de *Jules Chevalier*, commis-greffier assermenté près ledit tribunal;

Nous sommes, en vertu de notre ordonnance de ce jour, transporté à l'hôpital Saint-Louis, où étant, nous nous sommes adressé à M. le directeur et lui avons fait connaître le motif de notre transport; immédiatement il nous a fait conduire dans l'amphithéâtre où ont été déposés les corps des individus qui ont succombé aux suites des blessures par eux reçues dans les événements de la nuit dernière;

Nous avons fait appeler le sieur *Landry*, élève interne de service audit hôpital, et lui avons donné mission par une ordonnance séparée, et après avoir préalablement reçu son serment, de constater les causes de décès des individus au nombre de douze, dont les cadavres sont dans cet amphithéâtre.

Assisté du sieur *Landry*, nous avons constaté 1°..................
....

Au moment où nous approchions du sixième cadavre qui était resté jusqu'alors inconnu, la dame *Maréchal*, demeurant rue du faubourg Saint-Denis, n° 56, s'est présentée, par suite des inquiétudes qu'elle éprouvait de la disparition depuis hier, au milieu de la journée, du nommé *Émile Maréchal*, son mari, exerçant la profession de dessinateur; mise en présence de ce cadavre, elle l'a reconnu sur-le-champ pour être celui de son mari, et nous étant fait apporter le linge et les vêtements de cet individu, nous avons reconnu qu'il portait en effet les initiales E. M. Nous n'avons pu chercher à obtenir de la dame *Maréchal* d'autres détails, cette malheureuse ayant été saisie d'une violente convulsion à l'aspect du cadavre de son mari.

Dans les poches dudit *Maréchal* nous avons trouvé, avec plusieurs adresses de fabricants, un paquet de cinq cartouches, et de plus, sous une bande de papier, portant le chiffre 2°, un petit billet renfermant ces mots: *marchand de vin, rue Saint-Martin, n° 10, deux heures et demie...* Nous nous en sommes saisi, ainsi que des cartouches. *Émile Maréchal* a succombé à un coup de baïonnette..

(Dossier relatif aux tués et blessés, pièce .)

276. — LAMIRAULT (Jacques), *âgé de 25 ans, tambour à la 12° légion, demeurant à Paris, rue Saint-Jacques, n° 271* (1).

(Entendu le 25 mai 1839, devant M. Legonidec, juge d'instruction délégué.)

Je dînais dans un cabaret qui fait face à l'Hôtel de Ville, lorsque, vers quatre

---

(1) Voir deux autres dépositions de ce témoin, pages 57 et 271.

heures, le dimanche 12 mai, j'ai été informé qu'il y avait du bruit dans la rue Saint-Denis ; je me suis empressé de courir au corps de garde pour en prévenir le capitaine, le sieur *Drouot*. Sur ces entrefaites, survint le commandant, le sieur *Vasset*, qui enjoignit au capitaine de quitter le corps de garde pour entrer dans l'intérieur de l'Hôtel de Ville ; mais celui-ci, craignant de quitter son poste, se contenta de demander des cartouches au concierge.

Celui-ci était allé en chercher, lorsque, tout à coup, le rassemblement vint à fondre sur nous, soit de la rue du Mouton, soit d'autres rues voisines.

Le corps de garde fut envahi, et nos quarante fusils furent enlevés. Les factieux s'emparèrent de ma caisse et de ma personne ; ils voulaient me faire battre la charge, je m'y refusai. Ils m'entraînèrent ainsi jusqu'à une maison de roulage de la rue Sainte-Avoye, dans laquelle je parvins à entrer, et où je laissai mon habit et mon shako. On me prêta une blouse et une casquette, moyennant quoi je parvins à rejoindre l'état-major de ma légion.

Ils ne m'ont fait aucun mal ; ils ont voulu entraîner le capitaine, avoir du lieutenant le mot d'ordre, mais tout cela sans succès.

Aucun des deux tambours que vous venez de me représenter n'est le mien. Certainement celui qui me l'a pris est un homme de ma partie.

Je ne sais pas si je le reconnaîtrais, tant j'étais saisi sur le moment. On ne parlait rien moins que de me fusiller si je persistais dans mon refus de battre.

(Dossier de l'attaque de l'Hôtel de Ville, n°   du greffe, pièce   .)

277. — *Autre déposition du même témoin* (1).

(Reçue le 31 mai 1839, par M. Legonidec, juge d'instruction délégué.)

Le dimanche 12, vers neuf heures et demie du soir, le colonel de la légion m'ayant envoyé chercher mon capitaine, je me rendis de suite chez ce dernier.

Il en était absent, j'allai chez *Danguillecourt*, croyant l'y rencontrer ; je me rencontrai alors avec un individu qui me dit : *Tiens, vous voilà donc sorti de cette bagarre, il ne vous est pas arrivé grand'chose.* — *Oui* répondis-je, *grâce à ce monsieur qui m'a prêté une blouse*. J'entendais parler du négociant de la rue Saint-Avoye, dans la cour duquel je m'étais sauvé.

Une personne qui se trouvait là apostropha l'inconnu en lui disant : *Mais, si vous avez vu tout cela vous y étiez donc ;* aussitôt ces deux individus se prirent de mots. L'inconnu fut sommé de se taire, et menacé de calottes au cas où il poursuivrait.

Je sus alors que cet homme qui m'avait interpellé s'appelait *Broham*. Je me

---

(1) Voir deux autres dépositions de ce témoin, pages 57 et 270.

rappelai parfaitement l'avoir vu dans le rassemblement, je ne puis pas me souvenir du rôle qu'il y a joué.

Vous m'avez représenté, le 25 de ce mois, une caisse et un fût de caisse en cuivre sur lesquels je ne n'ai pas pu m'expliquer.

Le fût de caisse porte sur le pontet un numéro 12, et depuis que je vous ai vu, j'ai remarqué que tous les tambours de ma légion portent au même lieu ce même numéro; je serais donc porté à croire que cette partie de caisse provient de la mienne.

Nous constatons que l'étiquette de la pièce à conviction indique qu'elle aurait été trouvée par un sieur *Jean Lechêne*, broyeur de couleurs, et saisie le 12 mai par M. le commissaire de police du quartier des Lombards.

(Dossier Duval, n°   du greffe, pièce   .)

278. — CORBESIER (Joseph), *âgé de 42 ans, fabricant d'armes, associé de la maison* Lepage frères*, demeurant à Paris, rue Bourg-l'Abbé, n° 22* (1).

(Entendu le 14 mai 1839, devant M. Haymonet, commissaire de police.)

L'an mil huit cent trente-neuf, le quatorze mai, à une heure de relevée, devant nous *François-Bonaventure Haymonet*, commissaire de police de la ville de Paris, quartier de la porte Saint-Denis, officier de police judiciaire, auxiliaire de M. le procureur du Roi;

Est comparu M. *Corbesier*, associé de la maison *Lepage* frères, armuriers, demeurant rue Bourg-l'Abbé, n° 22, lequel nous a requis de recevoir la déclaration suivante :

Je viens vous confirmer toutes les circonstances contenues dans la plainte rendue le 13 de ce mois par mon associé, au sujet du pillage d'armes qui a eu lieu, le 12 courant, dans notre maison et à notre préjudice, et je viens vous déclarer qu'après la constatation des traces d'effraction et des moyens employés par les insurgés pour s'introduire dans notre domicile, nous avons trouvé une *pince*, dite monseigneur, dont je vous fais le dépôt pour joindre aux pièces à conviction qui accompagnent votre procès-verbal en date du 13 de ce mois.

Lecture faite, le sieur *Corbesier* a persisté dans ses dires et a signé avec nous.

Signé HAYMONET. — CORBESIER.

---

(1) Voir une autre déposition de ce témoin, ci-devant, page 4.

AUX DÉPOSITIONS DES TÉMOINS.

Nous, commissaire de police soussigné, disons que ladite pince sera placée sous scellé, avec étiquette indicative revêtue de notre sceau, sera transmise à M. le conseiller d'État, préfet de police, pour être jointe aux pièces mentionnées en notre procès-verbal relaté ci-dessus.

Signé HAYMONET.

(Dossier du pillage des magasins Lepage, pièce .)

279. — AUTRE *déposition du même témoin.*

(Reçue le 23 mai 1839, par M. Legonidec, juge d'instruction délégué.)

Il était environ deux heures trois quarts lorsque, le dimanche 12 de ce mois, je me suis absenté de mon magasin. J'en avais fermé toutes les portes et fenêtres : tout était si bien fermé, qu'ils n'ont pu rien enfoncer. Ils ont pénétré dans la cour de la maison, la porte de la rue étant ouverte. S'ils sont entrés dans mon magasin, c'est par une croisée prenant jour sur la cour. Cette croisée, dépendant du premier étage au-dessus de l'entresol, est fermée au moyen d'un volet qui couvre les quatre carreaux du bas. Le cinquième seul n'est pas couvert : c'est celui-là qu'ils ont brisé, c'est par là qu'on s'est introduit dans mon établissement.

A trois heures trois quarts, lorsque je rentrai, le magasin était pillé. Je rencontrai dans l'escalier un jeune homme sortant de chez moi avec un fusil simple à la main. Ne sachant pas ce qui se passait, je lui pris son fusil. Me croyant sans doute de la bande, il me laissa faire, mais il rentra avec moi dans mes magasins, où je lui fis remarquer qu'il nous avait ruinés. C'est pour la patrie, répondit-il. Elle est belle votre patrie ! lui dis-je ; et alors il prétendit avoir 40,000 livres dont il lui aurait fait le sacrifice.

Ce jeune homme, que je reconnaîtrais, est âgé de 22 à 23 ans : il est d'une petite taille et porte moustaches. Ses cheveux sont noirs. Il était vêtu d'une redingote.

En arrivant chez moi, je me retrouvai avec le sieur *Alphonse Lepage*, mon associé. Il était rentré au milieu du pillage, et, ne pouvant s'y opposer, il s'était borné à sauver ses livres, la caisse, notre portefeuille, auxquels il n'avait point été touché.

Une quantité d'hommes, peut-être deux ou trois cents, jetaient les armes par les croisées, ou les recevaient de la rue.

Des munitions avaient été apportées dans la cour de ma maison, car j'y ai retrouvé une malle dont j'ai depuis fait le dépôt à M. le commissaire de police.

A quatre heures j'étais chez le préfet : il était aux courses. Son secrétaire, auquel je m'adressai, reçut ma déclaration. Jusqu'à sept heures la force armée nous manqua. Vers six heures, une dizaine d'individus s'étaient portés sur notre magasin, mais sur notre avis qu'il avait été pillé, ils se retirèrent.

J'ai vu travailler à la barricade de la rue Bourg-l'Abbé. Peut-être s'ils avaient le même costume reconnaîtrais-je ceux qui y ont travaillé, l'un d'eux surtout, couvert d'un habit marron, coiffé d'un chapeau noir.

J'ai ouï dire qu'une caisse de cartouches avait été apportée à la barricade de la rue Grenétat. J'ai ouï dire aussi qu'une malle qui en aurait été remplie aurait été descendue dans l'allée du n° 16 de ma rue.

Je ne puis vous donner dans ce moment-ci le détail des objets qui m'ont été soustraits; ce détail résultera de l'inventaire auquel nous nous livrons en ce moment.

(Dossier du pillage des magasins Lepage , pièce .)

280. — CAZABONNE (Félix), âgé de 36 ans, garde municipal, 6° compagnie à pied, à la caserne Saint-Martin.

(Entendu le 21 mai 1839, devant M. Jourdain, juge d'instruction, délégué.)

Le dimanche 12 mai, je partis de la caserne Saint-Martin, avec le détachement sous les ordres du lieutenant *Tisserand;* quand nous fûmes arrivés à la hauteur de la mairie du 6° arrondissement, les insurgés qui étaient placés derrière une barricade, au coin de la rue Grenétat et de la rue Saint-Martin, firent feu sur nous. Le lieutenant nous fit former en ligne et nous fit faire un feu de peloton sur la barricade. Nous entrâmes ensuite à la mairie du 6°, pour nous y rallier; nous en sortîmes bientôt, et nous nous portâmes à la baïonnette sur la barricade, derrière laquelle on battait la charge, et l'emportâmes. Après l'avoir franchie, je vis cinq ou six individus étendus par terre; l'un d'eux était vêtu d'une redingote verte à collet de velours : j'aperçus un papier grisâtre qui sortait de la poche de sa redingote; je le tirai pour voir ce que c'était; il avait la forme d'un livre à peu près; lorsque je le pris, il se déploya, il m'a semblé que c'était un plan de Paris. Au même instant j'aperçus un homme en chemise et couvert de sang, qui sortait de chez le marchand de vin, qui se trouve à l'entrée de la rue Grenétat, à gauche en entrant par la rue Saint-Martin, chez lequel plusieurs des hommes qui défendaient la barricade s'étaient retirés. Cet homme portait sa veste sous son bras, je courus après lui et l'arrêtai; il me mordit aux deux doigts de la main droite, en cherchant à se dégager; je le remis à la mairie, où je déposai aussi le papier que j'avais pris sur d'homme étendu derrière la barricade. Je ne pris pas le nom de cet homme, parce que j'étais pressé d'aller rejoindre mes camarades, qui continuaient à poursuivre les insurgés. Je les rejoignis au moment où ils attaquaient la seconde barricade qui était au coin de la rue Bourg-l'Abbé et de la rue Grenétat : nous arrivâmes enfin rue aux Ours, au coin de la rue Quincampoix : une partie de notre détachement garda cette rue, une autre l'entrée de la rue Salle-au-Comte, et une autre l'entrée de la rue aux Ours, débouchant dans la rue Saint-Martin.

Nous restâmes pendant quelque temps à l'entrée de la rue Quincampoix, échangeant des coups de fusil avec les insurgés qui étaient cachés dans le passage Beaufort et dans un renfoncement en face de ce passage. Il y avait environ une heure que nous étions là, lorsqu'un caporal de la garde nationale arriva et dit que si on avait quelques hommes on pourrait enlever ce passage. Le lieutenant nous envoya au nombre de six avec ce caporal; nous nous élançâmes sur ce passage, et lorsque nous y fûmes arrivés, nous fîmes feu à travers la grille sur les insurgés qui étaient dans le passage, aussitôt tous disparurent. Nous demandâmes au portier l'ouverture de la grille, mais la crainte fit qu'il tarda quelque temps à l'ouvrir : il me sembla que la grille à l'autre extrémité du passage sur la rue Salle-au-Comte était aussi fermée; mais je n'ai pas remarqué si elle était fermée à clef; je montai aussitôt dans le premier escalier à droite, avec un capitaine de garde nationale qui était survenu ; et arrivés tout en haut de cet escalier, nous y trouvâmes un individu de 20 à 22 ans, vêtu d'un habit-veste bleu, et d'un pantalon bleu et coiffé d'une casquette; il était tremblant; il nous a dit qu'ayant entendu la fusillade, il s'était réfugié dans le passage, mais qu'il ne s'était mêlé de rien. Nous l'arrêtâmes, il était sans armes; je lui tâtai les poches et ne trouvai rien sur lui. Je le conduisis à la mairie et donnai mon nom, qui a été inscrit en regard du sien par un capitaine de garde nationale. Je revins ensuite rejoindre le détachement rue aux Ours, où je restai jusqu'au moment où nous partîmes pour la Préfecture de police. On a trouvé dans le passage des armes de toute espèce et une caisse de tambour.

(Dossier des barricades de la rue Grenétat, pièce .)

281. — REGNARD (François-Ferdinand), âgé de 38 ans, marchand de vins, demeurant à Paris, rue Bourg-l'Abbé, n° 2.

(Entendu le 24 mai 1839, devant M. Legonidec, juge d'instruction délégué.)

Il était deux heures et demie environ lorsque j'ai vu arriver dans ma maison deux jeunes gens bien mis; l'un de 24 à 25 ans, l'autre de 30 ans. Ils me demandèrent un demi-litre de vin, trois verres et un verre d'orgeat. Ils entrèrent dans une petite salle du rez-de-chaussée, de laquelle un d'eux sortait incessamment pour regarder au dehors, comme s'il attendait quelqu'un.
Ils furent rejoints, bientôt après, par plusieurs autres jeunes gens, avec

lesquels ils montèrent dans une salle du premier étage, celle du bas étant soi-disant trop petite.

Je leur servis en même temps, sur leur demande, un litre de vin.

Après être restés quelque temps dans la salle du haut, les croisées fermées, ils redescendirent en demandant à rentrer dans la salle du bas : il est vrai de dire qu'ils n'étaient point seuls au premier étage. Quatre personnes, étrangères à leur société, se trouvaient dans la salle du bas; ils s'arrangèrent, en attendant, comme ils purent. Ces quatre personnes parties, ils rejoignirent les deux tables, ils se trouvèrent ainsi au nombre de douze. D'autres attendaient dans la rue comme des gens qui font le guet; ils étaient en communication avec ceux de l'intérieur. De temps à autre je les entendais se demander : *Sont-ils arrivés? Non, pas encore*, répondait-on. A un signal, tous ces individus sortirent de ma maison : *Voilà le moment, courons vite*, tel a été l'avertissement.

J'ai ouï dire que ce signal, ils l'avaient reçu d'individus venus en voiture par la rue Neuve-Bourg-l'Abbé.

Dès ce moment je compris que j'étais en présence d'une émeute, et je me mis en devoir de fermer mon magasin; cependant quatre autres individus survinrent : ils n'étaient pas aussi bien mis que les premiers; ils voulurent monter dans ma salle du premier étage, je m'y opposai; ils me menacèrent d'employer la force, je résistai; ils se retirèrent en me menaçant de revenir bientôt après en force; je ne les ai pas revus, il était environ trois heures : c'est alors que commença le pillage des magasins des frères *Lepage;* j'en fus informé par un sieur *Marette,* qui désarma bientôt après l'un de ces individus.

A quelques minutes de là, une barricade était établie rue Salle-au-Comte, au coin de la rue aux Ours, au moyen d'un tonneau et d'un omnibus renversés.

Vers quatre heures et demie ou cinq heures, une autre barricade était faite avec un fiacre et un cabriolet, je crois, rue aux Ours, à la hauteur de la rue Bourg-l'Abbé; cette barricade était exactement au-devant de celle de mes portes donnant rue aux Ours; c'est de là qu'est parti le coup de feu qui a tué le maréchal des logis de la garde municipale, nommé *Jonas,* lequel, à la tête de son peloton, descendant la rue Saint-Denis, s'était arrêté un instant à l'entrée de la rue aux Ours, pour reconnaître la barricade.

Je n'ai point été témoin de ce fait, j'ai ouï dire que le coup de feu avait été tiré par un homme d'une quarantaine d'années, vêtu d'une veste en velours et coiffé d'un chapeau blanc, qui aurait appuyé son fusil sur le fiacre de la barricade.

M. *Haymonet,* commissaire de police, a, dit-on, reçu le témoignage d'une personne qui l'a vu tirer *Jonas.*

Le bruit que cet individu a été tué le soir à la porte du poste de la rue

Mauconseil a été répandu dans le quartier par les grenadiers du 28° régiment de ligne, qui ont passé la nuit dans la rue.

La rue Bourg-l'Abbé a été occupée par les factieux jusqu'à cinq heures et demie environ, et en même temps ils ont été maîtres de tout le quartier, mais pendant une demi-heure tout au plus.

Ils ont abandonné la rue Bourg-l'Abbé sur l'avis d'un individu de ma taille, cinq pieds six pouces, vêtu d'une redingote noire, d'un pantalon en coutil, d'un gilet blanc, coiffé d'un chapeau noir. Il avait à la main une canne légère : *Méfiez-vous,* leur dit-il, *vous allez être surpris; allez-vous en par la rue Quincampoix.* J'ai compris qu'il leur donnait d'autres ordres, mais je ne les ai pas entendus.

Cet homme est arrivé aux cris qu'adressaient ces individus, placés rue aux Ours, au coin de la rue Bourg-l'Abbé, à d'autres postés sans doute rue Saint-Martin ou à la rue Quincampoix, pour leur envoyer un chef qu'ils n'avaient pas.

A l'exception des marchands de vin de la rue Bourg-l'Abbé, tous ceux du quartier avaient chez eux, si je suis bien informé, quelques-uns des factieux.

De tous ces individus je n'en reconnaîtrais peut-être que deux ou trois : l'un, grand, maigre, à moustaches et à barbe dite *en royale;* un autre en pantalon bleu clair à la cosaque, bottes à éperons, et une cravache à la main.

Les premiers individus que j'ai vus paraître dans le quartier étaient bien mis; mais, après le pillage des magasins des frères *Lepage*, ils ont été remplacés par une autre classe d'individus : presque tous ceux-ci étaient en blouse et en casquette.

Il est juste de vous dire que, sur la représentation de plusieurs personnes du quartier, deux jeunes gens ont jeté au coin de la borne deux fusils qui venaient d'être pris dans le magasin des frères *Lepage;* je ne les connais pas; je vous cite ce fait pour qu'il vienne à leur décharge dans le cas où ils seraient arrêtés et où ils l'invoqueraient.

(Dossier du pillage des magasins Lepage, pièce   .)

282. — EXTRAIT *d'un procès-verbal de confrontation générale.*

(Devant M. Jourdain, juge d'instruction délégué.)

L'an 1839, le samedi 1er juin, heure de trois de relevée.

Nous Charles-François *Jourdain*, juge d'instruction délégué par ordonnance de M. le Président de la Cour des Pairs du 15 mai 1839..........

Nous sommes transporté à la Conciergerie, accompagné des sieurs.....
.... 5° Louis-Alexandre *Riquier*, rue de la Verrerie, 14..

Interpellés successivement sur les individus que nous leur avons représentés, les sieurs........................ ont fait les déclarations suivantes... 3° le sieur Riquier a dit.. Quant au nommé *Marescal* (*Eugène*), je crois bien le reconnaître pour l'avoir vu à la barricade de la rue Planche-Mibray, et armé ; je ne suis pas très-certain de le reconnaître.

(Dossier des confrontations générales, pièce   .)

283. — *Extrait d'un procès-verbal de confrontation générale.*

(Devant M. Legonidec, juge d'instruction délégué.)

Nous, *Joseph-Frédéric-Eugène-Legonidec*, juge d'instruction près le tribunal de première instance du département de la Seine, délégué par M. le Chancelier de France, Président de la Cour des Pairs, suivant arrêté du 15 mai 1839.

Nous sommes transporté en la maison d'arrêt de la Conciergerie, accompagné des sieurs *Henriet* (Alexis) (1), *Vallois* (Louis-Gabriel).

Interpellés successivement sur les individus que nous leur avons représentés, les sieurs..................se sont exprimés ainsi qu'il suit :

Savoir, le sieur *Henriet* :

Qu'il reconnaissait parfaitement le nommé *Jean-Antoine Mialon*, pour l'avoir vu, armé d'un fusil, dans le rassemblement dont il vient de nous parler.

Le sieur *Girard* ;

Qu'il croit reconnaître dans la personne du sieur *Jean Dubourdieu*, l'individu qui, le 12 mai, après la prise du poste du marché Saint-Jean, est allé frapper à coups redoublés à la porte du médecin demeurant sur la place pour avoir des secours en faveur des hommes blessés par la décharge des factieux.

Il ajoute que cet homme aurait eu, ledit jour 12 mai, une longue chevelure et une casquette tombante.....

Le sieur *Valois* (2),

Qu'il reconnaît dans les nommés *Pierre-Noël Martin* et *Jules Longuet*, deux des individus arrêtés, le lundi 13, au Marais, par un détachement de troupe dont il faisait partie.

Il déclare que *Martin* avouait avoir brûlé trois cartouches, avoir tiré notamment sur un grenadier, qu'il croyait ne pas avoir tué. Il ajoutait qu'il connaissait *son affaire, qu'il en aurait pour cinq ou six ans de galères.*

---
(1) Voir deux autres dépositions de ce témoin, pages 51 et 287.
(2) Voir une autre déposition de ce témoin, ci-devant page 164.

Il signale *Longuet* comme ayant refusé de décliner son nom au moment de son arrestation, en ajoutant qu'il serait temps d'en venir là devant le juge d'instruction.

Son arrestation avait été faite chez un marchand de vin, au coin des rues Saint-Anastase et Saint-Louis, signalé par un chasseur en bourgeois de la 7ᵉ légion, qui déclarait l'avoir vu deux fois montrer à des gamins à charger un fusil.

(Dossier des confrontations générales, pièce .)

284. — *Déclarations relatives au pillage des magasins d'armes de* LEPAGE.

(Devant M. Haymonet, commissaire de police.)

L'an mil huit cent trente-neuf, le quatorze mai, à onze heures du matin.

Devant nous, *François-Bonaventure Haymonet*, commissaire de police de la ville de Paris, quartier de la porte Saint-Denis,

Se sont présentés, les sieurs *Thuilard*, cordonnier, rue Bourg-l'Abbé, n° 16, *Bourg*, fabricant de toile cirée, rue Bourg-l'Abbé, n° 7, *Peinjon*, limonadier, rue Bourg-l'Abbé, n° 22, *Bourga*, marchand de vin, même rue, n° 13, *Guet*, bonnetier, rue Bourg-l'Abbé, n° 5, *Legros*, hôtellier, même rue, n° 9 *bis*, *Bourgoin*, marchand de couleurs, n° 18, *Renault*, quincaillier, rue Bourg-l'Abbé, n° 9, *Enouf*, marchand de plumes à écrire, même rue, n° 7, *Delargisse*, limonadier, rue Bourg-l'Abbé, n° 11.

Lesquels nous ont déclaré ce qui suit :

Dimanche dernier, douze du courant, vers trois heures de relevée, nous avons remarqué un groupe de trois cents individus qui se sont assemblés devant la maison de MM. *Lepage* frères, marchands d'armes, rue Bourg-l'Abbé, n° 22, qu'ensuite ils sont entrés dans la maison, et que quelques instants après nous avons vu jeter par les croisées du premier étage, au-dessus de l'entresol, une quantité de fusils de chasse, pistolets, munitions, etc.

Nous ajoutons que les armes soustraites dans les magasins de MM. *Lepage* étaient en si grande quantité, que beaucoup d'entre eux étaient porteurs de trois et quatre fusils ou pistolets, paraissant être des armes de prix.

Nous vous faisons la présente déclaration, tant dans l'intérêt de MM. *Lepage* frères, que pour rendre hommage à la vérité.

Nous déclarons en outre que les insurgés se sont introduits dans les magasins des sieurs *Lepage* à l'aide d'effraction.

Lecture faite aux dénommés de leur déclaration, ont signé avec nous, etc.

Transmettons le présent pour être annexé à notre procès-verbal en date du treize du courant, relatif au pillage des armes dans les magasins des frères *Lepage*.

(Dossier du pillage des magasins de *Lepage*, pièces).

285. Bourg (Claude-Antoine), *âgé de 53 ans, fabricant de toiles cirées, au Bourget, route de Flandre.*

(Entendu le 25 mai 1839 devant M. Legonidec, juge d'instruction, délégué.)

J'ai un pied à terre à Paris, rue Bourg-l'Abbé, n° 7, j'y ai aussi un dépôt de marchandises. J'y étais arrivé à deux heures, le dimanche 12 de ce mois, lorsque vers trois heures dix minutes, j'ai entendu du bruit dans la rue ; je m'approchai de ma fenêtre, et bientôt après je distinguai les cris de *vive la république ! aux armes !*

Une foule de jeunes gens, les uns en blouse, les autres en habits, étaient groupés autour de la maison *Lepage*.

Je m'empressai de faire partir ma femme et mon fils, dans la crainte d'une collision prochaine, et je demeurai à ma fenêtre. Auprès de moi était un sieur *Énouf*, fabricant de plumes.

J'ai cherché les moyens de m'opposer au pillage, et je songeais déjà à descendre dans la rue, avec quelques voisins, lorsque je m'aperçus que la rue était envahie, le groupe qui commandait la porte des frères *Lepage* s'était singulièrement accru. Une caisse en bois y avait été apportée. Trois ou quatre ceintures rouges en furent extraites, et elles furent de suite revêtues par autant d'individus se trouvant là.

On jetait les armes par les fenêtres ; le chant du *réveil du peuple* était entonné, lorsque d'une maison sise vis-à-vis, portant le n° 16, maison fort tranquille, je vis sortir deux individus avec une petite malle neuve qu'ils déposèrent au milieu de la rue. L'un d'eux l'ouvrit, et je m'aperçus qu'elle renfermait un amas de cartouches.

En un instant la malle fut entourée et les cartouches distribuées.

Jusqu'à quatre heures et demie, l'émeute occupa la rue. Six ou huit individus paraissaient diriger le pillage. Des bandes de trente à quarante individus étaient armées, et de suite disséminées par les mêmes chefs qui leur recommandaient bien de ne point tirer. Là, probablement, n'était pas le siége de leurs opérations.

Vingt-cinq hommes de garde municipale commandés par un officier, et accompagnés de M. Haymonet, commissaire de police, furent les premières troupes qui passèrent rue Bourg-l'Abbé. Ce détachement se perdit rue aux Ours.

Un quart d'heure après, je vis passer un capitaine d'état-major accompagné d'un hussard. Il paraissait être à la recherche de ce détachement. Bientôt après, débouchèrent dans ma rue, par l'extrémité donnant rue Grenétat, un parti de factieux d'une trentaine d'hommes probablement repoussés de leur attaque sur la mairie du 6ᵉ arrondissement. Alors furent construites deux barricades, celle de la rue Grenétat et celle de la rue Neuve-Bourg-l'Abbé.

Ils se replièrent à trois quarts d'heure de là sur la rue aux Ours, lorsqu'ils virent approcher la troupe de ligne. Là a eu lieu un engagement dont je n'ai pas été témoin. Tout ce que je sais, c'est que depuis ce moment je n'ai pas revu les factieux qu'en état d'arrestation; plusieurs d'entre eux étaient blessés.

Je ne reconnaîtrais aucun de ces individus; je n'ai conservé aucun souvenir de ceux qui ont descendu la malle dont je vous ai parlé plus haut. Je ne puis donc vous renseigner sur le compte de l'individu que vous venez de me représenter sous les noms de *Jacques-Henri Bonnet;* tout ce que je puis dire, c'est que sa figure ne m'est pas inconnue.

(Dossier du pillage des magasins Lepage, pièce   ).

286. — *Autre déposition du même témoin.*

(Reçue, le 22 juin 1839, par M. Legonidec, juge d'instruction délégué.)

Je ne puis rien ajouter à la déposition que je vous ai faite, le 25 mai dernier, à l'occasion des événements des 12 et 13 dudit mois.

Je ne connais pas l'individu que vous venez de me représenter sous les noms de *Martin Bernard.*

(Dossier Bernard, n°   du greffe, pièce   ).

287. — REGNARD (François-Ferdinand), déjà entendu (1).

(Témoin entendu le 22 juin 1839, devant M. Legonidec, juge d'instruction délégué.)

Je ne puis rien ajouter à la déposition que je vous ai faite le 24 mai dernier, à l'occasion des événements des 12 et 13 mai.

Je ne connais pas l'individu que vous venez de me représenter sous les noms de *Martin Bernard.*

(Dossier Bernard, n°   du greffe, pièce   .)

---

(1) Voir la première déposition de ce témoin, ci-devant, page 275.

288. — PEINJON (François-Charles), déjà entendu (1).

(Témoin entendu le 22 juin 1839, devant M. Legonidec, juge d'instruction délégué.)

Je ne puis rien ajouter à la déposition que je vous ai faite à l'occasion des événements des 12 et 13 mai dernier.

Je ne connais pas l'individu que vous venez de me représenter sous les noms de *Martin Bernard*.

(Dossier Bernard, n°   du greffe, pièce   .)

289. — Femme BOBOT (Brigitte-Bernardine-Audin), *âgée de 55 ans, concierge de la maison de la rue Bourg-l'Abbé, n° 22.*

(Entendue le 24 mai 1839, devant M. Legonidec, juge d'instruction, délégué.)

Le dimanche 12 de ce mois, mon mari étant sorti, j'entendis crier au devant de ma maison : *aux armes, aux armes !*... Saisie de frayeur, je m'élançai au dehors de ma loge, et je me trouvai en présence d'une multitude répétant le cri de *aux armes*, et disant *chez Lepage, chez Lepage !*

Je voulais leur faire des représentations; mais, sans m'écouter, ils montèrent l'escalier; une fois au premier étage, ils gagnèrent, en faisant la chaîne, et au moyen du bandeau de l'entresol, une fenêtre éclairant la pièce d'entrée des magasins des sieurs *Lepage*.

Cette fenêtre, dite à espagnolette, est garnie de dix carreaux, dont deux en imposte.

Ceux de l'imposte étaient seuls sans volets.

Ils essayèrent d'enfoncer la fenêtre, et, ne pouvant y réussir, ils en brisèrent les vitres, gagnèrent, au moyen des châssis, les vitres de l'imposte qu'ils brisèrent, et ainsi ils s'introduisirent, un à un, dans le magasin en question.

Ces gens avaient bien de l'audace, car ils entraient dans le magasin la tête la première, au risque de se tuer; aussi j'en ai revu plusieurs pleins de sang, d'autres ont laissé de leurs cheveux sur la place.

Le magasin envahi, les portes en furent ouvertes, et alors, par l'escalier, par la fenêtre, les armes furent passées, jetées.

Ce pillage dura trois quarts d'heures. La cour était toujours envahie. Les armes étaient chargées dans la cour, mais pas un coup de feu n'y a été tiré.

---

(1) Voir les autres dépositions de ce témoin, ci-devant, pages 56 et 241.

Dès que le rassemblement fut dissipé je fermai ma porte pour ne plus la rouvrir, si ce n'est avec la plus grande précaution et pour la rentrée des locataires.

Ma frayeur était telle que je n'ai remarqué aucun des individus, je n'en reconnaîtrais aucun.

Je n'ai pas remarqué de chef parmi cette bande.

(Dossier du pillage des magasins de Lepage, pièce .)

290. — *Autre déposition du même témoin.*

(Reçue, le 22 juin 1839, par M. Legonidec, juge d'instruction, délégué.)

Je ne puis rien ajouter à la déposition que je vous ai faite le 24 mai dernier à l'occasion des événements des 12 et 13 dudit mois.

Je ne connais pas l'individu que vous venez de me représenter sous les noms de *Martin Bernard.*

(Dossier Bernard, n° du greffe, pièce .)

291. — BOURGA (Jacques), *âgé de 38 ans, marchand de vins, demeurant à Paris, rue Bourg-l'Abbé, n° 13* (1).

(Entendu, le 6 juin 1839, devant M. Legonidec, juge d'instruction délégué.)

Je persiste dans la déclaration que j'ai faite à M. le commissaire de police du quartier de la porte Saint-Denis, le 16 mai dernier à l'occasion des événements du 12 du même mois, déclaration dont vous venez de me donner lecture.

Je ne connais pas l'individu que vous venez de me représenter sous les noms *Jacques-Henri Bonnet.*

Quant à celui dont il est question dans ma déclaration, j'ai ouï dire qu'il aurait été tué le même jour à la barricade de la rue Grenétat.

Je n'ai pas vu arriver la caisse d'armes qui a été brisée au devant de la maison des frères *Lepage.* Je ne sais donc pas par qui elle a été apportée et de quel côté elle a été amenée.

(Dossier Bonnet, n° du greffe, pièce .)

---

(1) Voir une première déposition de ce témoin, ci-devant, page 239.

292. — *Autre déposition du même témoin.*

(Reçue, le 22 juin 1839, par M. Legonidec, juge d'instruction délégué.)

Je ne puis rien ajouter à la déposition que je vous ai faite à l'occasion des événements des 12 et 13 mai dernier.

Je ne connais pas l'individu que vous venez de me représenter sous les noms de *Martin Bernard*.

(Dossier Bernard, n°   du greffe, pièce   .)

293. — BOURGOIN (Étienne-Basile-Victor), déjà entendu (1).

(Témoin entendu, le 22 juin 1839, devant M. Legonidec, juge d'instruction délégué.)

Je ne puis rien ajouter à la déposition que je vous ai faite à l'occasion des 12 et 13 mai dernier.

Je ne connais pas l'individu que vous venez de me représenter sous les noms de *Martin Bernard*.

(Dossier Bernard, n°   du greffe, pièce   .)

294. — MARETTE (Jacques-Joseph), *âgé de 54 ans, cartonnier, demeurant à Paris, rue Thevenot, n° 13.*

(Entendu le 25 mai 1839, par M. Legonidec, juge d'instruction délégué.)

Le dimanche, 12 de ce mois, je me trouvais, vers trois heures de l'après-midi, dans le café qui fait face au magasin des frères Lepage, j'y étais encore vers trois heures un quart, lorsqu'un groupe de jeunes gens sortant du passage Saucède, pénétrèrent dans la porte cochère de la maison habitée par ces messieurs. A peine quelques-uns d'entre eux furent-ils dans la cour de la maison que j'entendis crier *aux armes*, je m'approchais pour avoir l'explication de ces cris, et je remarquai que le groupe devenait de plus en plus considérable, et deux individus bien mis les enfournaient, pour ainsi dire, sous la porte à mesure qu'ils arrivaient.

Je crus reconnaître une émeute, et je m'empressai d'aller prévenir *Ferdinand*, le marchand de vin, qu'il eût à fermer sa boutique, et je retournai vers le groupe, auprès duquel j'aperçus un homme debout et à côté d'une petite

---

(1) Voir une première déposition de ce témoin, ci-devant, page 240.

caisse, cassée à une de ses extrémités, sur laquelle il chargeait une espingole avec des rognures de papiers sortant de la caisse.

Lors du convoi du général Lamarque, j'avais été témoin de la même scène. J'ai cru, dans cette circonstance, reconnaître les mêmes hommes, la même arme. Alors, au coin de la rue du Petit-Hurleur, cet homme visait les citoyens pour protéger le pillage des armes tenté sans succès.

Je m'empressai de me rendre à la mairie du 6° arrondissement pour donner avis à l'officier du poste de ce qui se passait. Je fis la même communication à l'adjudant-major; et comme celui-ci se prétendait sans ordre, je passai chez le sieur Dreux, major, avec lequel je revins à la mairie.

Je voulus alors connaître ce qui se passait rue Bourg-l'Abbé; c'était un pêle-mêle épouvantable; on marchait sur les boîtes de capsules. Il paraît qu'en mon absence des événements s'étaient passés, car Ferdinand m'engagea à m'éloigner rapidement; deux voitures se trouvaient renversées rue aux Ours, à la hauteur de la rue Salle-au-Comte; elles barraient le passage.

Je m'éloignais, lorsque j'aperçus un voisin qui cherchait à désarmer l'un des deux ou trois individus que je voyais se promener en long et en large dans la rue. Cet exemple m'anima et comme il ne réussissait pas, je saisis l'un d'eux par le collet en le traitant de voleur, et je lui enlevai soudainement son arme. Je lui déchirai même la chemise en voulant le conduire au poste, mais cette tentative était imprudente, je laissai libre cet homme, et je jetai son fusil dans une maison voisine, les habitants m'accueillirent comme un ancien habitant du quartier, et par un sentiment de crainte bien pardonnable, ils repassèrent aux factieux par dessous la porte le fusil dont je m'étais emparé.

Je m'éloignai, mais je ne revis pas l'individu que j'avais désarmé

Il est un seul individu que je reconnaîtrais peut-être, s'il m'était représenté, c'est l'homme à l'espingole. Sa taille est de 5 pieds, il est fort musculeux; si j'ai bonne mémoire il n'avait sur lui qu'un gilet.

(Dossier du pillage du magasin Lepage, pièce   )

295. — *Autre déposition du même témoin.*

(Reçue le 22 juin 1839 par M. Legonidec, juge d'instruction délégué.)

Je ne puis rien ajouter à la déposition que je vous ai faite le 25 mai dernier, à l'occasion des événements des 12 et 13 dudit mois.

Je ne connais pas l'individu que vous venez de me représenter sous le nom de *Martin Bernard*.

(Dossier Bernard, n°   du greffe, pièce   .)

296. — GUET (Jean-Nicolas), *déjà entendu* (1).

(Témoin entendu, le 22 juin 1839, devant M. Legonidec, juge d'instruction délégué.)

Je ne puis rien ajouter à la déposition que je vous ai faite à l'occasion des 12 et 13 mai dernier.

Je ne connais pas l'individu que vous me représentez sous le nom de *Martin Bernard*; cependant je retrouve chez cet homme la taille de celui qui est entré le premier chez les frères *Lepage*; mais il n'en a ni les favoris en collier, ni la barbe, ni la chevelure.

Je crois aussi que la barbe, les favoris et la chevelure de l'individu dont il est question dans la déposition que je vous ai faite, dans ma déclaration à M. le commissaire de police, étaient d'une teinte plus brune.

(Dossier Bernard. n°   du greffe, pièce   .)

297. — ÉNOUF (Alexis), *âgé de 50 ans, marchand de plumes, demeurant à Paris, rue Bourg-l'Abbé, n° 7.*

(Entendu par M. Legonidec, juge d'instruction, le 27 mai.)

Il était environ deux heures et demie ou trois heures, lorsque j'ai vu passer devant mon magasin un fort nombre d'individus par détachements de deux ou trois. Ces individus causaient ensemble tranquillement et comme ils avaient l'air d'ouvriers endimanchés, j'ai cru qu'ils composaient une société philanthropique, ayant tenu dans les environs une séance.

Bientôt après j'ai remarqué que ces individus étaient attroupés au-devant de la maison des frères *Lepage*. Tout à coup l'un d'eux tira de sa poche une petite hachette en criant : *Aux armes!* et tout à coup cette foule s'est précipitée sous la porte cochère.

Je m'empressai de rentrer chez moi pour fermer mon magasin ; j'aperçus bientôt les armes voler par la croisée, puis une malle ouverte au-devant du numéro 16 de ma rue sans que je me fusse aperçu de quel côté elle était venue.

Elle était ouverte; elle contenait des munitions dont chacun en passant s'approvisionnait.

Durant ce mouvement, j'ai remarqué avec surprise un chiffonnier ramassant avec son crochet, le papier des paquets de cartouches déchirés dans la rue.

---

(1) Voir une autre déposition de ce témoin, ci-devant, page 238.

Puis des coups de fusils furent tirés en l'air, probablement pour attirer la troupe sur ce point et y commencer l'engagement.

Depuis ce moment j'ai vu peu de chose, parce qu'il y avait du danger à rester aux fenêtres.

J'ai aperçu le sieur *Hamel* luttant avec un homme vêtu d'une veste de lainage, coiffé d'une casquette sans visière; il voulait le désarmer. J'ai vu trois ou quatre polissons former une barricade à l'entrée de la rue Neuve-Bourg-l'Abbé, au moyen de quelques tonneaux qu'ils enlevèrent à l'épicier et au marchand de vin du coin de cette rue.

Parmi tous ces individus, je n'ai reconnu aucune personne de connaissance; je n'en reconnaîtrais aucun.

Je me rappelle que l'homme à la hachette qui a donné le signal du pillage des armes, était mieux mis que les autres factieux.

(Dossier du pillage du magasin de Lepage, pièce   )

298. — *Autre déposition du même témoin.*

(Reçue le 22 juin 1839, par M. Legonidec, juge d'instruction délégué.)

Je ne puis rien ajouter à la déposition que je vous ai faite le 28 mai dernier, à l'occasion des événements des 12 et 13 dudit mois.

Je ne connais pas l'individu que vous venez de me représenter sous les noms de *Martin Bernard*, sa figure cependant ne m'est point inconnue.

(Dossier Bernard, n°   du greffe, pièce   .)

299. *Confrontation de* Martin BERNARD *avec divers témoins.*

(Devant M. Jourdain, juge d'instruction, délégué.

Nous *Charles-Félicité Jourdain*, juge d'instruction au tribunal civil du département de la Seine, délégué par ordonnance du 15 mai dernier de M. le Chancelier, Président de la Cour des Pairs, assisté d'*Élie-Vincent Deguingand*, commis-greffier assermenté près le même tribunal,

Nous sommes transporté en la maison d'arrêt de la Conciergerie, accompagné des témoins ci-après nommés, savoir:

1° *Jean-Nicolas Levasseur*, 45 ans, entrepreneur de bâtiments, rue Charlot, n° 36;

2° *Alexis Henriet* (1), 25 ans, sergent au 28ᵉ de ligne, caserné faubourg du Temple;

---

(1) Voir deux autres dépositions du même témoin, pages 51 et 278.

3° *Denis-François Girard*, 26 ans, idem (1).

4° *Jean-François Millon*, 47 ans, tambour-maître de la 7ᵉ légion, rue des Écouffes, n° 29;

Auxquels nous avons représenté le nommé *Martin Bernard*, et ils ont déclaré ne pas le reconnaître.

Et ont les susdits témoins signé avec nous.

Ce jourd'hui samedi 22 juin, nous sommes de nouveau transporté à la Conciergerie, accompagné de MM. *Ricquier* (Louis-Alexandre), âgé de 34 ans, chef d'institution, rue de la Verrerie, 14;

2° *Duval* (Louis-Philippe), âgé de 36 ans, marchand de vins, rue Grenétat, n° 5 (2).

Auxquels nous avons représenté le nommé *Martin Bernard*, et M. *Ricquier* a dit : Je ne connais pas cet homme; j'ai bien vu au marché Saint-Jean un homme grand et élancé, en blouse et portant des favoris : je ne crois pas que ce soit celui-là.

M. *Duval* déclare ensuite ce qui suit : L'individu qui est venu chez moi, qui m'a paru être le chef, et auquel je fis des observations, parce qu'il prenait des futailles pleines, avait à peu près la même taille que celui que vous venez de me représenter, et la même tournure, mais il m'a paru un peu plus fort; il avait la barbe en collier, il avait une redingote plus claire que celle que porte l'individu que vous venez de me représenter (*Martin Bernard* porte une redingote vert foncé). La redingote que portait l'individu dont je vous ai parlé était d'une couleur marron clair; j'ai remarqué qu'il avait des bagues aux doigts; j'ai remarqué que les bagues qu'il avait aux doigts étincelaient; il disait aux autres : Il faut que cela change, ça ne peut pas rester comme cela.

Et ont, MM. *Ricquier* et *Duval*, signé avec nous.

(Dossier Bernard, n°   du greffe, pièce   .)

300. — BESNIER (Louis), *âgé de 43 ans, portier, demeurant à Paris, rue Hautefeuille, n° 11.*

(Entendu le 24 juin 1839, devant M. Zangiacomi, juge d'instruction délégué.)

C'est le 8 juillet 1838 que le nommé *Martin Bernard* a emménagé dans

---

(1) Voir deux autres dépositions de ce témoin, ci-devant, pages 47 et 49.
(2) Voir une première déposition de ce témoin, ci-devant, page 117.

notre maison; il ne recevait personne chez lui, et il sortait exactement tous les matins pour ne rentrer que le soir.

Ce jeune homme a porté quelquefois un collier de barbe et des moustaches : elles étaient blondes et pas très-prononcées. Je ne me rappelle pas si, à l'époque où il a disparu, il avait encore des moustaches.

(Dossier Bernard, n°   du greffe, pièce   .)

301.—Despierres (Pierre-Louis), 27 ans, fabricant de parapluies, demeurant à Paris, rue Michel-le-Comte, n° 28.

(Entendu le 27 mai 1839, devant M. Zangiacomi, juge d'instruction délégué.)

Le nommé *Roudil* (Eugène), travaille depuis trois ans dans mon établissement et je puis assurer que je ne me suis jamais aperçu qu'il s'occupât de politique. Je le suppose tout à fait inoffensif et incapable de prendre part aux événements dans lesquels il a été arrêté. Il sortait rarement, car il travaillait jusqu'à dix heures du soir. Je ne crois pas qu'il s'occupât de lectures, c'est tout au plus même s'il sait lire. Je ne lui connais pour parent qu'un oncle portant le même nom que lui, et qui est marchand de vin rue de la Grande-Truanderie; il a été tout aussi surpris que moi de l'arrestation de son neveu.

Lecture faite, a persisté et a signé, ajoutant que le dimanche, 12 courant, *Roudil* était resté dans son établissement jusqu'à midi, midi et demi.

(Dossier Roudil, n°   du greffe, pièce   .)

TABLE ALPHABÉTIQUE
DES TÉMOINS
DONT LES DÉPOSITIONS SE TROUVENT RAPPORTÉES

(DANS CE VOLUME),

AVEC L'INDICATION

DES CONFRONTATIONS QUI ONT EU LIEU ENTRE PLUSIEURS DE CES TÉMOINS
ET LES DIVERS ACCUSÉS.

Nota. Les chiffres de la première colonne indiquent le numéro de chaque déposition ou procès-verbal, et ceux de la seconde, la page du volume.

A

	Nos.	Pag.
ADVENEL.	220	209
ALBERNY, perquisition à son domicile	35	34
AMY.	51	52
Vᵉ ANFRAY.	228	215
ANGÉ.	155	146
ARMAND.	39	37
ARTOUX.	152	140
ASSELIN	212	203
AUSTEN, faits particuliers qui le concernent		105
—— procès-verbal de son arrestation.	116	105
—— constatation de ses blessures.	117	105
—— sa confrontation avec *Morel*.	100	90
—— sa confrontation avec *Deldine*.	120	110
—— sa confrontation avec *Pelletier*.	125	116

	Nos.	Pag.
AUSTEN, sa confrontation avec *Tisserand*.	267	265

B

BARBÈS, faits particuliers à cet accusé.		1
—— procès-verbal d'arrestation.	9	14
—— procès-verbal de constatation de son individualité.	12	17
—— sa confrontation avec la veuve *Roux*.	1	1
—— sa confrontation avec *Bertrand*.	3	4
—— sa confrontation avec *Leblond*.	13	18
—— sa confrontation avec *Huignard*.	16	20
—— sa confrontation avec *Velche*.	17	20
—— sa confrontation avec *Gervaisi*.	18	22

	Nos	Pag.
BARBÈS, sa confrontation avec *Bataille*..........	19	23
—— sa confrontation avec *Pommier*.........	21	24
—— sa confrontation avec *Laquy*...........	22	24
—— sa confrontation avec *Lecomte*.........	23	25
—— sa confrontation avec *Paulhan*.........	24	25
—— sa confrontation avec *Meunier*.........	25	26
—— sa confrontation avec *Levraud*.........	29	30
—— sa confrontation avec *Cahez*..........	32	32
BATAILLE.................	19	23
Le même.........	82	71
BECQUERET.............	224	212
BERLUREAU.............	75	68
BERNARD (Martin), sa confrontation avec *Bourg*...........	286	281
—— sa confrontation avec *Regnard*.........	287	281
—— sa confrontation avec *Peinjon*.........	288	281
—— sa confrontation avec la femme *Bobot*....	290	282
—— sa confrontation avec *Bourga*..........	292	283
—— sa confrontation avec *Bourgoin*........	283	283
—— sa confrontation avec *Marette*.........	295	285
—— sa confrontation avec *Guet*............	296	285
—— sa confrontation avec *Encret*...........	298	286
—— sa confrontation avec *Levasseur*........	299	287

	Nos	Pag.
BERNARD (Martin), —— sa confrontation avec *Henriet*..........	299	287
—— sa confrontation avec *Girard*...........	299	287
—— sa confrontation avec *Millon*...........	299	287
—— sa confrontation avec *Riquier*..........	299	287
—— sa confrontation avec *Duval*,..........	299	287
BERNIER...............	89	78
Le même.........	90	79
Le même.........	91	83
BERTHIER..............	78	69
BERTON................	205	196
BERTRAND..............	2	3
Le même.........	3	4
BESNIER...............	300	288
BIENASSÉ	102	92
Femme BILLON..........	152	142
BINA...................	137	125
BINA (femme)...........	138	126
BINOCHON..............	152	140
BOBOT (femme).........	289	282
La même........	290	283
BOISSET................	111	99
Le même.........	109	98
BONNAIRE..............	191	179
BONNASSIS.............	44	43
BONNET, faits particuliers à cet accusé........		54
—— procès-verbal de son arrestation........	53	54
—— sa confrontation avec *Peinjon*..........	56	56
—— sa confrontation avec *Renault*..........	57	57
—— sa confrontation avec *Bourga*..........	291	283
BOREL.................	242	229

DES TÉMOINS.

	Nos.	Pag.
Bourg	284	279
Le même	285	280
Le même	286	281
Bourga	246	239
Le même	284	279
Le même	291	283
Le même	292	284
Bourgoin	246	240
Le même	284	279
Le même	293	284
Bouttevillain	201	191
Braye (femme)	204	195
Breschet, constatation des blessures de l'inculpé Grégoire	243	229
Brocar	97	88
Brugère	46	46
Bussy	261	253
Le même	262	255
Le même	263	257

C

	Nos.	Pag.
Cabuchet	197	187
Cahez	32	32
Capellaro	152	140
Carbon (femme)	38	36
Carbon	37	35
Carbonnier	68	64
Castel	36	34
Cauche	187	175
Cavé (femme)	140	127
Cazabonne	280	274
Chalu	169	161
Chambon	67	63
Champagne	71	66
——Procès-verbal de saisie à son domicile	72	66
Champagne (femme)	69	65
La même	70	65
Charles	115	103
Chennevière	200	191

	Nos.	Pag.
Chevalier	190	179
Clausse	100	91
Conte	23	25
Le même	74	68
Le même	83	72
Le même	244	233
Corbesier	4	4
Le même	278	272
Le même	279	273
Cottin	85	74
Le même	91	82
Coulon	270	266
Le même	271	266
Courtade	203	194
Crapelet	6	7
Le même	48	49
Cugnet	255	248

D

	Nos.	Pag.
Dambeza	193	181
Darlot	272	267
David	106	95
De Lamennais	252	245
Delargisse	284	279
Deldine	120	110
Delehaye	99	90
Le même	264	261
Le même	265	263
Le même	266	264
Delille (fille)	130	119
La même	147	133
Perquisition à son domicile	147	133
Delsade, faits particuliers à cet accusé		63
—— sa confrontation avec Grosmann	14	19
—— sa confrontation avec Lagny	15	20
—— sa confrontation avec Paulin	20	28

294 TABLE ALPHABÉTIQUE

	Nos.	Pag.
DELSADE, sa confrontation avec la femme *Champagne*	70	65
—— sa confrontation avec *Feviard*	66	63
—— sa confrontation avec *Carbonnier*	68	64
—— sa confrontation avec *Conte*	74	68
—— sa confrontation avec le même	83	72
—— sa confrontation avec *Berlureau*	75	68
—— sa confrontation avec *Terreville*	76	69
—— sa confrontation avec *Pompeigle*	77	69
—— sa confrontation avec *Berthier*	78	70
—— sa confrontation avec *Schnagon*	79	70
—— sa confrontation avec *Legros*	80	71
—— sa confrontation avec *Lebouffy*	81	71
—— sa confrontation avec *Bataille*	82	72
—— sa confrontation avec *Gosmont*	84	73
DENEVEU	167	157
DENIZOT	177	167
Le même	178	168
DESCHAMPS	238	225
DESGROUX	222	211
Le même	223	211
DESPIERRES	301	289
DESVIGNES	152	141
DEVILLIERS	166	155
DOMET	152	140
DOUILLIEZ	231	217
DUBOSC	250	244

	Nos.	Pag.
DUFAY (femme)	139	126
DUGAS, faits particuliers à cet accusé		139
—— perquisition à son domicile	151	139
—— sa confrontation avec *Mabille*	135	124
—— sa confrontation avec la femme *Mabille*	136	125
—— sa confrontation avec *Bina*	137	126
—— sa confrontation avec la femme *Dufay*	139	127
—— sa confrontation avec la femme *Cavé*	140	127
—— sa confrontation avec la veuve *Royer*	144	130
—— sa confrontation avec *Gaussen*	157	148
DURAND	73	67
DUSSENTY	172	164
DUVAL	126	117
Le même	299	288

E

ÉNOUF	284	279
Le même	297	286
Le même	298	287
Le même	299	287

F

FARJAS	273	267
Le même	274	269
FLOBERT	152	140
FOUGÈRE	179	168
Le même	235	222
FOURCADE	62	61
FOURNIÈRE	237	224
FRABOULET	171	163

G

GALLOIS	185	173
Le même	188	177

DES TÉMOINS.

	Nos.	Pag.
GARD	122	112
GARNAUD	85	75
Le même	87	76
Le même	91	81
GARNOT	124	114
GAUSSEN	131	121
Le même	157	147
GAZAN	258	251
GERVAISI	18	22
Le même	64	62
GILLES	92	83
GIRARD	47	47
Le même	49	49
Le même	299	288
GODQUIN	11	16
GOMONT	84	73
GRÉGOIRE, faits particuliers à cet accusé		220
GROS	28	28
GROSMANN	14	18
Le même	244	234
GUÉRAICHE (femme)	152	143
La même	159	149
GUÉRAICHE (demoiselle Augustine-Marguerite)	160	150
GUÉRAICHE (demoiselle Héloïse)	158	148
GUET	246	238
Le même	284	279
Le même	296	286
GUILBERT, faits particuliers à cet accusé		58
—— sa confrontation avec Lequien	58	58
—— sa confrontation avec Tascheret	59	59
—— sa confrontation avec Velche	60	59
GUILLEMINOT (fille)	105	94
Perquisition à son domicile	112	100

	Nos.	Pag.
GUYOT	91	83

H

	Nos.	Pag.
HAMEL	8	12
HAYMONET	53	54
HENRIET	50	51
Le même	283	278
Le même	299	287
HENRY	33	32
HUGOT	121	111
HUIGNARD	16	20
Le même	65	62
HUZÉ	229	215
HYON	230	216

J

	Nos.	Pag.
JACQUET	95	87
JARDIN	219	207
JENNESSON (procès-verbal de reconnaissance de Barbès)	12	17
JONAS, enquête relative à sa mort	85	74
JUILLIARD	113	101
Le même	114	102
JUNOD	55	55
JUX (femme)	145	131

L

	Nos.	Pag.
LAFLEUR	132	122
LAMIRAULT	57 bis	57
Le même	276	270
Le même	277	271
LANTIN (logeur d'Austen)	127	117
LAQUY	15	19
Le même	22	24
LAROULLY	175	166
LEBARZIC, faits particuliers à cet accusé		132
—— perquisition à son domicile	147	134
—— sa confrontation avec Mabille	135	124

TABLE ALPHABÉTIQUE

	Nos.	Pag.
LEBARZIC, sa confrontation avec la f^e *Mabille*..	136	125
—— sa confrontation avec *Bina*............	137	125
—— sa confrontation avec la femme *Dufay*...	139	126
—— sa confrontation avec la femme *Cavé*....	140	127
—— sa confrontation avec la veuve *Royer*....	144	130
—— perquisition à son domicile...........	147	134
—— sa confrontation avec le témoin *Gaussen*..	157	148
LEBLOND................	13	18
Le même.........	245	253
LE BOUFFY..............	81	71
LECUZE.................	123	114
LEFÈVRE................	176	167
LEGENTIL...............	206	197
LEGROS (Charles).........	80	70
Le même.........	184	179
—— (Augustin-Étienne-Marc)............	246	240
LELANDAIS..............	134	124
LEMAIRE................	165	153
LEMIÈRE, faits particuliers à cet accusé.......		92
—— sa confrontation avec *Girard*.........	49	49
—— sa confrontation avec *Henriet*.........	50	51
—— sa confrontation avec *Amy*............	51	53
—— sa confrontation avec *Vincent*.........	52	53
—— sa confrontation avec *Morel*...........	100	91
—— sa confrontation avec *Bienassé*.........	102	92
Le même.........	104	94

	Nos.	Pag.
LEMIÈRE, sa confrontation avec *Vermillac*....	103	93
—— perquisition à son domicile...........	104	93
Autre............	112	100
—— sa confrontation avec *David*..........	106	95
—— sa confrontation avec *Loubers*.........	107	97
—— sa confrontation avec *Simon*...........	108	97
—— sa confrontation avec La femme *Loubry*.	110	99
LEPAGE (Alphonse).......	4	4
Le même.........	7	8
LEPAGE (Joseph-Hubert)...	7	8
LEQUIEN................	58	58
LEVASSEUR (Clarisse)......	101	92
LEVASSEUR (Jean-Nicolas)..	299	287
LEVRAUD...............	29	29
LONGUET, faits particuliers à cet accusé........	165	153
—— sa confrontation avec *Marceau*.........	93	85
—— sa confrontation avec *Lemaire*.........	165	154
—— sa confrontation avec *Perdereau*........	182	171
—— sa confrontation avec *Quelquejeu*.......	184	172
—— sa confrontation avec *Porthault*........	186	175
—— sa confrontation avec *Cauche*..........	187	177
—— sa confrontation avec *Nicol*............	189	178
—— sa confrontation avec *Dambeza*.........	193	183
—— sa confrontation avec *Cabuchet*........	197	189

DES TÉMOINS.

	Nos.	Pag.
LONGUET, sa confrontat. avec Raucher de Saint-Léger	199	190
—— sa confrontation avec Boutevilain	201	192
—— sa confrontation avec Raynaud	202	194
—— sa confrontation avec Courtade	203	195
—— sa confrontation avec la femme Braye	204	196
—— sa confrontation avec Berton	205	197
—— sa confrontation avec Legentil	207	198
—— sa confrontation avec Poinçot	207	199
—— sa confrontation avec Mouton	209	201
—— sa confrontation avec Seyès	210	202
—— sa confrontation avec Asselin	212	203
—— sa confrontation avec Advenel	220	209
—— sa confrontation avec Valois	173	164
—— sa confrontation avec Desgroux	223	212
LORÉAL	211	203
LOUBERS	107	96
LOUBRY (femme)	110	99
LOUVET	221	210
LOYEUX	43	40

M

	Nos.	Pag.
MABILLE (femme)	136	125
MABILE	135	124
MACLER	61	60
MALDAN	217	206

	Nos.	Pag.
MARCEAU	91	81
Le même	93	84
—— sa confrontation avec Courtade	203	195
MARESCAL, faits particuliers à cet accusé	220	209
—— sa confrontation avec Marceau	93	85
—— sa confrontation avec Lemaire	165	154
—— sa conformation avec Chalu	169	162
—— sa confrontation avec Perdereau	182	171
—— sa confrontation avec Quelquejeu	184	172
—— procès-verbal de son arrestation	192	181
—— sa confrontation avec Dambeza	193	183
—— sa confrontation avec Cabuchet	197	188
—— sa confrontation avec Puertas	198	180
—— sa confrontation avec Raucher de Saint-Léger	199	190
—— sa confrontation avec Boutevilain	201	192
—— sa confrontation avec Raynaud	202	194
—— sa confrontation avec la femme Braye	204	196
—— sa confrontation avec Berton	205	197
—— sa confrontation avec Legentil	206	198
—— sa confrontation avec Poinsot	207	199
—— sa confrontation avec Mouton	209	201

DÉPOSITIONS. — 1re SÉRIE. 38

TABLE ALPHABÉTIQUE

	Nos.	Pag.
MARESCAL, sa confrontation avec *Asselin*......	211	203
—— sa confrontation avec *Morize*..........	214	205
—— sa confrontation avec *Advenel*..........	220	209
—— sa confrontation avec *Louvet*..........	221	210
—— sa confrontation avec *Desgroux*........	223	212
—— sa confrontation avec *Becquerel*........	224	212
—— sa confrontation avec *Riquier*..........	282	277
MARETTE...............	294	284
Le même.........	295	285
MARJOLLIN.............	27	28
MARTIN, faits particuliers à cet accusé.......		181
—— sa confrontation avec *Marceau*.........	93	85
—— sa confrontation avec *Lemaire*.........	165	154
—— sa confrontation avec *Chalu*...........	169	162
—— sa confrontation avec *Perdereau*.......	182	170
—— sa confrontation avec *Quelquejeu*.......	184	172
—— sa confrontation avec *Porthault*........	186	175
—— procès-verbal de son arrestation.......	192	181
—— sa confrontation avec *Dambeza*........	193	183
—— rapport sur ses blessures............	194	184
—— sa confrontation avec *Winter*..........	195	185
—— sa confrontation avec *Cabuchet*........	197	188
MARTIN, sa confrontation avec *Puertas*......	198	189
—— sa confrontation avec *Raucher de Saint-Léger*.........	199	190
—— sa confrontation avec *Chennevière*......	200	191
—— sa confrontation avec *Bouttevilain*......	201	192
—— sa confrontation avec *Raynaud*.........	202	194
—— sa confrontation avec *Courtade*.........	203	195
—— sa confrontation avec la femme *Braye*...	204	196
—— sa confrontation avec *Berton*..........	205	197
—— sa confrontation avec *Legentil*.........	206	198
—— sa confrontation avec *Poinçot*..........	207	199
—— sa confrontation avec la femme *Masson*..	208	200
—— sa confrontation avec *Mouton*..........	209	201
—— sa confrontation avec *Seyès*............	210	202
—— sa confrontation avec *Loréal*...........	211	203
—— sa confrontation avec *Asselin*..........	212	203
—— sa confrontation avec *Morize*..........	214	205
—— sa confrontation avec *Valois*...........	278	283
—— sa confrontation avec *Advenel*..........	220	209
—— sa confrontation avec *Desgrous*........	224	211
MARTIN (femme)..........	133	123
La même.........	147	134

DES TÉMOINS.

	Nos.	Pag.
MARTIN (femme) perquisition à son domicile...	147	134
MASSON (femme)..........	208	199
MATHIEU................	163	151
MENEAU................	85	74
Le même........	91	81
MENSIER...............	156	146
MESNAGE...............	16	27
Le même........	248	242
Le même........	254	247
MEUNIER...............	25	26
Le même........	245	236
Le même........	249	242
MIALON, faits particuliers à cet inculpé..........		74
—— sa confrontation avec Cirard..........	49	51
—— sa confrontation avec Henriet..........	50	52
—— sa confrontation avec Amy............	51	53
—— sa confrontation avec Vincent..........	52	53
—— perquisition à son domicile.........	86	75
—— sa confrontation avec Garnaud........	91	81
—— sa confrontation avec Marceau........	91	81
—— sa confrontation avec Meneau.........	91	81
—— sa confrontation avec Cottin..........	91	82
—— sa confrontation avec Guyot..........	91	83
—— sa confrontation avec Bernier..........	91	83
—— sa confrontation avec Millet..........	94	86
—— sa confrontation avec Jacquet..........	95	87

	Nos.	Pag.
MIALON, sa confrontation avec Ragon.......	96	88
—— sa confrontation avec Brocard........	97	89
—— sa confrontation avec Delchaye........	99	90
—— sa confrontation avec Morel..........	100	90
MICAULD (femme).........	152	143
La même........	161	150
MICHELAN..............	31	31
Le même........	245	236
MIGNET................	45	45
MILLET................	94	86
MILLON...............	299	288
MINARD (femme).........	152	141
La même........	164	152
MINARD................	162	151
MOREL (Louis)..........	100	90
MOREL (Louis-Alexandre)..	257	249
MOREL (Reine), lettre à elle adressée par Nouguès...........	40	39
La même, sa déposition..........	256	249
MORIZE................	213	204
Le même........	214	204
Le même........	215	205
Le même........	216	206
MOUSSE................	100	91
MOUTON...............	203	200
MUIDEBLED.............	88	77
MULLER...............	128	118

N

	Nos.	Pag.
NICLASSE...............	9	14
Le même........	10	15
NICOL.................	189	178
NICOLLE...............	149	138
NOUGUÈS, faits particuliers à cet accusé........		38

38.

TABLE ALPHABÉTIQUE

	Nos.	Pag.
Nouguès, procès-verbal de son arrestation....	40	38

O

	Nos.	Pag.
Oudart................	243	230

P

	Nos.	Pag.
Paulhan................	20	23
Le même.........	24	25
Peinjon................	56	56
Le même.........	247	241
Le même.........	284	279
Le même........	288	282
Pelletier.............	125	116
Perdereau (femme)......	240	227
Perdereau............	181	169
Le même.........	182	170
Le même........	226	214
Le même.........	240	227
Le même........	241	228
Perrot (femme).........	98	89
Petit...................	170	162
Philippet, faits particuliers à cet accusé........		119
—— perquisition à son domicile...........	129	119
—— sa confrontation avec *Mabille*........	135	124
—— sa confrontation avec la femme *Mabille*..	136	125
—— sa confrontation avec *Bina*............	137	125
—— sa confrontation avec la femme *Dufay*...	139	126
—— sa confrontation avec la femme *Cavé*....	140	127
—— sa confrontation avec la veuve *Royer*....	144	130
Philippet, sa confrontation avec *Gaussen*.....	157	148
Pierné, faits particuliers à cet accusé........		214
—— sa confrontation avec *Chalu*.........	169	162
—— sa confrontation avec *Winter*..........	195	185
—— sa confrontation avec *Puertas*..........	198	189
—— sa confrontation avec *Morize*..........	214	205
—— sa confrontation avec *Perdereau*.......	226	214
—— sa confrontation avec *Hyon*............	230	217
—— sa confrontation avec *Douilliez*..........	231	219
—— sa confrontation avec *Quelquejeu*	232	219
Pihet...................	153	144
Pilet...................	244	235
Poinçot................	207	199
Poirier................	259	251
Pommier..............	21	24
Le même.........	30	30
Pompeigle.............	77	69
Pont...................	148	137
Le même.........	152	140
Porthault..............	186	174
Puertas................	198	189

Q

	Nos.	Pag.
Quelquejeu...........	183	171
Le même.........	184	171
Le même.........	232	219

R

	Nos.	Pag.
Rabeau................	63	61
Ragon, confrontation avec *Mialon*..........	96	87

DES TÉMOINS.

	Nos.	Pag.
Ramel.	152	140
Raucher de Saint-Léger.	199	190
Raynaud.	202	194
Regnard.	281	275
Le même.	287	281
Regnault.	119	108
Renault.	57	56
Le même.	284	279
Le même.	246	239
Renniau.	236	224
Riquier.	281	277
Le même.	299	288
Romazotti.	142	129
Le même.	143	129
Roudil, faits particuliers à cet accusé.		60
Sa confrontat. avec *Macler*.	61	60
Sa confrontat. avec *Fourcade*.	62	61
Roux (veuve).	1	1
Royer (veuve).	144	130
La même.	268	265
Ruban.	244	235

S

Samson.	174	165
Sandemoy.	239	226
Schnagon.	79	70
Sens (femme).	152	141
Servan.	168	159
Sevin (femme).	146	131
Seyès.	210	201
Simon.	108	97
Soufflot.	233	220
Souffrin.	152	141
Soury.	225	213

T

Tascheret.	59	58

	Nos.	Pag.
Terreville.	76	68
Le même.	260	252
Thillaye.	218	207
Tisserand.	118	106
Le même.	267	265
Le même.	284	279
Thuillard.	54	55

V

Vaillant.	34	33
Vallois.	173	164
Le même.	283	278
Velche.	17	21
Le même.	60	59
Le même.	244	235
Vermilliac, sa confrontation avec *Lemière*.	103	93
Viard (femme).	66	63
Vincent (Charles-Henri).	150	138
Vincent (Pierre).	52	53
Vioujas.	234	221
Voyer-d'Argenson.	251	244

W

Walch, faits particuliers à cet accusé.		128
——— procès-verbal de son arrestation.	141	128
——— sa confrontation avec *Mabille*.	135	124
——— sa confrontation avec la femme *Mabille*.	136	125
——— sa confrontation avec *Bina*.	137	125
——— sa confrontation avec la femme *Dufay*.	139	126
——— sa confrontation avec la femme *Capé*.	140	127

	Nos.	Pag.
WALCH, sa confrontation avec la veuve *Royer*....	144	130
—— sa confrontation avec *Gaussen*........	157	148
—— (Agnès)..........	269	266
WINTER...............	195	185

	Nos.	Pag.
WINTER, rapport sur sa blessure............	196	186

Z

	Nos.	Pag.
ZOEGGER...............	180	169

www.ingramcontent.com/pod-product-compliance
Lightning Source LLC
Chambersburg PA
CBHW071344150426
43191CB00007B/843